도플갱어

우파라는 거울 이미지를 마주한 미국 좌파의 딜레마

나오미 클라인 지음

류진오 옮김

도플갱어

우파라는 거울 이미지를 바수한
미국 좌파의 딜레마

Doppelganger

나오미 클라인 지음　　　　류진오 옮김

글항아리

마이크 데이비스
바버라 에런라이크
벨 훅스
레오 파니치를
기리며

끔찍한 닮은꼴이 여럿 출현했다.
—표도르 도스토옙스키,『분신』, 1846

대체 얼마나 많은 모든 이가 존재하게 되려나?
—조던 필,「어스」, 2019

나의 짝퉁

변호하자면 나는 이 책을 집필할 의도가 없었다. 시간이 없었다. 원고 의뢰를 받은 것도 아니었다. 그리고 몇 명은 손댈 생각조차 말라며 만류했다. 지금은 때가 아니야—자연재해를 비롯해 온갖 사건 사고로 지구가 들끓고 있잖아. 게다가 이 주제만큼은.

'다른 나오미'—이제 나는 그녀를 이렇게 부른다. 지난 10년이 넘는 세월 동안 사람들이 나와 지긋지긋하게 혼동하는, 나의 사자 머리 도플갱어. 참으로 많은 사람이 나와 못 속아내는 것 같다. 그런 그녀의 연이은 파격 행보로 나는 느닷없이 질책당하거나 감사 인사를 받거나 동정의 눈길을 받는다.

내가 그녀를 어떤 코드로 바꿔 부른다는 사실만으로도 내 처지가 얼마나 어처구니없는지 짐작될 것이다. 나는 25년간 기업 권력의 폐해를 논평해온 사람이었다. 나는 인권을 유린하는 머나먼 나라의 공장이나 국경 너머의 군사 점령 지역에 잠입한다. 나는 기름 유출과 5급 허리케인의 뒷이야기를 취재한다. 나는 **진지한 주제에 대한 거대한 아이디어**를 지면에 담는다. 하지만 이 책이 모양새를 갖추기 시작한 지난 몇 년간―시신을 안치할 묘지의 수가 모자라고 억만장자들이 대기권 너머로 자리를 뜨던 바로 그동안―내가 써야 했거나 썼을 다른 내용들은 그저 집중을 흩트리는 연막탄, 방해 공작에 그쳤다. 유엔 기후정상회의에 앞서 행사에 참석하실 건가요? 아뇨, 일정이 빠듯해서요. 아프가니스탄 미군 철수에 관해 한 말씀 해주시겠어요? 9·11 테러 20주년에 대해서는요? 러시아의 우크라이나 침공은요? 아뇨, 아뇨, 아뇨.

이 프로젝트가 걷잡을 수 없이 커지기 시작할 때인 2021년 6월, 내 가족이 거주하는 캐나다 브리티시컬럼비아 지역의 남부 연안에 '히트돔^heat dome'이라는 신종 이상기후가 나타났다. 날씨가 텁텁한 게 꼭 악의를 품고 송곳니를 드러내는 것 같았다. 600명이 넘는 사상자가 발생했고[1] 그중 대다수는 장년층이었다. 바다 생물 100억여 마리가 떼죽음한 것으로 추산됐다. 동네가 통째로 불타올랐다. 외딴곳이고 인구도 얼마 안 되는 지역이 국제적인 관심을 끄는 것은 드물지만 히트돔 현상으로 우리 동네는 찰나의 유명세를 탔다. 지난 15년간 기후변화에 맞서 싸워온 입장이니 이번처럼 전례 없는 이상기후를 겪은 수기를 써줄 수 있겠냐며 한 편집자가 물어왔다.

"지금은 다른 작업 때문에 힘들어요." 나는 코끝을 간지럽히는 사체 냄새에 굴하지 않았다.

"뭔지 물어봐도 될까요?"

"아뇨."

이렇게 핑계 대잔치를 벌이느라고 다른 소중한 것들에는 신경을 제대로 쓰지 못했다. 그해 여름, 내 아홉 살짜리 아들은 피비린내 나는 자연 다큐멘터리 「애니멀 파이트 클럽」에 몰입하더니 책상에 앉아 있는 나를 '백상아리처럼' 들이받기 시작했다. 전 세계를 흉흉하게 만든 전염병과 치명적인 히트돔에 연로하신 부모님이 취약하다는 걸 뻔히 알면서도 두 분을 거의 찾아뵙지 못했다. 남편은 전국 선거에 출마했다. 내가 더 도울 수도 있었지만 캠페인에만 몇 차례 함께했다.

이렇게 모든 걸 내팽개치면서 이루려 했던 것은…… 뭘까? 걸핏하면 계정을 정지당하는 그녀의 트위터를 염탐하기? 스티브 배넌의 실시간 방송에서 그녀가 한 말짓과 몸짓을 토대로 두 사람의 짜릿한 케미를 유추하기? 기본적인 보건 조치가 실제로는 중국공산당, 빌 게이츠, 앤서니 파우치, 세계경제포럼이 작당하고 꾸며낸 암중 모략이며 잔혹하기가 악마의 소행에 버금간다고 허구한 날 주장하는 그녀의 경고문을 재탐독하기?

내가 가장 수치스러워하는 것은 차마 입에 담기 민망할 만큼 찾아 들은 팟캐스트의 개수, 다시는 돌아오지 않을 그 막대한 시간이다. 석사과정에 달하는 시간, 그걸 '조사'라고 둘러댔다. 객관적 현실과 교전 중인 그녀와 그녀의 추종자들을 제대로 이해하려면 음모론과 웰니스 판매상의 세계들이 맞물려 작동하는 방식과 저 두 세계가 코로나 부정, 반反백신 히스테리, 파시즘과 교차하는 지점들을 조목조목 뜯어보는, 매주 한두 번 송출되며 장황하기 이를 데

없고 편집하기도 곤란한 「큐어넌 어나니머스^{QAnonAnonymous}」와 「콘스피리추얼리티^{Conspirituality}」 같은 방송들의 아카이브를 헤집고 다녀야 했다. 아울러 '다른 나오미'가 객원으로 심심찮게 등장하는 배넌과 터커 칼슨의 일간 방영물도 소화해야 했다.

듣는 데 자투리 시간까지 끌어다 썼다. 옷을 개고, 식기세척기에서 그릇을 꺼내고, 강아지를 산책시키고, 아이를 학교에 태워다주는 그 모든 시간. (아쉽지만 학교는 반송만 해준다.) 평소라면 이런 여유 시간에 음악 혹은 진짜 뉴스를 듣거나 사랑하는 이들에게 전화를 걸었을 것이다. "이제는 너보다 「콘스피리추얼리티」 사회자가 더 친근하게 느껴져." 한밤중에 절친의 음성사서함에 하소연했다.

선택권이 없잖아, 그렇게 생각했다. 이 문제를 파고드는 것은 안 그래도 부족한 내 글쓰기 시간, 또는 기후위기에 대한 행동 변화를 촉구하기에 부족한 지구의 시간을 경솔하고 자기 도취적으로 낭비하는 게 아니라고 말이다. 작금의 가장 위급한 문제들에 관한 역정보와 오보를 가장 효과적으로 만들고 퍼뜨리는 인물 중 한 명으로서, 그리고 적잖은 몽상가가 거리로 쏟아져 나와 '폭정'에 맞서 싸우도록 고무한 인물로서 '다른 나오미'는 우스꽝스러운 언행을 일삼지만 여전히 주시할 수밖에 없는 여러 세력의 중심에 서 있다고 나는 정당화했다. 저들이 야기하는 혼란이 인류가 유익하거나 건전한 목적의 일을 이루고자 단합할 훗날에 걸림돌이 될 확률이 점점 더 높아지고 있으니까.

이를테면 우주를 누비는 억만장자들을 붙잡아 그들이 횡령한 부를 주택 공급과 건강보험 재정에 분배하거나 히트돔이 지구 전체를 집어삼킬 미래가 닥치기 전에 화석연료를 대체하는 일 따위 말이다. 더 소박한 꿈을 꿔보자면, 자기가 상어인 줄 아는 아이를 초등학교에 보내더라도 나오미라는 어떤 인터넷상의 여자가 설득한 대로 백신이 대학살을 일으키고 인류를 예속시키려는 계략의 일환이라고 믿는 부모의 자녀들로부터 전염성 높고 치사율도 무시 못 할 바이러스를 옮아오지 않으리라고 낙관하는 일 말이다.

'도플갱어'는 Doppel(분신double)과 Gänger(가는 사람goer)를 합성한 독일어에 어원을 두고 있다. 간혹 '이중으로 돌아다니는 사람double-walker'으로 해석하기도 하는데, 당신의 분신이 돌아다닌다는 것은 꽤나 꺼림칙한 경험이라고 나는 자신 있게 말한다. 이건 프로이트가 '언캐니uncanny'라고 부른, '한때 익히 알았고 오랫동안 친숙했던', 하지만 갑자기 낯설어진 '대상에서 느껴지는 섬뜩함'[2]이다. 도플갱어에 극심한 두려움을 느끼는 이유는 생소해진 대상이 바로 당신 자신이기 때문이다. 도플갱어를 가진 사람을 프로이트는 이렇게 묘사했다. 그는 "자신을 상대와 동일시한 나머지 본인의 진짜 정체가 무엇인지 확신하지 못한다".[3] 프로이트가 언제나 옳은 주장을 펼친 것은 아니지만 이에 관해서는 적중했다.

반전이 한 번 더 있다. 정치적, 개인적 환골탈태를 거친 내 도플갱어를 사람들은 그녀 옛 자아의 도플갱어로 보기도 한다. 그러니 나는 분신의 분신으로서 프로이트조차 예견하지 못한 언캐니한 상황을 겪고 있다.

현실이 어쩐지 왜곡되고 있다는 기분은 나만 겪는 것이 아니다. 이야기를 나눠본 사람 대부분이 '토끼굴*에 빠져' 잃은 지인이 있다고 했다. 부모, 형제자매, 절친, 그리고 예전에 신뢰했던 지식인과 논평가들. 한때 익숙했지만 더는 알아볼 수 없는 사람들. 탈바꿈한 사람들. 내 세계를 뒤흔든 세력들이 그보다 더 거시적인 차원도 뒤흔들고 있다는 느낌에 이들을 이해하는 것이 앞으로 디딜 토대를 만들어줄 견실한 재료가 되리라고 생각했다.

○●

여객기들이 세계무역센터를 들이박은 이래로 내가 20년 넘게 골몰해온 주제는 거대한 규모의 충격들이 사회적 신경계를 마비시키고 집단적 퇴행을 일으키며 대중을 선동자들의 쉬운 먹잇감으로 전락시키는 방식들이다. 2007년에 출간된 『쇼크 독트린』을 위해 조사·집필하던 몇 년간 나는 충격 이후의 혼돈이 어떻게 기회주의적으로 착취되는지를 다양한 맥락에서 탐색했다. 9·11 테러, 소비에트 연방의 몰락, 이라크 침공, 허리케인 카트리나, 그리고 이보다 훨씬 더 전의 사건들까지 두루 다루었다. 놀란 대중이 우왕좌왕하는 동안 권력에 굶주린 이들은 재빠르게 나타나 어떤 토론이나 동의도 없이 기업의 배를 불리는 정책들을 펼쳤다. 고립과 스트레스로 수감자들의 기를 꺾어놓는 고문 기술자들의 참혹한 수법처럼 말이다. 정치적 권리가 훼손되고 공유지와 공익사업

*   루이스 캐럴의 『이상한 나라의 앨리스』에 등장하는 토끼가 들어간 굴에 빗대어 어떤 주제에 매료돼 장시간을 할애하는 행위를 가리키는 관용어.

이 경매에 부쳐지는 것을 검토하면서 나 자신은 이런 충격요법의 전개를 익히 알고 있으니 항체가 있을 거라고 상상했다. 나는 예기치 못한 사건들 앞에서도 평정을 잃지 않았고, 위기 속에서도 시야가 밝았으며, 다른 이들이 현상을 꿰뚫어보도록 도왔다. 그렇게 하리라고 생각했다.

돌아보면 그동안 순탄하기만 했던 내 삶이 부끄러워진다. 충격의 발원지로부터 멀리 떨어져 있었기에 안전했던 것이다. 공습으로 죽음을 맞은 건 내 가족이 아니었다. 다음 철거 대상으로 지목된 건 내 이웃집이 아니었고, 학교가 공립에서 사립으로 전환되도록 해고당한 선생님들도 내 아이 담당이 아니었다.

하지만 코로나…… 코로나는 달랐다. 그건 내 사적인 세계를 비롯해 우리 모두의 세계를 뒤엎었다. 팬데믹의 첫 4개월을 미국 뉴저지에서 보낸 나는 집에서 신경다양적인 아들을 화상 수업에 참석하게 하려고, 더 중요하게는 우리를 둘러싼 공포를 스펀지처럼 빨아들이는 아이의 마음을 달래보려고 헛수고를 꽤나 했다. 구급차가 동네 주민을 싣고 떠났다. 바이러스는 사교 모임을 해산시켰다. 코로나의 최전방인 병원에서 근무하는 것은 아니니까 나는 운이 좋은 편에 속했다. 하지만 기자 된 팔자로 전염병 가까이에 노출되는 것은 막을 수 없었다. 매일 아침 나른하게 일어나 흐리멍덩한 눈으로 화면을 쳐다봤다. 난생처음, 다른 사람의 충격이 아니었다. 그리고 충격은 끝을 모르고 이어졌다.

충격이란, 유례없는 돌발 사건을 개인 또는 사회가 충분히 설명할 수 없을 때 빠지는 것이다. 모름지기 충격은 사건과 이를 둘러싼 서사들 사이에 벌어지는 틈이다. 인간은 서사적 동물이어서 의미의 공백을 쉽게 견디지 못한다. 그런 까닭에 내가 '재난 자본주의자'라고 불러온 기회주의자들은 자신들이 기존에 바라던 바와 간편한 선악의 이야기로 공백을 메울 수 있었다. 그 이야기들 자체는 터무니없다. (9월 11일 이래로 "우리 편이 아니면 테러리스트 편이야"라든가 "저들은 우리의 자유를 혐오해"라는 말들이 오갔다.) 하지만 입 밖으로 내뱉어진 저 이야기들은 존재만으로도 의미의 공터보다 우위를 점해버린다.

"모이세요, 설 자리와 이야기를 만드세요." 지난 20년 동안 내가 사람들에게 집단적 트라우마의 충격에서 벗어나는 방법으로 건넨 조언이다. 충격을 함께 소화하라고, 의미를 함께 찾아보라고 말했다. 세상을 마치 핏빛 일대기를 써내려갈 백지처럼 보는 저 같잖은 통치자들에게 저항하라고 말했다.

꽤 괜찮은 조언이었다. 하지만 실행에 옮기기엔 코로나가 너무 막강했다. 바이러스를 통제하는 것은 나를 포함한 많은 사람에게 장기 스트레스와 격리라는, 인간이 충격에 가장 취약해질 수 있는 바로 그 조건들을 강제했다. 팬데믹이 공표되고 4개월 후, 캐나다로 돌아온 뒤부터 내 고립은 악화됐다. 계획상으로는 부모님을 방문하기 위한 한시적 귀국이었다. 하지만 다른 사람들과 마찬가지로 우리도 발이 묶여버렸다. 이제 우리는 툭하면 일정을 어기는 연락선에 오르내리는 걸 포함해 가장 가까운 도시에서 세 시간 떨어진 막다른 골목의 암벽 위에 살고 있다. 가끔 지하철, 배달 음식, 원활한 전력 공급이 그리워지지만 문 닫을 우려가 없는 공립학교,

접근성이 뛰어난 숲길, 그리고 샐리시해를 가로지르는 범고래의 검은색 등지느러미를 구경할 수 있는 극히 드문 확률을 곱씹어보면 후회는 없다. 더위와 산불 연기가 숨통을 옥죄지 않거나 매번 새로운 명찰을 달고 등장하는 폭풍('대기의 강'과 '폭탄 사이클론' '파인애플 특급열차'는 모두 길고 눅눅한 겨울 한 계절만에 얻은 수확이다)이 휩쓸고 가지 않는 날에 한하여 말하자면, 이곳에서의 삶은 풍족하다. 그러나 외롭다. 그게 나를 벼랑 끝으로 내몬 것(혹은 '자빠뜨린' 것?)일지도 모른다. 함께 느끼고 사유할 동료들이 곁에 없었던 그 수개월.

여기에 맞먹을 만한 원인이라면, 온라인에서 내가 그리워 마지않던 우정과 공동체를 찾는 대신 구설수에 휘말린 점을 꼽겠다. 사람들이 무리지어 나를, 내가 한 말을, 내가 한 행동을 논하고 있었는데, 그건 내가 아니었다. 그녀였다. 그래서 다급하게 질문했다. 그렇다면 나는 누구란 말인가?

이 곤경을 이해해보려고 카를 융부터 어슐러 K. 르 귄까지, 도스토옙스키부터 조던 필까지 분신과 도플갱어를 다루는 문학 작품과 영화를 섭렵했다. 고대 신화와 정신분석학의 기원에서 분신이라는 기호가 갖는 상징성은 점점 나를 매료시켰다. 쌍둥이 자아는 인류의 가장 숭고한 열망이 담긴 불멸의 영혼이자 육신을 초월하는 비가시적 실체다. 그리고 분신은 우리가 차마 눈뜨고 보지 못할 가장 부패하고 부인하고 싶은 자아의 면면을 드러낸다. 나는 악의적 쌍둥이, 그림자 자아, 안티 자아, 지킬 박사에 대항하는 하이드 씨 등의 이야기를 접하면서 내 정체성이 불가피한 위기를 맞았음을 알아차렸다. 도플갱어의 출현은 거의 언제나 무질서하고 잠을 앗아가며 손에 땀을 쥐게 한다. 당사자는 예외 없이 좌절과 당혹감에 시달리며 사경을 헤맨다.

도플갱어는 고뇌의 주범 그 이상이다. 분신은 몇 세기 동안 경고나 징조가 되었다. 현실이 두 겹으로 나타나며 굴절할 때면 그 것은 중요한 무언가—내면이나 세계에서 우리가 보고 싶어하지 않는 일부—가 냉대받거나 거부당하고 있다는 흔한 증거이며, 그 경고를 따르지 않으면 더 큰 위험이 닥친다. 도플갱어는 개인에게 서 일어나지만 여러 사조로 분절·분열되고 분할된 사회에도 해당 된다. 우리 같은 사회 말이다.

히치콕은 도플갱어의 등장으로 인한 정신적 동요를 그의 1958년 영화 제목과 똑같이 '현기증^{vertigo}'이라 불렀는데, 내 경 험을 더 잘 포착하는 단어는 멕시코 철학자 에밀리오 우란가가 1952년에 사용한 '조조브라^{zozobra}'다. 존재론적 불안과 짙은 암울 을 뜻하는 이 스페인어는 비틀거림 전반을 연상시킨다. 경망과 엄 숙, 위험과 안전, 죽음과 삶 등 '어디에 의지할지 모른 채 두 가지 가능성, 두 가지 정동 사이에서 끊임없이 진동하는 존재 양식'[4]이 다. "흔들리는 과정에서 영혼은 괴로워하며, 찢기고 짓이겨진다" 고 우란가는 쓴다.

도플갱어 소설 『샤일록 작전』에서 필립 로스는 이런 인력과 척 력을 탐구한다. "심각하게 받아들이기엔 너무 가소롭고, 가소롭다 기엔 너무 심각하다."[5] 그가 짝퉁 로스에게 내린 평이다. 이 문장 은 언캐니한 시기에 나의 만트라가 되었다. '다른 나오미'가 힘을 보태고 있는 정치 운동은 우스꽝스럽고 주목할 가치가 전혀 없는 걸까? 아니면 우리 세계에서 벌어지고 있는 심각한 변화의 징후로 시급히 탐색해야 할 대상인 걸까? 나는 웃어야 하는 걸까, 울어야 하는 걸까? 나는 여전히 이 암벽에 앉아 있는 걸까, 아니면 모든 게 빠른 속도로 움직이고 있는 걸까?

도플갱어 문학과 신화에서는 분신이 출현하면 당사자는 여로에 오를 운명이라고 한다. 분신이 어떤 교훈, 비밀, 조짐을 뜻하는지 찾아나서는 해석의 모험 말이다. 내가 한 일이 그것이다. 내 도플갱어를 밀어내기보다 그녀에 관한 문헌과 그녀가 참여하는 운동을 샅샅이 조사했다. 음모의 토끼굴에 자꾸만 깊이 빠져드는 그녀를 따라 같이 들어갔는데, 거기서는 내가 『쇼크 독트린』 시절에 했던 조사 내용이 마치 거울 반대편으로 건너가 우리가 당면한 다분히 진짜인 위기─코로나와 기후위기, 러시아의 군사 침략까지─가 중국공산당, 기업 세계정부주의자들, 유대인이 펼치는 위장 전술이라고 주장하는 괴상한 계략 네트워크를 형성한 것처럼 보이곤 했다.

나는 대규모 정보 혼란을 일으키고 나라마다 반란을 조장하는 지구상에서 가장 사악한 남자 몇 명과 그녀가 맺은 동맹관계를 살펴봤다. 그들이 노리는 정치적·정서적·재정적 이득을 따져봤고 그들이 부채질하는 인종적·문화적·역사적 공포와 무지를 탐구했다. 무엇보다 반민주주의 세력의 무장을 해제할 방법들을 고심했다.

이 노력이 값지다고 느꼈다. 나는 '다른 나오미'와 오래도록 징하게 혼동된 나머지, 그녀가 내 꽁무니를 쫓고 있다고 착각하곤 했다. 이제는 마땅히 내가 그녀를 쫓을 차례다.

 분신, 쌍둥이, 사칭꾼에 관한 이야기에서 도플갱어는 흔히 원치 않는 거울처럼 주인공의 허영스럽고 허망한 부분을 비춘다. 나를 빼닮은 내 도플갱어의 모습에 속으로 종종 눈살을 찌푸렸다는 사실은 감추지 않겠다. 그럼에도 이 책을 쓰겠다고 고집을 피운 건 그녀를—재앙에 가까운 결정이나 사람들이 그녀를 집요하게 괴롭히는 방식을—지켜보면 볼수록 거기서는 내 못난 모습뿐만 아니라 우리 문화의 못난 모습까지 고스란히 드러났기 때문이다. 화젯거리가 되고 싶어하는 강렬한 욕망. 우리가 실수한 사람들을 차단하고 처단하는 방식. 언어의 왜소화, 책임 전가, 그리고 그 이상. 결과적으로 그녀를 통해 나는 스스로를 좀더 선명하게 봤고 우리 모두가 속해 있는 위험한 체제와 역학을 더 또렷이 인식하게 되었다.

 따라서 이 책은 '다른 나오미'의 전기가 아니며 그녀가 취한 행동을 정신분석학적으로 다루지도 않는다. 대신 내가 겪은 도플갱어 경험—그것이 초래한 사달 및 나와 그녀, 우리 모두에 대해 얻은 교훈—을 길잡이 삼아 이른바 '도플갱어 문화'를 탐방한다. 이 문화에서는 온라인 페르소나나 아바타를 유지하는 모든 이가 자신의 도플갱어, 즉 대외용 가상 자아를 직접 창조한다. 스스로를 개인 브랜드로 인식하며 관심경제의 격투장에 오르기 위한 참가비로 도플갱어를, 우리이자 우리가 아닌 가상의 정체성을 끊임없이 수행한다. 그런 와중에 테크 기업은 데이터를 수집해 인간의 지능과 기능을 기계에 훈련시켜 고유한 목표, 고유한 논리, 고유한 약점을 지닌 감쪽같은 인격을 만들어낸다. 나 자신에게 묻고 또 물었다. 이런 복제의 향연은 어떤 영향을 미치고 있는 걸까? 우리가 무엇에 주의를 기울이고 무엇에 신경 쓰지 않을지, 그 노선을 어떻게 변경하고 있는 걸까?

나는 그녀의 세계―"아이들"을 구원하고 보호하겠다는 미명하에 정체불명의 웰니스 인플루언서와 독기를 내뿜는 극우 선전가들이 단결하는 세계―에 몸담으며 더 많은 분신과 도플갱어 형태를 접했는데, 이들은 훨씬 더 중대한 결과를 일으켰다. 예컨대 양분화된 사회가 서로를 적으로 여기면서, 이쪽에서 말하고 믿는 게 뭐든 상대편은 정반대를 말하고 믿어야 하는 의무를 지닌 듯, 정치 전반이 점점 거울세계처럼 변해가는 방식이다. 자세히 파고들수록 이런 현상을 도처에서 볼 수 있었다. 사람들은 신념이나 원칙에 근거하지 않고 그저 어느 집단의 구성원으로서 경쟁자의 음에 자신의 양을 끼워맞췄다. 건강과 나약. 깨어 있는 자와 겁쟁이. 정의와 타락. 사유가 살아 숨 쉬던 곳에 이분법이 들어선 것이다.

처음에는 내 도플갱어의 세계를 협잡꾼들이 판치는 곳쯤으로 넘겨짚었다. 그러다 점점 나는 새롭고 유해한 정치 진영의 형성을 실시간으로 목격하고 있다는 인상을 지울 수 없었다. 그 진영의 동맹, 세계관, 표어, 적수, 은어, 언급 금지 대상부터 궁극적으로는 정권 장악을 위한 비장의 카드까지.

머잖아 이 모든 게 더 불길한 더블링과 맞닿아 있다고 확신했다. 바로 '야만인' '테러리스트' '강도' '창부' '사유재산property'으로 불리는 인간 범주들에 인종, 민족, 젠더가 위험한 분신을 만들어내는 유구한 방식 말이다. 바로 이것이 내 도플갱어 여정에서 등골을 오싹하게 하는 대목이다. 개인만이 아니라 국가와 문화 역시 악랄한 분신을 둘 수 있다. 우리는 정치적 변곡점을 예감하고 두려워한다. 민주주의에서 독재주의로. 세속주의에서 신정주의로. 다원주의에서 파시즘으로. 어떤 곳은 변곡점을 이미 지났다. 다른 곳에서는 거울에 비친 상처럼 가깝고도 친숙하게 느껴진다.

조사 시간이 길어질수록 나는 이런 도플갱어에게 마음이 쏠렸다. 서구 자유민주주의의 쌍둥이인 파시즘적 허수아비 정부는 일부 인구에는 포용을, 나머지에는 극렬한 경멸을 보인다. 수백 년에 걸쳐 도플갱어라는 표상은 이런 집단적 자아의 이면, 즉 괴물 같은 미래가 올 가능성을 경고했다.

그런 미래가 당도한 걸까? 적어도 아직까지 다수에게는 동떨어진 이야기로 들릴 것이다. 하지만 다른 방치된 비상사태 여럿을 등에 업은 팬데믹은 인류를 가본 적 없는 곳으로, 가까우면서도 다른 곳으로 데려갔다. 이 다름이 바로 그동안 우리가 애써 이름 붙이려 한, 모든 게 낯익지만 어딘가 퍽 일그러져 있는 광경의 기이함이다. 언캐니한 사람들, 엉망진창인 정치권, 심지어 인공지능의 발달로 누가, 무엇이 참인지 식별하기는 더 어려워졌다. 방향감각을 잃은 기분. 누구를 신뢰하고 무엇을 믿을지 감 잡을 수 없는 상황. 친구와 사랑하는 이들이 난생처음 보는 사람처럼 바뀐 모습. 하나같이 세상이 달라졌기 때문이지만, 집단적 시차증에 걸린 것처럼 우리는 여전히 떠나온 곳의 운율과 습속에 길들여져 있다. 이제 도착지의 특성에 눈을 떠야 할 시간이다.

주제 사라마구는 자신의 소설『도플갱어』에서 이런 제언을 한다. "혼돈은 해독^{解讀}되기를 기다리는 질서일 뿐이다."[6] 이제 도플갱어 문화의 혼돈을 해독해보려 한다. 여기서는 꾸며낸 자아와 디지털 아바타와 대중 감시와 인종·민족적 투영과 파시즘적 분신과 무던히도 부정되어온 그림자들이 한꺼번에 수면 위로 솟구친다. 파란만장 그 자체다. 물론 날고 기는 이 모험의 최종 목적은 거울의 집에 남아 있는 것이 아니라 우리가 그토록 갈망하는 바를 이루는 것이다. 기상천외한 속임수를 피해 집단적인 힘과 목적의식을 키우는 것. 현기증을 이겨내고 더 나은 곳으로 함께 나아가는 것이 이 책의 의도다.

들어가며_나의 짝퉁 9

1부 이중생활(수행)

1장 점거당하다 29

2장 코비드, 위협 곱셈기의 등장 53

3장 망가진 내 브랜드, 혹은 '콜 미 바이 허 네임' 79

4장 숲속에서 나 자신과 만나다 113

2부 거울세계(투영)

5장 그들은 휴대폰에 대해서 알고 있다 125

6장 대각선들 155

7장 MAGA의 '플러스 원' 189

8장 말도 안 되게 심각하고, 심각하게 말이 안 나오는 225

9장 극우, 극변을 만나다 259

10장 자폐증 그리고 반백신 운동의 전편 313

3부 음영 지대(분할)

11장 침착, 음모······ 자본주의 359

12장 반환이라는 방향 395

13장 거울 속 나치 429

14장 떨쳐낼 수 없는 민족 분신 447

4부 정체를 마주보다(통합)

15장 탈자아 509

에필로그_누가 분신인가? 547

감사의 말 556

옮긴이의 말_언어적 쌍안경을 버리고 벼리며 561

주註 564

찾아보기 601

1부

이중생활(수행)

이중생활(수행)

내 이름을 한편에 제껴두고
사는 방법을 찾았다.
꽤 유용하더라.

주디스 버틀러, 2021[1]

1장

점거당하다

처음 그 일을 겪은 것은 맨해튼 월가 근처의 공중화장실 칸막이 안에서다. 볼일을 마친 뒤 문을 열려고 하는데 여자 둘이 나에 관해 떠드는 걸 들었다.

"너도 나오미 클라인이 말한 거 봤어?"

그 자리에 굳어버린 채 고등학교 시절 일진을 한 명씩 떠올리며 깨질 준비를 했다.

"아니 글쎄, 오늘 행진이 어떻다나."

"누가 자기한테 물어봤대? 우리가 뭘 요구하는 건지도 잘 모르면서 참 나."

잠깐만. 나는 행진에 대해, 요구에 대해 한마디도 하지 않았다. 그제야 알아차렸다. 누가 범인인지. 유유히 세면대로 향하면서 거울 속 여자 한 명과 눈길을 마주친 나는 앞으로 몇 년간 입이 닳도록 반복할 한마디를 건넸다.

"나오미 울프를 말씀하시는 것 같은데요."

2011년 11월 당시는 미국, 영국, 캐나다, 그리고 아시아 각지의 젊은이들이 공립 공원과 도시 광장에서 여러 밤을 지새우며 진행한 '월가를 점거하라' 운동이 최고조에 달한 시점이었다. 아랍의 봄과 청년층이 주도한 남유럽의 광장 점거 시위에서 촉발된 이 반란의 물결은 경제적 불평등과 금융 범죄에 집단 항거하며 차세대 정치를 탄생시켰다. 그날 맨해튼 야영지 주최자들은 금융가에서 대형 행진을 기획했고, 온통 검정인 옷차림새나 진한 아이라이너를 보면 화장실에 있는 누구도 파생상품을 팔다가 쉬러 온 트레이너는 아니라는 걸 짐작할 수 있었다.

동료 행진자들이 두 나오미를 섞어 부르는 데에는 수긍할 만한 이유가 있다. 우리 둘 다 묵직한 발상을 담아 책을 집필한다. (나의 『노 로고』와 그녀의 『아름다움의 신화』. 나의 『쇼크 독트린』과 그녀의 『미국의 종말』. 나의 『이것이 모든 것을 바꾼다』와 그녀의 『버자이너』.) 우리 둘 다 조명을 받으면 간혹 금빛이 되는 갈색 머리를 가졌다. (그녀는 긴 머리와 남부럽지 않을 머리숱을 가졌다.) 우리 둘 다 유대인이다. 가장 유력한 혼동의 원인이라면, 소싯적 우리는 서로 전혀 다른 분야의 비평에 몸담았지만(그녀는 여성의 신체·섹슈얼리티·리더십에, 나는 기업에 의한 민주주의의 퇴보와 기후변화에 전념했다), 월가 시위를 기점으로 각자 주목하는 대상을 가르는 구분선이 흐릿해졌다는 것이다.

화장실에서 때아닌 통성명을 하기 전에도 나는 광장 점거지를 두어 번 찾았다. 그때는『이것이 모든 것을 바꾼다』를 집필하는 데 참고할 자료로 시장 논리와 기후위기의 관계를 다루는 인터뷰를 하는 게 주목적이었다. 하지만 내가 맨해튼에서 지내는 동안 시위 주최자들은 2008년 금융위기라는 충격의 여파 속에서 자행된 극악한 부조리를 주제로 짧은 강연을 부탁해왔다. 무리한 거래로 위기를 자초한 은행들은 몇조 달러의 자금 지원을 받으며 회생한 반면, 저 극소수를 제외한 다른 모든 이에게 긴축 재정이 어떤 고행을 불러왔는지 등 만천하에 밝혀진 제도적 부패를 주제로 말이다. 이런 부패는 단절의 씨앗이 되어 수석 전략가 스티브 배넌의 후견을 받은 트럼프를 비롯해 20여 개국의 우파 포퓰리스트들이 반이민자·반'세계정부주의' 정치 어젠다를 펼칠 수 있게 했다. 그러나 당시에는 대출증권의 연쇄 파산이 민주주의의 부흥과 좌파의 새 시대를 도모할 거라는 희망이, 기업 권력을 제어하고 움츠러든 민주주의에 날개를 달아 기후위기와 같은 비상사태들에 해답을 제시하리라는 희망이 있었다. 그게 내 강연의 내용이었다. 직접 찾아보며 내가 얼마나 순진한 생각을 했는지 눈물을 훔쳐도 좋다.[1]

1990년대 페미니즘의 주역이었던 나오미 울프도 시위에 대해 견해를 내놓기 시작했고, 아마 그게 혼란의 시발점일 것이다. 몇 편의 기고문에서 그녀는 점거운동 단속이 미국이 경찰국가로 이행하고 있는 근거라고 말했다. 이건 노골적인 파시즘으로 이행하는 정부라면 반드시 거친다고 울프가 주장한 '열 단계'를 개괄한 그녀의 책『미국의 종말』의 내용이었다. 울프에 의하면, 점거 참가자들이 자유를 빼앗기는 모습은 이 사악한 미래에 경종을 울렸다. 뉴욕시는 공원에서 확성기와 음향 설비 사용을 금지했고 체포가 줄줄이 이어졌다. 울프는 코앞에서 벌어지고 있는 쿠데타를 막으려면 운동가들이 발언과 집회의 자유에 대한 제약에서 벗어나 행동해야 한다고 썼다. 주최자들은 경찰에게 야영 시위를 해산할 명분을 주지 않도록 '인간 확성기'라는 다른 방식을 택했다. (발언자의 말을 관중이 따라해 전원이 내용을 들을 수 있게 했다.)

울프와 주최자들 사이의 견해차는 다른 데서도 나타났다. 좋든 나쁘든 간에 점거자들은 이 운동은 별다른 정책 어젠다가 없다고 못 박았다. 입법자들이 정치적 요구 두세 가지만 들어준다면 기쁜 마음으로 집에 돌아갈 거라면서. 울프는 이게 거짓이라고 했다. 무슨 수를 썼는지는 몰라도, 그녀는 점거운동이 요구하는 구체적인 사항을 알아냈다고 주장했다.[2] 『가디언』에 "점거자들이 진짜로 원하는 게 뭔지 밝혀냈다"면서 자신이 점거운동 참여자라고 하는 사람들로부터 "온라인에서 '당신이 바라는 게 뭔가요?'에 대한 답을 유인해냈다"고 설명했다. 급진적이고 참여주도적인 민주주의를 목표로 삼는 이 운동의 성격은 무시했다. 그리고 두서없는 설문조사 결과에서 추려낸 요구 사항 목록을 『허핑턴포스트』가 주최한 공식석상에 가져가 다른 초대 손님인 뉴욕 주지사 앤드루 쿠오모에게 직접 전달하려 했다.

이야기는 여기서 끝나지 않는다. 쿠오모와의 접선에 실패한 울프는 행사장을 떠나 뜻밖의 연설을 늘어놓았다. 길거리에 모여 있는 점거 시위자들에게 오히려 그들의 요구 사항을 설명해주면서 요구하는 방식이 잘못됐다고, '헌법 수정안 제1조에 따라 확성기를 사용할 권리'[3]를 행사하지 않았다고 다그쳤다. 카메라들이 다닥다닥 붙어서 울프의 체포 과정을 녹화했고 버건디 색 연회용 드레스 차림으로 엎치락뒤치락하는 현장은 볼만했다. 바로 이 가관의 주인공이 화장실에서 두 여자가 가리킨, 자신들의 요구 사항을 이해하지 못하는 '나오미 클라인'이었다.

그때까지도 나는 울프의 망발에 별다른 신경을 쓰지 않았다. 그러잖아도 그해 가을에는 점거운동 주변에서 괴상한 일이 자주 벌어졌다. 하루는 라디오헤드가 무료 공연을 열 것이라는 소문으로 야영지가 떠들썩했는데 누군가의 짓궂은 말장난일 뿐, 밴드는 영국에서 한 발짝도 벗어나지 않았다. 이튿날에는 칸예 웨스트와 러셀 시몬스가 정말로 찾아와 보좌관들을 통해 선물을 나눠주기도 했다. 알렉 볼드윈도 얼굴을 잠깐 비췄다. 이런 야단법석의 와중에 중견 작가가 새파란 젊은이들에게 이래라저래라하다가 수갑 차는 것은 뉴스거리 축에도 못 들었다.

하지만 화장실 사태 이후로 불똥이 나한테까지 튄다 싶어 울프가 뭘 하는지 꼼꼼히 알아보기 시작했다. 이상행동은 점점 더 이상해졌다. 미국 전역의 경찰이 공원과 광장에서 점거 야영지를 철수한 것은 의회와 오바마의 백악관이 직접 진두지휘한 것이라며 물증 없는 글을 썼다.

"상관없어 보이는 사건들도 연결 지어 보면"[4] 모든 게 이해된다고 울프는 썼다. 점거운동 단속은 "내란의 첫 번째 전투"였으며 "의회 의원들이 미국 대통령과 공모해 자신들이 대표해야 할 시민들을 진압할 폭력 조직을 이 전투에 보냈다". 울프에 따르면 이건 전체주의 통치의 분기점이 될 사건이었다. 예전에도 그녀는 조지 W. 부시가 2008년 대선이 열리지 않게 막을 거라고 자신 있게 예언하면서 똑같은 주장을 했고(선거는 잘 치러졌다), 이후로도 몇 년간 같은 주장을 반복했다. "애석하게도 일주일 새 미국인들은 타흐리르 광장의 형제자매와 한배를 탈 운명에 한발 더 가까워졌다."[5] 그녀는 이렇게 적었다. "그들처럼, 우리 지도자들도…… 국민과 접전 중이다."

논리적 비약만으로도 눈이 다 시렸다. 그렇지만 울프가 『미국의 종말』에서는 그리 살피지 않았던, 기업과 정치권이 비상시에 권력을 남용한다는 주제를 그녀가 본격적으로 다룬 글이 『쇼크 독트린』의 패러디처럼 읽힌다는 점이 나는 제일 괴로웠는데, 사실과 근거가 생선 뼈 바르듯이 정성스레 제거돼 있는 이 모방품은 내가 결코 인정하지 못할 엉뚱한 결론만 끌어내고 있었다. 어쩌다 한 번꼴로 나의 도플갱어와 혼동되던 때이긴 했지만 사람들은 울프의 지론에 내 이름을 붙이며 언급하곤 했다. 그럴 때면 유체이탈하는 기분이었다. 연회복을 입고 손목에 쇠고랑을 찬 그녀를 조명하는 『가디언』 기사를 읽던 중 한 문장에 시선이 꽂혔다. "그녀의 파트너인 영화 제작자 아브람 루트비히 역시 함께 체포되었다."[6]

이 문장을 내 파트너이자 영화 감독 및 제작자인 아브람 루이스('아비'로 불린다)에게 읽어주었다.

"이 무슨 엿 같은 상황이야?" 그가 물었다.

"그치?"

"빌어먹을 음모 같아."

함께 배꼽이 빠질 듯이 웃어댔다.

점거운동 이후 10년 동안 울프는 가늠할 수 없을 만큼 방대한 양의 자질구레한 사실과 환상으로 이야기를 짜깁기했다. 가령 국가안보국 휘슬블로어 에드워드 스노든에 관한 억측을 흘렸다. ("겉말이랑 실상은 다르다니까"[7] 같은 표현을 쓰며 울프는 그가 현역 첩보원이라는 인상을 자아냈다.) 2014년 서아프리카 지역에 에볼라가 발병했을 때 야외 의료원을 건설하기 위해 투입된 미군에 관해서도. (질병 확산을 방지할 목적이 아니라 질병을 미국으로 옮겨와 국내에 '집단 봉쇄령'[8]을 강행하기 위해서라고.) ISIS에 인질로 붙잡힌 미국인과 영국인의 참수형에 관해서도. (실제로 살해했을 확률은 희박하고, 미국 정부가 위기 전문 배우들을 고용해 한바탕 꾸며낸 암암리의 자작극이었을 것이라고.)[9] 뉴욕시 호텔 방에서 가정부를 성폭행한 혐의로 체포된 전 국제통화기금 총재 스트로스칸에 관해서도. (기소된 혐의는 결국 취하되고 민사 소송으로 해결됐지만 울프는 이 모든 일이 '사르코지에게 압승할 후보자로 촉망받던' 스트로스칸을 프랑스 선거에서 축출하고자 기획된 '정보기관'[10]의 소행이 아니었을까 하는 의문을 제기했다.) 10퍼센트가 넘는 표차로 반대 측이 이긴 2014년 스코틀랜드의 분리독립 국민투표 결과에 관해서도. (아마 사기극일 거라고 주장했는데, 이에 대한 근거로는 뉴욕의 집에서 혼자 흐지부지 수집한 증언이 전부였다.)[11] 그린뉴딜에 관해서도. (풀뿌리 기후정의 운동의 목소리가 아니라 '파시즘'을 갈망하는 엘리트들이 꾸며낸 속임수에 지나지 않는다고 말했다.)[12]

부가 극단적으로 치우쳐 있고 권력이 곧 면죄부인 오늘날, 공식 서사의 진위에 돋보기를 들이대는 것은 지극히 합리적일 뿐 아니라 현명한 선택이다. 뒤에서 더 자세히 다룰 예정인데, 진짜 음모의 베일을 벗기는 것은 탐사보도의 중임이다. 하지만 내 도플갱어가 스노든과 ISIS와 에볼라에 관한 저속한 이론을 늘어놓기에 앞서 진행한 것은 진득한 조사라고 할 수 없다. 하늘에 뜬 구름 모양이 수상하다며 꿍꿍이를 캐내려고 달려들 때도 그녀 안중에 조사는 없었다. (이건 미 항공우주국이 '알루미늄을 전 지구적으로'[13] 살포하려고 운영하는 비밀 프로그램의 일환이며 치매 대유행으로 이어질 수 있다고 했다.) 5G 통신망에 관해 무릎을 치게 할 정도로 출중한 사유를 트위터에 올릴 때도 조사는 뒷전이었음이 드러나는데, 그녀는 이런 글까지 썼다. "5G 청정 지대 벨파스트에서 땅, 하늘, 공기를 느끼고 인간적인 경험을 하자니, 마치 1970년대처럼 지구를 경험하자니 참으로 훈훈했다. 고요하고 침착하고 평온하고 차분하고 천연 그대로였다."[14] 이 관찰일지에 쏟아진 욕은 한두 바가지가 아닌데, 그녀가 트위터에서 이토록 국제적인 망신을 산 이유는 (1) 그녀가 방문한 시점에 벨파스트는 이미 5G 통신망을 도입했고 (2) 1970년대의 북아일랜드로 말할 것 같으면, 피폭형 무장 충돌로 수천 명의 사상자를 낳은 아비규환의 시대였기 때문이다.

이 모든 게 옥스퍼드대학에서 로즈 장학생으로 공부하며 『아름다움의 신화』를 집필한 사람의 이력이라니, 난감하다. 당시 그녀는 "여자아이들은 타인에 대한 욕망이 아니라, 욕망의 대상이 되고자 하는 욕망을 학습한다"[15]고 썼다. "소녀들은 자신의 성性을 소년들과 함께 관찰하게 된다. 여기에 허비하는 에너지는 사실 자신들이 무엇을 원하는지를 찾아가고, 그것에 대해 읽고 쓰고 추구하고 성취하는 데 쓰여야 할 것이다. 어릴 때부터 여자아이들은 아름다움에 인질로 붙잡힌 성을 구출하기 위해서 광고주나 포르노 제작자들이 사용할 줄 아는 그 어떤 도구보다 더 우아한 구명밧줄을 던진다. 바로 문학과 시, 그림, 영화다."

그 책에 등장하는 통계적 오류[16]는 눈감아주기 힘들어 후속 작업이 있어야 함을 예고하지만 적어도 끈덕진 기록에의 의지는 높이 평가할 만했다. 요사이 울프의 온라인 기고문은 허술하고 오점투성이라, 초기 작업을 통해 그녀가 언어에 대한 투철한 애정, 소녀와 여성의 내적 삶에 대한 치열한 사고, 그들의 해방을 위한 비전을 가졌던 인물임을 떠올리면 이질감이 느껴진다.

1990년대 초에 저메인 그리어는 『아름다움의 신화』를 "『여성, 거세당하다』 이후 페미니즘 운동의 최고 수작"[17]으로 평가했다. (그 책은 1970년에 출판된 그리어 본인의 저서였다.) 울프의 입신에는 타이밍이 한몫했다. '잃어버린 10년'으로 평가되는 1980년대—이목을 끌기에는 페미니즘이 갑자기 너무 진중해진 시기—가 저물고 상업 매체가 페미니즘에 제3물결을 선고할 준비가 되자, 『아름다움의 신화』는 울프를 브라운관에서 볼 수 있는 얼굴 수준으로 끌어올렸다. 여성에게 부과된 가혹한 미의 기준을 폭로한 첫 번째 페미니스트 작가는 아니었지만 그녀는 이 주제에 독특한 관점으로 접근했다. 제2물결 페미니즘 운동이 대학과 직장에서 성평등을 진전시키는 데 성공할 1980년대 무렵부터 여성에게 미의 기준을 충족하라는 압박이 급격히 늘면서 직장 동료 남성들과의 경쟁에서 밀려났다는 것이다. 울프는 이게 우연이 아니라고 주장했다. '지배 계급'[18]은 여성들이 걸림돌 없이 취직한다면 자신들의 자리가 위태로워진다는 걸 알고 있었고, 이런 사회 진출을 "기필코 막아내지 못한다면 전통적인 상류 권력층이 불리한 입장에 처할 것이었다". 아름다움의 '신화'란 여성의 힘과 집중을 앗아가기 위해 발명되었다고 울프는 추측했다. 마스카라와 다이어트에 정신이 팔린 나머지 진급의 사다리를 오르며 남성 경쟁자를 걷어찰 시간은 없도록 말이다. 요약하자면 그녀는 1980년대의 격상된 아름다움의 기준을 1970년대 페미니즘에 대한 반동으로 사고했다.

이에 맞서 울프가 그리는 페미니즘의 미래는 1960, 1970년대를 풍미했던 급진적인 요구와는 거리가 멀었다. 그 시기 페미니즘은 반제국주의, 반인종주의, 사회주의와 연결돼 있었고, 활동가들은 자체 조직을 꾸리고 운동 출판물을 내며 전복적인 입후보자를 내세워 지배 권력 체제 바깥에서 그에 도전하고 변혁을 도모하려 했다. 이와 반대로 울프가 제안한 제3물결 페미니즘의 향방은 빌 클린턴과 토니 블레어가 공공 서비스 증진과 부의 재분배를 옹호하는 정책에 등을 돌리고 시장과 군사 지향적인 '제3의 길'을 수용하도록 각자의 정당을 이끌었듯이 중도로 향하는 길이었다. 이 방향은 노동계급 여성에게는 이렇다 할 득이 없었지만 그녀처럼 백인 중산층 고학력 여성들에게는 더할 나위 없는 삶을 약속했다. 셰릴 샌드버그가 『린 인』을 출간하기 20년도 더 전에 울프는 두 번째 저서 『불에서 불로』를 통해 페미니즘이 교리에서 벗어나 '권력에의 의지'[19]를 발휘해야 한다고 주장했다.

그녀는 자신의 조언을 따랐다. 페미니스트 선배들의 계보를 이어 여성운동의 세력을 확장하는 데 이바지하기보다 뉴욕시와 워싱턴 D.C.에 있는 자유주의 정치계의 심장부로 자신을 미사일처럼 쏘아올렸다.

훗날 빌 클린턴의 연설문 작성가 및 『뉴욕타임스』 편집자가 될 기자와 결혼했고, 빌 클린턴의 우경화에 중요한 역할을 한 정치 전략가 딕 모리스와 상의했으며, 여성 리더십 연구 기관 설립에 기여했다. 울프는 엘리트 권력 구조를 철거할 마음이 없는 듯했다. 그곳에 진입하기를 원했던 것이다.

언론은 울프 모시기에 여념 없었는데, 그렇게 대중의 가시권에 들어온 첫 10년 동안 그녀는 내가 어린 시절 제일 즐겨 보던 시트콤 「한 번에 하루씩」의 발레리 버티넬리를 빼닮아 있었다. 우아하고 태연한 자세로 미용 산업의 폐해를 들추며 섹스와 젊은 여성들의 쾌락에 대해 노골적이고도 대담한 논의를 펼쳤다.

울프 전과 후로 등장한 여러 훌륭한 페미니스트 이론가는 내밀한 경험—강간, 낙태, 가정 폭력, 인종 기반의 성적 도착, 질병, 젠더 불쾌감—과 그런 경험을 생산하는 광범위한 사회 구조들을 연결지었다. 1980년대에는 그런 유의 책이 넘쳐났는데, 특히 흑인 페미니스트들이 저력을 발휘했다. 벨 훅스의 『난 여자가 아닙니까?』, 앤절라 데이비스의 『여성, 인종, 계급』, 오드리 로드의 『시스터 아웃사이더』 등을 꼽을 수 있다. 『아름다움의 신화』가 출간되고 4년 뒤 이브 엔슬러의 획기적인 여성주의 연극 「버자이너 모놀로그」가 처음 무대에 올랐다. 일상에서 깨달음을 길어올리는 이런 작업들은 집단적 정의 실현을 바라는 함성으로 번져, 개인적인 것이 곧 정치적이라는 민중 운동으로 열매를 맺었다. 울프는 그녀 자신이 아닌 여성들, 그녀의 삶과 동떨어진 삶을 사는 여성들에 대한 호기심의 결핍으로 운동권 지성계의 글쓰기와 궤를 달리했다. 이러한 결핍은 첫 번째 책에서부터 드러나는데, 그건 백인 유럽 중심의 미적 이상향을 다루는 연구서로 흑인과 아시아인, 다른 비백인 여성들이 그런 이상향 때문에 겪는 날카롭고도 두드러진 영향에 대해서는 탐색할 기미조차 보이지 않았다. (퀴어나 트랜스젠더 여성들에 관해서는 말할 것도 없다.)

울프의 작업에 회의적인 사람들이야 늘 있었지만—그녀의 맞수 카밀 파글리아는 울프를 "『세븐틴』*에 어울리는 수준의 사색가"[20]라며 깎아내렸다—이런 비판은 여성학과 울타리 안을 맴도는 데 그쳤다. 그 10년의 세월이 막바지에 이를 때쯤 울프는 여성과 관련된 모든 것의 일인자로 정평이 나는 바람에 2000년 미국 대통령 선거를 앞두고 민주당 후보 앨 고어는 그녀에게 여성 유권자들의 환심 사는 법을 따로 지도받기까지 했다. 울프가 앨 고어에게 건넨 것으로 세간에 잘 알려져 있는 충고는 그가 빌 클린턴의 그림자를 벗어나 '베타 남성'에서 '알파 남성'으로 진화해야 한다는 것이었다.[21] 온화한 색감의 정장을 입어 딱딱한 인상을 부드럽게 바꿔야 한다는 제안도 포함되어 있었다. 울프가 패션 조언

* 여성 청소년이 주 구독자인 패션미용 잡지.

사실을 부인했는데도 언론에서는 그녀를 입방아에 올리기 바빴고, 『뉴욕타임스』 칼럼니스트 모린 다우드는 이런 평가를 내렸다. "울프는 도덕계의 아르마니 티셔츠다. 고어가 시답잖은 것을 위해 지갑을 다 털어넣었으니까."[22]

새천년을 기점으로 울프는 어떤 심경 변화를 겪은 듯했다. 그것은 고어의 당선 실패 탓일 수도 있고(혹은 조지 W. 부시의 선거 절도 탓이거나) 캠페인에서 그녀가 맡았던 논란에 휩싸인 역할이 대선 결과 이후 집중포화를 받은 탓일 수도 있다. 어쩌면 좀더 사적인 문제와 연결된 것인지도 모른다. 울프는 어린애 둘이 있는 상태에서 결혼생활을 끝내게 됐다. ("불혹의 나이에 이르자마자 혼돈의 한 해가 펼쳐졌다"[23]고 소회했다.) 이유야 무엇이든 간에, 그간 성공 일변도를 달리던 울프의 평판은 2000년대 초중반에 이르러 하강 곡선을 그렸다. 2005년 그녀는 『트리하우스: 삶과 사랑, 관점에 대한 아버지의 기발한 지혜』라는 아담한 책을 출간한다. 『모리와 함께한 화요일』의 부녀판인 이 책에서 울프는 탕아 생활을 수십 년 만에 청산하고 부성애의 품에 되안기는 자기 모습을 그린다. 아버지 레너드 울프는 그녀가 딸에게 나무로 집을 지어줄 수 있도록 목조 건축법을 전수한다. 그리고 좋은 삶을 사는 방법까지도.

울프는 페미니스트 지성인으로 활동하는 동안 자신이 객관적 진실과 물질적 변화에 가치를 두었다고 쓴다. 이런 가치관은 고딕 소설과 공포 문학에 조예가 깊은 학자이자 시인인 아버지가 물려주려 했던 가치관과 충돌했다. "아버지는 나를 키우실 때 무엇보다 상상력의 힘을 제일의 가치로 꼽았다."[24] 레너드는 '마음씨'가 '사실, 수치, 법률보다' 더 중요하다는 것을 아는 사람이었다고 그녀는 술회한다.[25] 한편 대부분의 서평가는 이 책을 창조성에 관한 미지근하고 젠체하는 조언쯤으로 평가했다. 훗날 울프가 코로나에 관한 사실, 수치, 법률을 창조적으로 갖고 논 것을 미루어볼 때,[26] 이 책은 레너드 울프가 즐겨 읽는 고딕 소설에 등장한대도 뒤떨어지지 않을 음울한 전조를 띠었다.

이보다 『트리하우스』에서 내 눈길을 끈 것은 레너드가 나눈 핵심 인생 교훈인 "상자를 파괴하라"[27]는 훈령이었다. 울프에 따르면 그녀의 아버지는 다음과 같이 말했다. "네 진실된 목소리를 찾을 생각일랑 말고 먼저 상자부터 거부해라…… 때려 부숴라."[28] 그녀는 이 대목을 강조했다. "네가 속해 있을지도 모를 상자를 들여다보고 그걸 파괴할 기지를 발휘해라."

그때까지 울프는 스스로가 페미니스트라는 상자에 속해 있었다고 봤다. 그러나 2년 뒤, 상자를 부수고 애국주의적 편집증이 두드러지는 2007년 저서 『미국의 종말』로 새 삶을 시작했다. 여성 인권에는 곁눈질 한번 주지 않은 이 책에서 울프는 한때 그녀가 발을 들이려 무척 애썼던 엘리트 기관에 화살을 겨누는 듯했다. 새로운 과녁이 생긴 것이다. 바로 독재주의가 자유사회를 침식하는 방식과 비밀 정부 활동의 위험성이었다.

돌이켜보면 내게 사건의 진짜 원점은 이때였다. 울프가 그녀다운—여성의 신체를 두고 벌어지는 다툼을 책 소재로 삼던 그 나오미다운—모습을 등지고 나와 같은—충격에 빠진 대중을 착취하는 기업 행태에 관해 글을 쓰는 그 나오미와 같은—논조를 펼치기 시작한 시점 말이다. 울프가 혼선을 빚으려고 작정했다는 말인가? 전혀 아니다. 다만 몹시 안타까울 뿐이다.

그 책 한 권에서 끝나지도 않았다. 나는 2018년부터 그린뉴딜을 주제로 글을 쓰기 시작했다. 머잖아 울프도 그러기 시작했는데 음모 일색이었다. 나는 기후위기 해결책으로 도입된 지구공학의 위험을 짚으며, 고도에서 유사 화산 폭발을 일으켜 태양빛을 일부 차단하려는 실험들이 남반구 강우에 미친 영향을 집중 조명했다. 그녀는 정부가 인공 강우를 만든다는 명목하에 화학약품을 산포해 대량 중독 사태를 초래하고 있다는 억측으로 소셜미디어를 도배했다. 나는 동료평가 논문 수십 편을 바탕으로 글을 작성했다. 그리고 비공개 지구공학 학술회의에 가까스로 두 차례나 참석해, 태양 복사열 통제를 목적으로 대기권 상층부에 입자를 올려보내는 실험을 진행하는 중진 과학자 몇 명을 취재했다. 그녀는 뉴욕과 런던에서 마구잡이로 구름 사진을 찍다가 2018년 환경학 잡지 『그리스트』로부터 "울프는 구름 음모론자다"[29]라는 꾸지람까지 들었다.

그녀의 일정이 바빠지면 즉각 알아차릴 수 있다. 온라인상에서 내 이름을 언급하는 빈도가 수직 상승하고, 탄핵과 추방의 언어가 연발한다("내가 나오미 클라인을 존경했다는 게 믿기지 않네. 어쩌다 저 지경이 된 거야?"). 그리고 깐죽거리는 동정심의 언어도("이봐들, 이 사건의 진짜 피해자는 나오미 클라인이라고" "나오미 클라인에게 심심한 위로와 사과를").

우리 정체성이 얼마나 심각한 수준으로 뒤섞였는지 궁금한가?

그건 심각하다 못해 2019년 10월 시 한 편이 트위터를 강타했는데, 무슨 일이 터질 때마다 어김없이 회자되며 지금까지 수천 번 공유되는 영광을 누렸다.

> 그 나오미가 클라인이라면 If the Naomi be Klein
> 너는 잘하고 있고 you're doing just fine
> 그 나오미가 울프라면 If the Naomi be Wolf
> 아이고, 벗이여. 우으으으으프 Oh, buddy. Ooooof.*30

여느 도플갱어 이야기와 마찬가지로 혼란은 양방향으로 영향을 끼친다. 울프는 몇 개의 플랫폼에 걸쳐 꽤나 크고 충성심 있어 보이는 지지층을 거느리는데, 과찬의 말씀이오나 『쇼크 독트린』의 저자는 자신이 아니라며 사람들의 말실수를 교정해주는 걸 몇 차례 본 적 있다.

혼란으로 얼룩진 첫 10년 동안 나의 공적 대처법은 부인으로 일관하기였다. 친구들과 남편 아비에게야 하소연을 늘어놓았지만 대중 앞에서는 쉽게 운을 떼지 않았다. 심지어 2019년 울프가 그린뉴딜에 관한 트윗에 매일 나를 태그해, 이 모든 게 실은 일종의 그린 쇼크 독트린—은행가와 벤처 투자자들이 기후위기의 장막

---

* 각 나오미의 성에 따르는 운율을 띠는 시다. 클라인과 '파인', 울프와 '우으으으으프.' 후자는 한국어로 '으어어어어어휴'와 같이 과장된 한숨 소리로 이해하면 된다.

뒤에서 권력을 움켜쥐려는 발칙한 계획—이라는 황당무계한 설을 풀며 나를 끌어들이려던 때조차 침묵했다. 상황을 개선하려 하지 않았다. 그녀를 조롱하는 이들과 한패가 되지 않았다.

생각을 안 해본 것은 아니지만 현명한 선택일 수 없었다. 타인과의 꾸준한 혼동은 내가 대체되거나 잊힐 가능성을 시사하므로 나름의 굴욕을 낳기 마련이다. 도플갱어가 안기는 문제점이 바로 그것이다. 혼란을 해소하려는 어떤 노력도 도리어 이를 가중시켜, 대중의 머릿속에 상대방과 당사자 사이의 관련성을 더 짙게 만든다.

이런 식으로 도플갱어와의 대치는 끝내 실존적 화두를 던진다. 나는 내가 생각하는 나인가, 아니면 타인이 생각하는 나인가? 만약 여러 사람이 다른 이를 나로 여긴다면 대체 나는 누구인가? 물론 개별성을 훔쳐가는 도둑은 도플갱어만이 아니다. 치밀하게 설계된 자아는 어느 순간에든 어떤 방식으로든 무너질 수 있다. 교통사고로 치명상을 입어서, 정신적으로 무너져서, 혹은 오늘날에는 계정을 해킹당하거나 딥페이크에 호되게 당해서. 도플갱어가 소설과 영화에서 누리는 고혹적인 입지가 여기서 잘 드러난다. 서로 관련 없는 두 사람이 똑 닮아 있다는 개념은 정체성의 핵심을 구성하는 위태로움을 명중한다. 제아무리 공들여 사생활을 보듬고 공적 페르소나를 가꾼들, 우리가 자신이라고 생각하는 사람은 궁극적으로 외부 영향에 노출되어 있다는 그 침울한 진실을.

몬트리올에서 활동하는 사진예술가 프랑수아 브루넬레가 수십 년에 걸쳐 도플갱어 수백 쌍을 촬영한 프로젝트 「나는 닮은꼴이 아니야! I'm Not a Look-Alike!」에는 이런 소개문이 등장한다. "어떤 사람, 그러니까 이 세상에 버젓이 살고 있는 누군가가 거울에서 보는 상이 내가 거울에서 보는 상과 얼추 판박이라는 건 곧 이런 질문을 던집니다. 대체 나는 누구일까? 상 속에 드러난 나인가, 아니면 형언할 수도 없고 심지어 내 눈에 보이지도 않는 무엇인가?"[31]

분신을 만난 인물을 다루는 책 수십 권에서 해당 인물은 하나같이 도플갱어의 출현으로 피폐해진 삶을 산다. 친구와 동료에게 신임을 잃고 일터에서 쫓겨나거나, 범죄 혐의에 휘말리거나, 배우자나 연인이 분신과 외도하는 장면을—꽤 자주—목격하게 된다. 분신의 실존 여부에 대한 찜찜함이 이 장르에 공통으로 나타나는 정서다. 과연 생김새만 비슷한 낯선 사람인 걸까, 아니면 오래전 연이 끊긴 쌍둥이인 걸까? 한발 더 나아가, 혹시 이 사람, 주인공이 빚어낸 상상력의 산물, 즉 뚜껑 열린 채 날뛰고 있는 잠재의식은 아닐까?

에드거 앨런 포의 단편 「윌리엄 윌슨」은 동명의 오만한 화자가 자신과 이름, 생년월일, 인상착의까지 똑같은 사람이 존재함을 알아차리는 '가증스러운 우연'[32]에서 시작한다. 그러나 우연으로 치부하기에는 너무 미심쩍다는 걸 독자는 곧 알게 된다. 고작 '낮게 읊조리는 정도'[33]로 말하는 게 전부인 이 분신은 피해망상과 자기혐오에 찌든 화자의 의식이 만들어낸 허구의 인물이며, 결국 윌리엄 윌슨은 '이 불구대천의 원수, 악의 귀재'를 죽이면서 자신을 죽이고 만다. 오스카 와일드의 장편 『도리언 그레이의 초상』에 등장하는 주인공 역시 같은 방식으로 명을 달리한다. 허영과 욕망에 찬 남성의 이야기를 다루는 이 책에서 그레이는 자신의 초상을 전해받은 뒤 악마적 거래를 통해 영원한 청춘과 미를 누린다. 젊음을 탐닉하며 타락의 길을 걷는 동안 화폭 속의 얼굴은 점점 넝마처럼 닳아 가상의 도플갱어를 빚어낸다. 늙고 추한 분신을 없애려고 그림을 칼로 찢었을 때, 처참한 죽음을 맞은 것은 다름 아닌 그레이 자신이었다.

이렇게 문학 속 아수라장을 들여다보노라면 반려견 스모크가 매일 저녁 노을이 질 때쯤 현관문 유리에 비친 자기 상에 맹렬히 짖어대는 모습이 떠오른다. 어떤 깜찍한 순백의 코카푸 도플갱어(도그플갱어?)가 집에 쳐들어와 음식을 빼앗아 먹고 마땅히 그녀 몫이어야 할 애정을 훔쳐가리라고 믿는 게 분명하다.

"그거 너래도." 다정한 목소리로 안심시켜봐도 스모크는 그 사실을 곧잘 깜빡한다. 이처럼 도플갱어와 대치하는 것은 옴짝달싹 못 하는 일이다. 악을 쓰고 덤벼도 결국 자기 자신과 맞닥뜨릴 뿐이니까.

그건 내가 아니야

도플갱어 문제로 시달린 첫 몇 년 동안 울프에게 특별히 신경 쓰지 않은 또 다른 이유가 있었다. 맨해튼 화장실 사건을 제외하면 나오미 울프와 혼동되는 것은 기껏해야 소셜미디어에서나 겪는 불상사였다. 친구와 동료들은 내 정체를 명백히 알았고, 이렇다 할 친분이 없는 사람들과 만나 이야기하더라도 그녀의 이름은 거론되지 않았다. 기고문이나 서평에서 우리를 섞어 부르는 일도 없었다. 따라서 나는 나오미 혼동 사태를 '온라인에서나 벌어질 뿐 현실 세계와는 거리가 먼 일'로 분류했다. (저 범주 안에 온갖 나부랭이를 말아넣어도 괜찮던 호시절이었다.) 사람들이 혼동하는 것은 나와 울프가 아니라 우리의 디지털 아바타뿐이라고 되뇌었다. 엄지손톱만 한 정면 사진끼리, 그리고 그런 프로필이 실리는 온라인 플랫폼에서 말풍선이 되고 발언의 테두리를 지어 그 바깥의 많은 것을 짓밟는 작은 상자들끼리.

그때는 이걸 개인적인 문제가 아니라 구조적인 문제로 생각했다. 젊은 남자 몇 명은 '연결'이라는 미명 아래 남의 대화를 몰래 읽을 수 있을 뿐만 아니라 우리를 직접 언급('멘션')하는 대화를 찾아나서도록 권장하는 기술 플랫폼을 만들어서 어마어마한 부를 축적했다. 내가 울프와 나의 이름을 혼동한 것을 최초로 접한 게 공중 화장실에서 몰래 들은 대화였다는 것은 어찌 보면 더할 나위 없는 전개였다. 트위터에 가입하고서 '멘션'을 알려오는 알림벨 아이콘을 맨 처음 눌렀을 때도 딱 그런 생각이 들었다. 지금 나는 무한정 펼쳐진 화장실 벽에 쓰인 나에 대한 낙서를 읽고 있구나.

이건 고등학생 시절 낙서의 대상이 되기 일쑤였던 내게 익숙하고도 핼쑥해지는 경험이었다. 트위터가 해로우리라는 걸 직감했다. 그럼에도 다들 그렇듯이 나도 화면에서 눈을 떼지 못했다. 도플갱어의 현란한 등장에서 긴히 얻었어야 할 가르침이 하나 있다면 바로 이것이리라. 지금 당장, 소셜미디어라는 그 만국의 똥통에 사람들이 우르르 몰려들어 당신을 두고 지껄이는 추잡한 소리에 관심 꺼라.

　그 교훈을 가슴 깊이 새겼을지도 모른다. 코로나가 끼어들지만 않았더라면.

2장

코비드,
위협 곱셈기의 등장

"이 트윗 딱 하나만 더 읽어주면 안 될까?" 나는 노트북을 한 손에 아슬아슬하게 펼친 채 주방에 들어섰다.

"그래", 대답하는 아비는 긴장한 기색이 역력했다. 그는 캐나다 총선에 나서며 온갖 중대한 결정을 앞둬 골머리를 앓고 있었다. 캠페인 매니저를 고용하고, 핵심 안건에 대한 의견을 정리하고, 10만 달러를 모금해야 했다.

"지금 이 여자가 뭐라고 썼냐면, '백신 접종자의 똥/오줌'[1]이 백신 미접종자의 식수에 미치는 영향을 연구하기 전까진 '일반 하수구 처리 시설/수도'랑 분리해야 한다는 거야. 이 말이 믿겨? 접종자를 유해 물질로 본다는 거잖아! 하수도를 새로 파 쓰라고 우기다니!"

"그래서 당신 이걸로 어디까지 가겠다는 거야?" 아비가 다그치는 투로 물었다.

그러게, 어디로 가는 걸까?

○●

코로나 이전의 몇 년 동안 울프는 음모론 유포를 취미로 삼는 듯했다. 한 이론에서 다른 이론—에볼라, 스노든, 5G 통신망, ISIS—으로 갈아타면서 어느 한 주제도 오래, 적어도 무언가를 적확히 증명해낼 만큼 오래 탐구하지 않았다. 몇 번 '의문을 제기'하거나 '질문을 던지'고 나면 어김없이 다음 목표물을 향해 자리를 옮겼다. 울프의 패턴은 러셀 뮤어헤드와 낸시 L. 로즌블룸의 2020년 공저 『항간의 설로는』에서 허무맹랑한 주장에 대한 믿음이 급상승하는 최근 현상을 진단하며 제시한 '논論 빠진 음모'[2] 개념의 전형이다.

하지만 그녀가 코로나 시대에 쏟아낸 글에서 나는 사뭇 달라진 낌새를 알아차렸다. 더는 징검다리 건너듯 한 주제에서 다른 주제로 옮겨다니지 않았다. 마음을 사로잡은 유일무이한 주제가 생긴 것 같았다. 바이러스였다. 이 병의 발원에서부터 휴업령, 감염 검사, 마스크 착용 의무, 백신, 백신 접종 의무, 백신 접종 확인용 앱까지. 그 무엇도 곧이곧대로 믿어서는 안 되었다. 울프에 의하면, 우리를 강타한 것은 모든 사람이 일부 대가를 감수하며 헤쳐나가야 할 전염성 강한 신종 동물원성 바이러스가 아니었다. 제약 회사들이 애당초 발급해서는 안 됐을 백신 특허를 발급하며 이윤을 극대화하는 동안, 지난 반세기에 걸쳐 신자유주의에 젖어버린 정치 계층과 보건 관료제가 통제에 실패하거나 미흡했던 것은 바이러스가 아니었다. 그녀의 설명에 따르면 우리는 어떤 실험, 계략, 쿠데타, 전쟁 행위에 꼴좋게 놀아나고 있었다. 인류의 일부는 지구상에서 사라지는 한편, 남은 사람 다수는 기술노예technoslaves로 전락해서 권리를 자진 포기하게 될 예정이었다. 그녀는 '대학살'[3]을 입이 닳도록 강조하면서 현 상황을 나치 시대의 독일, 아파르트헤이트 시대의 남아프리카공화국, 짐 크로 시대의 미국 남부, 오늘날의 중국에 견주었다.

　팬데믹이 공식화된 지 1년 만에 울프는 이런 끔찍하리만큼 헛된 정보를 대방출하는 네트워크의 핵심 인사로 자리매김했고, 트위터 구독자는 전년 대비 두 배에 달해 어느새 14만 명을 눈앞에 두고 있었다.[4] 내가 세어본 적어도 기술 플랫폼 일곱 군데에서 그녀는 질병관리 당국이 바이러스 확산 방지용으로 내놓은 거의 모든 정책을 그런 계략들의 일부로 묘사했다. DNA를 채취하고, 몸을 앓게 하고, 불임 상태로 만들고, 아기들을 죽이고, 일거수일투족을 감시하고, 아이들을 얼빠진 식충이로 만들고, 미국 헌법을 위배하고, 서구 세계의 위상을 갉아먹으려는 목적의 정책이라면서 말이다. 울프는 바이러스가 생물 무기일 가능성을 제기했다. 따라서 백신이 정치인들을 암살하는 수단으로 사용되고 있을지도 모른다고 부연했다.("지역 지도자들마저 죽고 있다." 그녀는 썼다. "이것을 공격이라고 우려하는 이유[가 그거다]. 투약량이 다르다.")[5] 울프는 당시 미국 국립 알레르기전염병연구소 소장 앤서니 파우치를 사탄에 빗댔으며 백신 오보를 바로잡으려는 시도를 가리켜 "악마 같다"[6]고 했다.

그녀는 "세계경제포럼, 세계보건기구, 빌&멀린다 게이츠 재단, 테크 기업들과 중국공산당을 아우르는 초국적 상습범 집단이 팬데믹을 이용해 인류, 특히 서구 사회를 파멸하려들었다"[7]고 썼다. "상대 초강대국의 기를 꺾어놓는 데 (몇 되지도 않는) 유령 회사와 청부 업체를 통해 서구 사회로 흘러들어온 비열하고 살육적인 백신으로 미국의 최전방과 차세대를 망가뜨리는 것보다 더 영특한 방법이 있을까? 이런 전략으로 서유럽을, 캐나다와 호주를 짓밟는 것은 또 얼마나 쉬울까?"

울프는 코로나 오보를 쉴 새 없이 찍어내는 정보원으로 출세하면서 꽤 일찍부터 현실세계에서 힘을 발휘했다. 웹사이트 데일리클라우트DailyClout를 운영하고 공화당 주 의원들과 새롭게 연대함으로써 그녀는 공화당을 지지하는 여러 주에서 마스크 착용 의무와 백신여권 폐지안의 입법 성공에 자신이 어느 정도 기여한 바가 있다고 논했다.

내 도플갱어는 본인의 영향력을 부풀려 말하는 경향이 있다. 실상을 들여다보면 다언어로 이루어져 있고, 수천만 명의 귓가에 이르며, 모든 플랫폼과 매체를 가로지르는 전 세계적 불협화음에 그저 한 사람 몫의 목소리를 더하고 있을 뿐이다. 말이 나왔으니 덧붙이는데, 이 글로벌 네트워크 안에서 몇몇은—코로나 이전의 인지도, 소셜미디어를 다루는 재량, 그리고 자기 사상을 관철하는 데 보이는 투철한 집념 덕분에—비대한 역할을 맡았다. 처음에는 코로나를 화두로 소집했지만 어느덧 이들은 독재를 추진하는 듯 보이는 온갖 흉계를 찾아가고 있다.

그런 요주의 인물 중 한 명인 울프는 특히 그녀가 국제적 명성을 누리도록 발판이 되어준 지지층, 즉 여성을 상대로 의료 오보를 퍼뜨릴 때 눈부신 활약을 펼친다. 구독자 수가 급증한 그녀는 코로나와 관련해서 이런 트윗도 올린 적이 있다. "여성 수백 명이…… 백신을 맞은 후 생리혈이나 배란혈이 응고하는 일을 겪거나, 또는 백신을 접종한 여성들 **주변**에서 생리가 불규칙해진다고 보고한다."[8]

백신을 불임과 연관 짓는 미신은 온라인 여성 웰니스 세계에 지대한 영향을 미쳤다. "자궁 건강에 진심"이라고 자신을 소개하는 한 인플루언서는 '잽the jab'*을 맞은 사람들 가까이에는 얼씬도 말라며 구독자들에게 경고의 말을 남겼다. 플로리다의 적어도 한 사립학교에서는 학생들을 백신 '부스러기shedding'로부터 보호하겠다며 접종을 **받은** 선생님들의 교실 입장을 거부하는 교칙을 내걸었다. 미국 공영 라디오 방송국 NPR이 데이터 분석 전문인단과 함께 진행한 조사에 따르면, 이런 잘못된 믿음의 대부분은 '우리가 유사 의학계라 부르는 커뮤니티에서 두터운 신임을 얻는 한 유명인'[9]이 주도한 것이었다. 바로 나오미 울프였다.

조금 급히 읽는 사람에게는 나오미 클라인이나 다름없겠지만.

---

*   백신 주사를 경멸하는 의태어.

○ ●

'다른 나오미'가 코로나 시대에 전성기를 맞으면서 이제 나는 그녀와 혼동될 때면 맨해튼 공중화장실에서의 머쓱함보다 더 큰 대가를 치르게 되었다. 울프가 과거에 퍼뜨렸던 사실무근의 음모론도 너절하기는 마찬가지였고, 그녀가 첩보원이나 위기 전문 배우로 지목한 사람들은 정서적, 사회적 타격을 입었을 것이다. 하지만 여러 사람에게 실제로 치명상을 입힌 적은 없었다.

코로나를 기점으로 판도는 바뀌었다. 그녀가 누린 선풍적 인기의 배경을 '백신 부스러기'라는 조악한 소설을 통해 살펴보자. 백신 접종자가 위험한 입자를 퍼뜨려 어찌어찌 미접종자를 감염시킬 수 있다는 주장이 돌기 시작한 것은 사람들이 주사의 신뢰성 여부에 대해 내적 합의를 보던 시점이었다. 바이러스에 큰 위협을 느끼지는 않지만 백신 부작용을 우려하는 건강한 사람 일부에게 부스러기론은 접종 거부 쪽으로 마음의 저울을 크게 기울이는 추로 작용했다.

'글로잉 마마'라는 별칭을 가진 반백신 인플루언서를 예로 들어보자. 피트니스 트레이너이기도 한 그녀는 백신 부스러기론에 광적으로 집착하며 주변 백신 접종자들 때문에 자신이 '주기 사이에 생리'[10]하고 있다고 주장했다. 꽤 높은 조회 수를 기록한 한 영상에서는 백신을 맞은 시부모에게 오열하며, 접종의 위험성도 알지 못하면서 손녀딸을 안아보고 싶어하는 그들에게 화를 삭이지 못했다. "그 작자들은 한 세대를 통째로다 불임으로 만들고 있다니까."[11]

그녀가 훌쩍이며 말했다. 그녀는 '무덤에 이미 한발 디딘'[12] 늙다리들의 이기심에 혀를 내둘렀다. 백신을 접종받고 손녀딸과 애정을 나누고 싶어하는 할머니, 할아버지의 이기심에.

영상은 한 편의 막장 드라마였다. 백신은 불임과 아무 관계가 없고, 백신은 포옹하다가 옮아올 비듬이 아니며, 이 둘을 입증할 자료는 차고 넘친다. 하지만 영상에서 드러나듯, 내 도플갱어가 심혈을 기울여 확산한 부스러기론은 투영과 면책의 최종 병기로서 소구력을 지닌다. 울프와 그녀의 동료 유랑단은 백신에 찬성하는 주장―즉 우리는 끈끈하게 엮인 살덩어리들의 공동체에 속하며, 어느 한 몸에 내리는 어떤 결정이든 다른 몸들, 특히 취약한 몸들에 영향을 미친다는 주장―을 거꾸로 뒤집은 논리를 펼쳤다. 그들의 말에 따르면, 백신 접종자들이야말로 자기 본위의 사람들, 확산자와 부스러기꾼이었다.

상황이 이러니 나는 언제 또 그녀와 혼동될까 싶어 탐지기 안테나를 높일 수밖에 없었다. 정체성 혼동 사건의 빈도도 함께 높아졌다. 몇 개월에 한 번꼴로 눈살을 찌푸리던 시절은 지난 지 오래였다. 코로나 첫해에는 하루하루가 속수무책이었다. 그리고 그렇게 보낸 몇 달을 나는 반격의 구실로 삼았다. 소셜미디어 자기소개란에 "그 나오미가 아닙니다Not that Naomi"라는 짤막한 문구를 달았다. 2021년 2월 울프가 폭스뉴스에 자주 등장해 코로나 제재령을 내리는 정부는 '전제주의 독재'[13]라는 경고를 남발하던 때에 나는 이런 트윗을 남겼다. "나오미들 잘 좀 구분하시라는 정기 독촉문입니다."[14] 트위터가 그녀의 계정을 영구 정지시킨 듯했을 때는 이렇게 반응했다. "아직도 여기 있습니다. 슬프게도요."[15] 마지막으로 확인한바, 이 두 문장은 총 2만여 개의 '좋아요'를 받았다.

그런 관심을 끌 수 있었던 것은 팬데믹 초기, 고립과 불안이 극에 달하던 시점에 나오미 혼동 사태가 좌파 트위터에서 가장 즐겨 찾는 안줏거리로 통했기 때문이다. 사람들은 '다른 나오미'가 엎지른 물이 괴상망측한 웅덩이로 번져가는 광경에 폭소하는 동시에, 그 똥물이 튀어 나를 더럽힐 가능성에도 기대에 찬 눈빛을 보냈다. ("나오미 클라인에게 심심한 위로와 사과를.") 지독히도 심심한 사람들, 손바닥만 한 직사각형이 주는 도파민에 절어버린 사람들에게 울프와 나는 오락거리였다. 우리가 쾌락을 선물했다고 말하기는 좀 애매하나 그 비슷한 것에 근접했다. 집에 혼자 있으면서 마음을 졸이는 동안 기분 전환용으로 참여하기에는 안성맞춤인 인조적 집단 경험이었으니까.

인정한다. 우리 두 사람은 섞어 부를 만한 데다 내 눈에도 짓궂은 재미를 보기에 제격인 한 쌍이었다. 그녀는 내가 『쇼크 독트린』에서 제기한 것과 꽤 닮아 있는 주장을 계속 떠벌렸는데, 순전히 감과 촉으로 짚어낸 암중계략과 음모로 채색한 내용뿐이었다. 코로나의 심각성을 의심하면서 미국만 해도 이미 수십만 명의 사상자를 낳은 이 전염병을 '잔뜩 부풀려진 의료 위기'[16]로 묘사했다. 바이든 정부는 의료 비상사태라는 '위장술'[17]을 앞세워 '긴급 명령'으로 "우리 자유—사유재산의 자유, 집합의 자유, 종교의 자유를 비롯해 헌법에서 명시하는 모든 자유—를 빼앗아가려는 속셈"이라며 터커 칼슨에게 열변을 토했다.

방송 인터뷰를 시청하는 내내 그녀가 내 아이디어를 훔쳐 개차반 믹서기에 갈아넣은 뒤 이 잡생각 퓌레를 칼슨에게 떠먹이고 있는 것 같다는 생각이 들었다. 칼슨이 진수성찬에 달려드는 동안 울프의 추종자들은 핏대를 세우며 나에게 달려들었다. '세계정부주의자들'에게 양심을 팔아먹기라도 했다면서 왜 마스크, 백신, 실내 집회 제한령이 합법 조치인 것처럼 대중을 기만하고 앉아 있느냐며 따져 물었다. 그 조치들은 내가 책에서 피력했듯이 전 세계적 충격 요법을 위한 물밑 작전인 거라며 원성이 자자했다. "그 여자, 한 방 먹은 것 같아!" 아이디 'RickyBaby321'이 나를 가리키며 울프에게 말했다. "나오미 클라인을 '다른 나오미'의 자리로 끌어내렸어!"[18] 소셜미디어에서 자신의 아이디어에 무지하다며 혐의를 받고 훈수를 듣자니 관자놀이가 절로 욱신거렸다. 엎친 데 덮친 격으로 저쪽 나오미가 나보다 더 빼어난 나라는 소리까지 들은 것이다.

2022년 초에 개봉한 도플갱어 풍자극 「듀얼: 나를 죽여라」는 나오미 사태의 불합리성을 일부 포착한다. 시한부 인생을 선고받은 영화 주인공 세라는 남겨질 이들의 애도를 덜어주고자 복제인간을 만들기로 한다. 그러나 승부욕이 불타오른 복제인간은 친밀한 관계에서 세라의 자리를 약삭빠르게 대체하기 시작한다. 진단이 틀린 것으로 판명나며 그녀가 더는 생사의 갈림길에 서지 않게 되자, 두 세라는 목숨 건 혈투를 벌일 수밖에 없었다. "너희 둘 다 버젓이 걸어다닐 순 없어. 가소롭잖아."[19] 가족이 세라에게 말한다. 정말로 그럴 것이었다. 가소롭고 심각하다. 심각하게 가소롭다.

간곡한 "정기 독촉문"을 발행하는 수준이었을지언정 나도 세라처럼 내 분신에 맞서 싸우기로 한 계기는 바로 그것이었다.

코로나 시대의 다른 사람들처럼 나 역시 평소보다 훨씬 더 많은 시간을 온라인에서 보냈는데 그 이유는, 글쎄, 어디 다른 데를 또 갈 수 있었을까? 이전까지는 소셜미디어 사용에 꽤 유의하는 편이었다. 하지만 코로나가 낳은 고립 그리고 암벽 위에서의 칩거생활이 낳은 고립 앞에서 자기 절제의 둑은 하릴없이 무너졌다. 그놈의 바이러스가 창궐하면서 포기한 것을 세어보면 열 손가락으로도 부족할 텐데 단 하나 손아귀에 남아준 것이 소셜미디어였으니, 이걸 내려놓을 생각이 들 리가 없었다.

내 트위터 멘션들을 헤집고 다니는 시간이 길어질수록 그 메시지들은 더 현실성을 띠었다. 코로나는 세계 속에서 내 존재를 비추는 거울을 몰수했다. 책 투어. 강연 시리즈. 사람들이 찾아와 내 작업의 가치를 알아봐주고 나 역시 그들로부터 새로운 지혜를 구할 기회들. 여전히 이런저런 "비대면 행사"—투표 장려 집회, 출판물 축제, 기자 회견—에 참석했지만 그건 정확히 똑같은 의자, 정확히 똑같은 방, 정확히 똑같은 암벽 위에서 벌어졌고, 내가 쏟는 열과 성은 컴퓨터 카메라에 달린 초록색 불빛이라는 한 점의 허전함에 빨려들어가는 게 전부였다. 행사가 끝나면 내가 다른 인간들과 진짜 교류하기나 한 건지 확인하려고 트위터를 샅샅이 뒤졌다. 돌아오는 것은 온통 그녀뿐이었다. 그녀의 돼먹지 않은 이론과 혼란, 백래시, 저질 농담들.

세상이 사라지고 있었고, 나도 같은 운명을 맞은 것이다.

팬데믹에 들어서며 나오미 사태가 한층 더 악화된 것은 이상하게 여길 일이 아니다. 우리 다수는 물리적 자아를 대신해 현관문 밖의 세상과 소통할 아바타를 내세우고 있었다. 줌 생활을 한 지 1년이 돼갈 무렵 친구가 '내 모습 수정 필터' 기능을 알려주었다. 이제 행사가 잡히면 얼굴이 조금 흐릿하게 나오도록 설정해둔다. 내가 흐릿한 나를 더 좋아한다는 사실을 최근에 알게 됐다. 프로이트는 다음과 같이 말했다. "환상과 실상의 경계가 흐릿해질 때, 즉 이제껏 허구라고 가정했던 것이 현실의 문턱을 넘어설 때 언캐니한 효과가 나타난다."[20] 팬데믹 2년차에 접어들면서 나는 이 모든 일이 일어나기 전의 나와 달라 보였고, 온라인에 떠도는 내 사진 중에서도 제일 지분이 큰, 2014년 출판사 사무실에서 메이크업 전문가의 손길과 화려한 조명을 받고 탄생한 공식 사진 속 모습과도 달라 보였다. 광택을 입은 그 나오미와 커튼처럼 흘러내리는 이마 숱을 싹싹 긁어모아 똥머리를 하고서 레깅스와 탱크톱 차림으로 지금 이 글을 끄적이는 나오미는 가히 내 공식 사진과 울프의 공식 사진처럼 머나먼 관계 같다.

이처럼 단절이 길어지고 의식이 몽롱해지면서, 수행하고 왜곡하고 디지털화한 자아들의 향연 속에서 그녀와 나를 구분하는 경계선도 흐려지기 시작했다. 내 공적 자아는 엄지손톱만 한 인물 사진과 280자 수 제한으로 축소되었고, 그마저 이제는 그녀로 인해 없어졌다. 『이상한 나라의 앨리스』에서 키가 줄어든 주인공이 애벌레에게 했던 말이 떠오른다. "내가 내가 아니라니까, 좀 들어봐…… 하루에 몸집이 몇 번이나 바뀌는 게 너무 혼란스러워."[21]

그러니까 솔직하게 답하자면, 내가 울프를 조리돌림하는 트위터 무리에 합세한 것은 그녀가 벌여놓은 대란을 수습하는 목적에서만은 아니었다. **내가** 덜 중요하고, 내가 꼭 사라지고 있는 것만 같아서였다. 고독한 나날 동안 키보드가 부서져라 사람들이 댓글창을 도배한 것도 바로 그 이유가 아니던가?

코드에 각인되어 있다

레지나대학의 행동과학자 고든 페니쿡은 바이러스가 퍼지자 음모론을 부채질하는 사람들이 준비된 관객을 만난 것이라고 설명한다. 대중은 심한 병치레를 하거나 죽음을 맞을 수도 있다는 막연하고도 만연한 공포에 젖는 한편, 현실적으로 자택 대피령, 학교 폐쇄령, 마스크 착용령 등의 공중보건 조치가 생계와 사랑하는 사람들에게 끼칠 영향을 우려할 수밖에 없었다. "그런 공포는 온라인 정보의 정확성을 판단하는 능력을 흐려놓습니다."[22] 페니쿡은『뉴욕타임스』와의 인터뷰에 답하며 이렇게 부연했다. "기본적으로 사람들에게는 잘못된 정보를 퍼뜨리고 싶어하는 마음이 없습니다. 하지만 누구나 바이러스를 두려워하는 지금은 '비타민C로 코로나 완치'라든가 '죄다 속임수다' 같은 제목의 기사가 대서특필되기 마련입니다."

울프는 이런 유의 낚시성 글을 자주 올렸다. 그녀의 유언비어를 여기저기 공유한 추종자들도 마찬가지다. 하지만 일이 진짜 꼬이기 시작한 것은 여기서부터다. 울프가 오보를 퍼뜨렸다며 맹비난하던 사람들도 자기가 올리는 글을 제대로 읽지 않고 있었다. 내가 이렇게 콕 집어 말하는 이유는, 사람들이 주의를 끌고 교류하려는 섣부른 욕심에 기사를 첨부하면서 그녀 대신 나를 언급했기 때문이다. 심지어 헤드라인에 굵은 글씨로 울프의 이름이 확연히 박혀 있을 때도 말이다.

이것은 더없이 난처한 결과로 이어졌다. 사람들은 오랫동안 우리 이름을 섞어 부르며 나와 울프를 헷갈려했지만 이 정도는 누구에게나 일어날 법한 해프닝이다. 하지만 코로나 시대가 열리고 달력 페이지가 하나둘 넘어갈수록 이런 '슥 읽고 넘기기' 식의 미디어 독해법은 더 악효과를 내, 어느덧 사람들은 우리를 혼동confused 정도가 아니라 **혼합**conflated해, 무분별하게 쓸 수 있는 하나의 나오미로 퉁치고 있었다.

내가 나오미-나오미 담론에서 가장 좌절하는 부분은 다음이다. 트위터에서 이렇게 말하는 사람은 한두 명이 아니었다. "헉. 두 사람이 동일 인물이 아니라는 걸 지금에야 알았어"라든가. "오늘 나오미 울프가 나오미 클라인이 아니라는 걸 알고 나니까 체증이 다 가라앉는 것 같아"라든가. 『쇼크 독트린』을 '가장 유익한 책 가운데 하나'로 꼽은 어떤 이용자는 내가 이 책에서 '파시스트 정부로 가는 열 가지 단계'를 논한다고 적었다. 나는 그런 것을 시도한 적이 없지만 울프는 한 적이 있다.

이런 혼합 사태를 나는 오랫동안 부인했다. 우리 둘이 진실과 조사를 대하는 태도상의 차이는 차치하더라도 그녀와 나 사이에는 다양한 차이가 있다. 그녀는 미국에서 자랐고 나는 캐나다 출생이다. 건국의 아버지들을 경애심에서 인용하는 자유주의자인 그녀는 매우 개인주의적 개념으로서의 '자유'를 신봉하고 '젊은 애국자'들을 독자로 삼는 책을 한 권 냈다. 3세대 좌파인 나는 자유란 집단적 노력의 산실이라 믿고 국기 게양대 앞에 서면 몸이 근질거린다. 그녀는 미국과 영국에서 사립대학을 졸업했다. 나는 캐나다의 국립대학을 중퇴했다. 그녀는 파란 눈을 가졌다. 나는 갈색 눈이고.

나에게 그리고 틀림없이 그녀에게도 유의미한 차이점이지만, 대부분의 사람은 거들떠보지도 않는다는 것을 나는 점점 받아들였다. 그도 그럴 것이, 무엇 때문에 신경 쓰겠는가? 우리는 기득권층의 권력에 불만이 많은 나오미들이다. 심지어 비평 대상을 일부 공유하기까지 한다. 예컨대 나는 백신 개발에 거액의 공적 자금이 투입됐음에도 세계무역기구의 지식재산권 협약을 무기로 내세워 코로나 백신 특허권을 주장하면서 가장 심한 빈곤을 겪는 지구상의 수백만 명으로부터 접종 기회를 앗아간 제약 회사들과 같은 편에 서는 빌 게이츠를 보며 부아가 치밀었다. 나오미 울프는 백신 접종이 권장되고 있다는 사실 자체에 이를 갈았으며, 빌 게이츠가 백신으로 접종자의 위치를 추적하고 사악한 세계질서를 구축하고 있다는 음모론을 유포했다.

서로 다른 우리 두 사람의 서로 다른 믿음 체계를 반영하는 괄목할 만한 차이다. 하지만 넷플릭스 드라마가 느슨해질 때 힐끗 들여다본 소셜미디어 속 우리 둘은 비상사태와 빌 게이츠에 대해

짹짹거리는 나오미들에 불과했다.

일진이 몹시 사나웠던 어느 날에는 내가 지난 몇 년간 정신줄을 놓았다면서 아주 이젠 코로나 백신 접종을 나치 독일의 유대인 노란 별 표식에 견주냐는 비난조의 트윗을 받았다. 이번에도 어김없이 나오미 울프의 기고문이 링크되어 있었다. 비유법에 뚜껑이 열려 육두문자가 난무하는 답장을 몇 번 쓰고 지우다가 나는 싸늘하고 차분한 메시지를 보내기로 했다. "확실합니까?" 우리를 바꿔 불렀던 그 이용자는 트윗을 급히 삭제한 뒤 사과했다. "이런, 울프였네요…… 버러지 같은 트위터 자동완성. 아까 일은 사과합니다."[23]

자동완성?!?

피가 얼굴로 쏠리는 게 다 느껴졌다. 그 순간, 막다른 골목길 암벽 위에서 산 9개월, 원격으로 강의하고 실내에서 마스크 착용을 한 13개월, 그리고 내 절친들을 마지막으로 만난 때로부터 영겁의 세월이 지난 그 순간, 모든 게 선명해졌다. 혼동이 잦아지더니 급기야 트위터 알고리즘이 이 사태를 알아서 조장하고 있었던 것이다. 플랫폼은 실수를 친절하게 교정하며 이용자의 귀한 시간을 아껴주고 있었다. 이게 머신러닝의 원리다. 모방의 신, 알고리즘은 패턴을 토대로 학습한다. 설령 농담일지라도 내 이름이 울프의 이름과 계속 뒤섞인다면 알고리즘은 내 이름을 대신 추천하기 시작해, 결과적으로 더 큰 혼동을 낳는다. 그 말은 곧 나오미 사태를 시정하기 위해 아무리 노력해도—혹은 울프가 애정을 쏟는 주제들에 내 견해를 내놓더라도—결국 우리를 동일 인물로 알아달라고 부탁하는 모양새밖에 안 됐다.

겉으로는 인류의 가교가 돼주겠다지만 실은 사용자 정보를 추출하는 게 목적인 대규모 기술 플랫폼이 사생활 영역까지 옭아매게 내버려두니 이런 진퇴양난에 다다른 것이다. 포위enclosure 과정, 즉 영리성 플랫폼 안에서 일상을 보내는 과정은 우리를, 우리가 서로 어떻게 관계하는지를, 그런 관계들의 진의를 바꿔놓는다. 인클로저의 계보는 중세시대에 시작됐다. 영국에서 공유지가 울타리에 둘러싸인 사유재산으로 바뀌면서 땅의 성격 자체도 변했다. 지역의 일원이라면 누구나 누릴 수 있는—목초, 식량, 땔감을 구할 수 있는—장소로서의 공익성을 잃은 땅은 이제 수확량 증가를 통한 지주들 각자의 이윤 수단으로 거듭났다. 물리적·법적으로 한번 포위 안에 걸려든 이상 토양은 기계로 전락해 생산량을 극대화해야 할 대상이 되었다.

그건 온라인 활동도 마찬가지다. 우리가 화면 속에서 갖는 관계와 대화는 현대판 농산물이며, 인터넷이라는 데이터의 땅은 해가 갈수록 더 비옥해지고 있다. 콩과 옥수수가 단일 작물로 대량 재배되듯이 기량과 개성은 표준화와 균질화라는 목적을 위해 희생된다. 그 균질화라는 게 사람들이 이구동성으로 자신은 독특하며 다시없을 인물이라고 선전하는 모양새라도 말이다.

영화 「매트릭스」 시리즈가 디지털 시대를 이해하는 탁월한 비유적 풍경이 돼주는 것도 바로 그 때문이다. 이건 빨간 약, 파란 약만의 문제가 아니다. 「매트릭스」 속 인공 자궁 안에서 사는 사람들은 기계 모이에 지나지 않는다. 우리가 기계의 요깃거리가 됐다고 많이들 짐작한다. 어떤 면에서는 실제로 그렇게 됐다. 예리한 비판의 칼날로 소셜미디어의 배를 가른 『트위터 하는 기계』(2019)에서 리처드 시모어는 우리는 "친구, 직장 동료, 연예인, 정치인, 왕족, 테러리스트, 포르노 배우, 즉 우리가 좋아할 만한 모든 사람"[24]과 교류하고—글을 쓰고, 춤추고, 노래하고, 대화하고—있다고 생각한다고 쓴다. "그러나 우리는 기계와 교류하고 있는 겁니다. 우리가 뭔가를 적어 보내면 기계가 먼저 이에 대한 데이터를 수집한 뒤 그 글의 집배원이 되어 대리 전달해주는 거예요."

제이디 스미스는 이 모든 것을 10년도 더 전에 예견했다. 페이스북을 비롯한 소셜미디어 플랫폼의 혜성 같은 등장에 그녀는 이런 말을 남겼다. "한 인간 존재가 페이스북 같은 웹사이트에서 데이터 덩어리가 되면, 그 사람은 축소되고 만다. 모든 게 줄어든다. 고유한 캐릭터. 우정. 언어. 감수성. 어떻게 보면 이건 초월적 경험이다. 우리 몸을, 지저분한 감정을, 욕구를, 공포를 잃게 되니."[25] 초월의 여정은 우리를 더 숭고한 차원으로 데려다주기는커녕 얼만 빼놓는다. 그렇게 둥글납작해진 우리는 둥글납작해진 다른 누군가와 구분되기 어려워진다.

이를 갈며, 거드름을 빼고, 속마음을 억누르며 사람들의 말실수를 정정해보지만 이 중 내 힘으로 해결할 수 있는 문제는 없다. 적어도 나 혼자만의 힘으로는 말이다. 사정이 이렇다보니 나는 팬데믹 1년차쯤부터 갑자기 과묵해져서 어떤 사안에 관해서든 입을 함부로 열지 못했다. 하루는 신문 편집자가 기후변화를 논하는 빌 게이츠의 신간에 대해 서평을 부탁해왔다. 베스트셀러 목록에서 선두를 달리던 그 책은 재생 에너지로의 전환을 촉구하기 위한 공해 기업 규제와 전력망 공영화 등 내가 중시하는 기후변화 대응 조치에 경종을 울리고 있었다. 나는 게이츠가 코로나 보건 정책에 개입한 사실과 기업의 이익을 대중의 안녕보다 중시하는 경향을 검토했다. 그가 기후변화 대응 조치에까지 손을 뻗도록 내버려둬서는 안 된다며 호소하고 싶었다. 하지만 게이츠의 책에 내가 어떤 말을 남기든 간에 '다른 나오미' 사태에 기름을 부으리란 것을 불현듯 떠올렸다. 어디에도 눈길이 오래 머무는 법 없는 이 바쁘디바쁜 현대사회에 그 글도 뒤섞이고 희석되어 결국 거대한 음모처럼 들리진 않을까? 안 그래도 어수선한 알고리즘의 벌집을 괜히 더 들쑤셨다가, 그녀를 찾던 사람들에게 자동완성 기능이 내 이름을 더 자주 소환하기 시작하면? 트위터가 내 작성물을 삭제하기 시작하면? 설마 벌써 시작하진 않았겠지? 서평을 반쯤 쓰다가 포기했다.

내 입이 무거워지는 동안 울프는 입을 닳게 해 없앨 요량이었다. 그리고 키보드도. 내 몫까지 그녀는 두 사람분, 아니 그 이상의 자리를 차지했다.

어느덧 내 저녁을 차지한 도플갱어 문학과 영화 속에는 다음의 현상이 번번이 등장해 떨떠름했다. 오직 기세와 끈기, 이 둘만으로 사본은 원본을 대체하고, 후자는 풍문으로만 들어본 존재가 되거나 더 딱한 길을 걷게 된다. 도스도옙스키의 소설 『분신』은 사칭꾼의 이중성에 시달리던 주인공 골랴드킨이 끝내 정신병동으로 이송되는 장면으로 대미를 장식한다.

이게 내 운명인 건가? 청승맞게 실려가는 모습? 정체성을 빼앗기지 않기 위해 악다구니라도 써야 하는 걸까? 아마 그럴 것이다. 내가 실존 인물이라는 것을 다른 사람들에게—그리고 나 자신에게—증명하려면 기계에 새로운 콘텐츠, 그러니까 새로운 관점, 새로운 광기, 새로운 친밀감을 먹여야 한다. 하지만 나는 그동안 내리 수행해온, 관심경제가 요구하는 정체성 기초 정비에조차 나설 엄두를 못 냈다. 내 도플갱어가 피운 소란이 내 이름에 먹칠하는 것을 망연자실한 얼굴로 지켜보는 데 익숙해졌다. 이제 할 수 있는 일은 나, 그녀, 그리고 혼란을 멀거니 관찰하는 것뿐인 듯했다. 내 삶의 관객이 돼버렸다. 그것은 곧 내 멘션들에 의하면 (어차피 그녀에 관한 내용이 대부분이지만) 내가 사라지고 있다는 뜻이었다.

2013년 각색·개봉한 영화 「분신」에서 제시 아이젠버그는 사이먼을 연기해 긴 여운을 남겼다. 의욕도 재능도 없는 말단 직원 사이먼은 명랑하고 교활한 판박이 사이먼에게 정체성을 도둑맞고 인생을 망친다. 영화 말미에 주먹다짐을 한 그는 피 흘리는 얼굴로 카메라를 응시하며 이렇게 말한다. "난 내가 엄청 특별하다고 생각하거든요."

다들 그렇게 생각하고 싶어하지 않을까? 문제라면, 특별해지려는 사람들이 한꺼번에 너무 많이 있다는 것이다. 다들 미리 장치된 똑같은 도구로, 똑같은 글꼴을 쓰며, 똑같은 질문지에 답하고 있다. 아이젠버그의 대사는 차별성과 진정성, 우리가 이런 격랑 속에서도 여전히 우리라는 증거를 찾기 위해 다들 모여 각축전을 벌이고 있는 소셜미디어에서 밈으로 퍼질 만하다.

나오미기^記

둠스크롤링^{doomscrolling}*을 하며 밤을 새우던 중 깨달았다. 도플갱어 사태는 이름을 바꾸고야 말겠다는 청소년 시절의 고집을 관철시켰더라면 충분히 비껴갔을 치욕이었다. 내가 자란 몬트리올의 유대사회에서는 거의 모든 사람이 나를 "나이^{Nye}-오-미"라고 불렀다. 첫 음절의 '아이^{eye}'는 김 빠진 발음이 나서 내 귀에는 꼭 왱왱거리는 짜증으로 들렸다. "내이^{Nay}-오-미"라고 몇 번을 말해줘도 돌아오는 것은 혀꼬리를 잡아끈 "나이이이이-오-미"뿐이었다.

"왜 이런 푸념 섞인 이름을 지어준 거야." 10학년 때 어머니에게 푸념을 늘어놓았다.

초봄이 찾아온 뒷마당에는 하얀 겨울의 배설물이 질척거리는 잡초로 녹아내려 퀴퀴한 냄새를 풍겼다. 내 어머니의 어머니인 맘맘^{Mom-Mom}은 간이의자에 앉아 졸고 있었다. 중증 알츠하이머의 희뿌연 안개 속에 사로잡혀, 그동안 정성 들여 가꾼 자기 삶의 정원을 알아볼 능력을 잃은 채였다.

"열여덟 살이 되는 날 바로 바꿀 거야." 나는 어머니에게 대들었다.

"넌 네이선의 이름을 물려받은 거란다." 어머니가 침착하게 대답했다. 잠결에 오래전 사별한 남편의 이름을 들은 맘맘이 몸을 뒤척였다. 만나본 적도 없는 외할아버지 네이선은 내가 태어나기 1년 전 급성 심근경색으로 세상을 떠났다.

---

*   소셜미디어 피드에서 암울한 정보를 강박적으로 찾아다니는 행위.

나는 맞버텼다. "알겠는데, 그럼 왜 '내털리^{Natalie}'는 아닌 거야? 그 이름은 '네이션^{Nathan}'이랑 첫 세 글자나 같다고. '나오미^{Naomi}'는 둘밖에 안 겹치잖아. 아니면 '내털리아'도 있는걸? 그게 훨씬 낫다. 아니면 '나타샤'라든가. '나디아'라든가. 난 '나디아'로 바꿀래."

퀘백주가 미성년자 음주에 유달리 너그러운 덕분에 예전부터 나는 어머니 몰래 술집에서 남자 대학생들에게 나를 '나디아'로 소개하고 있었다. 세련된 동유럽적 감각이 돋보이는 '나디아'는 내 청소년 시절 책장 한켠을 수놓은 밀란 쿤데라의 낯뜨거운 소설에 등장함 직한 이름이었다. 게다가 1980년대는 나디아 코마네치가 체조의 여왕으로 군림하던 시절이었다. 작은 체구로 10점 만점의 기염을 토하며 모스크바 올림픽을 석권한 그녀가 곧 소비에트 연방에서 망명할 거란 소문이 무성했다. 하지만 나는 '내털리'로도 만족할 것이었다. 그것은 찌질이와는 거리가 먼, 활달한 성격의 소유자를 연상시켰다. 갓길 기념품점에서 군것질거리와 함께 판매하는 목걸이에 새겨져 있을 법한 무난한 이름이었다. '나오미'라는 이름은 어떻게 비틀어 불러봐도 그런 가판대 위에 영영 오르지 못할 처지였다.

하지만 '내털리'라는 이름은 어머니에게 충분히 유대인스럽지 못했다. 어머니는 율법을 깍듯이 지키는 필라델피아의 가정에서 자란 데다 성별상 자격 미달 판정을 받을 게 뻔했는데도 랍비가 될 꿈을 품고 신학교에 다녔다. 그랬던 그녀가 어찌 된 영문인지 1960년대 후반에 아이를 뱄고, 종교란 노동계급의 주의를 분산시키며 자본주의가 낳는 삶의 부조리에 무감각하게 만드는 인민의 아편이라는 마르크스의 말에 적극 찬동하는 공산주의자 가족의 며느리가 되었다. 불법적이고 부도덕적인 베트남 전쟁에는 털끝만큼도 관여하고 싶지 않다던 아버지가 미군 의료단 의사직을 내려놓으면서 두 사람은 몬트리올로 이민했다. 그곳에서 어머니는 구약성경의 향이 물씬 풍기는 장녀의 이름을 징검다리 삼아 우리를 선조들 곁에 세우고 싶어했다.

히브리어로 '나오미'는 '즐거운pleasant' '즐겁게 하는pleasing'이라는 뜻이며, '사랑스러운sweet'으로 번역하기도 한다. 근래 들어 어머니에게 물어봤는데 어머니는 이 단어를 '위로를 주는comforting'이라는 뜻으로 기억하고 있었다. 위로는 대체 내 이름의 어느 획 뒤에 숨어 사는 건지 모르겠다. 그러니 이것은 순전히 어머니의 기억에서 비롯됐을 텐데, 임신 중이던 그녀가 엄동설한의 프랑스령*에 남겨진 당신의 아버지를 안타까워하며 위로를 애타게 바랐기 때문이리라.

구약성경 「룻기」에 등장하는 고대 이스라엘인 나오미에게는 남편과 아들 둘을 잃은 뒤 가족이라고는 두 자식의 과부들밖에 남지 않았다. 그녀와 함께 생활하는 헌신적인 며느리 룻은 나오미의 고향 베들레헴에 동행한다. 동네 주민들이 반기며 나오미를 부르자, 그녀는 자신이 그 이름에 어울리지 않는다고 답한다. 너무 많은 것을 잃은 데다 더 이상 즐겁지도 즐겁게 하지도 사랑스럽지도 않다. 대신 '괴로움bitter'을 뜻하는 '마라'로 불러달라고 부탁한다. "나

*   퀘백주를 가리킨다.

를 나오미라고 부르지 마라…… 나를 마라라고 일컬어라, 신께서 내 삶을 이토록 괴롭게 만드셨으니."[26]

초등학교 3학년 때 집에서 엎어지면 코 닿을 거리에 살던 '마라'라는 이름을 가진 절친은 나와는 달리 핼러윈 때 받은 간식으로 1년은 거뜬히 버틸 수 있는 성인聖人의 참을성을 지녔다. 색이 바랜 딱딱한 알사탕을 두 볼 가득 우물거리며 우리 둘은 와스프WASP* 동네에서 다음의 문장을 주거니 받거니 하며 유대 여자애들 사이의 우정을 두텁게 쌓았다. "나를 나오미라 부르지 마, 마라로 불러."

'다른 나오미' 문제로 내 주름살이 하나 (그리고 둘) 늘어날 때마다 이 문장이 종종 머릿속을 비집고 들어왔다. "날 즐겁다고 부르지 마라." 비난과 비꼼의 불길이 거세진 휴대전화 속의 세상을 바라보며 나는 되뇌었다. "괴롭다고 불러라."

코로나 시대의 지성적·사상적 혼란을 반영하듯 나오미 복시複視 현상이 계속되자, 내 괴로움은 의외로 뒤로 물러서며 더 복잡하고 더 예측 불가능한 감정에 마음의 자리를 내주었다. 타인과 꾸준히 혼동되는 경험은 굴욕감만 낳지 않는다. 묘한 내적 친밀감을 형성한다. 당신과 당신-대역alter-you 사이의 경계는 엷어지고 엷어지다가 서로 투명하게 들여다볼 수 있는 지경으로 엷글기도 한다. 상대의 고뇌가 곧 나의 고뇌가 되고, 상대의 수치가 곧 나의 수치가 된다. 울프와 내 이름이 유래하는 성경 이야기에서 룻이 나오미에게 말하듯 도플갱어는 당신의 발자취이자 그림자가 된다. "당신께

* 앵글로색슨계 백인 신교도.

서 어디를 가시든 저는 따르겠습니다. 당신께서 계시는 곳에 저도 머무르겠습니다."[27] 아마 그래서 시간이 지날수록 나는 혼동 사태로 괴로워하지도 화가 나지도 않았고, 다만 강렬한 궁금증에 사로잡힐 뿐이었다.

끝 모르고 이상해지는 세상에서 이 모든 것은 대체 무엇을 뜻하는지가 궁금해졌다. 그리고 그녀가 하는 행동의 의도와 차후 계획까지도.

3장

망가진 내 브랜드, 혹은 '콜 미 바이 허 네임'

그동안 겪은 고충을 더 간결하게 설명할 방법이 있으니, 진도를 더 나가기 전에 이것부터 짚는 게 우선일 듯싶다. 저명한 디지털 전략 컨설턴트 댄 헌은 그동안 울프가 나인 줄로만 알고 지낸 바람에 그녀의 비행에 완전히 당황했다는 트윗을 보내왔다. 그가 말하길, 답은 정해져 있었다. "나오미 클라인은 상표권 희석과 브랜드 훼손 건으로 [울프를] 고소해야 한다."[1] 헌의 제안을 간추려보자면 내 브랜드가 위기를 맞았다는 것이다.

유명 마케팅 웹사이트에 들어가서 요즘 통용되는 '브랜드 희석 brand dilution'의 정의를 살펴봤는데, 희석으로 인한 피해에는 크게 세 가지 원인이 있다고 한다.

1. 사업 과속 확장(레스토랑이 점포 개수를 닥치는 대로 늘리다가 음

식 맛이 떨어지는 경우가 여기에 해당된다).[2]

2. 관련 없는 서비스나 상품 생산(콜게이트가 멋모르고 냉동식품업에 뛰어들었다가, 사람들은 치약 회사가 만든 소고기 라자냐에 좀처럼 군침이 돌지 않는다는 걸 깨닫고 쪽박을 찬 사례를 떠올릴 수 있다).

3. 브랜드 통제력 상실(글쎄, 사람들이 플랫폼에서 툭하면 내쫓기는 어떤 팬데믹 음모론자의 언행을 당신의 짓거리로 오해하는 상황이라면 충분한 예시가 될까).

헌이 트윗으로 무료 조언을 해줬을 때는 브랜드 희석이라는 키워드가 신문 1면을 장식하고 있었다. 나이키가 가수 릴 나스 엑스와 예술 컬렉티브 미스치프를 고소한 것이다. 마케팅에 도가 튼이 아티스트들은 스포츠 거인 나이키의 동의 없이 '에어맥스 97' 운동화 666켤레에 인혈 몇 방울을 넣은 '사탄의 신발'을 한 켤레에 1000달러를 웃도는 가격에 판매했다. 이건 뮤직비디오에서 사탄에게 랩댄스를 선보이며 블록버스터급 여파를 불러온 해당 가수의 신곡 「몬테로(콜 미 바이 유어 네임)」 싱글 발매에 앞선 판매 촉진 전략이었다. 나이키는 이 전략이 소비자들에게 자사가 사탄의 신발에 관여했으리라는 인상을 남겨 브랜드에 '혼란과 희석을 불러일으킬 가능성'[3]을 운운했다. 릴 나스 엑스는 이 소송으로 고대하던 무료 광고 효과를 누렸고, 나이키는 빠르게 합의를 봤다. (글을 쓰며 이게 내 상황에 부적합한 비유라는 것을 뒤늦게 깨닫는다. 나는 소송을 일삼는 거대한 다국적 기업이 돼버리고, '다른 나오미'는 홍보 천재 릴 나스 엑스라니.)

그래도 헌의 말에는 일리가 있다. 나의 도플갱어 문제는 동시대 자본주의에서 가장 높은 가치가 매겨진 일 가운데 하나인 개인 브랜드를 개발하고 유지하고 보호하는 데 내가 실패했다는 여실한 증거다. 어느 마케팅 전문가라도 말해주겠지만, 브랜드는 약속이다. 일관성과 신뢰성의 약속. 내 약속은 분명 희석과 타락의 길을 걸었다. 그게 아니고서야 그렇게나 많은 사람이 나를 한시적 보건 조치와 쿠데타조차 구분 못 하는 사람과 동일 인물로 착각하는 것을 어떻게 설명할 수 있을까?

정말로 희석된 것이라면 나는 더 뛰어나고 개성 넘치는 브랜드로 발돋움하는 동시에 자리를 넘보는 유망주들을 퇴치하는 데 그 즉시, 그리고 밤낮없이 노력을 기울여야 했다. 하지만 이 계획에는 큰 흠이 있다. 나는 사람이 기업처럼 브랜드화하는 현상에 심기가 매우 불편해진다. 내 첫 번째 책 『노 로고』는 개개인이 자신을 상품으로 포장하고 광고해야 한다는 발상을 비롯해 라이프스타일 브랜딩의 부상을 비판했다. 내가 울프를 브랜딩 문제로 취급한다면 그동안 가꿔온 나라는 브랜드의 핵심 가치에 전면 위배될 것이었다.

『노 로고』를 집필하던 1990년대 후반은 유명인이 아닌 일반인도 개인 브랜드를 꿈꿔야 한다는 수근거림이 처음 들려오던 시기였다. 책에서 나는 안정적인 일자리가 급격히 감소함에 따라 차오르는 불안이 마이클 조던과 오프라 윈프리처럼 우리 모두가 브랜드화하면 잦아들 거라는 낯설고도 논쟁적인 발상을 조명했다. 경영의 대가 톰 피터스는 1997년 『패스트 컴퍼니』 표지 기사 「당신이라는 브랜드」에서 새로운 원칙을 펼친다.

> 나이를 막론하고, 지위를 막론하고, 사업 분야를 막론하고 브랜딩의 중요성을 이해할 필요가 있어요. 우리는 저마다 일궈낸 회사의 최고 경영자입니다. 내가 곧 기업Me Inc인 셈이죠. 오늘날 비지니스를 한다는 건, 당신이라는 브랜드의 마케팅 수장이 되는 게 가장 중요한 직무라는 뜻입니다…… 희소식이라면—그리고 이건 좋은 축에 속하는 소식인데—누구에게나 군계일학으로 인정받을 기회는 돌아간다는 거예요…… 경쟁자—혹은 동료—에게 없는 특이점, 당신만의 성질이나 속성을 먼저 찾아보세요. 돋보이기 위해 당신은 최근에—이번 주에—무엇을 했나요?[4]

흥미롭게도 당시 피터스는 거센 비웃음을 샀다. 사과문을 낸 잡지 측은 사무실 동료 간에 브랜드 인정투쟁을 예고하는 피터스의 비관적 전망과 멀찍이 거리를 두었다.[5] 꼴불견 아닐까? 동료애의 종말이라니? 한층 더 현실적인 문제도 있다. 조던이나 윈프리, 리처드 브랜슨 같은 세계적 저명인사와 기업가들이 자신을 브랜드로 내세우는 것은 그렇다 치자. 대학생이나 중간 관리자, 해고당한 공장 노동자에게도 똑같은 걸 기대하는 것은 말이 안 된다. "수억 개의 '인상'을 남기기 위해 텔레비전과 지면 광고를 기획"[6]할 수 있는 대기업과 마찬가지로 개인도 눈에 띄려는 욕구를 가지고 있다며 피터스는 다음과 같이 썼다. "만약 당신이 브랜드라면, 가시성을 확보할 대등한 필요가 있습니다. 다만 돈이 없어서 못 살 뿐이죠."

내 말이 그 말이다. 보통 사람들에게는 광고 예산이랄 게 없으니 1990년대 대중의 눈에 피터스의 제안은 사리에 안 맞는 이야기로 비쳤다. 확실히 해두자면 당시는 틱톡과 서브스택, 하물며 페이스북도 존재하기 전이었다. 그때는 일반인들 사이에서 연예인 원석을 발굴하는 리얼리티 프로그램조차 방영된 적이 없었다. 요약하자면 개인 브랜딩이라는 발상은 음모로 시작됐다. 대대적인 인원 감축과 위탁업체를 통해 비용 절감과 주가 폭등에 희희낙락하던 기업과 경영 전략가들이 피고용자들에게 제대로 된 직업이나 안정적인 수입 대신 건넨 빛 좋은 개살구였다.

『노 로고』를 출간한 스물아홉 살의 나는 다소 난감하지만 독창적인 애피타이저를 가든 파티에 선보이고 싶어하는 것처럼, 그런 진실들을 세상에 선보이겠노라고 상상했다. 나이키 스웨트숍을 취재하고 아시아에서 갓 귀국한 나는 브랜딩의 허황된 약속과 홍보성을 고발하리라 다짐했다.

하지만 인터뷰에 인터뷰를 거쳐 똑같은 질문을 받았다. "당신도 브랜드잖아요?"

안티브랜드 브랜딩 문제

초보 작문가 시절에는 기자들이 나를 브랜드로 부르면 부인하기 바빴다. 모래알이라도 씹은 표정으로 이렇게 답했다. "저는 작가입니다. 브랜드가 아니라. 저 자신을 판매하려는 게 아니라고요. 저는 **아이디어**를 전달할 뿐이에요. 아이디어는 여기, 이 책에 다 들어 있어요. 그러니까 책을 읽어주세요." 나는 자매품도 없고, 브랜드 확장의 앞잡이도 아니고, 티셔츠나 장바구니를 끼워 팔지도 않는다면서 매대에는 이 책 외에 아무것도 없다고 단언했다. 책의 흥행에 힘입어 브랜드가 된 작가는 널리고 널렸는데, 왜 유독 나만 걸고 넘어지지?

사실대로 털어놓자면, 다 내가 불러들인 결과였다. 나는 심혈을 기울여 『노 로고』의 디자인과 시장 내 입지를 설정했다. 몇 년을 기업 브랜딩 공부에 매진한 터라 첫 책에서도 전략의 언어를 유창하게 구사하길 바랐다. 무슨 패기였는지 몰라도 굴지의 그래픽 디자이너 브루스 마우에게 표지를 맡아달라고 부탁했는데, 출판사를 물색하기도 전에 이 제안을 그가 흔쾌히 수락했으니 천운이 아닐 수 없었다. 매끈한 올 블랙 표지는 당시 기준으로 파격적인 디자인이었고, 제목 역시 단번에 눈에 띄는 독보적인 적·백·흑색의 로고였다. 나는 출판사들이 『노 로고』 관련 상품을 판매하며 책을 자본화하는 일이 없도록 단속했는데, 독자들이 개인 용품에서 로고를 직접 제거할 수 있도록 출간 기념회에서 무료로 나눠줄 『노 로고』 심리퍼를 개인 자금으로 구매한 적은 있다. (아직도 내 걸 사용하는데, 주로 아들의 목덜미를 가렵게 하는 옷 태그를 떼는 데 쓴다.)

영국의 문화이론가 스튜어트 홀은 마거릿 대처 시대의 좌파가 '역사적으로 시대착오적'[7]이라고 묘사했다. 그로부터 10년 뒤, 미국의 정치이론가 웬디 브라운은 이런 진단을 내린다. "[좌파가] 암울한 애착 대상으로 삼는 자기 과거의 한 갈래는 망령처럼 남아, 역사의 길을 자꾸 돌이켜보며 자학 욕구를 부추긴다."[8] 1960년대의 급진파 부모를 둔 나는 그 망령적 문화의 그늘에서 자랐다. 내 책이 어느 좌파 서적처럼 먼지 옷 입는 것을 원치 않았다. 나는 『노 로고』에 자본주의의 비단옷을 입혀주고 싶었다.

그렇게나 공들여 만든 겉포장지와 스타일은 달콤한 눈속임이라고, 아니 한술 더 떠, 기업 브랜딩의 수법을 역이용하는 쾌거가 될 거라고 되뇌었다. 실제로 잘 먹히기도 했다. 『노 로고』 판매 실적은 100만 부를 웃돌아, 예상했던 숫자를 넘어섰다고 말하기도 민망했다. 나는 2년 내내 방방곡곡 책 소개하러 돌아다니면서 안티 브랜드 브랜드로서의 나를 끊임없이 저울질했다. 나는 단출하면서도 일관성 있게 옷을 입었다. 검은 바지, 흰 티셔츠에 데님 재킷을 입었는데, 짐 싸기 편하게 고른 결과였다. 나는 '노 로고' 스티커를 제작해 물병에 붙였다. 행사 도중 보란 듯이 물을 한참 들이킨 뒤 시답잖은 농담을 던지기도 했다. "왜 나를 브랜드로 부르시는 건지, 기자님들 말씀이 도무지 이해가 안 된다니까요."

이 연출에는 가식이 없잖아 있었다. 이젠 훤히 보인다. 두 마리 토끼를 다 잡고 싶었던 것이다. '노 로고'의 얼굴(반자본주의 운동의 대표 주자)로 입지를 굳히는 한편, 브랜드 육성에는 쥐꼬리만 한 관심도 없는 척하려 했다. 쓰레기 매립지 속 반짝거리는 단 하나의 진주알로 남고 싶었다. 개인 브랜딩이라는 게임에서 이기기 위해—혹은 최소한 먹을 따이지 않기 위해—일사불란하게 움직이는 우리가 바라는 게 그것 아니던가? 우리는 진정성과 염세성이라는 균형 잡힌 반죽으로 가상의 페르소나—'진짜' 자아의 도플갱어—를 섬세하게 빚는다. 우리가 통달한 반어법과 관조적 말씨는 홍보 일색이 아니라는 바로 그 이유로 홍보에 효과적이다. 우리는 소셜미디어에서 '좋아요'와 '구독'을 눌러달라고 간청하는 동시에 '지옥 웹사이트^{hell sites}'* 가 얼마나 가소로운지 비꼰다.

'노 로고' 안티브랜드가 순식간에 내 손을 떠나는 모습을 지켜보며 이 줄타기가 아슬아슬하다는 것을 일찍이 감지했다. 1990년대가 신세기에 가까워지는 동안 반기업 정서가 뿌리내리면서 내 책이 일종의 기표—오브제나 액세서리로 지니고 다니되, 정작 펼쳐보지는 않을 물체—가 되었음을 시인해야 했다. 떼지어 서점을 찾은 마케팅 전공 학생 가운데 일부는 혁명주의자임을 넌지시 드러내기 위한 목적으로 책을 구매했을 수도 있겠지만, 어쨌든 기획자 꿈나무들은 광고 캠페인의 귀감을 찾아 헤매고 있었다.

어떤 출판사는 책 제목의 상표 등록을 권했다. 적어도 다른 사람들의 수익 창출을 막자는 의도로 한 제안이었지만 나는 매몰차게 거절했다. 그렇게 한다면 문화가 저작권법의 쇠창살에 갇혀버렸다는 날 선 비판을 한 나로서 면목 없는 짓이 될 것이었다.

아니나 다를까, 책이 나오고 1년 만에 플로리다에 사는 누군가가 상표를 등록했고 짝퉁 '노 로고' 로고를 붙인 골프 의류를 판매

---

*   원색적인 발언이나 괴담론을 양산·유통하는 플랫폼. 특히 트위터와 텀블러를 가리키는 속어.

했다. 이탈리아의 한 부티크 식품 업체는 '노 로고' 올리브유와 잡동사니를 팔았다. 영국에서는 '노 로고' 수제 맥주가 등장했다. 스위스 제네바에는 '노 로고'라는 허름한 매력의 레스토랑이 문을 열었다. (거기서 커피 한 잔을 시키고 날 소개하니 점장은 당황해서 주방으로 줄행랑을 쳤다.)

이쯤 되니 내게 브랜드가 됐냐고 묻는 기자들의 질문에 마냥 호인인 척할 수만은 없었다. 그렇지만 브랜드 취급에 심경이 복잡해지는 이유를 전보다 더 분명히 알게 됐다. 좋은 브랜드는 환골탈태할 수 없다. 나이 서른에 브랜드가 됐음을 인정하는 것은 바뀌고 성장하고 바라건대 진보하려는 내 지향을 압수당한다는 뜻이었다. 그건 특정한 내 모습의 쳇바퀴에 갇힌 채 평생을 뛰어야 한다는 뜻이었다.

여기에는 어리숙한 이상주의가 묻어 있었다. 좋은 브랜딩의 본령은 좋은 기자, 더군다나 믿음직한 정치 분석가의 본령과 극명한 대비를 이루는 듯했다. 이런 직업들에서는 설령 조사의 출발선에서 기대했던 경로를 이탈하게 되더라도 꿋꿋이 여정을 완수하는 게 암묵적인 도리였다. 신뢰받는 분석가는 발견을 통해서 마음을 바꿀 각오가 돼 있어야 한다. 신뢰받는 브랜드는 그와 정반대 의무를 지닌다. 천지가 뒤집히는 한이 있더라도 사활을 걸고 브랜드 정체성—당사의 '약속'—을 사수해야 한다. 좋은 브랜딩이란 절제와 반복의 수양이다. 그건 언제나 미리 걸음의 폭을 계산해둔, 즉 제자리걸음이란 뜻이다.

'노 로고'는 나를 브랜드로 바꾸었다. 이걸 바꾸기에는 너무 늦었다. 그러나 아직 돌파구가 하나 남아 있었는데, 바로 미친 척하며 안전띠를 풀고 희석과 과속 확장의 가드레일을 냅다 들이박아 내 브랜드를 파손하는 것이었다. (이게 바로 레너드 울프의 훈령 '상자를 부숴라'가 아닐까 생각해본다.) 다시 말해, 짝퉁이 판치도록 눈감아주어야 했고, 잠깐이지만 나를 유명인으로 치켜세워준 일—브랜딩과 마케팅에 관해 쓰고 떠드는 일—로부터 거리를 둬야 했다. 다 거절하긴 했지만 안티브랜드 셀럽 운동가의 역할을 맡아달라는 광고주들의 연락이 쇄도했는데, 그중에는 디자이너 헬무트 랭*의 다소 수상적은 광고 제의도 있었다. 한번은 『보그』가 문을 두드렸는데, 특집 기사 작가와 함께 초호화 쇼핑 여행에 나서서 의류 산업의 노동 및 환경 범죄에 대해 일침을 가해달라는 의뢰였다. 그들이 미리 준비해온 기사 제목은 「적과의 쇼핑」이었다.

"적이 나예요, 당신이에요?" 내가 물었다.

잠깐의 침묵이 흘렀고.

"당신이요."

제안을 거절했다.

이리저리 끌려다니며 '노 로고'의 나를 연기하는 데 시간을 쓰기보다 나는 차기작 집필에 착수해 5년을 보냈다. 이 책은 『노 로고』가 출간된 후 7년—시장의 언어를 빌려 표현하자면 한평생—이 걸려서야 세상의 빛을 보았다. 게다가 주제도 전혀 달랐다. 『쇼크 독트린』의 골자는 신자유주의 경제 패권이 대규모 충격을 구

---

* 미니멀리즘으로 1990년 패션계의 판도를 바꾼 선구자.

조적으로 착취하며 형성되었다는 것이다. 마케팅에 관한 단어는 어디에도 등장하지 않는다. 역사와 경제를 논하는 이 책은『노 로고』를 장식용으로 소지하던 사람 다수의 관심을 잃을 게 뻔했다. 나는 세 번째 책에서도 주제를 달리해 기후변화를 다뤘다.

한 주제에서 다른 주제로 대상을 옮겼지만 통일된 노선을 밟고 있었다. 내 책들은 하루가 다르게 피해 지역을 넓혀가는 시장 논리와 기업 권력의 폐해를 저마다 다른 각도에서 탐구했다. 운동 기반을 다지는 측면에서는 이런 궤적을 납득할 만했다. 야망 있는 운동이라면 이미 전향한 사람들 너머의 더 넓은 지평으로 뻗어나가야 할 테니까. 그러나 브랜딩 측면에서는 (혹은 책을 주제별로 분류해야 하는 서점 입장에서는) 마케팅에서 군국주의, 환경주의로 매번 탈을 바꿔 쓰는 내 책들은 골칫덩어리나 다름없었다. 내 브랜드를 폐차시키는 데 성공했다, 그렇게 자부했다.

호기심 왕성한 작가와 잘 정돈된 브랜드의 교차로에 서서 어느 쪽 신조를 따를지 고민하던 때를 돌이켜보면, 사실 답은 정해져 있었고 나는 대답만 하면 됐다.『보그』의 쇼핑 제안에 (그리고 사내 연설에, 광고 캠페인에) "예" 하고 수락했더라면 운동권에서는 나를 잡아먹으려 안달이 났을 것이다. 그럴 만도 했다. 개인 브랜딩이 일상화되기 10년도 더 전이었다. 그때까지만 해도 대중 운동에 빨대를 꽂으려는 사람을 우리는 일신영달에 눈이 먼 종자, 변절자라고 불렀다. 그랬으니 결정하면서도 크게 힘들지는 않았다. 친구들을 전부 잃고 싶은 마음은 없었으니.

당시에는 의식을 못 한 점이 있는데, 바로『노 로고』가 신세계를 눈앞에 두고 출간되었다는 사실이다. 나는 유선 연결 전화형 모뎀을 통해 인터넷에 접속하는 오동통한 직사각형의 매킨토시 플러스 컴퓨터를 사용해서 원고를 작성했다. 2000년 1월 책이 나오던 시점에는 고속 인터넷이 설치돼, 아마존에서 실시간 판매 현황을 볼 수 있었다. 아마존이 출판업을 파괴할 거란 예감을 누구나 했지만 나는 습관적으로 웹사이트를 들락거리며 통계 수치를 확인했다. 하트, 조회, 구독자 수에 따른 신용 제도, 소셜미디어의 중독성을 처음 맛본 것이다.

서민은 브랜드가 못 될 거라던 고정관념은 이내 부서졌다. 사람들이 피터스의 「당신이라는 브랜드」 기고문에 침을 뱉은 지 10년이 지나자 아이폰이 출시됐고 곧이어 페이스북, 트위터, 유튜브가 손안에 들어왔다. 그길로 갑자기 무료 플랫폼 사용자 누구나 개인 브랜드를 만들 수 있게 되었다. 소비자 기술과 적재적소에 배치한 몇몇 장식품이라는 저비용만 치르면 그 엉뚱하고 화려하고 괴팍하고 투박하고 기발한 브랜드들은 지인을 넘어서 만인에게 절찬리에 상영되었다. 인플루언서의 시대가 도래한 것이다.

당시 내가 거주하던 토론토는 이런 신종 온라인 셀럽을 양산하는 데 꽤나 소질이 있었다. 교외에 거주하는 주로 이민자 가정의 유능한 청소년과 젊은이들은 침실에 카메라를 설치한 뒤 글을 쓰고, 빈둥거리고, 노래하고, 뜨개질하고, 매니큐어를 칠하고, 게임을 즐기며 몇 년 전이었다면 문화의 문지기들이 가로막았을 활로를 개척해나갔다. 이를테면 토론토의 코미디언 릴리 싱은 방구석에서 시작한 유튜브로 국제적인 스타덤에 오르기까지 했다. 어떤 사람은 반짝 떴다가 시들해졌는데, 새로운 콘텐츠를 갈구하는 알고리즘의 게걸스러운 식욕이나 사생활 장기 노출에 뒤따르는 괴롭힘을 감당하지 못한 듯했다. 이 한 가지는 확실하다. 광고 예산이나 인맥이 없는 일반인도(혹은 아직까지는 일반인인 사람도) 자신의 사적 자아에 기업 브랜딩 수칙을 적용할 수 있었고, 그중 적지 않은 수가 일확천금의 로또에 당첨될 수 있었다.

디지털 분신

몇 년 동안 대학에서 나는 '기업적 자아The Corporate Self'라는 강의를 지도하며 개인 브랜딩의 역사와 효과를 다루었다. 20대 초반이 주를 이루는 학생들에게 브랜드라는 개념을 최초로 접한 기억이 언제인지 물은 적이 있다. 여러 학생은 일면식도 없는 누군가에게 훗날 '잘 보이기' 위해 특정 교과외 활동을 강요받았던 중학생 시절을 언급했다. 몇몇은 부모에게 소셜미디어에서 경거망동 말라는 일장 연설을 들었다. 지금 온라인에 무엇을 남기든 장래의 입학 사정관과 고용주가 읽을 테니 뒤탈 없도록 깔끔하게 관리하라는 주문이었다. 앨리스 마르윅은 저서 『스테이터스 업데이트』에서 이를 가리켜 "(업무에 알맞은) 자아"[9]라고 부른다. 일부 학생은 자신이 어떤 직종에 '알맞은safe' 것인지 감도 안 잡힌 상태에서 그런 자아를 기르도록 훈련받았다.

학생들은 매력적인 대외용 정체성을 만들어야 한다는 충동에 사로잡힌 결정적인 순간으로 백이면 백, 대입 에세이 작성기를 꼽는다. 이들이 답해야 하는 질문은 다음과 같다. "어떤 학생에게는 뜻 깊은 배경, 정체성, 관심사 또는 재능이 있어, 그에 대한 별도의 설명 없는 지원서는 완전하지 않다고 느낍니다. 본인이 이에 해당된다면, 자신의 이야기를 아래에 적어주세요." 아니면 이런 것도 있다. "시련을 통해 얻은 교훈은 미래 성공의 열쇠가 되기도 합니다. 자신이 마주했던 문제, 난관, 실패를 기술하세요. 이 경험은 지원자의 삶에 어떤 영향을 미쳤고, 이를 통해 배운 점은 무엇인가요?"

선량하게 비칠 수도 있겠지만 손에 땀을 쥐게 하는 이런 작문 연습을 통해 학생 다수는 어린 시절을 기억 속의 모습 그대로 작성하는 게 아니라 특정한 종류의 정체성을 바라는 이름도 얼굴도 모르는 이들의 욕구와 기대를 채우기 위해 각색하는 데 익숙해진다. 이 과정을 "트라우마에 포장지를 입혀서 소비재로 만드는 연습"이라고 묘사한 어느 학생의 의견에 강의실에 앉아 있는 모두가 고개를 끄덕였다. 이들의 트라우마가 가공된 작품이라는 뜻은 아니다. 다만 학생들이 쓰라린 경험을 시판 가능한 방식으로 구체적으로 포장해 경직되고 경쟁력 있고 실제로 인기를 끌 만한 무언가로 바꾸도록 이 과정이 종용했다는 것이다. (대학이 짭짤한 진로로 향하는 첫 번째 등용문으로 기능하고 있으니 종용했다는 것은 크게 틀린 말이 아니다.) 학생들의 실제 모습과 성공하려면 갖춰야 한다고 그들이 믿는 모습, 이 둘 사이에 분할이 일어나고 있었다.

셀프 브랜딩은 자기 내면에 도플갱어를 만드는, 또 다른 종류의 더블링이다.

물론 꿈에 그리던 교정에 들어선 뒤로도 학생들은 셀프 브랜딩에서 배태하는 더블링을 멈추지 못한다. 경영대학을 다니다가 뛰쳐나온 어느 학생은 학기 초 과제로 자신을 소개하는 30초 짜리 엘리베이터 피치를 만들어야 했다. 꽃꽂이 하듯 자신을 가장 시장성 있는 매력 한 다발로 묶어내야 했다면서 이렇게 말했다. "영혼이 몸에서 빠져나가는 것 같았어." 학생들은 그가 겪었을 기분을 십분 이해하는 듯했다. 팬데믹으로 줌에서 수업한 지 얼마 안 된 시점이었고 성냥갑 크기의 화면은 하트 이모티콘으로 불바다가 되었다.

영혼을 언급하는 학생들을 보며, 나는 이들이 전지전능한 누군가의 눈에 잘 보이기 위해 몸과 마음을 단장하는 첫 집단이 아니라는 점을 상기했다. 우리 생각과 의중을 훤히 꿰뚫어보는 신이 시중에 나와 있는 감시 도구 중 으뜸가는 발명품이 아니라면 달리 무엇이겠는가? 신의 통찰력을 가정하는 종교는 신자로 하여금 현세에 청결하고 순수한 삶을 영위해 내세에 복을 누릴 수 있게 만든다는 점에서 기발하다. 우리가 적고 말하고 행동하는 바까지만 우리를 알 수 있는 오늘날의 감시 국가와 달리 유일신들은 우리 속내도 단숨에 간파한다고 알려져 있다.

프로이트와 한때 긴밀히 협력하는 사이였던 오스트리아의 정신분석가 오토 랑크는 영혼—육신의 죽음 이후에도 살아 있는 자아—을 도플갱어의 원형, 가장 밀접한 분신으로 봤다. 영혼의 존재를 믿는 것은 '존재의 항구한 파괴에 대한 현명한 방어책'[10]이다. 이에 동의하며 프로이트는 다음과 같이 썼다. "본래 분신은 자아의 소멸에 대비하는 보험이다…… '죽음의 위력에 대한 힘찬 부인', 이 '불멸'의 영혼을 몸의 첫 번째 분신으로 보아 마땅하다."[11]

우리가 디지털 세계에서 꾸며내는 분신들과 마찬가지로 이 영혼이란 것에도 악랄한 면이 없잖아 있다. 프로이트가 짚듯이, 영혼은 우리가 언제까지고 살아 있지는 못하리라는 것을 상기시키므로 '죽음의 언캐니한 전조'[12]가 된다. 우주관에 따라 달라지겠지만, 허송세월했다면 당신의 영적 분신은 지옥에서 숯덩이가 될 수도 있고 바퀴벌레로 윤회할 수도 있다. 이처럼 분신을 만들었다가 본전도 못 찾을 확률이 높은 탓에 영혼은 당신의 과실과 악행을 투영할 또 다른 분신—악의적 쌍둥이, 또는 비체적 자아—의 창조를 수반한다고 프로이트와 랑크는 말한다. 당신이 깨끗하게 남을 수 있게 죄업을 덤터기 쓰는 이 분신이 바로 도플갱어 책과 영화에 등장하는 괴물이다. 투영한 자아를 칼로 찌르는 주인공은 그 과정에서 자신을 죽이고 만다. 우리가 악마와의 모종의 거래를 통해 벗어날 수 있었던 원치 않는 자아들, 이제 분신들은 앙갚음하러 나타난 것이다.

막된 브랜드는 막된 영혼보다 훨씬 더 적은 대가를 치른다. 다만 내세가 아닌 현세에 그 값을 치를 뿐이다. 수업 토론에서는 개인 브랜딩의 논리가 자아라는 것의 등장에 개입하는 방식을 구체적으로 살펴봤다. 별생각 없이 올린 사진, 영상, 글귀가 여러 해 뒤 학교에 지원할 때, 구직할 때, 집을 계약할 때 걸림돌이 될 수도 있다는 소리를 듣고 자란다는 것은 어떤 의미일까? 한편 그와 똑같은 게시물이—예쁜 옷을 입어보거나 방에서 혼자 춤추는 게시물이—막대한 부와 명성으로 이어진다면? 걸려 있는 상과 벌이 이렇게나 큰 상황에서 청년들은 무엇을 하고, 무엇에는 감히 도전할 생각조차 않을까?

학생들에게는 나의 '다른 나오미'처럼 혼란을 일으키는 실존 분신이 없을 수 있다. 그러나 이들은 외재화한 분신—디지털 분신, 즉 "진짜" 자아로부터 분할돼 성공하기 위해 타인을 만족시켜야 할 의무를 지닌 이상화된 정체성—에 대한 예리한 의식을 갖고 성장했다. 동시에 이들은 자아에서 원치 않고 위험한 면면을 타인에게 투영해야만 한다. (가엾은 모습, 덜떨어진 모습, 개탄스러운 모습, '나'의 외벽을 단단히 해줄 '나 아닌' 모습.) 도플갱어 제작 공식으로 빠르게 굳혀지고 있는 분할partitioning, 수행performing, 투영projecting의 3단계는 우리 자신이라 치부하기에는 애매한 구석이 있지만 어쨌든 타인의 눈에 우리 자신으로 비치는 존재들을 만들어내고 있다. 잘하면 디지털 도플갱어는 명예와 찬사, 재물처럼 문화가 심어놓은 열망을 빠짐없이 이뤄줄 수 있다. 하지만 이것은 사진 한 장, 토씨 하나에 날아갈 수 있는 아찔한 꽃길이다.

게다가 우리가 주목해야 할 실질적, 항시적 위험 중에는 이메일이나 소셜미디어 계정을 해킹해 당신인 척하면서 친구와 동료들의 노여움을 사거나 아니 땐 굴뚝에 연기 나게 만드는 게시물을 퍼뜨리는 것도 있다. 그래서인지 나는 내 도플갱어의 하고많은 불만 가운데 특히 다음 불만에는 동정심이 영 들지 않는다. "텔레그램에 가짜 '나오미울프' 계정이 있는데, 그걸 구독하는 3만8000명은 운영자가 아마 나라고 믿을 것이다."[13] 울프에 의하면, 이 가짜 계정은 "고약한 문투"를 가졌을 뿐만 아니라 비행기 추락 사고로 숨진 존 F. 케네디 주니어가 아직도 살아 있다는 큐어넌의 단골 주장을 비롯해 상식이란 상식마다 퇴짜를 놓는 음모론의 소굴이었다. 이 "가짜 나"가 운영하는 계정은 자신의 대담무쌍한 취재력을 깎아내리고 "미치광이처럼" 보이게 하려는 "공작"이라면서 울프는 또 한번 음모로 응수했다. 이 불쾌한 상황을 가리켜 마치 "촌스럽고 천박하며 덕지덕지 치장한 데다 문법적으로 서투르기 짝이 없는 도플갱어라도 따라붙은 것 같다"고도 적었다. 크흠.

삶의 운전석을 가로채고 주변인을 홀리는 디지털 분신에 대한 공포는 넷플릭스의 2018년 개봉작 「캠^{Cam}」에서도 다뤄진다. 온라인 성노동자가 주인공인 이 영화는 어느 날 자신의 캠걸 계정에 접속이 불가능해진 그녀에게 찾아온, 화폐화된 자아의 시대에 벌어질 수 있는 가장 끔찍한 참사를 그린다. 주인공과 똑 닮은 누군가가 그녀의 팬과 구독자, 수입, 삶을 훔치고 있었다. 도둑은 여느 도플갱어 이야기에서처럼 그녀 자신보다 그녀라는 인물을 더 착실하게 수행해나갔다.

이런 환상은 이제 현실을 넘보고 있다. 2022년의 끝자락, '매직 아바타' 열풍이 불면서 소셜미디어는 친구, 가족, 온라인 지인들의 매끄럽고 매력적이며 맵시 넘치는 모습으로 북적였다. 너 나 할 것 없이 사람들은 렌사^{Lensa}라는 앱에 얼굴 사진 10장을 제출해 이 귀중한 데이터에 대한 보답으로 아바타를 돌려받았다. 그건 말쑥하고 CGI 느낌이 물씬 나는 사진이었다. (흔히 실제 모습보다 피부색이 뽀얗게 처리되거나 관능미가 짙어졌다.) 나는 더 두껍고 예쁜 낯짝의 나를 만들어보고 싶다는 충동만큼이나 이 앱의 후폭풍에 대한 근심에 휩싸였다. 재미 삼아 더블링 실험에 참가해본 사람들은 평범한 거울이나 수정되지 않은 사진 속 자기 모습을 보면서 일종의 배신감을 느낄까? 가공된 자아가 진짜 자아의 자존감을 갉아먹을까? 사람들은 상황이 이보다 더 나쁜 방향으로 흘러갈 수도 있다고 우려한다. 당신으로 가장한 누군가가 당신이라면 절대 공개하지 않을 사진들을 올려서 성적으로나 다른 방식으로나 마음껏 착취하는 개인용 도플갱어를 만들어낼 수 있다.

도플갱어 이야기는 주인공의 통제를 벗어나 고유한 생명력을 누리는 상像과 투영을 주로 다룬다. 한스 크리스티안 안데르센의 1847년작 동화 『그림자』는 남자의 그림자가 살아 움직이더니 그를 대신하다가 마침내 대체하는 이야기를 그린다. 1913년에 개봉한 무성 공포영화 「프라하의 학생」의 주인공인 빈곤한 학생은 사회적 사다리를 오르려고 자신의 상을 팔지만 결국 그의 손에 죽고 만다. 도플갱어 책과 영화에서 반복적으로 등장하는 경고다. 네 상과 사랑에 빠지지 말지어다. 그에게 삶을 빼앗길 수 있으니.

디지털 분신들이 우리 자리를 강탈할 가능성에 눈 한번 깜빡 않는 사람을 한 명 꼽으라면 스티브 배넌이 되겠다. 트럼프 선거 캠페인의 책임자이자 백악관 수석 전략가였던 그는 이력서에 한 줄을 더해, 이탈리아부터 브라질에 이르기까지 독재주의와 신파시즘 전파 운동의 선봉장으로 맹활약하고 있다. 트럼프의 간택을 받기 한참 전인 2000년대의 배넌은 홍콩의 어피니티 미디어(전前 인터넷 게이밍 엔터테인먼트)에서 근무하며 다중사용자 게임의 흡인력을 가까이에서 탐구했다. 그는 다큐멘터리 작가 에롤 모리스에게 게임 사용자는 화면 속 세상을 바깥 세상보다 더 생생하게 느낀다고 언급했다. 온라인에서 만든 디지털 분신—사용자의 아바타—은 실제 몸에 깃든 자아보다 더 진짜처럼 느껴진다면서. 가령 무미건조한 삶에 찌들어 있는 관용적인 표현 속 '회계팀 데이브'도 퇴근 후 컴퓨터 앞에 앉으면 '에이잭스'가 되어 총을 내갈기는 정의의 소탕꾼이 되었다. '어느 쪽이 그의 진짜 모습일까', 배넌은 묻는다.[14] 데이브 아니면 에이잭스? 당신은 데이브라고 답할지 모르겠지만 배넌의 의견은 달랐다.

"사람들은 자기보다 완벽한 모습을 한 가상의 자아를 뒤집어쓰고 아날로그 세상에서는 행사할 수 없는 통제력을 디지털 세상에서 행사한다."[15] 그는 게이머들을 그렇게 묘사했다. 그러니 데이브가 빠져주고 에이잭스가 자리를 메워야 한다는 것이다. "나는 회계팀 데이브가 **현실**에서 에이잭스가 되길 바란다."[16] 배넌이 『애틀랜틱』의 제니퍼 시니어에게 말했다. 그녀는 기고문에 이런 비평을 남겼다. "그게 바로 1월 6일에 벌어진 일이었어요. 얼굴에 위장 크림을 바르고 털을 뒤집어쓴 채 반역자 놀이를 하는 아바타들은 붉으락푸르락 절규하며 현실에 발을 들였어요. 적군이 자신들을 때려잡으려고 추격해오는 동안 국회의사당을 폭동 점거한 거죠…… 그날 하루 결근했을 거고요. 줄줄이 연행돼 쫓겨나면서 이것은 천인공노할 만행이라며 길길이 날뛰었죠. 환상과 실상은 융합해 하나가 됐어요."

유의할 점이라면, 배넌에게는 데이브의 생활 조건을 개선하거나 굳이 도피할 필요가 없는 인생을 살도록 도와줄 의욕이 없어 보인다는 것이다. 그의 목적은 오직 현실을 살상 무기 휘두르는 게임판으로 바꾸는 것인 듯하다.

우리를 움직이는 닮은꼴 아바타로 바꿔 은행과 친구와 교류하게 해주겠다는 마크 저커버그의 '메타버스' 계획이 예상대로 흘러간다면 눈앞의 미궁은 한층 더 정교해질 것이다. 출구는 묘연해진 지 이미 오래다. 2022년 3월 한국은 보수 정치인 윤석열을 차기 대통령으로 선출했다. 유세 당시 그는 딥페이크 캐릭터 'AI 윤석열'을 인터넷에 선보이며 큰 화제를 모았다. 젊은 인원으로 구성된 홍보팀이 고안한 이 AI 아바타는 후보자보다 더 쾌활하고 멋있었다. 일부 유권자는 가짜인 게 드러나는 해당 정치인의 모형에 실제 인물보다 진정성과 매력을 모두 갖췄다는 평을 내렸다고 『월스트리트저널』은 보도했다. "스물세 살의 대학생 이승윤은 처음 접한 온라인 영상 속 AI 윤석열이 후보자 본인이라고 생각했다. 토론회나 선거 유세 현장에서 발언하는 윤 후보자를 지켜보는 것은 지루할 수 있다고 말했다. 동년배 말투를 구사하는 후보자의 디지털 버전에 호감과 친밀감을 느낀 그는 이제 AI 윤석열 영상을 틈틈이 찾아보고 있다. 그는 윤 후보자에게 투표할 의사가 있다고 밝혔다."[17] 이 디지털 도플갱어는 한국의 딥브레인AI라는 회사에서 제작했다. 존 손 이사는 자기 회사의 업무가 "약간 꺼림칙하나, 핵심을 짚자면 사람을 복제하는 일"이라고 말했다.[18]

노년기를 맞은 아바ABBA가 이와 비슷한 방식으로 멤버들을 복제해 2022년 그 CGI 모형들을 앞세운 '라이브' 무대가 전석 매진

되었다고까지 하니, 짝퉁 생방송이 대중문화를 휘어잡는 미래는 이미 따놓은 당상인 듯하다. "어느 각도에서 보든 간에 이 디지털 도플갱어들은 실제 인물들과 매우 흡사하다."[19] 『버라이어티』에 이런 공연평이 실렸다. "바가지 머리부터 외계 행성에서 오기라도 한 듯한 1970년대 착장까지, 소름 끼칠 만큼 잘 구현해냈다. 그들은 춤추고 엉덩이를 털고 의상 교체를 위해 잠깐 쉬어가야 한다는 농담까지 던진다. 그리고 관객은 공연 내내 감격하며 무아지경에 빠져 있다."

한편 신흥 강자로 떠오른 또 다른 분야로 '애도 기술grief tech'을 꼽을 수 있는데, 『파이낸셜타임스』가 낸 기사 제목에 따르면 애도 기술은 '죽음에서 욱신거림을 제거'[20]하는 데 방점을 찍는다. 기사는 이렇게 설명한다. "히어애프터AI 같은 기업은 미래 유족을 위로해줄 실존 인물의 '유산 AI'를 제작한다." 기회나 용기가 없어 부모님께 하고 싶은 말을 전하지 못했는가? 사후 아바타에게 건네보자.

이 모든 더블링의 끝이 향하고 있는 방향에 내 학생들은 심란해한다. 그런 꺼림칙한 마음과는 별개로 거의 모든 사람은 소셜미디어에서 디지털 분신을 만드는 데 의무감을 갖고 참여하고 있다. (나도 마찬가지다.) 한 학생은 이상적인 모습을 수행해야 한다는 압박감과 같은 과제에 처한 다른 이용자들의 극성스러운 게시물에 지쳐 인스타그램을 중지했다고 고백했다. 하지만 2020년 '흑인의 생명은 소중하다BLM' 시위가 벌어졌다. "친구들이 하나같이 저한테 인스타그램으로 돌아와 친BLM 성향을 보여줘야 한다고 말했어요." 같은 학생이 말했다. "그렇게 하지 않으면 다들 날 인종 차별주의자로 생각할 거라면서요." 티 내지 않더라도 지역 시위에 매번 묵묵히 참석하는 중인데도 그녀는 그런 조언을 들었다. 그녀는 앱에 접속해 마지못해 게시물을 올렸다. 실질적으로 연대하기보다 껍데기에 불과한 미덕의 흔적을 남기는 데 더 큰 가치를 두는 문화는 뭔가 단단히 잘못됐음을 알아차린 것이다.

학생들이 경험에서 길어올린 문제의식은 수업 자료 중 특히 시몬 브라운의 2015년 대표작 『다크 매터스: 흑인성의 감시에 관하여』[21]를 읽으며 더 날카로워졌다. 텍사스대학 오스틴 캠퍼스 아프리카·아프리카계 디아스포라학 교수 브라운은 현대 브랜딩의 기원을 환대서양 노예 무역을 통해 수출된 아프리카 인구에 가해진 문자 그대로의 브랜딩에서 찾는다. 브라운은 다음과 같이 이야기한다. "이 역사를 논할 때면 가슴이 미어진다. 간단한 활자 인쇄를 목적으로 만들어진 철제 기구를 고문 수단으로 동원했다. 이 역사를 상상할 때면 가슴이 뭉개진다. 도주자 공보는 흉터가 새겨진 몸들, 감시를 피해 떠난 몸들을 언급한다."[22]

브라운은 이 같은 잔혹한 브랜딩을 '생물계측학의 기술biometric technology'[23]로 보는 도발적인 이론을 펼친다. 오늘날 생체적 신원 증명—사람을 측정하고 추적하기 위한 인체상 바뀌지 않는 정보의 수집—은 안면, 홍채, 지문 등을 검사하는 최첨단 기계를 떠올리게 한다. 브라운은 피부에 영구한 표지를 새겨넣어 노예주가 인종화된 신체를 추적할 수 있게 한 물리적 브랜딩이 이와 동일한 기능을 담당했다고 서술한다. "환대서양 노예 무역에서 브랜딩이란…… 노예제 아래 사유재산으로서 흑인의 형성, 표시, 홍보를 보여주는 척도였다."[24] 불변성은 곧 브랜드(낙인)의 힘이었다. 그건 노예화된 사람을 평생 따라다니며, 자유에의 끓어오르는 갈망을 억눌렀다. 이런 피비린내 나는 야만적 과정은 위대한 반식민주의 이론가 프란츠 파농이 말한 대로 아프리카 인구를 '사물 중의 사물'[25]로 변환시키는 노예상의 관행이었다고 브라운은 주장한다.

브랜드의 어원을 반추해보면, 저마다 브랜드가 되도록 노력해야 한다고 태연히 강조하는 현대 문화는 그 자체로 폭력적인 역사 지우기다. 자기 자신의 상품화에 직접 관여해 수익의 대부분을 챙기는 오늘날의 브랜딩은 개인 역량 강화라는 인상을 남긴다. 그 맥락과 자기결정권, 수익의 분배 구조상에서 극적인 변화가 일어났지만 자아, 특히 흑인 자아의 상품화는 브랜딩이 가진 잔학의 역사에서 분리해서도 안 되고 분리할 수도 없다고 브라운은 논한다.

심리치료사이자 작가인 낸시 콜리어에 의하면, 브랜딩은 "자아를 제3자의 관점에서 접근"[26]하려는 충동을 유발한다. 상품화된 자아는 금전적으로는 부족함이 없을 수 있겠지만, 여전히 상품화는 소외를 낳는 내적 더블링, 즉 자아의 분할을 요구한다. 당신이 있고, 브랜드로서의 당신이 있는 것이다. 이 둘 사이에 건강한 거리를 유지할 수 있다고 믿고 싶겠지만, 브랜드는 탐욕스러워 이것저것 바라는 게 많은 데다 모름지기 한 자아는 다른 자아에 영향을 미친다. 수많은 사람이 자신을 둘로 분할 수행한다면 뭐가 진실인지, 어떤 대상을 신뢰할 수 있는지 누구나 알아보기 어려워진다. 이 중 어느 의견이 진짜고 어느 의견이 대중의 환심을 사려는 것인가? 어느 우정이 사랑에 뿌리 두고 있고, 어느 우정이 브랜딩을 위한 일시적 단결인가? 서로 경쟁사라는 이유로, 이뤄져야 할 합작이 이뤄지지 않는 사례로는 무엇이 있는가? 브랜드와 어울리지 않는다는 이유로 공개 혹은 공유되지 않는 내막에는 무엇이 있는가?

내가 지도하는 학생 다수는 미디어 산업에 종사하고 싶어한다. 이 분야에서 가장 빠르게 성장하고 가장 안정적으로 수익을 창출하는 듯한 사업 모델에서는 매체 제작자들이 유튜브, 페이트론, 서브스택 혹은 다른 플랫폼상에서 구독자, 청취자, 독자와 직접 상거래 관계를 맺는다. 이런 과정을 피할 방법은 없다. 한편 고민거리가 있다. 영업 관계에서 고객은 곧 왕이며, 고객은 갓 전해받은 것을 언제나 배로 더 요구한다. 음식에 간을 다시 치고 화려한 접시에 담아 신선한 인상을 남기는 것은 괜찮다. 하지만 조리법을 아예 갈아엎었다가는 브랜드 희석의 위기와 함께 뿔난 고객들의 전화가 폭주할 것이다. 안정적인 월급이 없는 상태에서(그런 건 다 증발한 지 오래이기도 하고) 고객의 불만은 개인 수입에 치명타를 남길 수 있다.

랠프 월도 에머슨은 「자기 신뢰」에 이런 명문장을 남긴다. "어리석은 일관성은 소심한 마음이 낳은 도깨비다."[27] 같은 문단에서 에머슨은 "타인의 눈에는 우리 궤도를 컴퓨팅할 다른 데이터가 들어오지 않고, 우리는 타인을 낙담시키고 싶어하지 않기에 과거 행실에 그토록 목을 매는" 당대의 현상을 우려했다. 컴퓨팅. 데이터. 1841년에 작성됐지만 사실상 이 글은 갈대의 심성을 가진 구독자가 영상 측면에 알고리즘이 일렬로 길게 진열해둔 판박이 인플루언서들에게로 새로운 둥지를 틀러 떠날까봐 전전긍긍하며 거의 하루에 하나꼴로 엇비슷한 비디오를 찍어내는 수많은 유튜버와 트위치 방송인의 탄원서라고 봐도 무방하다.

2018년 유튜브 활동을 일시 중단하겠다고 발표한 릴리 싱은 이 플랫폼이 "기계라, 창작자들이 제 명을 줄이면서까지 사시사철 콘텐츠를 제작해야 한다고 믿게 만든다"[28]고 말했다. 달리 말해, 그건 사람을 기계로 만드는 기계였다. 피로감을 공공연히 호소하는 사람은 싱뿐만이 아니다. 유명 인플루언서의 멘털 붕괴를 다루는 영상은 하나의 하위 장르로 거듭날 만큼 성황이다.

이런 자기 고백 영상을 수업 자료로 함께 시청할 때면 학생들은 깔깔거린다. 서로에게는 감정이입을 잘하지만 걸어다니는 금고나 다름없는 인플루언서들이 나 힘들다며 울먹이는 모습에는 쓴웃음만 짓는데, 동년배일 때조차(혹은 특히나?) 그렇다. 비건 조리법으로 브랜드를 일궈낸 유튜브나 인스타그램 스타가 생선 요리를 먹는 등 선 넘는 모습이 드러났을 때 올릴 법한, 사과를 사죄의 경지로 끌어올리는 억지 영상과 '열아홉 살에 찾아온 번아웃' 같은 제목이 달린 영상을 학생들은 똑같이 차가운 시선으로 바라봤다.

나는 학생들을 차분히 타이른다. 왜 구독자 수를 어느 정도 넘기면 그 채널 주인은 진짜 좌절을 느끼지 못할 거라고 생각하는가? 왜 온라인에 표출한 감정을 예외 없이 텅 빈 퍼포먼스로 취급하는가? 아차, 학생들은 내 낙후된 사고를 고쳐주려고 한달음에 몰려든다. 오늘날 셀프 브랜딩의 격전지에서 인플루언서들은 누가 누가 더 자극적으로 노출하는지 우열을 가리는 진정성의 힘겨루기를 벌이고 있다는 것이다. 보는 나까지 울컥하게 한 그 멘붕 영상들을 개인 브랜딩의 대소사를 방치하겠다는 선언으로 받아들여서는 안 된다고 학생들은 덧붙였다. 이렇게 한번 쉼표를 찍은 뒤에는 장족의 발전이 기다리고 있다. 좀더 전통적인 미디어 플랫폼으로 진출하든가, 새로운 상품 라인을 출시하든가.

냉소하는 이유를 알겠지만, 나이를 먹을 만큼 먹은 데다 마음이 약해져서인지 나는 그렇게 못 하겠다. 둘 다 사실처럼 보인다. 어린 인플루언서들은 요술방망이라도 쥔 것처럼 게시물을 뚝딱 만들어내야 한다는 중압감과 댓글창이라는 통로로 자기 삶에 들어온 사람들이 남긴 흉측한 악담 때문에 진짜 괴로움에 시달리는 **동시에** 이 정서적 고충을 수입원으로 바꿀 방법까지 모색해야 한다. 관심경제의 고속도로에 치여 변사체로 발견되는 게 장래희망이 아니라면 그렇게 해야 한다고 학습했으니까. 다른 모든 일과 마찬가지로 이것 또한 악순환으로 이어진다. 매대에 물건으로 오르는 데 성공하면 사람들은 당신이 핏기 없는 무생물인 줄로만 알고 온갖 오물을 투척하기 시작할 것이다. 그러면 당신은 더 선정적인 방식의 자기 노출을 방패막으로 내세워야 한다. 침실에서 발작을 일으키며 고꾸라지는 모습을 실시간으로 송출하는 것까지 포함해서. **이리로 오지 마세요.** 패거리가 된 팬들에게 인플루언서들은 간청하는 듯하다. 저 아파하고 있다니까요. **여기 이렇게 피 흘리고 있는 거 안 보이시나요?** 이리 떼가 피비린내에 환장한다는 걸, 그리고 수행적인 트라우마처럼 더 달콤한 향을 풍기는 것은 없다는 사실을 모른 채.

삼류 논픽션

　개인 브랜딩이 엄연히 문화적 교리로 자리잡은 것이라면, 브랜드가 실수하거나 실패하거나 완전히 실성하는 상황에서는 어떤 일이 벌어질까? 그 브랜드의 얼굴인 사람은 어떻게 될까? 과연 어떤 광기가 모습을 드러낼까?("다들 인정받기 위해 들어왔겠지만", 리처드 시모어가 『트위터 하는 기계』에서 이어 말한다. 이곳(인터넷)에 "남는 이유는 가상의 죽음에 전율하기 위해서다".)[29] 이건 내 도플갱어의 인생에 선회축이 되어, 그녀가 코로나 시대 이후에 내린 결정에 지대한 영향을 미친 것으로 추정된다. 시모어가 말한 가상의 죽음? 그녀에게 일어났다. 그럼 일어났고말고.

　2019년 5월, 팬데믹 봉쇄령이 선포되기 1년도 남지 않은 시점에 울프는 BBC 라디오 3에 출연해 신간 『위반: 섹스, 검열, 그리고 사랑의 범죄화Outrages: Sex, Censorship, and the Criminalization of Love』를 홍보했다. 그녀가 중년의 나이에 옥스퍼드대학에서 밟은 박사과정 연구를 바탕으로 하는 이 책은 영국 빅토리아 시대의 동성애 박해를 주제로 삼아, 섹슈얼리티와 젠더를 다룬 그녀의 초기 작업과 여러 부분에서 일맥상통했다. 이후에 벌어진 일을 머릿속에 그려보면 정말이지 오금이 다 저린다.

　라디오 인터뷰에서 울프는 연구 결과 가운데 가장 폭발적인 반향을 불러일으키리라 여긴 대목을 공유했다. 19세기에 접어들고도 한참 동안이나 영국에서는 소도미 판결을 받은 남성 '수십 명을 사형'했다는 것이다.[30] 그녀는 법원 문헌에 등장하는 '기록된 죽음death recorded'*이란 표현을 증거로 댔다. BBC 인터뷰어 매슈 스위트는 생방송 중 울프에게 그녀가 표현을 잘못 이해했다고, 이 남성들은 유죄를 선고받은 뒤 석방됐으니 실제와는 반대로 이해했다고 지적했다. 더욱이 그녀가 인용했던 혐의 가운데 일부는 합의 하의 동성 간 성교가 아닌 아동학대였다는 사실이 밝혀졌는데, 이 둘을 혼동함으로써 그녀는 게이 남성을 소아성애와 잇는 위험한 연계를 보였다. 울프의 논제가 이런 근본적인 착오를 했다는 사실이 알려지면서 미국 출판사는 『위반』의 판매를 전면 중단했고 책은 재생지 기계에 잘려나갔다. 울프는 즉각 나락으로 떨어졌는데, 그렇게나 공적으로 혹은 그렇게나 결정적으로 명예를 실추한 것은 드문 일이었다. 인터뷰 녹음본이 돌기 시작하자 트위터 사용자들은 단체로 짜기라도 한 듯 다들 이런 무정한 글을 남겼다. 나오미 울프는 그녀 본인의 '기록된 죽음'을 맞았다.

대학가에서는 갈겨 쓴 연구의 비참한 말로를 알리고자 학생들에게 『위반』의 발췌문을 반면교사로 제시했다.[31] 『가디언』처럼 울프의 기고문을 정기적으로 싣던 곳도 그녀의 지위를 영구 박탈한

* 1823년에 시행된 영국 사형판결법에 따라 판사는 기존의 200여 개 사형 죄목에서 반역과 살인을 제외한 다른 죄목에 법원 문서상으로는 사형(기록된 죽음)을 표기하되 유치형으로 감축하거나 석방할 수 있는 재량을 갖게 되었다.

듯 보였다. 놀랍지 않게도 울프는 이 상황에서 함정의 냄새를 맡았다. 2020년 1월 인터뷰에서 말하길, 『위반』의 실책이 밝혀진 뒤 자신이 겪은 "꼬리에 꼬리를 무는 공격"은 평판을 더럽히고 자신을 "체스판에서 끌어내리려는"[32] 암중 계략이었다고 했다. 만인의 도마 위에 오르지 않았더라도 울프는 이미 힘든 시간을 보내고 있었다. 『트리하우스』에서 깊은 경의를 표했던 아버지가 BBC 인터뷰를 몇 개월 앞두고 돌아가셨다. 팬데믹이라는 혼란스러운 시기를 몹시 혼란스러운 상태로 진입한 울프에게 이 일련의 사건은 그녀에게 잃을 것이 더 없었음을 뜻한다. 머잖아 알게 되는데, 밑바닥에서는 치고 올라갈 일만 남아 있다.

유일 인격 장애

사람이 뻣뻣하기가 꼭 대나무 같은 브랜드여야 한다면, 인류 자체가 '인간다움을 잃는'—다가오는 생태적, 정치적 고비 앞에서마저 융통성 없이 허리를 꼿꼿이 펴고 버텨 서는—꼴이라고 한 학생이 말했다. 수년 전 내가 브랜딩에 관해 글을 쓰기 시작했을 때 미처 짚어내지 못한 사태의 중핵을 단번에 짚은 것이다. 『전체주의의 기원』에서 한나 아렌트는 사유 과정을 '내가 나 자신과 나누는 대담'이라는 의미에서 일종의 더블링으로 묘사했다.[33] 곰곰이 뭔가를 생각하는 과정을 통해 우리는 '하나에 둘이 깃든two-in-one' 자아와 의논을 거치는데, 이 자아는 브랜드와 달리 틀에 갇힌 정

110

체성이 아니다. 만약 그랬더라면 생각할 대상도, 함께 생각할 상대도 없지 않겠는가? '내면 가족 체계^{IFS}'라는 심리치료의 창시자 리처드 슈워츠 박사는 자아에 실제로 두 개 이상의 소인격체가 있다고 이론화한다. 자아는 상충하는 의견과 소망, 욕구를 지닌 다중성 혹은 모자이크 형태로 구성되어 있다고 한다. 소인격체끼리 해리하는 극단적인 경우에 자아 상태는—과거에는 '다중인격 장애'로 불린—병리로 전개된다. 그러나 우리 대부분은 내면의 다양한 부분과의 대화(혹은 원탁회의)를 거쳐 건강한 합의에 도달하는 협상 능력을 갖추고 있다. 평범한 사람들이 이 능력을 잃고 표리부동한 구호를 앵무새처럼 따라 읊기 시작할 때 진짜 악은 시작된다고 아렌트는 말한다. 역지사지의 능력, 혹은 그녀가 「진실과 정치」에서 논했듯이 "이 자리에 없는 사람들 관점에 내 마음의 자리를 터주는" 능력을 잃을 때도 마찬가지다.[34] 이처럼 문자 그대로 생각을 안 하고 사는(자신만의 사유가 부재하는) 시대에 전체주의는 엄습한다. 달리 말해, 머릿속이 이러쿵저러쿵 말 많은 전쟁터가 되는 것은 우려할 바가 아니다. 공터가 되는 것을 우려해야 한다.

　이것은 브랜드화한 인류가 마주하는 가장 심원한 문제와 직결된다. 브랜드는 우리의 다채로운 모습을 담아낼 그릇이 못 된다. 브랜드는 지정값, 고착 상태, 1인 1자아를 바란다. 인간 석상을 바란다. 브랜딩이 주도하는 더블링은 사유와 변화에의 적응이라는 건강한 더블링(또는 트리플링, 또는 쿼드리플링)의 대척점에 서 있다. 이런 긴장은 역사의 어느 시점에서건 문제를 터뜨렸겠지만 숙고와 토론, 유연성을 요구하는 집단적 위기로 점철된 오늘날에는 문명사적 화약이 될 것만 같다.

　나는 촌각을 다투며 기후위기에 응해야 할 시기에 브랜딩 위기를 고민했다. 그러면서 대규모 공포에서 좀더 관리하기 쉬운 사안으로 집착의 대상을 옮긴 사람이 나만은 아닐 거란 생각이 종종 들었다. 개인 브랜딩 대호황의 시대가 전례 없는 환경 재난과 톱니바퀴처럼 맞물려 나타난 것은 애석한 필연이다. 벼랑 끝에 선 지구별 행성은 국제적 단결과 협조라는 해결책을 필요로 한다. 이론적으로야 가능하겠지만 실천을 생각하면 눈앞이 아득해진다. 그보다는 자아, 당신이라는 브랜드의 장인이 되는 편—때 빼고, 광 내고, 조명과 각도를 맞추고, 경쟁자와 침입자를 밟고 올라서서 오물을 투척하는 편—이 훨씬 더 쉽다. 우리가 영향력을 행사하고 싶어하는 많고 많은 대상 중 자아의 화폭은 충분히 가깝고 좁아, 원하는 대로 붓을 휘둘러 그럴듯한 작품을 만들 수 있을 것만 같기 때문이다. 실은 이조차 먹음직스러운 그림의 떡이라는 것을 곧 알게 됐지만 말이다.

　그러니 질문은 여전히 남아 있다. 브랜드를 만드는 동안 우리는 무엇을 안 만들고 있는가?

4장

숲속에서
나 자신과 만나다

나 자신과 만나다
숲속에서

서양 미술사에서 도플갱어 묘사로 가장 추앙받는 작업 가운데 하나는 단테 가브리엘 로세티가 그린 라파엘 전파 시대 유화다. 어두운 숲길, 중세의 옷차림을 한 남녀는 그들과 판박이인 다른 한 쌍과 마주한다.[1] 그리 유쾌한 만남은 아니다. 분신을 맞닥뜨린 남성은 화난 표정으로 칼자루를 움켜쥐고 있고, 여성은 이런 기막힌 광경에 기절초풍하고 만다. 작품의 제목은 「그들은 어떻게 자기 자신과 만났는가」이다.

처음 접했을 때 이 작품이야말로 도플갱어 여정의 축소판이라고 확신했다. 나 역시 무형의 칼을 빼들고 진검승부를 벌여 최후의 나오미가 될 작정이었다. 그림자 드리운 숲속, 이제 나는 그녀가 아닌 나 자신과 만나고 있다. 세상의 눈에 비친 내 모습에 내가 여전히 너무 예민하게 군다는 불편한 진실까지도 말이다. 진정으

로 개인 브랜딩의 포로가 되지 않으려면 앞으로 할 일은 태산 같
았다.

소문자 이름, 대문자 발상

비대해진 개인적 자아와 집단적 노력의 하중, 이 둘 사이에서
슬기롭게 살아갈 방법을 고민한 인물로는 작가이자 이론가인 고故
벨 훅스가 있다. "자존감 높은 사람은 가식적인 정체성을 가질 필
요가 없다"고 그녀는 말했다.[2] '기업적 자아' 강의에서 나는 훅스가
퍼스널 브랜딩이나 셀레브리티 액티비즘과 같은 개념들이 주류
사회에 유입되기 전부터 이런 현상을 전복하고 약화한 다양한 방
식을 참고한다. 글로리아 진 왓킨스라는 본명을 가진 그녀는 선대
훅스를 기리는 동시에 일상적 정체성과 작가적 정체성 사이에 적
정한 거리를 두고자 증조모의 성함 벨 훅스를 필명으로 사용한다.
"그냥 평범한 글로리아 진이라는 소탈함 속에서 살고 있어요."[3] 그
녀가 2015년 『뉴욕타임스』에 말했다. 훅스는 필명을 언제나 소문
자로 적는 것으로 잘 알려져 있다. 스스로를 왜소하게 하려는 의
도에서가 아니라 '나의 신원이 아닌 책의 요체'[4]에 초점을 두라는
지침으로 삼기 위해서다.
아이콘으로 명명되는 게 극찬으로 통하는 세상에서 이런 발언
은 고개를 갸우뚱하게 할 수 있다. 하지만 그녀는 자기 이름—벨
훅스라는 페르소나 또는 세간의 관념—이 벨 훅스의 발상을 가로

막고 관심을 독차지하는 것을 원치 않았다. 이름이 주는 무게감—비교적 쉽게 주목할 수 있는 간판—과 글쓴이의 아이디어가 사람들에게 가닿아 저마다의 방식으로 스머드는 능력 사이에는 불가피한 장력이 존재한다는 것을 그녀도 익히 알고 있었다. 훅스는 작가와 독자 사이에 생길 수 있는 간극을 좁히려고 시도했다. 말하면 입만 아프겠지만, 자본주의 문화에 속한 모든 것의 숙명처럼 훅스라는 이름 역시 나름의 시장성을 갖춘 기호가 되었다. 그건 그녀가 바라던 바는 아니었다. 훅스는 이름이라는 무거운 덮개로 자기 작업의 숨통을 틀어막고 싶지 않아 했다.

정말로 많은 이가 끌어안고 사는 정체성 라벨들에 관해서도 비슷한 의견을 남겼다. 정치이론가로서 훅스는 체제를 호명하는 행위의 힘을 높이 평가했다. 우리가 맞서 싸워야 할 대상으로 "백인 우월주의 자본주의 가부장제"[5]라는 표어를 되풀이했다. 하지만 '이것'이나 '저것' 따위로 스스로를 규정하고 존재에 정체성의 표식을 달아주려는 충동에 대해서는 모호한 태도를 취했다. 1984년에 출간한 『페미니즘: 주변에서 중심으로』에서 훅스는 "나는 페미니스트입니다'와 같은 문구 사용을 자제하라"고 주의를 주며 "나는 페미니즘을 지지합니다"로 대체할 것을 독자들에게 당부한다.[6] '나는 ~입니다'의 어투는 페미니스트가 무엇이고 누구인지에 대해 청자가 갖고 있는 믿음을 건드릴 우려가 있는 반면, '나는 ~합니다'는 페미니즘이 이루려는 구체적인 변화를 논하는 방향으로 대화를 이끌어갈 확률이 더 높은 데다 "서구 사회의 모든 지배 체제에 핵심 이데올로기적 요소로 작용하는 이원론적 사고에 입각하지 않아도 된다".

훅스의 글을 내 이원론적 진검승부라는 맥락에서 다시 읽어보니 머릿속 안개가 걷히면서 귓불까지 달아올랐다. 오늘날 지성인으로서의 삶, 운동가로서의 삶에는 자기 업적 치하가 큰 부분을 차지한다. 나도 한다. 당장 이 지면에만 해도 증거는 수두룩하다. 내가 뭘 썼고, 내가 뭘 말했다. 그건 내 문구다. 이건 내가 만든 유행어고. 저건 내가 만든 해시태그다. 동료가 자기 인용을 한 걸 처음 봤을 때 간담이 서늘해졌다. 인용문을 본인이 쓴 옛 기고문에서 따온 것이다. "내가 이곳[링크]과 이곳[링크]에서 적었다시피." 왜 자기 입으로 한 말을 가지고 온 걸까? 인용이란 타인의 목소리라는 연장을 빌려와 사유의 틀을 넓히는 데 의의가 있지, 좁히는 데 있지 않다. 이제 자기 인용은 도처에서 보인다. "이곳에 적었듯이" "지난번에 올렸던 트윗에서" "예전에 썼던 거 재업." 이렇게 해야 한다. 혹은 그래야 한다고 우리는 믿는다. 과거를 전부 쓸어갈 기세로 들이닥치는 말, 말, 말의 쓰나미에 다들 휩쓸려 살고 있다. 뭘 말했고 뭘 했는지 주기적으로 안내하지 않으면 다른 문화적 폐기물과 함께 바다의 입속으로 쓸려가기라도 하는 것 같다.

우리의 건망증을 꿰뚫어본 훅스는 2014년 켄터키주 베레아 지역에 그녀의 작업, 궤적, 사상에 전념하는 벨훅스학회를 설립했다. 여동생을 잃은 지 얼마 안 됐던 당시에 훅스는 그녀 자신의 유산과 '우리가 스스로를 제대로 아끼지 않을 때, 우리가 스스로의 가치를 제대로 보듬지 않을 때 벌어지는 일'에 대해 고민했다.[7] 다른 흑인 작가들의 경우처럼 자신의 공헌도 역사라는 빗자루가 쓸어가지나 않을까 하고 걱정했다. 2015년 대담에서는 이렇게 익살스럽게 말했다. "벨 훅스의 흔적을 보존하는 데 힘쓰고 싶어할 정도로 그녀를 아끼는 사람이 어디 없나 하고 눈 뜨고 찾아봤는데, 시켜달라고 나타나는 사람이 아무도 없었어요." 훅스가 학회 설립에 팔을 걷어붙인 건, 그녀 자아에 기념비를 헌정하기 위함이 아니라 아이디어의 불씨를 지피고 지키기 위함이었다. 그녀의 아이디어—사랑이 정치의 원동력이라는 아이디어, 상호 연결된 지배 체제의 고리를 끊어내자는 아이디어—가 중요하기 때문이다. 그리고 벨 훅스가 중요하기 때문이다. 브랜드로서의 그녀가 아니라, 69년의 생애에 30권이 넘는 책을 집필하고 수많은 사람의 삶을 바꾼 인간으로서 말이다. 그것은 망각의 쓰나미에 맞서 보존하고 수호할 가치가 있다.

브랜드는 실속 없고 파괴적인 것일 수 있지만 아이디어는 그렇지 않다. 아이디어는 개인적, 집단적 변화의 도구다. 그래서 나는 '쇼크 독트린'이 울프의 과장, 허풍, 억측과 한데 뒤섞이는 것을 우려한다. 지켜야 할 브랜드라서 그러는 게 아니다. 이 인식 틀은 긴급사태의 혼란을 틈타 폭리를 취하고 민주주의를 공격하는 현상을 지각할 수 있는 일종의 언어적 쌍안경을 사람들에게 안겨주었다. 그리고 그 개념이 세계 제패를 꾀하는 비밀 결사단이 있다는 등 어안이 벙벙해지는 음모론들과 연계되면 본래의 목적을 이루기가 어려워진다. 뒤죽박죽이 되면 모든 게 우스워지니까("심각하게 받아들이기에는 너무 가소롭고, 가소롭다기에는 너무 심각하다").[8]

이미 울프는 누구에게나 성관계 파트너 선택의 권리, 임신 선택의 권리가 있다는 페미니즘 운동의 핵심 기조를 곡해한 전력이 있다. 이제는 이 기조를 뒤틀어 코로나 검사와 백신 의무령을 강제 생식기 검사를 받은 여성들이 겪은 '신체적 존엄'의 침해에 견주며, 그녀는 이 모든 것이 '정부가 사람들 몸에 제멋대로 난입하는' 예시라면서 호루라기를 불었다.[9] 분명 그런 언어는 피해자화라는 사회적 화폐와 결부되어 있는 문화적 욕구를 충족시키며, 이후 책에서 다뤄질 예정이다. 하지만 지금은 그런 표현을 함부로 쓰는 게 위험하다는 점에 유의해야 한다. 오용은 낱말이 갖는 본래 의미, 가독성, 힘을 앗아간다.

제일 유감스러운 것은 울프와 그녀의 동료들이 독재주의, 파시즘, 학살—인류에 있어 최악의 범죄—에 대한 항거의 의미를 몇 년 동안이나 어지럽혔다는 점이다. 그 기간은 탄탄한 반파시즘 동맹이 간절한 시기였고, 그들이 쉴 새 없이 이간질하고 부채질하며 오보를 생산한 탓에 연대와 결속은 더더욱 간절해졌다. 브랜드 희석과 브랜드 위해는 나중에 다뤄도 될 일이다. 중범죄와 이에 대한 식별력은 당장의 주의를 요구한다.

이처럼 중요한 아이디어와 개념이 왜곡돼, 가소로움이 심각한 논의를 밀쳐내는 듯한 상황에서는 어떻게 대응해야 할까? 비뚤어진 분신과 흉내쟁이들이 바글거리는 듯한 상황에서는 어떻게 대응해야 할까? 답을 찾기 위해 도플갱어 영화사를 살펴보던 어느 밤, 히틀러의 부상浮上을 다룬 찰리 채플린의 신랄한 풍자극 「위대한 독재자」[10]를 시청했다. 영화의 결말에서는 (채플린 연기의) 히틀러식 독재자로 변장한 (역시 채플린 연기의) 유대인 이발사가 적진에 잠입해 파시즘을 맹종하는 군중에게 가히 사상 최고의 반파시즘 연설을 한다.

1940년에 개봉했지만 영화가 주는 교훈은 오늘날 그 어느 때보다 더 명징한 울림을 남긴다. 당신의 세계를 집어삼키겠노라 위협하는 분신을 맞닥뜨렸을 때 거리두기는 어떤 방패도 돼주지 못한다. 제대로 판을 뒤엎고, 어떤 면에서는 그들을 따라하는 배우, 그들의 그림자가 되는 편이 낫다.

적어도 그렇게 나는 스티브 배넌의 애청자가 되는 것을 정당화했다.

2부

거울세계(투영)

거울세계(투영)

그런데 어쩌라고?
우리가 서로 다른 천문학 체계를 못 만들 거라고
생각하나? (…) 이중사고를 잊은 게야?

조지 오웰, 『1984』, 작중 오브라이언

5장

그들은 휴대폰에 대해서 알고 있다

내 도플갱어의 행로는 코로나 팬데믹 첫 2년을 두 시대로 나누어 보면 이해하기 쉽다. 바로 '배넌 전^前'과 '배넌 후^後'다.

'다른 나오미'에게 배넌 전은 야단법석의 시대였다. 가공할 속도로 트윗을 작성하고 온라인 생방송에 출연했지만 그녀는 불평불만을 마구 터뜨렸다. 아이들이 마스크를 강제 착용하면서부터 웃는 근육을 잃었다고 믿었는데,[1] 증거라고는 좀 고된 하루를 보내고 있었을지 모를 몇 명의 얼굴을 직접 봤다는 게 전부였다. 그리고 맨해튼의 어느 레스토랑에서 '과거로 데려다주는 나노입자가 들어간 백신'[2]에 관해 애플 직원 두 명이 한 이야기를 어깨너머로 들었다고 주장하기도 했다(애플워치의 시간여행 기능을 주제로 나눈 대화를 진짜 타임머신 제작에 대비하는 밀회로 착각했다). 백신 접종자의 분노를 격리 처리해야 한다는 희대의 망언도 잊지 말자.[3] 그녀가 백신 '부스러기'나 불임을 논하면서 흘린 주옥같은 눈물도.

참으로 너저분한 시간이었을 것이다. 어디에 우물이라도 파놓은 것처럼 의료 오보를 길어나르던 울프는 소셜미디어 계정에서 연일 정지와 퇴출을 당했다. 하루가 멀다 하고 악담과 희롱에 시달렸다(이에 관해서라면 그녀 다음으로는 내가 잘 알고 있다). 그녀가 직접 트위터에 올린 바에 따르면, 친구들은 한 단어짜리 간결한 문자를 보내고 있었다. "작작 해." 한편 한때 그녀를 호평한 다수의 매체는 '대체 나오미 울프에게 무슨 일이 벌어진 건가?'[4] 식의 기사를 우후죽순으로 쓰며 이전 작업을 비판적으로 조명했다. 「나오미 울프의 광기」(『뉴리퍼블릭』), 「페미니스트, 민주당 아이콘 나오미 울프, '음모론 질풍'에 휩쓸리다」(『비즈니스 인사이더』), 「내 삶을 바꿨던 현대 페미니스트의 본보기, 알고 보니 쓰레기?」(『슬레이트』). 이에 굴하지 않고 그녀는 인터넷에 몰상식한 이론의 에어로졸을 내뿜기 바빴다.

그녀가 야속한 장난에 넘어가는 바람에 백신 효력을 의심하는 자막이 딸린 어느 '의사'의 사진을 공유했을 때 나는 특히 가슴이 저릿했다. 사실 그는 의사가 아니라 의사 가운을 입고 목에 청진기를 두른 유명 남성 포르노 배우였다. 이번 장난의 전말을 밝히는 트윗은 '좋아요' 7만1000개를 받았다. (울프를 골탕 먹인 사람은 『인터셉트』의 탐사보도 기자 켄 클리펜스타인이었다.)

팬데믹이 공표된 지 1년이 지난 2021년 3월, 울프의 명운은 완전히 뒤바뀐다. '배넌 후'의 동이 텄다. 그녀는 이른바 백신여권 도입에 대한 공포를 자극하는 쪽으로 선전 방향을 바꿔 코로나 메시지를 갈고닦기 시작했다. 해외여행 때 접종증명서로 제시할 이 여권은 그로부터 몇 달 전 세계경제포럼이 공개한 영상에서 '그레이트 리셋Great Reset'* 캠페인의 일환으로 제안된 적이 있다.[5] 이스라엘은 이미 디지털 백신 앱으로 실내 입장을 통제했고 영국 정부에서도 도입을 논의 중이었다. 다음 주자는 북미가 되고 말 테니, 이제 인류의 자유는 돌아나올 수 없는 '낭떠러지'에 몰릴 것이라고 울프는 여러 우파 언론에서 주장했다.[6] 그중엔 (지금은 폐지된) 당시 미국 내 최고 평점을 기록하며 일일 시청자 수가 평균 300만 명에 달하던 폭스사의 「터커 칼슨 투나잇」도 있었다. 사회자 칼슨은 헝가리 총리 오르반 빅토르를 비롯한 독재 통치자들의 비위를 맞추고, 서유럽과 미국 등에서 유색인이 엘리트층의 주도하에 주류 백인종을 대체하고 있다는 소위 '거대 대체론Great Replacement theory'[7]을 연거푸 논하며 반이민주의 공세를 거드는 것으로도 잘 알려진 만큼이나 울프의 현혹적인 메시지에도 마음을 쉽게 내주었다. 이 메시지로 말할 것 같으면, 유튜브 조회 수 18만 회 이상을 기록하며 제일 화제가 되었던 울프의 자체 제작 영상의 제목에 잘 나타나 있다. 「나오미 울프 박사가 설명해주는 '백신여권이 영원한 노예제인 이유'」.

---

* 코로나19 대응 과정에서 경험한 변화를 바탕으로 녹색 성장과 환경·사회·지배구조ESG 개혁을 중시해 모든 부문을 새롭게 바꾸고 범세계적 기준을 세우자는 아이디어.

내 도플갱어는 극단적인 수사를 꺼리지 않는 편이다.[8] 2007년부터 국내 쿠데타의 가능성을 점쳤던 그녀는 미국이 '파시즘'으로 기울고 있다고 일갈한 데다 "오바마는 히틀러가 한 짓 같은 걸 저질렀다"고 말한 적도 있다. 양치기 소년 식 화법은 그녀가 새로운 경종을 울리려 할 때 방해된다. 이번에야말로 진짜가 나타났다고 사람들의 귀를 쫑긋 세우게 할 신랄하고도 맹렬한 단어들을 또 어디서 꿔올 수 있을까? 공감을 못 하는 바는 아니다. 나도 그동안 2000쪽이 넘는 분량의 글을 통해 인간과 비인간 존재를 지탱하는 이 지구별의 뼈대가 삭아 녹아내리고 있다는 사실을 알렸지만 참신한 표현법을 찾아 매일 헤매고 있으니까. 차이점이라면, 기후위기는 사실이라는 것이다.

울프는 백신여권을 신종 병기로 여겼다. 이 여권은 "독재적인 전체주의 플랫폼"이자 "인류사를 통틀어 최악의 도구"이며 "관련 데이터를 가진 사람들이 세계를 정복할 것"이라고 주장했다.[9]

울프는 「영원한 노예제」 영상, 칼슨의 뉴스 쇼, 스티브 힐턴의 폭스뉴스 쇼(「더 넥스트 레볼루션」)를 연이어 촬영하며 소신을 확고히 드러냈다. 몇몇 정부가 어리석게도 '여권'이라 부른 백신 증명 앱의 겉과 속이 다르다는 얘기였다. 자신이 여태 제기한 것 가운데 '가장 엄중한 경고'[10]라면서 이 앱을 '중국공산당식 사회 신용 점수 제도'를 도입하려는 은밀한 시도로 규정했다. 미덕과 복종 정도에 따라 시민 각자에게 순위를 매겨 통학부터 대출 신청까지 삶 전체를 규제하려드는 중국 전역의 감시망이자, 반항자의 위치를 정확히 추적·검거하고 여당 비판 행위를 무자비하게 검열하는 일종의 폭넓은 저인망으로 보았다. 백신 앱은 "1억 명을 노예로 전락시키는"[11] 이 제도와 다를 바 없다고 말했다.

울프는 식당과 극장 등에 입장하기에 앞서 접종 유무 확인용으로 스캔하는 QR 코드가 보건 당국에 당사자의 방문 여부만 고지하진 않을 것이라고 설명했다. '독재' 정부는 당신이 만나는 상대와 나눈 대화 내용까지 수집한다.[12] 스캔이 이뤄진 장소를 넘어서 틀림없이 당신이 거실에서 나누는 이야기까지, 전부. "이 제도의 폐지안을 통과시킬 요량으로 항의 시위나 논평 작성, 하원의원을 지지한다면 플랫폼이 다 엿듣고 있다."[13] 그리고 백신여권의 도입이 이스라엘을 '이등급제 사회'[14]로 만들고 '이류 시민'을 양성했다고 말했다. 이 표현을 실제 이류 시민으로 오랜 세월 살아온 팔레스타인인이 아니라 이스라엘 유대인 중 백신 미접종자에 대해 썼다는 점을 눈여겨봐야 한다. 그녀는 다음과 같이 경고했다. 비슷한 앱이 미국에 출시될 어느 날, 당신이 백신을 맞지 않거나 어떤 의미에서건 "반항자"[15]라면 "이류 시민으로 여생을 살 것이다. 당신 가족도 같은 취급을 받을 거고".

이전에도 울프는 심증만으로 백신이 국가 보건에 중대한 위협이라고, 이 주사는 중국에서 서양을 겨냥해 고의로 만든 '생물 무기'[16]라고 여러 차례 주장했다. 하지만 폭스뉴스에서 설파한 내용을 살펴보면 코로나 백신 자체를 문제 삼는 게 아닌 듯했다. 그녀는 힐턴에게 이렇게 전했다.

이건 백신에 관한 게 아니고, 이건 바이러스에 관한 것도 아니고,

이건 당신의 데이터에 관한 겁니다…… 다들 알아야 할 점은, 이 앱에는 어떤 기능도 별 수고 없이 같이 얹어서 설치할 수 있다는 거예요. 즉 이게 페이팔 계정이나 디지털 재화와 연동될 가능성을 무시할 수 없다는 겁니다. 이미 마이크로소프트는 거기에 지불 방식을 끼워넣을 계획을 세우고 있어요. 당신의 인터넷 네트워크가 흡수될 수도 있고, 어딜 가든 당신의 위치를 추적할 거라고요. 신용 기록도 제멋대로 들춰볼 거고 의료 정보도 마음대로 열람하겠죠.[17]

울프가 「영원한 노예제」에서 주장한 바에 따르면 "머신리딩*은 당신이 소셜미디어에서 해온 말을 평가할 겁니다. 만약 너무 보수적이거나 또는 너무 진보적이라면…… 머신리딩은 페이팔에 통지할 거고, 페이팔은 당신의 신용카드 이자를 내리거나 올릴 거라고요".[18] 그녀는 앱이 검색 기록까지 조회할 수 있을 거라고 말했다.[19] 허튼 행동이라도 한다면 "당신 인생을 꺼버릴turn off 거예요".[20]

행여나 시청자가 겁먹지 않을까봐 그녀는 뉴욕시의 백신여권 운영에 데이터 지원을 제공한 IBM의 꼬리를 끈질기게 물고 늘어졌다. "그 기업은 역사적으로 나치 독일과 끔찍하게 얽혀 있어요."[21] 울프가 힐턴에게 말했다. "IBM 자회사는 지금 이 앱의 모태라고 볼 수 있는 천공 카드**를 만들었다고요. 나치는 그걸로—

---

*   인공지능 기반의 자연어 처리와 해석.
**   직사각형 종이에 구멍을 뚫어 이진법의 형태로 데이터를 기록한 초기의

보세요, 또 이등급제 사회예요—아리아인과 유대인 명부를 기록한 덕분에 아주아주 빠르게 유대인을 잡아넣고, 반항자를 잡아넣고, 반대 운동의 수장들을 잡아넣을 수 있었던 거예요. 이런 파국이 오늘날에까지 들이치게 내버려둬서는 안 돼요." 읽고 난 뒤 당신도 의아해하겠지만, 그런 파죽지세의 대재앙이 대체 어떻게 백신 앱 하나로 시작될 수 있다는 걸까? 울프의 설명에 따르면 방법은 간단하다. '백엔드back end에 조금만 수작질'하면 될 일이다.[22]

한 번 더 정확히 말해두는데, 이건 사실이 아니다. 울프가 주장한 대로 식당이나 경기장에 들어가기에 앞서 QR 코드를 찍는다고 해서 정부가 당신이 가는 곳마다 나눈 대화를 몰래 들을 방도는 없다. 스캔하지 않는 동안의 (그러니까 거의 모든 시간에) QR 코드는 '당신을 위치 추적'할 능력이 없다.[23] 가정에서 당신을 추적할 능력 또한 없다. 검색 기록을 알지 못하며, 페이팔과 연동되어 있지도 않고, 인생을 껐다 켰다 하는 스위치도 아니다. 사회 신용 제도가 아니고, IBM이 나치 독일에서 한 일과도 아무 상관이 없다. 단지 백신 접종의 여부를 알려줄 뿐이지 '백엔드에 조금만 수작질'한다고 해서 바뀔 사안이 아니다. 이렇게 기고만장하게 읊다가 틀릴 게 걱정돼 온라인상의 시민적 자유와 사생활 보호를 선도하는 국제 단체인 전자프런티어재단EFF에 자문을 구했다. 백신여권 전문가이자 엔지니어링 부장인 알렉시스 행콕은 이메일을 통해 내게 다음과 같이 설명했다. "그 기술 자체는 사용자의 위치를

저장 매체.

정부에 알린다거나 하지 않아요."[24] 울프가 주장하는 앱의 도청 능력에는 이런 평을 내렸다. "정말로 기상천외한 발상이네요."

　호주 서부에서 백신 앱 스캔 데이터를 폭력범죄 조사 과정에 끌어들인 적이 두어 번 있었다.[25] 정부는 이런 사용의 제재안을 서둘러 입법해 앱이 범죄 수사의 도구가 아님을 명백히 했다. 울프가 탄 코로나 롤러코스터가 곤두박칠치는 모습에서 내 시선을 붙잡은 것은 따로 있었다. 그녀가 폭스뉴스에서 다룬 내용은 궁극적으로는 백신여권이 아니었다. 불투명한 알고리즘으로 운영하고 현존하는 법망의 포위를 벗어나 있으면서 굉장한 여파를 낳고 툭하면 변덕스러운 결정을 내리는 기술이 주변에 산재하는 느낌을 묘사하고 있었다. 이런 맥락을 미루어보면, 울프가 켠 적신호에 공감하는 시청자 다수를 충분히 이해할 수 있다. 그녀가 사실이라고 소개한 것은 대부분 허구였지만 어쨌든 사람들이 원하고 필요로 하던 대상, 즉 디지털 감시에 대한 공포와 분노를 투영할 과녁을 선물한 것임에는 틀림없으니까.

가지 않은 길들

　정부가 바이러스 확산 저지를 대개 백신과 스마트폰 앱에 의존하기로 한 결정은 진지하게 토론해볼 만한 거리다. 정부는 실내 마스크 착용 의무를 유지하는 동시에 간호사 대규모 고용 및 임금 상승을 포함한 공중보건 의료 제도 투자 확대 등을 통해 병원의 수요 초과를 예방할 수도 있었다. 무료 자가 항원 검사와 직장 내 개인용 보호 장구를 꾸준히 제공하고, 특히 병가 일수를 늘려 몸이 아파도 일터에 나가야 한다는 의무를 덜어주는 방법도 충분히 고려해볼 만했다. 팬데믹 초기에 공동체 단위에서 접촉자 동선 파악에 대대적인 투자가 이뤄졌더라면 소외 지역에서는 공중보건과 일자리 창출이라는 일거양득의 성과로 이어졌을 것이다. 학교를 비롯한 공공장소에 양질의 공기청정기를 더 적극적으로 설치하고 교사와 그 외 지도 인력을 추가 고용해 학급의 규모를 줄이는 등의 조치는 바이러스 확산을 줄일 뿐 아니라 학생과 교육자에게 다른 혜택까지 준다. 지금 말한 내용은 바이러스 영향 아래서도 덜 괴로워하고 더 충만한 삶을 영위할 수 있도록 사회복지와 안전망을 확대하고 강화하는 예시 가운데 일부에 지나지 않는다.

2022년 4월 장애정의 운동가 비어트리스 애들러볼턴은 미국 내에서 이뤄졌을 법한 코로나 대안 대처의 예시를 논했다.

> 제약 기술에만 의존할 순 없습니다. 사회적 거리두기, 마스크 착용, 유급 휴가, 미납자의 퇴거 유예, 공동체 차원에서의 위해 감축, 환기구 개선, 기간설비 투자, 보편적 보험의 적용 대상자 확대, 복역자의 탈시설화 등 가용 범위 안에서의 사회적·경제적·정치적 기술—백신이나 항바이러스제에 준하는 실효적인 기술—을 다 끌어 써야 합니다. 이런 사회적, 재정적 도구들은 우리가 팬데믹을 겨우 버텨 넘기는 게 아니라 이런 시국에도 **불구하고** 행복하게 살 수 있게 해줍니다.[26]

이런 야심찬 의제를 관철할 만한 대규모 민중 조직 전략은 안타깝게도 추진되지 않았다. 따라서 이러한 안들을 진지하게 검토할 의향이 없었던 정부들은 북미와 유럽에서의 바이러스 통제라는 중책을 백신과 접종증명 앱에 떠맡기는 쉬운 (그리고 거액 기부자 친화적인) 방식을 선택했다. 착취적인 노동 실태에서 기후위기까지, 오늘날 문화의 여느 양상과 다를 바 없이 팬데믹 대처 부담은 일상 복귀라는 미명하에 집단에서 개인으로 단위를 옮겨갔다. "너 잽 받았어?" "어디 증명서 좀 보여줘봐." 반면에 고용주가 안전한 근무 환경을 제공했는지, 또는 정부가 안전한 학습 환경과 이동 수단을 보장했는지에 대한 질문은 그만큼 자주 제기되지 않았다.

백신의 국내 도입과 동시에 전 세계 무료 보급은 부유한 나라 정부들이 내릴 수 있었던 가장 효과적인 변이종 확산 예방 조치였다. 백신 개발과 도입에 천문학적인 공공 자금이 들어간 사실을 고려해보면, 제약 회사의 특허 동결도 충분히 납득할 만한 방책이었다. 비용도 비교적 저렴했을 것이다. 경제협력개발기구[OECD]의 수석 경제학자가 전 세계 인구의 백신 접종 비용으로 추정한 500억 달러는 일론 머스크가 트위터를 완구용품으로 만들기 위해 지불한 인수가를 웃도는 정도밖에 안 된다.[27] 하지만 그런 인류애를 실천하려면 그동안 백신을 노다지판으로 여기던 소수의 제약 회사가 세계무역기구에 지식재산 권리 포기 증서를 제출하며 순순히 특허를 내려놓아야 했다. 그러니 2021년 화이자가 코로나 백신 하나만으로 370억 달러를 벌어들였던 것이다.[28] 그해 말, 캐나다를 비롯한 여러 나라에서 세 번째 백신을 맞기 시작할 무렵,

아프리카에서 첫 번째 접종 주사를 맞은 인구는 전체의 7.5퍼센트에 불과했다.[29]

국제앰네스티 사업 및 인권 부장 패트릭 윌켄은 백신 독점을 통한 폭리 취득을 "천재지변에 가까운 행태"[30]로 묘사하며 다음과 같이 덧붙였다. "화이자를 비롯한 거대 제약 회사들의 탐욕은 해소되지 않는 갈증 같아서 결국 이런 미증유의 인권 위기를 몰고 왔습니다. 그들을 제어하지 않는다면 전 세계 수억 명의 삶과 건강에의 권리는 계속 위험에 처할 것입니다."

바이러스는 야속하게도 형태를 바꾸고 야무지게도 국경을 넘나들므로 몹시 개탄스러운 상황이었다. 세계보건기구 백신 디렉터인 케이트 오브라이언은 백신 민족주의를 정확히 예견했다. "소용없어요. 역학疫學 측면에서 봐도 소용없고 전파 측면에서 봐도 소용없어요. 백신 접종이 모든 나라에서 이뤄지지 않는 한."[31](긴밀히 연결되어 있는 대상과 철벽을 치다가 유쾌한 결말로 이어지는 예는 별로 없다는 도플갱어의 교훈을 잠깐 언급해본다.)

백신과 접종증명 앱에 의존해 바이러스를 통제한 부유국에서는 사회적 비용이 발생했다. 매번 스마트폰과 QR 코드를 사용해야만 어떤 장소에 들어가거나 서비스를 받을 수 있다보니 노숙인이나 취약계층 및 그 기기를 소지하지 않은 사람들은 더 궁지에 내몰렸다. 작가 스티븐 W. 스래셔는 유행병 시대에 가처분 대상으로 취급받는 이미 주변화된 집단을 '바이럴 하층계급'으로 명명했다.[32]

이처럼 어렵고 중요한 논의를 할 때면 흑인, 원주민, 푸에르토리코인, 장애 인구 다수가 정부 주도형 보건 프로그램을 불신하게 만든 잔혹한 역사를 먼저 살펴봐야 한다. 이들은 강제 불임 시술과 비밀 의료 실험 대상이었던 공동체들에 속한다. 가장 악명 높은 예시는 1930년대에 앨라배마주에서 매독 치료제 대신 위약僞藥을 처방받은 흑인 남성 수백 명 가운데 다수가 죽음을 면치 못했던 터스키 실험이다. 무자비하고 비윤리적인 이 실험은 사실로 밝혀진 여느 음모처럼 수십 년 동안 비밀에 부쳐졌고, 진실의 종을 울리려던 사람들은 무시당했다.

과거의 잘못을 시인하지 않는다면 이들의 마음을 돌려 세울 수 없다. 공중보건 당국은 역사 인식이 결여된 상태에서 주변화된 집단의 코로나 관리를 서두르다가 오히려 예방 정책의 취지에 대한 반감을 샀다. 반감을 느끼는 이들 중 일부는 선동적인 언사를 일삼는 역정보 행상인들에게 쉽게 혹했다. 폭스뉴스에 등장해 백신 앱을 나치 절멸수용소와 IBM의 협업[33]에 빗댄 어떤 대인배에게도.

기술 공포를 자극하다

배년 전에 내 도플갱어는 또 다른 생소한 면모를 과시했다. 백신 앱에 무시무시한 경고를 쏟아내면서, 이 분야에서의 권위를 드려내려는 속셈이 뻔한 새로운 자기소개법을 고안했다. 지난 30년 동안 나오미 울프는 작가와 전前 정치 고문으로 대중 앞에 나섰다. 지금도 마찬가지다. 다만 이제 터커 칼슨이나 그와 한통속인 인물들의 방송에 나가서는 백신 앱과 관련된 발언을 하기에 앞서 기존에 들어본 적 없는 참신한 머리말을 붙인다. "테크 회사 CEO로서 말하건대"라든가 "나는 테크 회사 CEO입니다"라고.[34]

내가? 아니 그러니까, 그 여자가?

이 뒷골 당기는 수식어는 그녀가 수필과 영상을 게재하던, 당시 방문자도 얼마 안 된 벽지의 웹사이트 데일리클라우트를 일컫는다. 이곳에서 사람들이 입법 초안을 일부 접해볼 수 있도록 문서 게재의 기술 혁신을 이뤘다면서 차마 콧방귀도 뀌기 어려운 주장을 했다. (이미 GovTrack.us를 비롯한 여러 무료 웹사이트가 미국 의회 의안을 게재한다는 사실을 무시한 것이다.) 울프가 폭스뉴스에 수시로 나가기 전에 그 웹사이트는—참고로 평범한 사람들을 로비스트로 거듭나게 해준다고 설명해놨다—매달 방문자 수가 고작 1000명에 그쳤고, 심지어 어느 달에는 13명밖에 끌어들이지 못했다.[35]

폭스 맞춤형 테크 기업 CEO로 새롭게 단장한 내 도플갱어는 또 다른 심경의 변화를 보였다. 『미국의 종말』 때부터 울프는 미국 애국주의를 이유로 들며 시민적 자유의 제한에 저항하기를 권했다. ("건국자들은 미국을 위해 자유를 만든 게 아니라 자유를 위해 미국을 만든 것이다"와 같은 경구를 입에 달고 살았다.)[36] 하지만 이제껏 보였던 그 어떤 모습보다 백신여권을 다룰 때 더 국가주의적이고 친자본주의적인 어조를 띠었다. 그녀는 코로나 보건 조치를 동서양 문명 전쟁의 최전선으로 그리면서 어김없이 중국공산당 CCP을 물고 늘어졌다. 「영원한 노예제」 영상에서 'CCP'를 다섯 차례나 언급했는데,[37] 그건 '서구'를 언급한 횟수와 동일했다.

"이 계획이 예정대로 흘러간다면 서구에서 인류 자유의 종말은 정해진 수순이라고요."[38] 울프는 2021년 3월 스티브 힐턴에게 이렇게 말했다. 직접 촬영한 영상에서는 백신여권 현실화가 "자본주의 소멸의 결과"를 불러올 거라고 예언했다.[39] (역정보를 차단하는) 테크 기업과 (코로나 제재령을 내리는) 정부들이 이미 "중국공산당식 세뇌, 서구의 일원이 되지 말라는 세뇌"[40]를 하고 있단다. 코로나와 관련된 모든 조치는 "서구를 나약하게, 우리 사회를 나약하게, 우리 아이들을 나약하게 하려는" 목적을 갖고 있었다.[41] 이건 "미국답지 않은" 것이었다.[42]

다행히 울프는 반격 작전을 마련해두었다. 그녀는 운동가들이 추가적인 공중보건 조치를 무산시키고 이른바 "다섯 가지 자유"를 수호하는 데 사용할 주별 "모범 법안"[43]의 보고寶庫로 데일리클라우트를 운영 중이라고 말했다. 여기서 자유란 마스크 의무 착용, 백신여권, 학교 폐쇄, 긴급사태 포고령, 상업과 종교적 집회의 제약으로부터 자유로워질 권한이었다. 줄여 말하자면, '자유'란 다른 방편에 대해서는 한마디도 하지 않으면서 바이러스 통제를 목적으로 정부가 사용할 수 있는 도구를 일절 타도할 권리였다. 하지만 울프의 오랜 주장처럼 팬데믹의 심각성이 허풍에 불과하다면 애초에 정부가 그런 도구를 사용할 이유가 있었을까?

솔직히 말해 그녀가 백신여권을 대중 감시망으로 막 설명하기 시작했을 때 나는 이런 레토릭의 파장에 촉각을 곤두세우지 않았다. 폭스에서 신예로 떠오른 그녀의 뉴스가 유성우가 되어 내 소셜미디어를 수놓는 바람에 울프가 퍼뜨리는 다른 그릇된 정보를 신경 쓰기에도 시간은 부족했다.

　낭패를 구경하는 맛으로 울프를 구독하던 이들은 새로운 선전 구도가 얼마나 많은 사람의 마음을 움직였는지를 간과했다. 여기에는 폭스 시청자들만이 아니라 울프가 묘사하는「블랙미러」* 식 감시세계의 도래를 두려워하는 좌파 또는 진보 측 사람들도 꽤 포함돼 있었다. 몇몇은 내게「영원한 노예제」링크를 직접 보내오기까지 했다. 음모론자로 알려진 한 사람은 이 영상을 "학습"하라며 나를 몰아세웠고,[44] 우리가 새로운 위협에 맞서 "젖 먹던 힘까지 짜내서" 싸워야 한다고 강조했다. 사랑하는 이를 정신 차리게 할 방법을 찾다가 연락해온 사람도 있었다. BLM을 지지하는 대체의학자 때문에 속앓이가 이만저만이 아니었는데, 울프의 말을 복음 수준으로 따른 나머지 큐어넌처럼 백신여권을 "자유 대 예속"의 싸움에서 최후의 보루로 맹신하고 있었다.

　「영원한 노예제」유튜브 영상이 여성혐오로 북적이지는 않을까 노심초사하며 그 아래에 달린 댓글 1000여 개를 살펴봤다. 놀랍게도 거의 모든 댓글이 "전사"로서의 그녀를 숭앙하고 진실을 말하는 그녀의 "용기"를 예찬했다.[45] 성경을 인용하면서 백신과 백신여권을 "짐승의 표"** 로 선언하는 사람도 많았다.[46]

　이런 칭찬 일색의 장에 어떤 테크 기업 경영자가 끼어들어 한

***

*　　넷플릭스 공상과학 연작 시리즈. 미디어와 정보기술의 발달이 낳은 부작용을 주로 다룬다.

**　「요한계시록」13장에 등장하는 표현. 하느님에 대적하는 짐승의 표식으로 숫자 666을 가리킨다.

설명에 잠깐이나마 내 영혼이 들떴다. "백신여권은 중국식 '사회신용' 같은 플랫폼이 아니고" 그건 "중앙집권화한 독재주의 초국정부의 소행도 아니다."[47] 하지만 뒤이은 말에 내 영혼은 절벽 아래로 떨어져 산산조각 났다. "이 영상에서 클라인은—내가 여태까지 존경하던 사람인데—서구중심적 사고관에 절어 있는 것 같아요."[48] (울프의 새로운 팬들이 그를 나무랐다. "그럼 중국 가서 살아. 우린 너 같은 공산주의자 필요 없다고. 여기 있는 게 머잖아 너한테 정말로 위험해질 수도 있어. 걱정돼서 하는 말이야.")[49]

울프는 두 달이라는 짧은 시간 동안 폭스에 일곱 번이나 등장하고서 또 투어에 나섰다. 러시모어산에서 개최된 '프리덤페스트FreedomFest'에서 연설했고 공화당 입법자 다수의 초대를 받아 마스크와 백신 의무에 반대하는 증언자로 여러 주 의회 의사당에 참석했다. 메인주 하원 의회에서는 입법 지도자들이 당시 폐쇄 상태였던 의사당에 울프의 참석을 허락한 의원을 경질하고 그가 더는 초대 인사를 부르지 못하도록 막았다.[50] 이로부터 8일 후, 신종 코로나 바이러스 감염자 수가 제일 높은 주 가운데 하나였던 미시간주[51]로 간 울프는 하원 감사 위원회 앞에 증인으로 나서서 백신여권을 나치가 유대인을 처우한 초기 방식에 빗댔다.

스티브 배넌은 울프가 전하는 새로운 메시지의 반향을 재빨리 알아차렸다. 그는 일주일도 지나지 않아 '닥터 울프'를 팟캐스트 「워룸War Room」*에 정기 출연자로 부르기 시작했다. 2017년 트럼프의 수석 전략가 자리를 잃은 뒤부터 이 팟캐스트를 다양한 형태로 제작해온 배넌은 『뉴욕타임스』에 호언장담했듯이 "전 지구적

포퓰리즘 운동을 위한 글로벌 인프라"[52]도 구축하고 있었다. 그에게 울프는 눈에 넣어도 안 아플 인사였다. 한 주에도 여러 번 울프를 초대석에 세우면서 데일리클라우트와 어느새 정체불명이 돼버린 '다섯 가지 자유' 모범 의안들을 자기 사업처럼 나서서 홍보했다. 트래픽을 찾아봤다. 그녀가 팟캐스트에 정기 출연하기 시작한 2021년 4월, 그녀의 웹사이트는 개별 방문 회수가 10만 회를 넘어섰다. 1년 전의 851회는 무색해졌다. "민병대[posse]** 전원이 가서 닥터 울프를 지지해야 합니다." 의학 연구를 논하는 와중에 울프를 '닥터'로 부르다가는 시청자들의 오해를 살 수 있다고 『애틀랜틱』에서 비판하자, 배넌은 울프가 가진 철학 박사 학위 정도면 "충분하다"고 답변했다.[53]

돌이켜보면 울프의 백신여권 주장은 많은 사람의 심금을 울릴 만도 했다. 기술과 감시에 비판의 초점을 맞춤으로써 그녀는 과거 사적 영역으로 남아 있던 삶이 점차 실리콘밸리 거인들의 이익 중심점으로 변모하는 여러 경로에 관해 뿌리 깊은 문화적 공포를 자극했다. 마치 모든 사람의 기술 공포—휴대폰으로 추적당하고, 검색 엔진으로 감시당하고, 초인종 카메라로 사찰당하는 공포—를 한 무더기 쌓아올려 상대적으로 만만한 백신 앱에 투영하는 듯했다. 물론 이 앱은 울프의 설명에 따르면 '거대 정부'와 '거대 테크

---

*   전투 실태를 점검하고 전략을 짜는 군사령부 상황실.

**   과거 영국과 미국에서 보안관이 소집했던 민병대. 배넌이 자신의 팟캐스트 관객을 가리켜 사용하는 용어.

기업'이 저지르는 온갖 소름 끼치는 감시 만행을 하나의 QR 코드로 '백엔드'에 집약한 결정체였다.

울프가 내뱉은 말들은 원천적으로 환상이었다. 하지만 그녀의 말을 귀담아듣는 많은 사람에게 이 말들은 진실로 **느껴졌다**. 진실로 느껴진 이유는 우리가 실제로 감시 기술의 과도기에 있고 정부와 기업 관계자들이 대중을 감시하고자 상호 협력과 제휴 아래 무지막지한 힘을 휘두르고 있기 때문이다. 게다가 현세대는 이런 추이의 장기적인 파급에 대한 인식의 걸음마조차 떼지 못하고 있는 실정이다.

"휴대폰이라는 게 있다는 걸 알면 어쩌려고 저러시나." 백신과 백신여권이 우리 일거수일투족을 비밀리에 추적하고 있다면서 공론公論의 물레를 돌리는 울프 같은 사람들을 자유주의 진영에서는 이렇게 야유한다. 농담을 듣고서 처음 몇 번은 나도 실소를 터뜨렸고, 나를 상대편보다 낫다고 느끼게 하려던 의도에 걸맞게 흡족해했다. 하지만 울프라는 반짝이는 별을 품은 새롭고 강력한 정치적 성좌의 정착을 몇 달간 지켜보면서 웃음기는 싹 가셨다. 그녀, 혹은 그녀가 이끄는 무리를 과소평가하는 것은 대실책이다. "휴대폰이라는 게 있다는 걸 알면 어쩌려고 저러시나"라는 농담에서 빈정거림의 물기를 짜내면 마음이 바싹 타들어가는 다음의 진실만이 남는다. 그들은 이미 휴대폰에 대해서 알고 있다. 단지 휴대폰을 어떻게 **손써야** 할지 모를 뿐이다. (혹은 스마트 스피커나 검색 기록이나 섀도배닝*이나 이메일과 소셜미디어 메타데이터에도……) 하버드대학 교수 쇼샤나 주보프가 명명한 '감시자본주의'[54]를 제어할 생각이 추호도 없어 보이는 권력자들을 포함해 그 누구도 이 사태에 어떻게 손써야 할지 모르는 듯하다. 이 와중에 울프는 "다섯 가지 자유" 캠페인과 반백신 시민적 불복종 등 직접 행동에 나설 방안을 시청자들에게 제시하고 있다. 사생활과 자유를 되찾기에 아직 늦지 않았다면서.

물론 이런 호소는 혹할 만하다. 우리 일상과 내밀한 기록이 다른 누군가의 소유물로 전락한 갖가지 충격적인 방식이 지난 20년에 걸쳐 낱낱이 드러나지 않았던가. 그 서막에는 애국자법**과 지구 전역에서 몸집을 불리기 시작한 감시 산업이 있었다. 그 후에는 AT&T 통신사의 내부 고발자가 전 세계 인터넷 트래픽 데이터를 국가안전보장국[NSA]으로 전송하는 비밀 사무실이 있음을 알려왔다. 모골이 송연해지는 에드워드 스노든의 폭로 등으로 대규모 데이터 수집망의 존재가 밝혀졌고, 케임브리지 애널리티카 정보 유출 사건을 통해 페이스북이 정치 조작을 목표로 하는 제3자 기업에 이용자 데이터를 판매한 전모도 드러났다. 그리고 정부가 반항 세력과 평론가들 휴대폰에 흔적을 남기지 않고 침투할 수 있게 하는 이스라엘 기업의 스파이웨어인 페가수스도 있었다.[55]

소식은 수도꼭지에서 떨어지는 물방울처럼 계속 들려왔다. 똑. 똑. 똑. 「알렉사는 당신을 쭉 엿들어왔다」. 2019년 『워싱턴포스

---

*   온라인상의 활동이나 게시물이 이용자의 이해 없이 삭제, 취소, 차단되는 것.

**   9·11 테러 직후 도입된 미국의 구테러방지법. 무영장 도청 등 사법기관의 감시권을 대폭 강화해 인권 침해 논란이 잦았다.

트』1면에 실린 제목이다. 「이 앱들은 당신이 간밤에 어디에 다녀왔는지 알고 있고, 비밀을 지켜줄 생각이 없다」. 2018년『뉴욕타임스』기사다. 「그건 착각이 아니다. 휴대폰은 정말로 당신을 도청하고 있다」.『USA투데이』. 똑. 똑. 똑. 해킹한 '내니 캠'*을 감시 도구로 사용한 사례, 현관문에 설치한 링사#의 초인종 카메라 영상을 경찰이 수색한 사례, 우버 직원들이 '신의 관점God View' 소프트웨어로 탑승객뿐만 아니라 옛 여자친구들까지 염탐한 혐의, 얼굴인식 테크 기업들이 소프트웨어 훈련 자료로 수십억 장의 사적인 사진을 도용한 경위, 낙태죄를 묻는 주에서라면 임신중절자 기소 시 월경주기 추적 앱을 증거로 사용할 가능성까지 익히 들어봤을 법하다.[56]

온라인에서 시간을 보낸다면 다들 내심 안다. 어디에 가든, 누구를 사랑하든, 무엇을 믿든, 어떻게 행동하든 모든 정보가 눈과 손이 닿지 않을 인터넷 세계 어딘가를 부유하고 있다는 점을. 이런 까무러칠 현실을 마주하고 있는 우리는 어쩐 일인지 입을 다물고 있으며, 침묵은 기껏해야 익살스러운 반어법으로 승화될 뿐이다. "휴대폰이라는 게 있다는 걸 알면 어쩌려고 저러시나."

---

*   유모의 근무 현황을 감시하는 소형 카메라.

디지털 골렘들

'기업적 자아' 강의에서는 감시 구조를 개인 브랜딩과 정체성 수행 문화의 백엔드로 탐색해본다. 우리가 무엇을 하든―좋아하려거든, 싫어하려거든, 공유하려거든―온라인에 남아야 한다는 전제를 받아들일수록, 그리고 앱의 편리성에 사생활이라는 값을 지불해야 하는 암묵적인 계약을 받아들일수록 테크 기업들은 우리에게서 더 많은 데이터를 빨아들인다. 그리고 이 데이터를 이용해 우리의 진짜 디지털 도플갱어를 빚어낸다. 우리가 엄선한 때깔 고운 사진들, 가다듬고 가다듬은 목청과 말씨로 적은 글들을 추합하여 만드는 이상적인 아바타들이 아니라, 우리가 클릭하거나 시청하거나 위치 추적 기능을 꺼두거나 '스마트' 기기에 무언가를 물어볼 때마다 찔끔 흘리는 데이터 티끌을 수거해서 기계들이 만들어내는 분신들 말이다. 온라인 생활에서 긁어모은 데이터 한 점 한 점은 분신을 더 생생하게, 더 복잡하게, 그리고 현실에서 우리의 품행을 더 확연하게 바꾼다.

기계로 만든 도플갱어―데이터 찌꺼기를 모아다 얼기설기 뭉쳐놓은 꼴이니 디지털 골렘*으로 부르는 편이 더 맞겠다―는 우리가 만든 게 아니다. 그건 우리에 대한 피상적 인식, 해석, 예측이라는 재료로 만들어졌다. 따라서 인간 도플갱어와 닮은 점이 꽤 많다. 세상이 당신과 혼동하나 당신 본인은 아니되 여전히 당신

---

*   유대 민속에서 점토 등으로 만들어 생명을 불어넣은 마법의 인형.

인생에 막대한 힘을 행사할 수 있으니까.

우리의 버릇과 변덕까지 게걸스레 먹어치우며 배때기를 가득 채운 기계들은 이제 사람 흉내를 곧잘 낸다. 화가, 작곡가 친구들은 그들 '스타일대로' 예술을 만들라는 지시를 받는―그리고 눈 깜짝할 새에 감쪽같은 모형을 찍어내는―인공지능 프로그램들의 등장에 앞날을 크게 걱정한다. 챗GPT가 제작한 닉 케이브 느낌의 곡을 접한 닉 케이브 본인은 다음과 같이 말했다. "모조는 희화화다…… 그건 인간의 본령에 대한 괴기한 희롱이다."[57]

질 나쁜 모조는 눈을 질끈 감게 하는 굴욕을 준다. 그리고 질 좋은 모조는 눈을 뒤집히게 만드는 아찔함을 선사한다. 도플갱어처럼 둘 다 치를 떨게 한다. 복제한 결과는 좀 시원찮을지 몰라도 복제 대상이 개별 인물이 아니라 인류 전체임을 깨닫는 순간 이 떨림은 전율이 된다. 궁극적으로 인공지능은 미러링과 모방의 기계다. 인류가 그동안 축적하고 (디지털화한) 말과 발상과 이미지를 여물로 먹이면 기계 프로그램들은 언캐니하게도 똑 닮아 있는 뭔가를 내뱉는 것이다. 골렘 세계를.

"광고를 보더라도 구미에 안 맞는 조잡한 물건보다야 사고 싶어할 깜찍한 신발 광고를 보길 원하죠." 학기 초반에 한 학생이 말했다. 토론 중 '깜찍한 신발 문제'라는 이름을 얻은 이 쟁점은 감시 자본주의와 AI 혁명이 별다른 사회적 물의를 일으키지 않고서 삶에 스며든 핵심 이유 중 하나다. 자동화된 고객별 제품 서비스 제공, 특히 취향에 맞는 음악, 책, 인물을 제안해주는 알고리즘을 마다할 이유는 없다. 겉보기에는 반론의 여지가 없다. 자기 관심과 흥미에 맞는 광고나 추천 내용을 보는 게 호들갑 떨 일인가? 혹은 챗봇들이 이메일 잔무 처리를 도맡는 게 뭐 그리 대수란 말인가?

그러나 이제 우리는 대수 정도가 아니라 내 도플갱어의 경우처럼 '초대수'로 바라봐야 할 체제의 늪에 목 끝까지 잠겨 있다. 사용자의 이해와 동의 없이 수집된 개인 데이터를 구매하는 제3자는 우리가 신청할 수 있는 대출 종류에서부터 볼 수 있는 구인 공고의 범위까지—사람 행세를 까무러치게 잘하는 딥러닝 봇이 일터에서 우리를 대체할 확률까지—좌우할 수 있다. 유용한 추천을 해주거나 기괴한 모방을 하는 알고리즘은 수많은 사람을 위험천만한 정보의 터널로 밀어넣은 알고리즘과 한 몸이다. 그 터널의 끝이 지금은 백신 앱을 홀로코스트에 비교하는 것 정도지만 이보다더 불량한 방향으로 나갈 수도 있다. 그러니 어느 하나 선량한 것은 없었다. 깜찍한 신발까지도.

데이터 흔적의 영구성이 뜻하는 것에 괴로워하는 학부생들을 보고 있으면 나는 휴대폰을 소지하기 전이었던 청소년기와 성년기 초반 시절에 대한 그리움으로 사무친다. 돌이켜보면 친구들과 나는 유령처럼 세상을 배회했다. 우리의 푼수짓, 성생활, 시위, 음악 취향, 모험, 옷차림새 등 무엇 하나 증거를 남기지 않았다. 어떤 알고리즘도 훈련시키지 않았고, 어떤 클라우드에도 저장되지 않았으며, 어떤 캐시cache 형태로도 남지 않았다. 남은 걸 굳이 세어보자면 귀퉁이 찢긴 사진, 물에 젖은 일기장과 편지, 흐려진 화장실 벽 낙서쯤이다. 저 유치찬란한 날들의 유품에 우리 본인 (그리고 기껏해야 참견하기 좋아하는 부모님) 외에 어느 누가 한 톨의 관심도 가질 거라고 상상한 적은 없었다. 세상은 우리에게 무관심했고, 우리는 그게 얼마나 큰 축복인지 몰랐다.

무료 혹은 저가의 디지털 편리성을 누리는 대가로 개인 데이터를 넘기는 디지털 시대의 파우스트적 거래는 이미 일이 다 저질러진 후에야 그 전말이 알려졌다. 이건 우리가 어떻게 사는지, 그리고 그보다 더 중요하게는 **우리가 무엇을 위해 사는지**를 중대하고도 급격하게 변화시켰다. 이제 우리는 모두 광산, 즉 데이터 채굴장이며 곡갱이를 든 사람들은 내밀하고 중요한 정보를 캐내면서도 과정을 투명하게 공개하지 않고 면죄부를 누린다.

이 사실을 명심하면 '다른 나오미'를 더 쉽게 이해할 수 있다. 그녀는 사람들에게 "독재적인" 백신여권과 "중국공산당식 사회 신용 점수 제도"를 설파하고 겁을 잔뜩 먹이면서 권력을 얻었다.[58] 환상이 아니라 현실에 뿌리내린 잠재적 공포를 자극한 것이다. 백신여권은 사회 신용 제도가 아니지만 소셜미디어 자체야 그렇게 볼 수 있지 않은가. 휴대폰 화면상의 QR 코드가 우리 삶을 늘 감시하진 않지만 그 모든 얍삽한 농담이 암시하듯, 휴대폰 자체와 여타 스마트 기기는 그러고 있거나 적어도 그렇게 할 수 있지 않은가.

기업이 다년간 말과 이미지, 노력을 들여 사회적 연결망을 구축한 사용자를 플랫폼에서 차단하거나 자의적으로 제거할 수 있다는 사실은 더 큰 위험을 예고한다. "당신의 적을 숙청한 다음에 그들은 곧이어 당신을 노릴 거라고요."[59] 울프의 경고는 틀린 말이 아니었다. 북미의 진보주의자들은 일론 머스크가 트위터를 인수하기 전까지는 플랫폼에서 정치적 앙숙들이 쫓겨나고 있었기에 이 사태를 강 건너 불구경하듯 했다. 하지만 온라인 권력 남용의 역사는 머스크가 그의 심기를 건드리는 사람들의 계정을 정지시키기 한참 전부터 시작됐다. 팔레스타인 인권 운동가들은 이스라엘 정부의 지령으로 퇴출당했고, 농부와 종교적 소수파의 권리를 옹호하는 변호인들은 인도의 힌두 우월주의 정부의 지령으로 퇴출당했다. 이렇게나 중요한 정보 경로를 정부와 손을 맞잡은 영리 기업의 알고리즘이 관리하는 정황에 대해 북미에서는 누가 경종을 울리고 있는가. 외주 현상에 대한 비판의 총대를 배넌 중심의 극우파가 메고 있다니, 이념적 영토를 잃고 있다는 흉조다.

한때 진보 진영은 공영 방송과 공동체의 전파 사용 권한을 통한 민주적이고 비영리적인 매체의 설립을 하나의 주안점으로 삼았다. 기업의 검열에 반대하고 망 중립성 확보 투쟁에 헌신하는 시민적 자유 단체들이 아직도 존재하나 오늘날 진보주의자들은 대개 민주적이고 책임성 있는 정보 기반을 위한 싸움을 주요 의제로 삼지 않는다. 오히려 기업이 주도하는 계정 정지나 플랫폼에서의 강제 퇴출을 옳다구나 하고 환영했다. 똑같이 박대받기 전까지는 말이다.

온라인에서 거짓말과 음모론은 이제 득실대는 수준을 넘어서 공중보건과 어쩌면 대의민주주의의 존속 자체까지 위협하고 있다. 못살게 구는 사람들을 처단해달라고 테크 과두집단에 빌어본들 이런 정보 위기는 풀리지 않는다. 해답은 정보 커먼즈를 기본 시민권으로 요구하는 것이다. 기술 작가이자 이론가인 벤 타르노프는 저서 『만인을 위한 인터넷』에서 이것이 달성 가능한 목표라고 주장한다. 다만 대중이 광장으로 쓰는 도구들을 대중의 손에, 민주적인 통제 아래 놓는 '탈민영화'[60] 과정이 선행돼야 한다. "더 좋은 인터넷을 만들기 위해서는 소유와 조직 방식을 바꿔야 합니다."[61] 그는 이렇게 부연했다. "민주주의의 가능성 자체가 달린 사안입니다. 영리 목적의 인터넷은 배제하는 가능성 말이에요."

뭔가가 특정한 재정 구조에 얽혀 있다고 해서 영영 풀지 못하리라는 법은 없다. 역사는 왕년의 족쇄를 성공적으로 벗어던진 투쟁으로 넘쳐난다. 무력 통치자들도 식민지에서 추방됐고, 외국 소유의 광산과 유전도 국영화돼 대중의 관리를 받으며, 원주민은 조상들의 땅에서 자치권을 획득하는 법적 쾌거를 이뤄냈다. 불공평한 소유 구조는 이전에도 바뀐 적이 있으며 앞으로도 바뀔 수 있다.

근대 테크 대기업들을 먹여 살린 기술 가운데 다수는 정부 산하 기관이든 공립 연구 대학이든 공공 부문에서 공공 자금으로 만들어졌다는 점을 기억해야 한다. 인터넷 자체에서 GPS와 위치 추적까지 종류도 광범위하다. 정곡을 찌르자면, 빅테크는 공유 도구들을 전용해 사익을 추구하는 한편, 커먼즈의 담론을 빌려와 플랫폼을 소개해온 것이다. 이를테면 회사 인수를 마친 머스크는 트위터를 "인류의 미래가 걸린 사안들을 토론하는 디지털 광장"으로 소개했다.[62]

틀린 게 없는 말이다. 그렇다면 어째서 트위터는 종잡을 수 없는 한 남자의 변덕에 포로로 붙잡혀 있어야 한단 말인가? 우리는 지난 세기에서 오늘에 이르기까지의 탈식민 운동처럼 잃어버린 공유 자산의 반환을 위해 힘을 모을 수 있다. 타르노프가 하는 제안은 규격화된 의무 목록이라기보다는 실험해보자는 간절한 요청에 가깝다. 정보 기반을 탈민영화할 특효약은 따로 없지만 그가 주장하듯 복합기업체가 아닌 공동체 소유의 인터넷 서비스 공급자를 활용하는 등 인터넷을 조금씩 조금씩 거둬들일 수는 있다. 하지만 이건 모든 층위에서 실리콘밸리와 얽히고설켜 있는 정계가 직접 일궈낼 결실은 아니라고 타르노프는 경고한다. "가장자리에서 중심까지, 이웃 마을에서 의회까지, 민주적인 인터넷 설립은 운동으로 이뤄져야 한다."[63]

다시 제기하건대, 타르노프가 묘사하는 종류의 대중 운동은 아직 존재하지 않는다. 그리고 이런 공백 속에서 내 도플갱어는 활개를 치고 다닌다. 백신 앱이 "인생을 꺼버릴 수 있다"는 둥 「블랙미러」에서 영감을 얻은 듯한 이야기로 사람들의 잠재적 공포를 실증하고 있을 뿐만 아니라 새로운 짝패인 스티브 배넌과 더불어 울프는 진보주의자들에게는 없는 것을 가지고 있다. 바로 이 공포를 처치할 계획, 또는 최소한 그런 계획처럼 보일 만한 것이다. 어디에 살든 '다섯 가지 자유'와 '노 마스크' 법을 추진하는 것이 그 계획이다. 지역 교육위원회의에 침입해 위원들을 나치라면서 깎아내리고 그 자리에 선출되는 것이 그 계획이다. 빅테크에 엿 먹이기 위해 새로운 우파 플랫폼을 구독하며 배넌이 매회 에피소드 마지막에 치는 대사처럼 '검열에 앞서가는'[64] 것이 그 계획이다. 당신이 그들에게 송금하고 그들의 전쟁에 같이 나가도록 하는 게 그 계획이다.

그 결과 도플갱어 문화의 원동력으로 작용하는 난처한 역학이 등장한다. 이제 우리는 지속적으로 적용되는 원칙—가령 사생활 보호, 신빙성 있는 정보, 민주적으로 운영되는 대중 광장에의 권리 원칙—으로 정의되기보다는 어떤 상황에서든 상대편 언행의 대척점으로 스스로를 정의하는 두 정치 진영으로 나뉘어 있다. 도덕적으로 대등한 진영들은 아니다. 하지만 울프와 배넌 같은 사람들이 빅테크에 관한 실질적인 두려움—일방적으로 발언권을 박탈하고, 데이터를 횡령하고, 우리의 디지털 분신을 생산하는 힘에 대한 두려움—에 초점을 맞출수록 진보 측에서는 이런 두려움을 비웃으며 어디 나사 풀린 사람들이나 빠져들 화젯거리로 더 소홀하게 취급하는 모습이다. 어떤 주제든 '그들'이 한번 건드리기만 하면 다른 이들에게는 그 즉시 금단의 영역으로 바뀌기라도 하듯이. 그리고 주류 진보가 무시하고 방관하는 주제들에 이 갓 태어난 동맹은 관심의 눈빛을 희번덕대며 다가온다.

다 내 도플갱어를 이해하는 데 유익한 내용이지만 마음의 응어리까지 해소해주지는 못한다. 그녀가 더 크고 더 위험한 형태의 미러링, 진보 측의 실패와 침묵의 덕을 톡톡히 보고 있는 미러링을 상징하고 있다는 뜻이기 때문이다. 배넌이 울프의 백신여권 횡설수설을 고이 엮어다가 위협적이고 선동적인 이야기로 청취자들에게 전달하는 것을 보며, 그녀의 새로운 둥지에서는 또 어떤 공포와 분노가 날개를 펴고 있을지 궁금해졌다. 내가 거울세계 Mirror World라고 부르는 그곳에서.

154

6장

대각선들

대각선들

"진짜 이럴 셈이야?" 아비가 묻는다.

6월 초의 뜨뜻미지근한 어느 밤, 자정이 가까워질 무렵, 내가 잠을 청하기 전에 하는 요가를 문틈 사이로 목격한 것이다. 허리 통증 완화에 도움이 되길 바라며 매일 저녁 챙겨서 하고 있다. 그가 방에 들어올 즈음 나는 비둘기 자세로 엉덩이 근육을 풀며 깊은숨을 내쉰다. 그리고, 그래, 맞다, 스티브 배넌의「워룸」을 듣고 있다. 학기 말인 데다 아비의 총선 캠페인이 한창이라 요 근래 정신 차릴 틈이 없었으니, '다른 나오미'의 신출귀몰하는 동태를 따라잡을 새가 언제 또 나겠느냔 말이다.

이 집착은 아비와 나 사이의 거대한 균열로 이어졌다. 그리고 둘 사이에서만 문제가 불거진 게 아니다. 친구와 가족들로부터 나를 더 단절시켜, 이미 고립될 대로 된 내 상태를 더 악화시키고 있다.

지인 중에 「워룸」 청취자는 한 명도 없지만 나는 이걸 듣지 않는 이상 새로운 정국을 이해하기는 불가능하다는 확신에 점점 다가가고 있다. 하지만 중증임을 부정할 순 없다. 며칠째 「워룸」의 반공 테마곡이 머릿속을 떠나질 않고 있다. ("저 멀리 홍콩에까지 이 말을 전하여라/ 그들이 사라질 때까지 우리는 싸우리라/ 모두 없어진 그날에 축배를 들리라/ 다함께 CCP를 몰아내자.")

나는 바로 그 자리에서 이 짓을 그만두겠다고, 팬데믹 때 시작한 것 중 상큼하기로는 꼴찌 가는 이 취미를 집어치우겠다고 약속한다. 안 그래도 상황에 대한 재평가가 이뤄져야 할 참이다. 트위터는 내 도플갱어의 계정을 막 정지시켰고 이번에는 영구적일 것 같다는 느낌이다. 고압적인 검열이 달갑진 않지만 울프가 대중적인 소통 수단을 잃었으니 더는 그녀 자신을 (그리고 나를) 이전과 같은 수준의 수세로 몰아넣을 수 없으리라고 짐작해본다.

"트위터 안 할게." 나는 아비에게 말한다. 이번 여름에는 캠페인에 힘을 더 보태고, 또 (여전히 백상아리에 꽂혀 있는) 아들과 꽤 오래도록 방치돼 있던 다른 가족들도 챙기며 보내겠다고 약속한다.

몇 주 뒤, 암벽 위에서 생활하며 어디로도 여행을 떠나지 않은 지 1년 되는 시점에 우리는 동쪽으로 향한다. 시아버지 스티븐의 암이 재발했고 이번에는 수술대에 오를 수 없는 상태다. 몸이 불편한데도 그는 자식 셋, 손주 넷과 함께 가장 애정하는 장소에서 한 달을 보내고 싶다는 결의를 내비친다. 아리따운 붉은 모래사장 위에 감자밭이 융단처럼 펼쳐져 있고 등대가 군데군데 보이는, 동부 캐나다의 가장자리에 위치한 프린스에드워드섬이다.

재미있을 거야. 지어진 지 얼마 안 된 임대주택의 서랍 속에 반바지와 티셔츠를 넣으며 나는 중얼거린다. 여기서 시간을 보내면서 내 잃어버린 자아를 되찾을 거야. 맛난 건강식을 요리할 거야. 전자기기의 방해 없이, 가족 한 명 한 명과 의미 있는 교류를 할 거야. 그리고 무엇보다 지구상에 얼마 남지도 않은 아까운 내 시간을 '다른 나오미'에게 허비하지 않을 거야. 도플갱어에 관한 책도 영화도 더는 없을 거고, 코로나 음모론을 다루는 팟캐스트도 없을 거고, 그리고 절대로 트위터도 없을 거야. 9월에 돌아올 거라는 선언을 트위터 소개란에 달아놓는다. 재발 방지책이다.

섬의 자택격리령이 걷히고 밖에 나가서 어울릴 수 있게 되자 대가족 전체가 기뻐서 어쩔 줄 몰라 했다. 처음 만난 조카들은 호쾌한 사람들이었고, 내 귀는 왁자지껄 식사하는 열한 명의 대화를 분간해서 듣는 요령을 잊은 지 오래였다. 그렇게 희열 속에 파묻혀 지내던 중 그녀를 보름 넘게 떠올리지 않았다는 사실을 문득 깨닫는다. 대성과다!

그러니까, 거의 떠올리지 않았다. 똑 부러지는 시어머니 미셸과 어느 화창한 아침에 커피를 마시며 「룻기」에 관한 담소를 나누다가 관련 주제를 잠깐 경유한 적은 있다. 미셸은 유대교에서 특별한 주목을 받지 못한 여성 인물들에 관한 역사 연구를 진행한 적이 있고 나는 나/우리 이름의 기원을 한 꺼풀 벗겨보고 싶은 욕심이 있었다. "다 충심에 관한 거야." 미셸은 그 성경 이야기에 관해 입을 뗐다. 베들레헴 마을 여자들 의견에 따르면, 각자 남편이 죽고서도 나오미에게 충심을 보인 룻은 "일곱 아들보다…… 나았다".[1]

이건 괜찮은 본보기라고, 어쩌면 혈통을 넘나드는 여성 간의 유대를 그리는 원조 페미니즘의 메시지로 볼 수도 있겠다고 우리는 얘기했다. 아비와 사귀기 전부터 서로 알고 지낸 미셸과 나의 관계가 연상되기도 한다. 며느리를 잡아먹지 못해 안달 난 대중문화 속 시어머니 캐리커처와 비교하면 성경 속 나오미는 꽤 개방적인 인물이고 이름을 이어받기 좋은 사람이다.

하지만 물어야 할 게 몇 가지 더 있다. 베들레헴에 도착한 뒤 궁핍하고 간절해진 나오미는 며느리에게 다음과 같이 지시한다. 몸에 향유를 바른 뒤 타작 마당에 가서 잠들어 있는 나이 많은 유복한 친척 보아스의 "발치 이불을 들고 거기에 누워라".[2] 둘이 거사를 치러서 룻을 평생토록 붙잡아두는 게 이 안내 말씀의 목표였다. 이 일로 나오미와 옥신각신하던 룻은 결국 보아스와 화촉을 밝히고 그로부터 3세대 후 다윗 왕이 탄생한다.

"어찌 보면 나오미는 자기 며느리 포주인데." 내가 차분히 말한다. "정말 이름을 따와도 괜찮은 사람일까요?" 미셸이 입을 다문다. 82세의 나이에도 예리하기 그지없다. 성경 이야기에 주관적 잣대를 들이대는 것은 피하자고 합의 본 우리는 햇살이 넘실대는 주방에서 남은 커피를 홀짝인다. (내 주관적 잣대로는 고장 난 제도에서 갈려나가지 않기 위해 뭐든 마다 않고, 자기 민족의 장래를 보장하기 위해 어떤 대가라도 치를 준비가 된 구약성경 속 나오미는 물불안 가리고 달려드는 오뚝이 승부사라고 말하고 싶다.)

울프와 관련된 내용은 그게 전부였고, 심지어 울프에 관한 내용도 아니었다. 그러니 미셸과의 대화는 즉흥적인 페미니스트 성경 공부쯤으로 치기로 했다. 내 호기심에 불을 지핀 정체에 대해 그녀가 물었을 때 울프의 근황을 전하지 않는 것은 무례일 듯싶었다. 그리고 기밀 정보를 얻어낼 수 있지 않을까도 기대했다. 신문에서 인기 칼럼을 수십 년간 써온 시어머니가 1990년대에 울프를 만났던 것을 어렴풋이 기억해냈다.

"그 여자 어땠어요, 예전엔?" 태연한 척하며 물었다.

"음, 난 『아름다움의 신화』를 그리 높이 평가하진 않았어. 참신한 주장도 아니고 말이야. 그렇지만 우리는 그 젊고 예쁜 아가씨가 자기를 페미니스트로 소개한다는 사실에 엄청 반가웠지."

고개가 끄덕여졌다. 제2물결 페미니스트들은 1980년대에 난항에 부딪혔다. 새로운 10년의 벽두에 페미니스트라는 휘장을 당시 유행하던 볼레로 재킷처럼 입고 나타난 울프는 정말이지 큰 위안이 아닐 수 없었다.

그리고 그게 다였다. 정말이다. 우리 논의는 거기서 그쳤다. 짧았으니 도플갱어에 대한 집착이 되살아났다고 볼 순 없었다. 병이 단단히 도지려면 일주일은 더 지나야 했다.

재발한 내막을 여기에 풀 건데, 사탕 발린 말은 하지 않겠다. 나는 허리 통증으로 고생하고 있었다. 뉴질랜드에 비할 바는 아니더라도 코로나 전파율이 꽤 낮은 축에 속하는 작은 섬 동네에 있었으니 모험을 감행해서라도 전문가의 손길을 받아보기로 했다.

운전하면 45분 안에 닿을 진료소로 아침 늦게 출발했다. 청명한 하늘 아래 뻗어 있는 한적한 이차로 양옆으로는 모래 언덕과 붉은 절벽이 펼쳐져 있었고 저 멀리서는 대서양이 부서지는 소리가 울려왔다. 차를 모는 내내 지금 이게 지난 16개월간 겪어보지 못한 상태임을 깨달았다. 나는 혼자였다. 홀로 자연경관에 둘러싸여 있었다. 벅찬 감동이 온몸에 흘러넘쳐 운전대를 붙잡고 있는 손가락들 끝까지 차올랐다.

그런 완벽한 순간에 나는 귀에 뭐든 담을 수 있었다. 창문을 내려 철썩이는 파도와 꺅꺅거리는 갈매기 떼를 벗 삼을 수 있었다. 브랜디 칼라일이 부른 「블루」가 뜨는 덕분에 다시 감상하기 시작한 조니 미첼의 원곡을 틀 수도 있었다. 하지만 그러지 않았다. 대신 보라색 팟캐스트 앱을 눌러서 스티브 배넌의 「워룸」에 들어가 최신화 요약본을 읽었다. 그건 트럼프가 자신을 플랫폼에서 퇴출시킨 빅테크 기업들을 고소하겠다고 한 생방송 연설 내용을 다뤘는데 여기에 의견을 남긴 건…….

엥? 왜 그 여자가?

화면을 아래로 내리자 내가 도플갱어 단식에 돌입한 이래 울프가 출연한 에피소드가 몇 화 더 나왔다. 그것들을 모조리 먹어치웠다. 그렇게 해서 나는 2년 만에 나온 첫 휴가에서 치료는 뒤로한 채 비상등을 켜고 갓길에 세운 차에 앉아 휴대폰 스피커에서 흘러나오는 단어들을 조그만 빨간 수첩에 휘갈겼다. "검정 셔츠와 갈색 셔츠" "악마 같은 파우치" "아연실색게 하는" "당신 몸은 정부 소유예요" "중국의 한 자녀 정책과 강제 불임 수술처럼" "실시간 위치 추적" "사악한×2".

이거야말로 진짜 재발이었다.

군색한 변명을 해보자면, 울프는 「워룸」에서 입지가 올라가 인생의 전환점을 맞았다. 친트럼프 우파의 심복 노릇을 하는 방송에 초대돼서 백신여권이나 조 바이든을 깎아내리며 중구난방 떠드는 것은 그렇다고 치자. 그런 재주는 나름 인지도 있는 자칭 민주당 지지자라면 누구나 발휘할 수 있으니까. 하지만 백악관에서 물러난 이래로 트럼프—미국의 적법한 대통령이라고 「워룸」 청취자 대다수가 믿어 의심치 않는 (그리고 과거 울프가 친히 "인간 말종, 찰망나니"[3]라고 불렀던) 그 사람—가 처음 전하는 연설 가운데 하나에 대해서 스티브 배넌이 단독 의견을 구하는 사람이 된다는 것은 차원이 다르다. 이건 팟캐스트의 후광을 입고서 책이나 웹사이트 멤버십을 더 팔아보겠다는 차원이 아니다. 이건 울프가 실권을 쥐고 있음을, 즉 수백만 명의 귀에 닿고 어쩌면 그들의 행동에까지 영향을 미치는 능력을 가졌음을 뜻한다.

몇 주 전 울프가 트위터에서 쫓겨나자 이용자 다수는 그녀가 지구상에서 완전히 사라졌다는 듯이 환호했다. 스크린숏으로 간직해둔 막말을 셀린 디온의 음악과 함께 영상으로 만들어 올리며 추억을 남겨줘서 고맙다고 낄낄거렸다. 누군가는 "야호, 마녀는 죽었다"며 트윗을 올렸다.[4] 그건 적어도 진보주의자들의 반응을 정확히 짚었다. 내가 울프의 추방에 안도감과 공허를 느꼈음을 시인한다. 그녀는 내 삶을 참으로 고달프게 했다. 그 여자의 폭주가 진짜로 끝난 걸까? 정말 이렇게나 간단히?

갓길에서 확인해본바 추방에서 호락호락하게 끝날 사안이 절대 아니었다. 배넌이 운영하는 웹사이트 상단에는 한때 「워룸」의 다운로드 회수를 표시한다는 계수기가 떠워져 있었는데, 당시

1억 회에 육박했다. 게다가 배넌은 사람들이 여러 영상과 지상파를 통해 실시간으로 그를 수백만 회 시청했다고 주장했다. '대안적 사실들'로 트럼프의 거탑을 쌓아올린 설계자가 하는 말이니, 이 숫자들을 액면 그대로 받아들여서는 안 될 것이다. 하지만 배넌의 팟캐스트가 문자 그대로 사령부라는 것을 간과해서도 안 된다. 「워룸」은 트럼프가 됐든 그보다 더 위험한 사람이 됐든 극우 인사를 대통령으로 추대하기 위한 상황실이다.

"액션! 액션! 액션!"

배넌이 애용하는 「워룸」의 만트라다. 방송할 때면 배경에 등장하는 현판에도 적혀 있다. 그는 이 문구를 게터^{Gettr}("트위터 사냥꾼")^5 게시물과 뉴스레터(「일일 명령 개요」)에 첨언하곤 한다.

거기에는 진의가 담겨 있다. 편향성을 띠긴 하나 여전히 케이블 뉴스라는 구조 안에서 진행되는 폭스뉴스와 달리 「워룸」은 노골적인 행동주의 미디어 플랫폼을 구축했다. 아니, 정확하게 말하자면 군사주의 미디어 플랫폼을 구축했다. 텔레비전 속 한껏 멋 부린 사회자들과 상반되게 배넌은 총사령관인 자신에게 사명감 가득한 야전 장군들이 여러 전선에서의 경과를 보고하는 정기 회의에 시청자들도 참석하고 있다는 느낌을 자아낸다. '거대한 절도^{Big} ^{Steal}' 전략(2020년 대통령 선거 결과를 부정한다). 선거구 전략(이념적 보병단을 지역 단위로 파견해 차기 선거가 '절도당하는' 사태를 미연에 방지한다). 교육위원회 전략('워크^{woke}'* 교과과정 및 마스크와

___

* 원래 미국 인종차별 반대 운동에서 사회적 불의를 인식하고 있다는 긍정

백신 정책을 타도한다). '차단 제압' 전략(바이든의 입법적 승리를 원천 차단하기 위해 공화당 의원들을 압박한다).

이런 전략을 주제로 진행자와 출연자가 대화를 나눌 수야 있겠지만 방송의 핵심은 대화가 아니다. 실천이다. "끝나고 남아봐요, 여기에 관해 따로 하고 싶은 말이 있으니까. 녹화랑 별개로." 팟캐스트 한 구간이 끝날 즈음 배넌은 출연자에게 이렇게 말하곤 하는데, 청취자는 역사의 한 장면을 엿듣고 있다는 느낌에 설렌다. 또한 방송은 궁상맞은 매력이 있는데, 배넌 특유의 추레한 인상착의가 이를 잘 예시한다. 그는 다리미질이 안 된 어두운 색감의 버튼다운 셔츠 두 장을 껴입는다. 머리 위 굽이치는 연회색 파도는 울프 머리의 볼륨감을 연상시킬 정도다. 그리고 종기로 덕지덕지 덮인 얼굴은 공들여 분장한 뉴스 사회자들을 능욕하는 듯하다. 이건 구경꾼을 위한 방송이 아니라 오직 '워룸 민병대'의 자랑스러운 대원들, 또는 배넌이 유난히 패기만만한 날이면 '기병대' 군인들[6]을 위한 방송이다.

배넌이 백신령에 울분을 터뜨리는 수준을 넘어서 트럼프의 연설을 실시간으로 과대 해석해줄 출연자로 가장 먼저 나오미 울프를 찾는 거라면, 이제 그녀는 확연히 다른 종류의 경계선을 넘어 명실상부 이 세계의 내로라하는 인물로 자리 잡고 있었음을 뜻했

적 의미로 사용되다가 보수 진영에서 백인이 역차별을 받고 있다는 목소리가 나오면서 특히 2020년 조지 플로이드 사건을 기점으로 '정치적 올바름'에 과잉 반응하는 이들을 비꼬는 뜻으로 사용한다.

다. 머잖아 울프는 트럼프가 주도하는 트위터 집단 소송에 공동 원고로 참석해 거기서 겪은 배척에 항의했다(하지만 여전히 '이념적'으로는 트럼프에게 '매우' 동의하지 않는다고 주장했다).[7] 울프의 근황을 주시해야 하는 이유는 나의 지극히 개인적인 도플갱어 문제 이상임을 갓길에서 깨달았다. 사태는 그보다 훨씬 더 심각했다. 만약 그녀 같은 사람이 정치적 이해관계를 손바닥 뒤집듯 바꿀 수 있다면 이런 극적인 변화의 원인 규명은 충분히 가치 있어 보였다. 더구나 이즈음엔 몇몇 이름 난 자유주의자와 좌파 인사들이 비슷한 형태로 '좌파 인생을 종치고$^{post\text{-}left}$' 비척비척 극우 진영으로 향하고 있었다.

울프의 기행을 몇 년이나 쫓아다닌 나로서도, 아니 어쩌면 울프의 기행이 나를 몇 년이나 쫓아다니고서도, 나는 이 경계를 넘기로 한 그녀의 결단력에 가슴이 철렁했다. 울프는—파시즘이 개방 사회의 목을 얼마나 쉽게 조를 수 있는지 경고하던 유대인 페미니스트는—트럼프와 배넌과의 동맹을 어떻게 정당화했을까? 그리고 배넌은—한때 가정폭력으로 고소당했고 전 부인의 증언에 따르면 딸들이 "유대인들과 같은 학교에 다니기를"[8] 원치 않을 정도로 거만하던 반낙태주의 가톨릭 교인은—울프와 한패 되는 것을 어떻게 정당화했을까? (배넌이 무죄를 호소한 가정폭력 건은 부인의 법원 불참으로 혐의가 사라졌고, 그는 유대인 관련 발언 사실을 부인하고 있다.)

이런 모순에도 울프는 배넌의 「워룸」에서 정기 출연자 이상으로 약진하며 가장 친숙한 캐릭터 중 하나가 되어가고 있었다. 두 사람의 협력이 최고조에 이르렀을 때는 보름 동안 평일에 거의 매일 출연했다. 심지어 공동 브랜드 '데일리클라우트 워룸 화이자 탐사'를 출시해서 다양한 백신 토끼굴을 파헤쳐본 결과를 전자책으로 출판할 경지로 찐득하게 합심했다. 지난날에 품었던 신조는 지금 둘 사이에 피어오르는 화합의 꽃을 짓밟지 못했다.

나는 다음을 알고 싶었다. 이런 생각지도 못할 한 편의 우정 영화는 좌우 구획을 흐리게 하고 정치에 무관심하던 사람들을 가두 시위에 불러낼 만큼 나라에 나라를 거듭해 정치 지형도를 다시 그려낸 팬데믹의 파급력에 관해 무엇을 시사하는가? 소속 의료진에게 백신을 접종하게 한 병원 앞에서 구급차를 막아서는 "자유의 투사들freedom fighters"과는 어떤 연관이 있는가? 혹은 기대를 배신하는 선거 결과라면 뭐든 의심하는 현상과는? 혹은 러시아의 전범 증거를 부정하는 태도와는? 혹은, 혹은, 혹은……

세계를 가로지르는 자오선

달라진 정치 지형은 팬데믹이 남긴 핵심 유산 가운데 하나이고 당연히 울프와 배넌의 짝짜꿍을 넘어선다. 팬데믹이 경제 위기, 생태 재앙과 맞물려 비몽사몽하던 시기에는 온갖 기묘한 연합이 빠르게 형성되었다. 이들은 처음에는 자택 대피령에 대항했고, 나중에는 자택 대피령을 무화했을 합리적인 보건 조치 일체에 대항하며 대규모 시위를 벌였다. 훗날에는 자칭 자유호송대Freedom Convoy를 조직해 캐나다 수도 오타와를 3주간 헤집다가 곧이어 미국과 유럽 등지로 퍼졌다. 이들의 목소리는 코로나에 초점을 맞춘 항변에서 통상적이고 포괄적인 '자유'를 되찾겠다는 아우성으로 확장됐다.

서로 다른 정치적, 문화적 갈래들이 한데 모였다. 전통적인 우파. 큐어넌 음모론 극우파. 주로 녹색좌파에 속하는 대안의학 하위문화들. 간혹 보이는 신나치주의자들. 학교에서 일어나거나 일어나고 있지 않은 (마스크, 잽, 성중립 화장실, 반인종주의 서적 등) 광역의 현상에 화가 난 (주로 백인 엄마) 양육자들. 코로나 조치로 수익에 직격탄을 맞아 인플레이션부터 인덕션 상판까지 모든 것에 뿔난 소규모 사업자들. 이들이 뒤섞여 있는 용광로는 견해차로 뜨겁다. 예컨대 울프는 큐어넌 광신자도 아니고 신나치주의자도 아니다. 그러나 그녀와 배넌을 비롯해 거대 플랫폼을 등에 업은 역정보꾼들의 피리 소리에 홀린 나머지 다들 팬데믹이 '그레이트 리셋'의 기치 아래 사회를 개량하려는 다보스 엘리트*의 계략이라고 믿고 있다.

이런 주장을 펼칠 때면 극우파는 친환경/사회주의자/베네수엘라인/소로스/백신 의무령이 주도하는 독재를 읽어내는 한편, 뉴에이저들은 빅파마[대형 제약사]/생체내장칩/5G/로봇개/백신 의무령이 주도하는 독재를 우려한다. 코로나와 관련된 최신안을 차치하면 이번 정치적 융합에 포함된 음모론들은 낯선 게 아니다. 대부분 수십 년 동안 지속돼왔고 일부는 오래도록 건재한 중상모

---

* 세계경제포럼 연례 총회의 주최지인 스위스 다보스에 초대받는 각계 거물들을 총칭한다.

략이다. 그러니 새로운 점이라면 『바이스』 탐방 기자 애나 멀란이 '음모론 특이점'[9]으로 부를 만큼 다 같이 엉겨붙어 하나의 중력장을 만들어내고 있는 음모론 간의 자성의 세기다.

독일에서는 퀘르덴켄Querdenken(비스듬하거나 비뚤어지거나 비범한 사고방식)을 표방하는 정치운동이 등장했다. 힘들여 가꾼 몸이 무너질까 걱정하며 불순물이라면 결사반대부터 하고 보는 뉴에이지 헬스광들은 코로나 시대 '위생 독재'에 저항하겠다면서 반백신 투쟁에 앞장서는 몇몇 신나치 단체와 퀘르덴켄 운동을 계기로 손을 맞잡았다. ('위생 독재'는 나치 시대 '종race 위생'의 기억을 소환할 의도에서 착안한 표현인데, 사람을 균 취급하는 것과 균을 균 취급하는 것에 비슷한 구석이 어디 하나라도 있는가.) 유럽 정치 연구자 윌리엄 캘리슨과 퀸 슬로보디언은 퀘르덴켄이라는 용어에서 얻은 개념적 영감을 독일 너머에까지 적용시켜 이 같은 신흥 정치 동맹을 '대각선주의diagonalism'로 묘사한다. 그들은 이렇게 설명한다. "격변하는 기술과 커뮤니케이션을 일부 원인으로 하여 생겨난 대각선주의자들은 (대개 극우파 사조에 치우치면서도) 좌파와 우파라는 통념적 딱지를 거부한다. 그리고 의회 정치에 양가감정을 보이거나 냉소하며, 개인의 자유를 논하는 담론에 홀리즘*이나 심지어 영성에 대한 믿음을 고집스레 녹여낸다. 극단적인 경우 대각선주의 운동들은 모든 권력을 음모로 생각한다."[10]

---

* 몸과 정신, 영혼의 합일을 중시하는 등 생명 현상의 상호 연결성을 강조하는 전인주의 철학.

대각선주의는 탈당파성을 강조하지만, 대각선주의의 저돌적이고 횡포한 면모를 활용해서 코비드 제재령 규탄을 기존의 반'워크니스wokeness' 프로젝트에 병합하고 이주민 '침입' 공포를 조장한 것은 우파 중에서도 주로 극우파 정당들이었다. 그럼에도 자신들이 흔해빠진 정치와 갈라섰다는 식으로 행세하는 것은(그리고 스스로 실제 그렇다고 믿는 것은) 중요하다. 참신함의 증거이기에.

자칭 진보주의자 그리고/또는 자유주의자의 참여가 그토록 절실한 이유가 드러난다. 여기서 진보주의자가 맡는 역할은 사회 정의라는 꿈을 저버리고 극우파 세계관을 수용하는 것이 아니다. (이건 20세기 중반 크리스톨 어빙 같은 유명한 전 트로츠키주의자들이 따른 노선이다.) 그와는 반대로, 자신은 지금도 떳떳한 좌파 인사 또는 지극한 자유주의자임을 강조해야 한다. 이상을 배반한 사람은 본인이 아니라 한때 그가 적籍을 두었던 운동권이므로 이제 정치적 보금자리를 잃은 용감무쌍한 소수는 새로운 거처를 찾아나설 수밖에 없는 처지임을 한탄해야 한다. 이처럼 진보 진영이 몰아낸 사람들은 스스로를 망명자가 아닌 충신으로 포장한다. 그들의 호소를 듣자면 과거의 동지와 동료들이야말로 사칭꾼과 짝퉁이다.

추방당한 인물 가운데 내 도플갱어는 이런 전략을 구사하는 수완이 특히나 뛰어났다. 처음 우파 매체에 발을 들인 2021년에는 과묵한 태도를 유지하며 공격성을 드러내지 않았다. 바이든에게 투표한 사실을 언급하며 자신이 한때 『뉴욕타임스』와 『가디언』에 기고하고 MSNBC에 출연하는 자유주의 '미디어의 총아darling'[11]

였음을 밝혔다. 하지만 이제 그녀는 칼슨과 배넌이 진행하는 방송을 비롯한 우파 프로그램들만이 자신에게 발언 기회를 주는 대범한 플랫폼이라고 토로한다.

　성미 강퍅한 우파 사회자는 울프를 게스트로 맞이할 때마다 그녀의 자유주의 이력을 구구히 소개하면서 어쩜 같은 편이 될 줄은 꿈에도 몰랐다며 당혹스러워하는 치레로 제 몫을 다 한다. "토론 형태가 아니고서야 내가 당신과 이렇게 이야기하게 될 거라곤 상상도 못 했어요."[12] 터커 칼슨이 울프를 처음 출연자로 맞이한 날 말했다. 그러곤 울프가 조 바이든에게 투표한 걸 후회한다는 내용의 트윗을 언급했다. "그 글을 올리는 데 얼마나 큰 용기를 냈을지, 그저 놀라울 뿐이었어요. 그때 일로, 그리고 오늘 방송으로, 친구를 꽤 잃었을 거라 생각해요." 울프는 고개를 끄덕이며 회심의 미소로 환영 인사에 화답한다.

　영국에서 가장 큰 목소리를 내는 기후변화 부정자[13] 가운데 한 명인 제임스 데링폴은 팟캐스트에 울프가 출연했을 때 이렇게 말문을 열었다. "거참 살다보니 별일이 다 생기네요⋯⋯ 5년 전까지만 해도 당신과 내가 나란히 앉아 있는 건⋯⋯ 난 당신을 그, '다른 나오미'랑 같이 묶어 봤거든요. 뭔 말인지 알죠, 나오미 클라인, 나오미 울프, 뭔 차이가 있겠습니까?"[14] (나는 소리 없이 비명을 지른다.) 데링폴은 계속 나불거렸다. "그런데 지금 좀 보세요, 이렇게 함께하고 있잖아요. 내 말은, 난 우리가 훨씬, 훨씬 더 큰 전쟁을 함께 치를 인연이라고 생각해요. 그리고 당신은 그동안 싸우면서 수준급의 성과를 거둬왔으니, 축하 인사를 전해요." 이번에도 울프는 적당히 새치름한 모습으로 정치적 첫 데이트를 성공리에 마무리한다.

그녀는 점차 고정 출연자처럼 활약했다. 우파 포퓰리스트들이 씹어대길 좋아하는 연안 지역 자유주의 엘리트로서 자신이 새로 맡은 역할을 꽤 즐기는 듯 보였다. 팟캐스트에서 스티브 배넌과 프랑스 봉쇄령을 논하면서는 프랑스어까지 몇 마디 흘리며 따져 물었다. "거참, '리베르테(자유), 에갈리테(평등), 프라테르니테(우애)'는 어디 퍼주기라도 했나?" 배넌의 청취자 가운데는 2003년 프랑스가 조지 W. 부시의 이라크 침공에 참전 반대 의사를 표명하자 '프렌치 프라이'를 '프리덤 프라이'로 바꿔 부르며 창피를 주던 사람들이 꽤 될 거란 사실에 참으로 무지한 질문 아닌가. 울프는 「워룸」 첫 출연 당시 이렇게 말했다. "헐뜯으려는 건 아니지만 나는 몇 년이나 당신을 악마로 여겼어요. 이젠 정치 성향을 막론하고 자유를 위해 싸우는 당신 같은 사람들과 같은 전선에 섰다는 게 뿌듯하네요…… 헌법과 자유를 수호하기 위해서는 그런 거추장스러운 딱지는 후딱 떼야 해요."[15]

바로 여기에 대각선주의 정치의 핵심 메시지가 담겨 있다. 애초 불가능해 보이는 조합으로 연대하고 있다는 사실, 공동의 목적을 위해서라면 서로 거쳐온 노선도 다 무시하고 단합할 수 있다는 사실은 이들이 어떤 긴박한 동기로 행동하고 있음을 입증한다. 그러지 않고서야 이민자를 강간범, 갱단, 보균자 등의 괴물적 타자로 탈인간화하는 정치 담론을 보편화한 배넌과 한배 타는 걸 울프가 어떻게 승낙할 수 있었겠는가? 이건 그녀가 코로나 보건 조치를

172

나치 통치에, 아파르트헤이트에, 노예제에 빗대며 도가 지나친 역사적 유추법을 일삼는 이유이기도 하다.[16] 과격한 수사를 사용하지 않는 이상 새로운 결연을 정당화하기란 어렵다. "영원한 노예제"나 현대판 히틀러를 척결하는 와중에는 다른 모든 게—당신이 정치적으로 동침하는 상대까지—부차적인 사안이다. 이건 종교 지도자들의 꼬드김에 넘어간 복음주의 기독교인들이 트럼프가 가치관에 어긋나는 행동—여색, 성폭행 혐의, 잔학 행위, 거짓말—을 하더라도 애써 눈감아주는 현상과 여러모로 닮아 있다. 트럼프에 대한 찜찜한 마음을 삭이려면 그를 구세주가 보내신 다소 방종한 심부름꾼, 신이 자신의 도플갱어에 맞서기 위해 지구에 친히 내려보낸 사자로 인식해야만 했다. 극락의 열쇠를 쥐고 나타난 인물이시라는데 오시는 길에 여자 거시기 좀 움켜쥔 게 뭔 대수랴?*

하지만 배넌-울프 동맹에서 궁극의 목적은 과연 뭐란 말인가? 이를 통해 그들이 얻어가는 이득은 각각 무엇인가?

코비드라는 금광

이런 질문을 자주 받는다. 그 여자를 벼랑 끝으로 밀어붙인 게

---

* 여자들은 유명인이라면 뭐든지 하게 내버려둔다며 그가 2005년 한 민영 방송 토크쇼의 휴식 시간에 덧붙인 말의 녹취록이 2016년 대선을 앞두고 공개됐다.

대체 뭐였어? 나사가 빠져도 유분수지, 어쩌다 그 지경이 된 거야? 사람들은 명쾌한 진단을 바라지만 나는 울프와 달리 의사 행세를 속 편히 할 만큼 배짱이 두둑하지 않다. 다만 좌파와 자유파 인사들이 전제주의 우파로 건너가는 경로를 공식으로 세워볼 수는 있다. 나르시시즘(과장성)＋소셜미디어 중독＋중년의 위기÷대중적 망신＝우파 멘붕. 이 공식에는 진리가 어느 정도 담겨 있다.

울프의 근래 활동을 세세히 알아갈수록 사람들이 던지는 질문들의 전제를 받아들이기 어려워진다. 이런 질문은 그녀가 벼랑 끝에서 떨어지며 그길로 바닥에 짜부라진 거라고 암시한다. 사실 울프는 제 발로 벼랑 끝을 행진하다가 그녀의 비상한 이론들을 이의 없이 수용하고 그녀를 아끼는 듯한 수백만 명이 두 팔 벌려 만든 안전망에 푹 안겼다고 보는 편이 더 정확하다. 그러니 그녀가 '나사'로 부를 만한 뭔가를 빼낸 것은 사실이되, 그 빈자리에 들어갈 더 큰 것을 찾았다고 할 수 있다. 신세계를 찾은 것이다.

내 어머니 세대 페미니스트들은 울프가 여성의 자기결정권을 침해하는 사람들과 단결하는 모습에 고개를 갸우뚱한다. 일면에서는 그럴 만도 하다. 당장 2019년까지만 해도 그녀는 불운의 저서 『위반』을 '정부가 당신의 침실에 관여하기 시작하면 벌어질 사태에 대한 교훈서'로 묘사했다.[17] 그랬던 그녀가 이제 10대 초반 소녀들에게 원치 않는 출산을 강요하는 신정주의자들을 미국 연방 대법원에 앉힌 인사들과 같은 리그를 점하고 있다. 하지만 다른 면으로 울프의 행동은 관심경제가 장려하는 가치들의 결정체다. 우리는 양量을 기준으로 존재 가치를 매기는 엉성한 산출 방식에 어느새 익숙해졌다. 구독자가 몇 명이야? '좋아요'는 얼마나 받았어? 리트윗은? 공유는? 조회 수는? 유행 탔대? 이건 정보의 옳고 그름이나 선악을 가르는 게 아니라 순전히 온라인상에서 얼마나 넓은 지면을 도배한 것인지, 얼마나 많은 트래픽을 유도한 것인지를 평가한다. 그리고 이 게임의 본질이 정녕 양이라면, 진영을 옮겨 우파에서 새로운 인기를 누리고 있는 사람들은 방황^{lost}하는 게 아니다. 발굴^{found}된 거다.

"어떤 작가들은 술에 의존하고 다른 작가들은 관객에게 의존한다."[18] 1981년 고어 비달이 말했다. 소셜미디어의 도래 이전에 황금기를 맞은 비달은 상상도 할 수 없을 정도로 울프는 관객에게 의존했다. 여러 동년배 작가보다 관심경제로의 전환에 더 기민하게 반응했다. 2008년 페이스북에 가입해 그것이 갖는 확성기로서의 장점을 전력을 다해 연마했다. 편집하지 않은 장문의 글에 사실과 무관한 이론을 한 보따리 펼쳐놓았고, 이후 기술이 진일보하자 실시간 영상을 올리기도 했다.

울프는 연구 실력이 다소 모자랄진 몰라도 인터넷을 다루는 데는 재량이 있다. 낚시성 기사가 지배하는 시대 흐름에 맞게 자기 아이디어를 짤막한 목록 형태의 기사로 포장한다. "파시스트 미국, 쉬운 열 가지 단계." (마지막 단계를 조심하라.) "다섯 가지 자유를 구원하라." 울프가 인터넷을 수익화하는 방법에 통달했다는 사실은 데일리클라우트에서 여실히 드러난다. 단순히 관심을 끄는 것만이 아니라 그 관심을 수익으로 창출하고 있다. 그녀는 광고를 싣는다. 멋들어진 늑대 로고("힘은 무리에서 나온다^{The power is in the}

pack")가 붙은 굿즈를 판매한다. '프리미엄' 회원권은 매달 3.99달러에, 그리고 '프로' 회원권[19]은 매달 9.99달러에 판매하고 있다. 자선 사업도 아닌데 후원금을 받고, 이 웹사이트의 주목적 하나는 입법 초안과 결의안을 읽어볼 수 있게 해준다는 건데 이미 누구나 쉽게 무료로 찾아볼 수 있는 자료에 값을 매겨 판매하는 꼴이다. 공공도서관 앞에 요금 징수소를 설치하는 모양새니 가관이 아닐 수 없다.

이런 맥락으로 미루어보면 울프가 웹사이트에 붙인 이름은 시사하는 바가 크다. 그녀는 지난 10년에 걸쳐 클라우트 사냥꾼이라는 현시대 고유의 페르소나로 거듭났다. 클라우트^{Clout}*는 상시 온라인 시대의 가치 중립적 재화다. 현금의 대체재인 동시에 그에 이르는 배수관이 되어준다. 클라우트는 당신의 언행이 아니라 이 세상에서 당신이 차지하는 지분의 부피를 재는 계산법이다. 클라우트는 피해자 행세로 얻을 수 있다. 클라우트는 가해하면서도 얻을 수 있다. 좌우 성향을 가리지 않고 모두 다음을 알고 있다. 영향력이 스러진 자리에 클라우트는 틀어앉아 제 나름으로 명맥을 이어간다.

그러니 울프가 최근 몇 년 새 퍼뜨린 많고 많은 음모론에 공통분모가 있다면 바로 다음일 것이다. 주제들이 하나같이 당시 뉴스 1면을 장식하고 세간의 입에 오르내리는 화젯거리라는 점. 물론 현안을 분석하는 직업인이라면 누구나 그런 실황 해설로 인기를

---

*   소셜미디어상의 인기나 관심을 끄는 정도. 화제성 그 자체.

반짝 끌고 싶을 것이다. 하지만 줄리언 어산지부터 에볼라와 ISIS 까지, 울프가 한 것은 그런 수준을 훌쩍 넘어섰다. 직접 기밀 정보를 캐냈고 이를 용감히 공유하려다가 핍박받고 있다고 주장하면서 수많은 문화 담론의 중심에 자신을 투입했다. 토론의 열기로 달궈진 곳에는 어김없이 그녀가 있었다.

게다가 코비드19처럼 뜨거운 관심을 받고 클라우트 매장량이 많은 광맥도 없었다. 지구 전체를 강타하지 않았는가. 동시에 우리는 가상세계에 묶여 몇 주, 몇 달, 몇 년에 걸쳐 똑같은 주제를 똑같은 글로벌 플랫폼들에서 논했다. 스티븐 W. 스래셔가『바이럴 하층계급』에서 논했다시피, "소셜미디어에서 전파된 이야기들로 겪은 첫 전파성 팬데믹"[20]인 코비드19는 "제곱된 전파성 따위"를 만들어냈다.

제곱된 전파성이란 팬데믹을 주제로 콘텐츠를 잘 뽑아서 올리면―키워드를 적재적소에 배합하고('그레이트 리셋' '세계경제포럼' '파시즘' '파우치' '화이자') 타블로이드 느낌이 물씬 나는 제목을 달아주면('지도자들이 우릴 무력하게 만들려고 공모하고 있다' '그들이 당신은 모르길 바라는 내용' '빌 게이츠가 뭐라 말했다고라?!?')―당신이 이전에 경험했던 어떤 전파성보다 더 빠른 속력의 디지털 마법 양탄자를 타고 저 높은 창공으로 솟아 오를 수 있다는 뜻이었다. 다들 융단의 원재료를 앞다퉈 찾아나섰다. 예를 들면 봉쇄령 초기에 코로나 음모론 확산의 주역이었던「플랜데믹」영상은 개봉 첫 주에 800만 조회 수를 달성했다. 미키 윌리스 감독은『로스앤젤레스타임스』에서 이렇게 돌아봤다. "음모론에 치우친 도발적인 브

랜딩이기는 해요. 안타깝게도 요즘 시대엔 이렇게 해야만 관심을
끌 수 있어요."[21]

재난 도플갱어들

그동안 다뤄온 충격들에서 나타나는 재난자본주의에는 이런 면
모가 없었다. 과거 나는 사기업들이 허리케인과 전쟁의 여파로 두
려움에 떠는 절박한 사람들에게 할증금을 붙여 재건축과 용병 업
무를 판매한 점을 보고했다. 재난자본주의가 우리 주머니에서 돈
을 털어가는 흔한 모습이다. 이건 주의력이 의당 가장 값진 소비재
인 시기에 우리의 주의력을 채가는 재난자본주의다. 그리고 음모
론은 위기가 닥칠 때면 언제나 극성을 부린다. 하지만 지금처럼 음
모론이 그 자체로 산업이 된 적은 없었다. 윌리엄 캘리슨과 퀸 슬
로보디언은 코비드를 '자본화할 수 있는 음모론'으로 설명했다.[22]
그러니 공익에 투자하는 대신 기업 엘리트가 좋은 정책을 날치
기로 추진하고 의료 기기와 약제 수요를 악용해 부당 이득을 취
하는 일상적 시도들(두 현상은 팬데믹 기간에 분명히 목격되었다)에
더해, 이번 재난이 신세계 질서/우생학적 의제를 강행하려는 어
떤 막후 결사단의 소행이라는 무지막지한 음모론을 퍼뜨리는 대
각선주의자 군단까지 등장했던 것이다. 억측을 창으로, 허풍을 방
패로 내세운 이 군단을 나는 재난 도플갱어들로 사유하기로 했다.
행패를 부리며 짭짤한 수익을 내고 있는 데다 우리 눈앞에서 벌어

지는 진짜 스캔들에 기울여야 할 주의를 다른 데로 빼돌리고 있기 때문이다.

이런 부류의 온라인 콘텐츠로 막대한 수익을 올릴 수 있으니 공인들이 팬데믹 첫해에 전과는 완전히 딴사람이 돼버린 듯한 기현상이 설명된다. 더 광분하고, 더 발악한다. 더 쉽게 인맥을 쳐내고, 더 괴이적은 궤변을 늘어놓는다. 디지털 바다의 거센 해류를 타고 널리 멀리 퍼질 가능성이 보인다면 설령 진위가 의심스럽고 출처가 불분명한 정보라도 더 공유한다. 내가 보고 들은 목록을 이곳에 남길 수도 있겠지만 이미 당신도 머릿속에서 목록을 작성하고 있으리라 생각한다. "나는 [X]를 정말로 믿었어. 그 사람한테 무슨 일이 일어났던 걸까? 또 다른 자아라도 있었던 건지 거기에 완전히 집어삼켜진 것 같아."

극적인 성격 변화를 헤아리는 데 아마 가장 유용한 렌즈는 중독일 것이다. 도플갱어 고전문학으로 잘 알려진 로버트 루이스 스티븐슨의 단편 『지킬 박사와 하이드 씨』에서 헨리 지킬 박사는 직접 제조한 약물을 마시고 악랄한 에드워드 하이드로 변했다가 돌아오길 반복한다. 하지만 시간이 흐름에 따라 약물은 차츰 효과를 잃고 지킬 박사는 원래 모습으로 영영 되돌아오지 못한다. 내가 한때 알고 지내고 즐겁게 교류한 사람들 가운데 일부가 지난 몇 년간 따른 행적을 살펴보면, 그들이 들이켰던 도파민 분비 약물이 어쩌면 그들을 돌이킬 수 없는 수준으로 디지털 시대의 하이드 씨처럼 바꿔놓았다는 게 뚜렷해진다. 조사하면서 발견한 또 다른 언캐니한 내용 덕분에 나는 내 도플갱어가 이 교훈적 이야기를 익히 알고 있으리라고 확언할 수 있다. 그녀의 아버지 레너드 울프가 1995년에 낸 『지킬 박사와 하이드 씨: 로버트 루이스 스티븐슨 고전 소설의 최종 주석본』은 자칭 "문학에서 가장 유명한 이중인격자에 대해 당신이 알고 싶어하는 전부"가 담긴, "로버트 루이스 스티븐슨 작가가 쓴 양면성에 관한 고전"에 현존하는 "가장 방대한 판본"이었다.[23]

설령 울프에게 디지털 도파민 중독을 경계할 이유가 있었다 하더라도 팬데믹 시기에 그녀만큼 이 중독의 황홀감을 톡톡히 누린 사람도 드물 것이다. BBC 라디오 인터뷰 직후 클라우트 파산의 날벼락을 맞았던 울프처럼 2019년 하루아침에 위신이 바닥으로 푹 꺼진 사람도 드물었기 때문이다. 울프가 걷게 된 운명의 기원, 혹은 수박 겉핥기식에 지나지 않는 포퓰리스트 우파로의 전향을 예기한 결정적 사건을 굳이 꼽자면 아마 BBC 생방송에서 탄로 난 그 순간이었을 것이다. 그길로 눈도끼에 찍히고 입도마에 오르고 댓글로 손찌검당한 시간들. 그녀와 『아름다움의 신화』 시절에 친분을 쌓은 영국의 페미니스트 로지 보이콧은 울프가 『위반』 사태 이후 진보 지성계에서 버텨낼 체면이 없었을 거라고 평했다. "그녀는 사실 여부가 중요하지 않은 신세계를 찾아야 했고 그런 세계로 정말 떠났다. 거기서 그녀가 일약 대스타가 되는 것은 당연지사였다."[24]

캔슬의 반대말은

울프의 공백에 환호하던 트위터 자유주의 진영에서 놓친 게 있다(적어도 머스크가 그녀를 도로 받아주기 전까진 말이다). 자유파와 좌파 지지자 다수는 배넌의 팟캐스트를 비롯해 울프가 고정 출연자로 나오는 방송들을 보거나 듣지 않았으니 그녀가 자리를 떴다고 착각했다.

"명복을 빕니다."

"기록된 죽음."

이건 눈을 감으면 세상이 사라지는 줄로 아는 영유아들의 사고법이나 다름없다. 실상의 울프는 공론장에서 배격당한 삶과는 거리가 멀다. 배넌과 칼슨의 조력 덕분에 그녀는 1990년대 황금기 이래 그 어느 때보다 더 찬란한 조명과 광역의 플랫폼을 누리고 있다.

그녀의 설 자리는 이제 다 사라졌다는 세간의 인식을 보면서, 취소문화란 곧 플랫폼들이 자기 규격에 끼워맞춰 우리를 훈육한 결과의 한 모습이 아닐까 하는 생각이 든다. 내가 트위터에서 누군가를 차단한 지는 여러 해가 됐지만 뮤트* 기능은 애용하는 편이다. 괜한 트집을 잡거나 못마땅한 내용을 올리는 계정을 발견하면 '뮤트'를 누른다. 속이 후련해지고 모든 게 타인의 결정에 휘둘리는

---

*　특정 사용자의 게시물과 소식이 자신의 화면에 뜨지 않도록 하는 '음소거' 기능. 차단과 달리 상대방에 대한 구독을 끊지는 않는다.

플랫폼들에서 나름 자기결정권을 행사했다는 뿌듯함마저 생긴다. 동시에 타인을 이렇게나 편리하게 꺼버리는 기능에 내 마음은 불편해진다. 다른 사람들을 키보드 한 번 눌러 사라지게 하는 일이 습관으로 굳어지지는 않을까. (떼지어 플랫폼에서 누군가를 영원히 추방할 때 느끼는 가학성 쾌락이 분명 습관으로 굳어지듯이.)

우리는 직접 사람들을 눈앞에서 사라지게 하면서—펑! 문제 끝!—똑같이 달랑 자동 문구 한 줄과 함께 사용자들을 몰아내는 테크 기업들을 받아들이기 쉬워진 것은 아닐까. 타인을 내치기란 어쩌면 현실 관계에서 더 쉬울 수 있는데 '다른 나오미'가 이를 예증한다. 울프는 코로나 이래 기행을 벌였다는 이유로 가족, 이웃 주민, 친구들이 자신과 절연한 경위를 수천 단어를 동원해 설명했다. 이 장광설에는 "잘 지내란 인사도 없이 나라를 떠난"[25] 절친, "딸이 출산했는데, 그 아기를 보고 싶어하는 나를 집 안에 못 들여보내겠다는 친구", 그리고 "백신 미접종자와는 실내에 함께 앉지 않겠다는 친구" 등의 이야기로 가득했다.

가상이든 현실이든 사회적 연결망에서 이런 식으로 내쫓긴 사람들은 정말로 사라진 듯, 음소거 된 듯 보인다. 하지만 실상은 꽤 다르다. 해롭거나 무지한 언행을 보여서, 어떤 정체성에 대한 정설에 의혹을 제기해서, 혹은 탄탄대로를 너무 빨리 달리는 모습에 배가 아프니 이쯤에서 코를 납작하게 해줘야 해서 진보 담론이나 공동체에서 누군가를 밀쳐내면 사람들은 울프가 트위터에서 의절당했던 때처럼 그의 부재에 쾌재를 부르곤 한다. 하지만 의절당한 이들이 안 보인다고 해서 사라진 것은 아니다. 다른 곳으로 피신했을 뿐이다. 그리고 십중팔구는 거울세계로 피신한다. 우리가 속한 곳과 감쪽같이 닮은 동시에 단단히 뒤틀어진 세계로.

트위터에서 팽 당했나요? 전 트럼프 보좌관 제이슨 밀러가 만든 트위터의 우파 라이벌 판박이 사이트, 게터에 가입하세요. "실리콘밸리의 과두 기업들과 달리 게터는 **절대로** 당신의 데이터를 팔지 않습니다."[26] (이곳에서 울프는 20만 명에 달하는 구독자를 보유하고 있으며, 이는 그녀가 트위터에서 쫓겨나기 전에 보유했던 구독자 수를 웃돈다.)

유튜브에서 검열당했나요? 럼블Rumble 계정을 만들어보세요.

인스타그램에서 섀도 밴을 당했나요? 팔러Parler를 시작해보세요. "자유롭게 발언하세요."[27] 회사는 이렇게 권한다. "수정헌법 제1조*를 바탕으로 만든 최초의 소셜미디어 앱에서."

고펀드미GoFundMe가 당신이 자유호송대에 조달한 기부액이 폭력과 음해에 쓰일 거라는 이유를 들면서 송금하지 않겠다고 했나요? 걱정 마세요. "최초의 기독교인 무료 모금 사이트" 기브센드고GiveSendGo는 기도와 함께 돈을 전달할 겁니다. 캐묻는 것 한번 없이요.

심지어 배넌은 'FJB 코인'을 비롯해 직접 만든 가상화폐를 판매하고 있다. 물론 저 두문자어는 '좇까 조 바이든'**을 의미한다. 배넌에 따르면 당신은 미국 통화를 더 이상 믿을 수가 없고, 민주당

---

* 종교·언론·집회의 자유 등을 정한 조항.

** 상장에 사용한 공식명은 '프리덤 잡스 비즈니스'다.

원들이 그걸 평가 절하시킨 데다, 달러가 "당신을 매일 옭아매고 있으니 대안책을 가져야" 하기 때문이다.[28]

근래 내가 말을 섞어본 거의 모든 사람은 거울세계에 지인을 빼앗긴 듯했다. 우리는 익숙했던 사람들이 왠지 낯설어지는 모습에 언짢고 언캐니한 감정을 경험한다.

"이젠 여동생이랑 말이 통하질 않아." "엄마가 토끼굴에 빨려들어갔어." "어떻게 하면 할머니가 페이스북에서 탈퇴하게 할 수 있을지 고민이야." "그 남자는 내 우상이었어. 이제는 대화마다 삿대질로 끝나."

그들에게 무슨 일이 벌어진 걸까?

거울세계에 사는 수백만 명이 환상에, 허구에, 연극에 속았다고 넘겨짚기 쉽다. 까다로운 점, 아니 언캐니한 점이라면, 그들도 우리를 볼 때 똑같은 평가를 내린다는 것이다. 우리가 '광대세계'에 살고 있다고, '집단사고'의 '매트릭스'에 갇혀 있다고, 일종의 집단 히스테리인 '집단 형성 정신병^{mass formation psychosis}'[29](자기들이 만들어낸 병명)을 앓고 있다고 믿는다. 여기서 핵심은, 각자 반사 거울의 어느 편에 속하든 우리는 현실 해석상의 차이를 가지고 설전하지 않는다는 점이다. 누가 현실에 있고 누가 시뮬레이션상에 있는지를 두고 설전하고 있다. 이를테면 배넌스러운 우파를 대표하는 지식인 커티스 야르빈은 이렇게 말했다. "나의 임무는…… 사람들을 트루먼 쇼에서 깨어나게 하는 겁니다."[30] 울프는 학교에서 마스크를 착용하는 아이들이 "스텝퍼드 아이들처럼* (…) 넋이 나가" 꺼림칙하고 유령 같은 생명체가 된다고 말한다.[31]

스텝퍼드식 몰개성은 울프의 단골 수사법이 되었다. 2022년 7월 그녀는 라디오 방송국 투데이스뉴스토크에서 진행하는 모 우파 팟캐스트에 출연해 자신의 '최신 사유'[32]라 일컫는 것을 공유했다. 절대다수가 백신 접종자인 뉴욕시를 방문했을 때 알아차렸는데, 그곳 사람들은 뭔가…… 달랐다. 아예 사람이 아닌 것만 같았다.

"그곳엔 인간 에너지랄 게 없어요. 에너지장이 거의 존재하지 않는다니까요. 사람들이 홀로그램이라도 되는 줄 알았어요…… 이젠 유령의 도시 같아져서, 거기 당신이 있고, 면전에 그들이 보이는데도, 도무지 느낄 수가 없어요."[33] 그리고 더 괴상한 걸 발견했다. "[백신 접종자인] 사람들은 이제 냄새가 없어요. 맡을 수가 없다니까요. 내가 말하려는 건, 그들이 악취를 풍긴다거나 코에 문제가 생겼다는 게 아니에요. 데오드란트 따위를 말하는 게 아니라고요. 내가 말하는 건, 이들한테는 곁에 인간 존재라는 게 있는 듯한 냄새가 나질 않아요. 그리고 곁에 인간 존재라는 게 있는 듯한 느낌도 아니고요."

그녀는 모조리 mRNA 백신에 들어 있는 "지질 나노 입자"[34] 탓이라고 진행자에게 말했다. 이건 "뇌로 가고 심장으로 가서 다 틀어막아"버린다. 어쩌면 "사랑이라는 주파수"마저 "틀어막혀서…… 송신하는 능력이 저하"된 것인지도 몰랐다.

---

*   1972년에 출간된 미국 작가 아이라 레빈의 스릴러 풍자소설 『스텝퍼드 부인들』은 해당 마을의 남성협회에 속한 기혼 남성들이 저마다 부인과 자녀를 순종적인 닮은꼴 안드로이드 로봇으로 대체하는 내용이다.

그리고 이렇게 말을 맺었다. "지질 나노 입자는 그런 식으로 기능하는 거예요."[35]

지질 나노 입자는 그런 식으로 기능하는 게 아니다. 백신은 그런 식으로 기능하는 게 아니다. 어느 것도 그런 식으로 기능하지 않는다. 덧붙여, 내가 이런 걸 쓰고 있다는 사실이 믿기지 않지만, **백신을 접종받은 사람들은 여전히 인간의 냄새를 풍긴다.** 어쩌면 코비드 장기 후유증을 겪는 사람들처럼 울프 본인이 코비드에 걸려 후각이 둔해졌을 수도 있다. 진행자는 자기 눈에도 백신 접종자들이 유령처럼 보인다고 고백했다. 이걸 공개적으로 이야기한 울프의 용기에 박수를 보낸다면서!

저쪽에서 말인지 잠꼬대인지 모를 소리를 해대면 나는 우쭐하고 우월한 느낌에 사로잡힌다. 휴대전화 농담 때처럼 말이다. 하지만 그때와 마찬가지로 여기에도 문제가 도사린다. 제아무리 현실과 유리된 내용이라 해도 울프가 하는 말의 대부분은 어떤 진실을 포착한다. 근대 도시들은 무기력과 아노미에 물들어 있고 이 상태는 팬데믹을 거치면서 더 심해졌다. 우리 다수에게는 덜 활기차고, 덜 집중하고, 더 외로워하는 구석이 분명 있단 말이다. 이건 백신 탓이 아니다. 이건 네크로-테크노 단계*에 도달한 자본주의의 부산물, 스트레스와 스피드와 스크린 탓이다. 한쪽에서는 이것을 예삿일로 취급하고 다른 쪽에서는 '비인간적'이라면서 들고일

---

* 정치권력이 시민들의 생사를 결정한다는 아킬레 음벰베의 '네크로폴리틱스' 개념을 21세기 기술과 정보, 데이터 권력에 접목한 표현.

어나면 당연히 후자에 귀가 솔깃해지는 법이다.

도플갱어 문학을 공부하면서 나는 카그라스 망상Capgras delusion이라는 실존하는 의학 증후군을 접하게 되었다. 환자들은 자기 삶을 구성하는 사람들―배우자, 자녀, 친구들―이 복제인간이나 도플갱어로 바뀌치기됐다고 확신한다. 영화역사가 폴 미한은 공상과학 고전 영화 「신체 강탈자의 침입」과 「스텝퍼드 부인들」이 해당 증후군의 발견에서 영감을 얻었을 것이라고 말한다.[36] 하지만 사회가 물과 기름처럼 섞이지 않는 두 분파로 나뉘어, 서로 상대가 도플갱어로 바뀌치기됐다고 확신하는 현상은 뭐라고 불러야 할까? 여기에 붙일 증후군이 있던가? 해결책은?

○●

원래 답하려던 질문으로 돌아가보자. 울프는 배넌과 맺은 동맹에서, 거울세계라는 새로운 보금자리에서 무엇을 얻고 있는 걸까? 전부 다 얻고 있다. 그녀가 한때 누렸다가 잃었던 전부―관심, 존경, 금전, 권력―를 얻고 있다. 다만 뒤틀린 거울을 통해서 수확한다. 밀턴의 『실낙원』에서 타락한 천사 루시퍼는 "천국의 하인이 되느니 지옥의 수뇌가 되는 편이 낫겠다"고 생각한다.[37] 내 도플갱어가 배넌을 여전히 악마 보듯이 할 수도 있으나, 천국이라고 자찬하면서 다분히 지옥스럽기도 한 곳에서 불철주야로 돌팔매질을 당할 바에야 차라리 그를 섬기는 게 낫다고 생각할지도 모르겠다.

배넌은 어떨까? 울프 같은 사람들과 대각선 동맹을 맺어 어떤 이득을 보는 걸까? 그녀의 어떤 면이 필요한 걸까? 나아가 코비드와 이를 구심점으로 삼는 온갖 음모론, 이제 방송 전체를 관통하는(처음에는 「워룸」으로 불렸지만 2020년 이후에는 「워룸: 팬데믹」으로 바뀌었다) 흉악한 이야기들에서 뭘 얻고 있는 걸까? 클라우트는 이미 차고 넘치니 그것 자체를 노리고 있진 않을 것이다. 배넌은 배수진을 치고 있다. 그리고 내 도플갱어는 앞으로 펼쳐질 총력전에 선봉장으로 나설 확률이 높아지고 있었다.

7장

MAGA의 '플러스 원'

어렸을 때 나는 출산의 이모저모에 관해 필요 이상의 지식을 습득했다. 내 아버지 마이클 클라인은 가정의학과 및 소아과 의사로서 출산 수백 건을 도맡았고 맥길대학에서 연구과학자로 재직하면서 몬트리올 일대의 병원에서 대규모 무작위 임상실험을 진행했다. 이를 바탕으로 유도 분만, 경막외 주사, 겸자, 회음 절개술, 제왕 절개술 등 다양한 의료적 개입이 산모와 신생아 건강에 미치는 영향을 측정했다. 실험 결과가 신기하게 나오는 날이면 아버지는 들뜬 기분을 주체하지 못했기에 나는 사춘기를 겪기도 전에 출산 후 요실금이라든가 찢어진 질에 관해 배웠다. 뜻하지 않은 분야에 조예가 깊어지는 일이란.

이외에도 속앓이할 거리는 많았다. 동료들과 함께 수련의들을 지도하던 아버지는 내가 여덟 살 무렵인 1970년대 후반의 어느 저녁, 싱글벙글한 얼굴로 집에 와 검진실 두 곳에 설치한 신문물인 단방향 거울에 관해 이야기를 쏟아냈다. 그때까지 그를 비롯한 근무의들은 수련의들이 환자들에게 제대로 된 치료를 하고 있는지 어깨너머로 지켜봐야 했고, 수련의와 환자 모두 긴장하곤 했다. 하지만 앞으로는 임신부를 포함한 환자들이 수련의와 일대일 진료 상담을 할 예정이었다. 검진실 내부에는 거울처럼 보이는 무언가와 마이크가 놓여 있다. 아버지나 다른 근무의 한 명은 검진실에 딸린 작은 방에 앉아 단방향 거울 건너편에서 상황을 면밀히 주시하며 필요할 때 개입할 수 있게 된 것이다.

"그럼 환자들은요? 아빠가 거기 있는 걸 알아요?"

다 알고 있다며 아버지는 나를 안심시켰다. 거의 다.

"여기가 교육 병원이라 관찰할 가능성이 있다고 고지하고 있어. 만약 환자가 좀더 사적인 공간을 원하면 따로 요청할 수도 있지."

안심이 되질 않았다. 눈곱만큼도. 내 머릿속에는 얇은 환자복 안에 커다란 배를 감춘 여자들이 우리에 갇힌 실험실 쥐처럼 구경당하는 장면밖에 떠오르질 않았다. 요즘도 나는 검진실에 들어가면 가짜 거울이 있나 없나 두리번거리면서 저쪽에 누군가 잠복해 있지 않을까 하고 의심한다.

요즘은 단방향 거울을 스티브 배넌의 방송을 듣거나 볼 때도 떠올린다.

"스티브 배넌 걸 듣고 있다고? 왜 그런 고생을 사서 해?!?"

그의 방송에서 듣거나 본 내용을 언급하면 가장 자주 나오는 반응이다.

"그 목소리를 어떻게 듣고 앉아 있어? 그 인간 상판대기는 또 어떻게 버티고?"

왜냐하면 의사들이 검진실 건너편에서 환자들을 지켜보듯이 그도 우리를 주시하고 있으니까.

단방향 거울

배넌은 자유주의 매체가 관심을 듬뿍 줬으면 줬지 결코 무시하는 인물이 아니다. 주요 보도 주제는 배넌이 자신의 거대 미디어 플랫폼을 지렛대 삼아 미국 선거 과정에 개입하는 다양한 방식이다. 배넌은 2020년 선거의 실제 승리자인 트럼프가 바이든의 허위 결과를 순순히 인정한 공화당 의원과 공작꾼들에게 배신당한 거라는 거대한 거짓말Big Lie을 밀고 있는 주요 인사 중 한 명이다. 팟캐스트 청취자 다수는 다음 투표일이 오면 선거구별로 현장에 수천 명의 보병을 출동시키는 등 민주당 승리가 공식화되는 또 다른 불상사를 예방할 조직을 꾸리고 있다. 하원이 2021년 1월 6일 의사당 점거 폭동의 자초지종을 조사하려고 발부한 소환 영장에 배넌이 참석을 거부한 일은 다들 익히 들어봤을 것이다. 관여한 내막에 기초해 심판을 제대로 받았더라면 징역살이를 면치 못했을 것이다.

다 중요한 이야기다. 하지만 선거 개입은 배넌이 주도하는 일 중 빙산의 일각에 지나지 않는다. 그가 선거에서 실제로 이기기 위해 사용하는 방법들도 그에 못지않게 중요하다. 선거구 전략은 승리 전략이 먹히지 않을 때를 대비한 자구책이다. 그러나 승리 전략은 성공할 만하게 설계돼 있다. 일단 근소한 표차의 접전을 벌여놓고, 후에 선거구 전략이 그럴듯한 수를 써서나마 결과 절도에 성공할 만하게.

배넌의 방송을 듣기 시작했을 때는 울프가 등장하는 부분에만 치중하고 앞뒤는 건너뛰었다. 그러다가 배넌이 다음 구간에 대한 기대감을 돋우다보니 호기심이 들어 다른 부분까지 청취했다. 정신을 차리고 보니 나는 그녀가 자리에 있든 없든 내용 전체를 들으며 그가 주요 현안에 대해 어떤 식으로 이야기를 늘어놓을지 궁금해했다.

방송을 들으면 들을수록 배넌에게서 거울세계의 반사면들을 구성하고 확장하는 특기가 눈에 띄었다. 그가 판매하는 가짜 가상화폐만이 아니다. 더 위험한 건, 상대방의 논점을 튕겨내기 위해 거울 건너편 진영이 쓰는 언어를 도용해 만든 주장과 정치적 의제다. 이 중 일부는 일상이 되어버린 주거니 받거니다. 민주당원들은 (트럼프가 선거에서 이겼다는) 거대한 거짓말을 늘어놓는다. 배넌은 (바이든이 선거 결과를 앗아갔다는) 거대한 절도를 늘어놓는다. 민주당원들은 트럼프가 1월 6일 점거 폭동 사태를 야기했다고 이야기한다.[1] 배넌은 민주당원들이 2020년 인종 정의 시위 참석자들의 도시 방화를 다 알면서도 묵인했다고 이야기한다. 민주당원들은 적법한 선거 결과에 불순응하는 트럼프에 치를 떤다. 배넌은 민주당원들이 한 번도 트럼프를 적법한 대통령으로 받아들이지 않았다며 치를 떤다. 어떤 상황이든 거울세계는 상대 진영의 용어를 대거 빌려와 닮은꼴 서사와 답안을 제공한다.

모방 공식은 트럼프가 선거 유세 길에서 갈고닦은 특유의 맞대응 방식에 기초한다. 트럼프는 그가 받고 있는 혐의가 뭐든 간에 상대방도 똑같지만 정도로 따지면 더 심각한 범죄—부패, 허언, 외국과의 공모—를 저질렀다고 윽박질렀다. 이런 따라쟁이 전략을 짜준 막후 인물이 배넌이라는 게 가장 명료히 드러난 것은 성폭행 전력을 자랑처럼 떠벌린 트럼프의 대화 녹취록이 풀렸을 때다. 힐러리 클린턴과 대선 토론을 몇 시간 앞두고 트럼프는 빌 클린턴을 성범죄로 고소했던 여성 다수를 대동해 기자 회견을 소집했다. 당시 캠페인 매니저였던 배넌은 플래시 세례를 즐기고 있는 듯 무대 측면에서 입꼬리를 말아올렸다. 미러링, 왜곡, 투사는 말에 요점이 있을 때 특히 잘 먹히는 수법이다.

블라디미르 푸틴 역시 정치 인생 초반부터 미러링에 두각을 나타냈다. 그는 러시아가 우크라이나를 침공하고 점령하면서 내내 저지르고 있는 전범, 혹은 저지를 계획에 있는 전범을 오히려 우크라이나 정부에 덤터기 씌웠다. 2022년 10월, 곧 우크라이나가 자국 영토 내에 방사능 폭탄을 터뜨리고 이를 러시아의 도발로 우길 것이라면서 푸틴이 비난하는 모습에서 미 국방부 대변인 네드 프라이스는 "미러 이미징"의 패턴을 지적했다.[2] "러시아는 직접 하고 있는 계획을 우크라이나 탓, 다른 나라들 탓으로 돌려왔습니다." 하지만 주객 전도된 푸틴의 주장에 여러 사람이 넘어가는 이유는 미국 정부가 유사한 미러 이미징을 지속적으로 사용한 역사에서 일부 기인한다. 러시아의 선거 개입에는 노발대발하지만 미국은 정작 자국의 정보국 첩보들이 1950년대 이래로 이란과 칠레, 온두라스를 비롯한 여러 나라의 내정에 간섭해 민주적으로 선출된 정부들을 전복했다는 사실은 모른 체한다.[3] 그리고 잊지 말자, 푸틴에게 바통을 넘겨준 전임자는 미국이 소련 붕괴 이후의 러시아에 발 벗고 나서서 지지해준 인물인 보리스 옐친이었음을.*

　배넌은 더 불온한 묘기도 부린다. 감시와 빅테크에 대한 대중의 이성적인 공포에 그가 끈질기게 들러붙는 동안 자유 진영에서는 사찰 불안에 달리 주목하지 않았다. 느슨한 레이더망으로 포착하지 못한 두려움은 이것만이 아니었다.

거꾸로 움직이는 마리오네트

　나도 코로나 바이러스의 발원지를 모른다. 우한의 웨트 마켓인지, 우한 바이러스 연구소의 생물 안전 4등급 연구실인지, 아니면 아예 다른 곳인지. 돌이켜보면 공식적인 이야기—야생 동물을 거래하는 어느 웨트 마켓이 발원지다—를 너무 성급히 받아들인 것 같다. 솔직히 말해 마음속으로 이미 정해놓은 결론을 뒷받침해주

---

*　인기가 저조하던 옐친의 1996년 재선거 승리는 그가 빌 클린턴 대통령에게 직접 부탁해 NATO 확장을 일시적으로 연기하고 IMF 대부금을 신속히 조달하는 등 원조받은 점이 크다. 이후 옐친은 2000년 3월 사임하는 자리에서 푸틴을 대통령 권한 대행자로 임명했다.

고 내 기존 세계관에 들어맞았다는 이유가 컸다. 인류가 자연을 함부로 다루다가 또 한 번 된서리 맞은 결과가 팬데믹이라면 조금 덜 무서울 것이었다. 그러던 중 거울세계에서 울프와 배넌 같은 사람들이 "연구실 유출론"[4]을 쟁점으로 삼으면서 이 가설은 생물 무기에 관한 헛소문과 반아시아인 인종주의 정서로 뒤범벅되었다. 진실은 탐구할 가치조차 없어진 듯했다. 가설을 진지하게 고려할 만한 증거와 정황이 차곡차곡 쌓여가고 있어도 내가 그녀같이 되고 싶지 않듯이 대다수의 자유파, 좌파 인사는 저들같이 되고 싶지 않다는 이유로 이 사안을 수개월 동안 방관했다. 상도를 벗어난 저들의 음모론이 어찌 보면 우리의 자기 과신으로 이어진 것이다. "모든 것을 의심하라"는 저들의 구호는 함부로 의심하지 않는 우리 다수의 태도를 빚었다.

신상 백신이 임신 중이거나 임신을 계획하는 사람들의 안전에 초래할 결과를 따지는 질문도 더 진중히 다뤄질 수 있었다. 평론가들은 이런 질문을 하찮거나 어리석다고 일축하기보다는 백신이 재생산 건강에 미칠 영향에 대한 우려를 주제 삼아 공개 토론하거나 믿을 만한 언론 매체를 통해서 이야기를 활발히 나눠야 했다. 생식력과 임신 분야의 의학 전문가들을 초빙해 백신 연구 방법론과 더불어 면역력이 떨어지는 임신 기간에 코비드 감염에의 취약성에 대해 설명할 자리를 마련해야 했다. 임신 중이거나 임신을 계획하는 입장이라면 신종 바이러스 백신을 걱정하는 것은 당연한 반응 아니겠는가. 내가 임신했을 때는 먹는 치즈 종류까지 걱정했다. 게다가 임신 여부를 떠나서라도 거대 제약 회사와 거대 정부, 특히나 동업관계에 있는 둘을 불신할 만한 이유는 충분하다. 미시간주 플린트시의 경우처럼 도시 전체 상수도 공급원에 납이 섞이고 있다. 지진이 나고 가연성 물질에 오염된 수돗물에 불이 붙는데도 가스 회사들은 수압파쇄법이 안전하다고 둘러댄다. 몬산토는 수많은 연구로 발암성이 밝혀진 살초제 라운드업의 금지 입안 시도를 꺾으려고 의회에 끊임없이 압력을 넣는다.[5] 거대 제약 회사들은 오피오이드 오남용 위기를 촉발한 약물을 일부러 낮은 가격에 판매한다. 그러니 독점 권력에 대한 경계심은 지극히 이성적인 결과다. 오피오이드 소송에 휘말려 있는 백신 제조 기업 존슨앤드존슨은 최근 몇 년 사이 처방 약물 다수와 심지어 두루 쓰이는 활석 가루(발암물질 석면의 함유 사실이 밝혀졌다)로 피해를 입은 소비자들에게 법적 합의금으로 수십억 달러를 지불하라는 명령을 받았다.[6] 이러한 실정에서, 그리고 토론장이나 백신에 합리적 의심을 제기할 기회가 여러 진보 공동체에 부재한 상태에서, 많은 이는 "직접 연구하러" 나섰다. 그러다가 내 도플갱어를 만나게 되고, 그녀와 비슷한 여러 사람을 만나게 되고, 백신 부스러기론과 집단 불임론을 만나게 된 것이다.

가임력 걱정만 무시당한 게 아니었다. 대다수의 주요 뉴스 매체는 코로나 백신 접종 이후 나타난 유해 반응을 드문드문 보도할 뿐 전격 조명하지 않았다. 현재 미국 질병통제센터가 감독하고 있는 현상, 그러니까 최초의 mRNA 주사를 맞았던 남아와 청년 남성 가운데 소수가 겪은 심장염 사례 같은 것.[7] 화이자와 바이온텍이 공동 개발한 2가 코로나 백신을 맞은 장년층의 뇌졸중 발병률이 약간 상승할 가능성 같은 것.[8] 모든 백신에는 (그리고 모든 의료적 시술 또는 약품에는) 위험이 따르며, 보도된 유해 반응이 확증을 얻는다고 해도 백신 접종의 가치나 중요성은 줄어들지 않는다. 인구 전체를 놓고 봤을 때 코비드는 여전히 훨씬 더 압도적인 보건 위험이다.

이것은 대중이 의료 결정의 장단점을 판단하도록 보건 전문가들이 능숙하고도 쉽게 설명할 수 있었을 내용이다. 하지만 다수의 언론은 어쩌다 한마디 하는 수준 이상으로 위험 가능성을 논하면 백신 접종률을 떨어뜨리고 음모론 패거리에게 먹이를 주는 사태가 일어나진 않을까 노심초사하는 듯했다. 실제로는 180도 뒤집힌 상황이 벌어졌다. 백신 리스크에 대한 신빙성 있고 상세한 정보를 접하기 어려워지니 친구의 친구가 '잽'을 받고서 몸져누웠다거나 급사했다는 뜬소문이 넝쿨처럼 온라인 담벼락을 뒤덮었다. 그러니 내 도플갱어를 포함한 관심경제의 달인들이 겁 없는 의료 수사관으로 둔갑해 백신 임상 실험 미가공 데이터를 뜯어보고 질병통제센터 보고서의 은폐를 주장하며 활보할 수 있게 된 것이다. 의학 학위가 있어야 제대로 해석할 수 있는 자료이거늘. 그러나 저러나 자신들에게 유리한 미검증 주장과 실제 유해 반응들만 엄선해 백신 '대학살'[9]이 진행 중이라고, 빅파마의 사주를 받은 꼴통 매체 아첨꾼들이 이 사실을 감추고 있다고 열변을 토하고 있다.

다시 말하는데 이건 뻔한 투사다. 2022년 4월 연구자들이 밝히기를, 미국의 사망자 100만 명 가운데 4분의 1은 "백신 기초 접종으로 예방될 수 있었다".[10] 사망자 100만 명 가운데 4분의 1은 주사로 살 수도 있었다. 인명 피해 책임의 상당 부분은, 위험 요소가 없진 않으나 매우 안전하며 혹독한 코로나 증상을 낮추는 데 뛰어난 효과를 보이는 백신에 대해서 새빨간 거짓말을 퍼뜨린 이들에게 물어야 할 것이다. 그러나 가끔씩 나타나는 백신 유해 반응을 경시하거나 대놓고 묵살하기로 한 여러 언론 매체의 보도 방침이 사람들로 하여금 질 낮은 정보원을 찾아가게 하는 원인을 제공했을 수 있다는 것은 인정해야 한다. 시청자가 복잡한 진실을 못 받아들일 것을 우려하는 기자와 편집자들이 중요한 주제를 건너뛴다고 해서 음모론은 멈추지 않는다. 오히려 음모론을 부추길 뿐이다.

비대면 대체 수업의 장단점도 대립 논리에 물든 토론이 돼버렸다. 학교와 가게가 문을 닫아야 하는 때가 분명히 있었다. 하지만 같은 시기, 여러 쇼핑몰과 카지노가 지장 없이 운영된 것은 무슨 이유로 논쟁하지 않았는가? 2020년 봄, 정신 차릴 겨를이 없던 봉쇄령 초기를 지나서는 온라인 학습의 어려움에 더 주의를 기울였어야 했다. 전자기기나 기술이 없는 저소득층 가정은 온몸으로 균등성 문제를 겪었다. 발달장애를 가진 학생 다수는 직접적인 지원이 필요한데도 고려 사항에서 배제됐다. 한부모 가정에서 양육자, 특히 가모장들은 집 밖에서나 집 안에서나 제대로 근무할 수 없어 마음이 산란했다. 많은 청소년은 사회적 고립으로 정신 건강에 악영향을 입었다.

바이러스가 활개 치고 아직 백신이 나오지도 않은 시점에 개교는 정답이 아니었다. 그러나 교실 정원 감축, 지도 인력 확충, 더 좋은 환기 시설, 더 많은 실외 수업 등 전염병 유행에도 학생들이 안전하게 학습할 수 있도록 공립학교를 새롭게 상상해보는 논의는 어디서 이뤄졌단 말인가? 청소년과 20대 초반의 젊은층이 봉쇄령으로 정신 건강 위기를 맞은 것은 일찍부터 자명했다. 그렇다면 이들이 스크린에서 눈길을 돌려 다른 청년들과 함께하는 공동체 속에서 지구 보전을 위해 뜻깊은 일을 하는 동시에 기분도 상쾌하게 할 수 있도록 삼림 보호와 휴양 프로그램에 투자할 계획은 왜 없었는가?

바이러스와 함께한 첫 몇 년간 우리는 문을 여네 마네 하며 양분화된 논리에 치우쳐 폭넓은 선택지를 고려하지 못했다. 논의할 주제가 태산이었는데 논의하지 못했다. 자유·진보주의자 다수는 음모론을 미는 우파에서 엄청나게 쏟아내는 거짓말에 맞서 기존 조치를 변호하는 데 그쳤는데 사실 더 많은 걸 요구할 수 있었고 요구해야만 했다.

거울세계에서 무언가를 이슈로 물고 늘어지는 순간 그 주제는 다른 어디서도 의논할 가치가 없어지는 듯하다. 참으로 다양한 주제에서 나타나는 현상이라 가끔 나는 우리가 거꾸로 움직이는 마리오네트처럼 서로 붙잡혀 있는 것만 같다. 저들의 팔이 위로 올라가면 우리 팔은 내려간다. 우리가 걷어차면 저들은 포옹한다.

우리는 서로를 꺼림칙한 방식으로도 따라하기 시작했다. 공중보건 수칙을 지킨 쪽에서는 그러지 않는 쪽의 흉을 봤다. 면역 결핍 질환자의 안녕보다 개인적 편의를 우선시하다니. 코비드 병동에서 미접종자들을 간호하느라 의료계 종사자들이 크게 희생하고 있다는 사실에 무관심하다니. 어쩌면 그리도 무정할 수 있을까?

누구는 마땅히 보호와 보살핌을 받는데 또 누구에게는 자원 낭비라고 생각하다니? 하지만 저들의 냉담함에 경악을 금치 못했다던 사람의 다수는 코비드로 앓아 누운 백신 미접종자들을 가리켜 어쩌면 진료받을 가치가 없지 않을까 하고 이야기했다. 이참에 지구상에서 멍청한 족속들이 싹 사라지면 속이 후련하겠다는 고약한 농담을 던지기도 했다(진담일 때도 있었다). 혹은 프랑스 대통령 에마뉘엘 마크롱이 말했듯이 미접종자는 다된 국민이 아니라는 거친 발언까지 등장했다.[11] 백신으로 갈라선 두 진영은 상대에게 등을 돌리고 있었지만 무슨 영문에서인지 자꾸 닮아가 서로를 온전한 사람 취급도 않겠다고 선언하기에 이른 것이다.

어쩌다 이 지경에 이른 걸까? 이토록 과격해지다니?

배넌의 팟캐스트를 몇 개월 청취하고 나니 이 질문에 확실히 답할 수 있다. 극우 정치상에 반대하는 사람의 다수는 배넌을 귓등으로도 들으려 하지 않지만 그는 우리를 유심히 관찰하고 있다. 우리가 방치한 주제들, 우리가 열지 않은 토론들, 우리가 모욕하고 내친 사람들. 이 모든 것을 긁어모아 문제의식을 짜깁기하고 있다. 이 뒤틀린 정치 의제가 차기 선거에서 승리의 물결을 일으킬 거라 자신한다. 거울의 이쪽에 사는 사람들은 배넌의 어젠다를 몰라도 너무 모른다. 트럼프의 '미국을 다시 위대하게[MAGA]' 연합의 특대품이라는 의미에서 'MAGA 플러스'로 배넌이 부르는 이 어젠다는 미국에서만이 아니라 나라 밖에서도 굉장한 호응을 얻고 있다.

스티브 배넌이 다른 무엇을 또 하든 간에 그는 일단 전략가다.

상대편 지지층에서 먼지 쌓인 사각지대와 낡아 해진 모퉁이를 읽어내는 예리한 눈썰미로 취약점을 파고들어 자기편으로 끌어온다. 그렇게 해서 2016년 트럼프의 당선을 도운 것이다. 친기업 성향 민주당원들이 체결한 무역 조약으로 1990년대 공장 폐지가 가속화되자 노조 소속 블루칼라 노동자 다수는 배신감을 느꼈고, 민주당이 2008년 금융위기 이후 은행권을 구제하고 노동자와 자가 소유자는 뒷전으로 돌리면서 이들의 분노가 발화점에 가까워진 것을 배넌은 익히 알고 있었다. 그는 월가 점령 운동이 경시되고 끝내 진압된 점, 그리고 그 운동의 정신으로 2016년 좌파 포퓰리스트 대선 캠페인을 이끌었던 버니 샌더스가 힐러리 클린턴을 추대하려는 민주당으로부터 온갖 비열한 수법에 시달린 점 등도 주시했다. 배넌은 민주당 외길 인생을 걸어온 노조 남성 인력에서 일부를 빼돌릴 기회를 노렸다. 이들은 다수가 백인이었지만 그렇지 않은 사람들도 있었다. 배넌은 그의 라이벌들이 쓴 배신의 역사에서 선거 공약을 길어올렸다. 트럼프는 신종 공화당원이 될 것이다. 월가에 대항하고 무역협정서를 쪼가리 내고 일자리를 훔쳐갈 이민자들이 건너오지 못하게 국경을 단속하고 외국에서의 전쟁도 끝장 볼 것이다. 게다가 이전 공화당 후보자들과는 달리 메디케어와 공적 연금 제도까지 사수하겠다고 나서주니 금상첨화였다. 이것이 본래 MAGA의 약속이었다.

물론 허울뿐인 상술이었다. 트럼프는 전 월가 경영진으로 내각을 꾸렸고 무역 정책에는 해봤자 찔끔 개입하는 게 대부분이었으며 국제적 긴장을 고조시켰고 부유층에 세제 혜택을 후하게 안겨주었다. 선거 유세 때 구사한 포퓰리스트 화법에서 살아남은 것은 인종을 화두로 앞세운 미끼뿐이었다. 이민자, 무슬림, BLM 시위대, 그리고 중국에 관한 거라면 뭐든지. 이미 낚아둔 지지층을 끌고 가기에는 충분했지만 재선에 성공하기에는 무리수였다. 코비드 대처에 그렇게나 처참히 실패한 이후에는 더더구나.

내 도플갱어가 「워룸」에 출연한 것은 바이든 정부가 출범 석 달차를 앞두고 있던 때로, 배넌이 MAGA 플러스 연합을 구축하려고 소매를 막 걷어붙이던 시기와 맞물렸다. 배넌은 백신여권을 다룬 「영원한 노예제」의 메시지가 순풍에 돛을 달고 유권자를 몰아올 잠재력이 있음을 감지했다. 백신 앱의 실체와 하등 상관없는 내용이었지만 어쨌든 사찰을 조심하라는 '다른 나오미'의 경고는 사생활 침해와 감시를 우려하는 꽤 많은 사람으로부터 열렬한 성원을 받았다. 정계와 언론의 자유주의 노장들은 여태 이들이 하는 걱정을 귓등으로 들었다. 이제 배넌은 가서 따오기만 하면 됐다. 속이 벌겋게 농익은 열매를.

배넌은 보수 유명 인사들의 계정을 정지하는 소셜미디어 기업들에 대한 짜증과 더 모호하고 어쩌면 난해하기까지 한 항의를 두루 포함한 '빅테크 전쟁' 구간에 백신 앱 안건을 꿰어넣었다. 한 예로 그의 방송에 등장하는 '트랜스휴머니즘'[12] 특파원은 테크 기업들이 '업그레이드된' 인류를 만들려고 사용하는 이식물, 로보틱스, 유전자 삽입 등의 여러 방식을 소개하며 청취자들에게 지레 겁을 주는 역할이 전부인 듯하다. 도외시된 사안이지만 초당적 지지를 거둘 수 있는 주제를 배넌은 발견한 것이다. 다수의 좌파는 기술이 노동자들을 비인간화해 기계 연장품처럼 소모하는 방식을 우려하고(나는 우려한다), 부유층이 자신과 자녀들을 위해 양질의 유전자를 직접 구매하는 디스토피아적 미래의 가능성을 우려한다. 한편 다수의 우파는 기술페티시즘을 다른 이유에서 반대한다. 신의 뜻을 모욕한다는 이유에서다.

배넌은 빅파마 안건 역시 비평의 사각지대에 놓였다는 것을 알아차렸다. 제약 회사들의 가격 담합과 부당 이득은 주로 좌파가 비평하는 영역이었다. 이건 버니 샌더스가 목소리 높여 반대할 유의 문제였다. 하지만 볼멘소리를 낼 뿐 진보주의자들은 백신 제조사들이 팬데믹으로 사적 이득을 채우는 방식에 별달리 저항하지 않았다. 그리하여 배넌이 빅파마의 탐욕에 시위를 당기게 됐다. 하지만 이번에도 진짜 추문이 아니라 공증이 안 된 음모론에 화살을 쏘았다.

배넌은 종종 "본 방송은 화이자 후원입니다"라고 말하는 MSNBC와 CNN의 음원을 따와 연속 재생한다. 회삿돈을 받고 있는 저 방송국들은 믿을 만하지 않다는 게 속뜻이다. 이건 "부유층에 의한, 부유층을 위한─당신을 꺾는" 통치라고 배넌은 말한다. "당신이 현실에 눈뜨기 전까지는." 이럴 때면 그는 가히 놈 촘스키를 연상시킨다. 혹은 '부자를 먹어라' 재킷으로 유명한 아마존 노조위원장 크리스 스몰스라든가. 나같이 들린다고 해도 되겠다. 하지만 거울세계에서는 그 무엇도 보이는 것 그대로가 아니다.

떠오르는 우파 샛별들 가운데 꽤 많은 이가 비슷한 각본을 따른다. 피터 틸을 비롯한 기술 지배계층 명사들의 금전적 지원과 트럼프의 승인을 등에 업고서 이들은 가정을 부양하는 데 부족함 없는 임금을 받을 공장 일자리를 만들고, 국경에 장벽을 설치하고, 유해 마약 유통망을 해체하고, 빅테크로부터 언론의 자유를 되찾고, "워크" 교육과정을 철폐하겠다고 약속한다. 이런 내용을 바탕으로 미국에서 커리어를 쌓고 있는 인물로는 오하이오주의 JD 밴스, 미주리주의 조시 홀리, 그리고 간발의 차로 애리조나주 주지사 자리를 놓친 카리 레이크 등이 있다(물론 그녀는 선거가 도난당했다고 주장했다). 매우 유사한 유의 선거 대각선주의가 스웨덴에서 브라질까지 전 세계에서 널리 관측되고 있다.

이런 메시지가 공감을 얻는 것은 그리 놀라운 일이 아니다. 다년간 나는 세계무역기구나 다보스 세계경제포럼, G8 정상회담, 국제금융기구가 소집될 때면 저들이 민주주의를 훼손하고 초국적 자본의 사욕을 채우는 구실을 했다고 회의장 앞에서 항의하는 국제주의 좌파 운동권에 속했다. 미국에서 우리는 후원 기업들에 신세를 진 거대 양당이 정작 자신을 선출한 유권자들이 아니라 부유층을 시중 드는 행태를 비판했다. 바로 이게 월가 점령 시위를, 이후에는 버니를, 그리고 석유·가스 원전 신설 반대 운동을 일으킨 힘이었다. 하지만 우리 운동은 한 번도 권력을 잡지 못했다.

우리가 해온 과두제 비평을 남김없이 흡수한 극우 인사들은 어두운 도플갱어 비평을 내놓고 있다. 탈규제화된 자본주의가 실은 탈을 쓴 공산주의라는 어림 반 푼어치도 없는 음모론이 돌면서 자본주의에 대한 구조적 비평은 설 자리를 잃고 있다. 이 경향을 가장 생생하게 체현하는 인물은 2022년 10월에 당선된 이탈리아의 첫 여성 총리이자 이탈리아의 파시즘에 뿌리를 깊이 둔 정당 프라텔리 디탈리아(이탈리아의 형제들)의 당수인 조르자 멜로니다. 일찍이 스티브 배넌의 국제 포퓰리스트 프로젝트 파트너였던 그녀는 연설문에 대중문화 레퍼런스를 섞어넣고 모든 사람을 소비자로 부려먹는 체제에 반기를 든다. 한편 '워크' 이데올로기를 꾸짖으려는 듯 이렇게 선언한 적도 있다. "나는 여성이고, 나는 어머니이고, 나는 이탈리아인이고, 나는 그리스도인이다."[13]

멜로니가 초신성으로 떠오르는 모습에 나는 2001년 여름의 이탈리아는 얼마나 달랐는가를 회상해본다. G8 정상회담 개최 주간에 100만 명이 제노바의 거리로 쏟아져 나와 민주주의와 문화를 해치는 기업의 횡포 및 지나친 소비주의의 폐해에 항의하며 대안 세계화alter-globalization* 운동의 정점을 찍었다. 그 운동은 좌파가 개시했다. 이탈리아의 젊은층은 농민과 무역 조합원들에게 합세해 노동권과 이주민 권리를 옹호하는 동시에 자국 특유의 문화에 자긍심을 가졌다. 하지만 다른 나라들과 마찬가지로 이탈리아의 좌파 정당들은 9·11 테러 사건과 그에 따른 안보 단속으로 주춤하면서 실의에 빠졌다. 항복의 대가는 선명하다. 모든 사람을 '완벽한 소비자 노예'로 전락시키는 제도에 오늘날 들고일어나는 사람은 멜로니가 돼버렸다.[14] 하지만 인간 만사를 시장 논리 안에 포섭해 새로운 이익을 창출하는 자본제에 대한 분석을 내놓는 대신 그

* 　세계화 자체를 반대하기보다는 사회 정의와 환경 지속 가능성, 민주적 의사 결정 등을 우선시하는 대안적 세계화 모델을 주장하는 운동.

녀는 근대성을 견인하는 허무가 트랜스젠더, 이민자, 세속주의자, 국제주의자, 좌파 탓인 양 비난한다. '거대 금융 투기꾼들'[15]에게 삿대질하면서도 그들을 견제할 정책을 제시하기보다는 이탈리아의 인색한 실업보험만 물고 늘어진다.

배넌도 기업의 날강도질을 책망하면서 정작 현실성 있는 대안을 제시하지는 않고 있다. 귀금속과 FJB 코인과 재난 식량과 주 후원자인 마이필로의 수건을 사라고 말하면서 청취자의 호주머니를 좀도둑처럼 털어가고 있을 뿐이다. ("제작 경비랄 게 없으니 「워룸」은 돈 뱉는 기계다"라고 그는 『애틀랜틱』에 말했다.)[16]

배넌은 좌파가 미국의 우크라이나 군사비 지원 확장에 반대하며 펼쳤던 강경한 반전주의 논점들을 차용해서, 연방정부를 이끄는 "카르텔"이 "군산복합체"의 사냥개 노릇을 한다고 맹비난한다. 그러는 와중에 같은 복합체가 중국을 조준하도록 가지고 있는 패라는 패는 다 꺼내 쓰고 있다. 제3차 세계대전이 발발하기를 고대하기라도 하듯. 어쨌든 전략가더러 전략적이라고 나무랄 수는 없다. 그리고 상대 진영이 소홀히 해온 쟁점들을 자기 것으로 취하는 것은 매우 전략적이다.

이전에 논했던 주제로 돌아가보자. 기업 브랜딩은 위 역학을 설명하는 데 쓸모가 있다. 상표법에서는 적극 사용 중이 아닌 브랜드를 활동 중지로 간주해 제3자가 도용해도 무방하다고 한다. 나는 나와 '다른 나오미' 사이의 일이 좌파 전반에서 나타나고 있다는 느낌을 받기 시작했다. 배넌과 밴스와 멜로니 등등에서 말이다. 우리가 한때 옹호한 쟁점들은 여러 곳에서 잠잠해진 지 오래다.

이제는 도용돼 거울세계에서 뒤틀린 분신들로 재탄생하고 있다. 도플갱어의 도래가 어떤 사태가 주의를 요하고 있다는 메시지라면, 지금의 메시지는 긴히 살펴봐야 할 내용일 것이다.

포용의 극장

배넌은 단방향 거울 너머를 들여다보며 정적이 방관하고 무시하는 주제들, 깃발을 꽂아봄 직한 비옥한 이념적 영토, 적어도 전문성이 있는 것처럼 텃세를 부려볼 수 있는 새 구역 그 이상을 간파하고 있다. 쟁점들을 논의하는 방식, 의견 불일치를 조정하는 방식, 사람들이 친구와 동료에게 등 돌리는 방식 등 좀더 미묘한 실패들에도 주목하고 있다. 그는 단방향 거울을 통해 우리의 위선과 모순을 각각 눈여겨본 뒤 그 정반대를 연출하려 한다.

내가 좀 안다고 자부할 만한 운동들을 돌이켜보면 이렇게 정리할 수 있다. 민주사회주의 좌파는 보편적 공공 건강 의료, 재정이 탄탄한 공립학교, 수감 시설 감축, 이주민 권리 등 포용적이고 배려심 있는 사회 정책들을 선호한다. 그렇지만 좌파 운동권은 툭하면 포용적이거나 배려심 있게 **행동하지 않는다**. 녹초가 된 민주당 지지자들에게 이리 오라며 알랑방귀를 뀌는 배넌과 달리 우리는 좌파 운동의 권역에 아직 발들이지 않은 사람들의 환심을 사기 위해 이렇다 할 구애의 몸짓을 보이지 않고 있다. 물론 이쪽으로 오라며 입을 벙긋거리기는 하나 실제로 우리 다수는 (심지어 '경찰

단속'이라는 말만 들어도 도끼눈을 뜨는 사람들조차) 운동의 경계를 단속하느랍시고 많은 시간을 쏟는다. 같은 편에 서겠다고 자진하는 이들을 배척하고 있으니 대열을 키우는 게 아니라 오히려 줄이는 꼴이다.

배넌의 팟캐스트를 들으면서 깨달은 게 하나 더 있다. 그는 꽤나 신중하게도 가장 널리 공감을 살 수 있는 주제들에 머무른다. 바이든을 싫어하고, 백신을 거부하고, 빅테크를 때려잡고, 이주민들에 대한 공포를 조장하고, 선거 결과에 대한 의심을 부추긴다. 낙태와 총기소지권 등 배넌 본인이 개인적으로 관심을 가질 순 있지만 새로운 동지들이 이질감을 느낄 법한 좀더 전통적으로 보수적인 의제들은 겉핥기로만 다룬다. 내팽개치는 것은 아니지만 예상만큼 방송 시간을 할애하지는 않는다.

이 역시 좌파 운동권의 일상적인 풍경과는 거리가 먼 모습이다. 우리는 차이가 발생하면 갈가리 찢어질 작정으로 꼬투리를 물고 늘어져 치고받고 싸운다. 작은 견해차도 대의적으로 넘어가지를 않는다. 그러니 진보 진영 내에서 터진 충돌은 적시에 해결되지 않으면 타깃 당사자들은 따돌림당하거나 위험에 처할 정도다. 하지만 이쪽 사람들이 정도가 지나치게 구는 것은 어제오늘 일이 아니다. 사소한 언어적 위반도 중범죄로 처단하려들고, 걸핏하면 이마가 지끈거릴 정도로 전문 용어가 덕지덕지 낀 문체를 구사해 대학가 바깥에 있는 사람들에게 불쾌감을 사거나 우스꽝스럽다며 혀차는 소리를 듣는다. ("일상어로 소통하세요." 급진주의 역사학자 마이크 데이비스가 젊은 조직원들에게 부탁했다. "변화의 도덕적 시급성은 공유 언어로 표현될 때 가장 웅장합니다.")[17]

게다가 인종과 젠더로 사람들을 선별해서 '특권층'이라는 라벨을 붙이면 노동계급 백인 남녀가 자본주의 질서 안에서 착취되는 다양한 방식에 맞설 자리를 잃는 데다 좌파 운동권이 연합해 세력을 확장할 여러 기회도 놓치고 만다. 이것은 굉장히 비전략적이다. 우리가 누구를 탐탁지 않아 하든 간에 거울세계는 그들을 반기고 용기를 칭찬하며 공감을 드러낼 순간을 기다리고 있으니까.

배넌의 대표 전략은 요사이 좌파가 축출한 사람, 『뉴욕타임스』가 능멸한 사람을 아무나 찾아가 방송 출연석을 만들어주는 것이다. 한 예로 배넌은 로버트 F. 케네디 주니어*가 백신 반대론을 마음 놓고 설교할 수 있도록 팟캐스트 한 회 분량을 통째로 내주었다. 배넌은 케네디의 공익 사업과 가난한 이들에 대한 헌신을 칭찬하며 듣는 사람의 속이 다 메스꺼워지게 아양을 떨었다. 물론 이건 케네디 주니어의 대통령 예비선거 출마에 대한 미리보기였다. 동시에 그는 청취자에게 다음을 각인시키고 있었다. 자유주의 인사들은 「워룸」 청취자들을 '구제 불능deplorables'[18]으로, 상식 이하로 보지만 배넌 자신은 파벌을 초월하는 예의 바른—심지어 관대한—대화를 진행할 수 있으며, 민병대는 결코 이것을 이유로 그를 자빠트리는 법이 없을 것이다.

근래 미국에서 외국인 혐오에 물꼬를 터준 것으로 둘째가라면

---

* 존 F. 케네디 전 대통령의 조카이자 로버트 F. 케네디 전 법무장관의 아들이다. 1983년부터 변호사로 근무하면서 특히 환경권 보호에 주력해왔다.

서러울 배넌은 자유주의자들이 「워룸」 청취자를 홀대하는 현상을 묘사하기 위해 '타자화'의 언어를 쓰기에 이르렀다. 배넌에 따르면, 그가 거울 소셜미디어와 거울 화폐와 거울 출판사를 갖춘 거울세계를 구축할 수밖에 없었던 주된 이유는 바로 이것이다. 그의 사람들이 '타자화'되고 있었다는 것. 하지만 더 이상 그럴 걱정은 하지 않아도 된다. "더 이상 그들이 당신을 타자화하거나 당신을 사라지게 하는 일은 없을 겁니다…… 그건 중국공산당이 하는 짓, 볼셰비키가 하는 짓, 나치가 하는 짓입니다."[19] 배넌은 2021년 크리스마스 직전에 청취자들에게 말했다(FJB 코인을 광고하던 중이었다). 그러고는 덧붙였다. "우리 관객 가운데는 누구를 크게 해코지하는 사람이 없을 겁니다. 그런 건 마음속에 품지도 않을 거예요. '그건 공정하지 않잖아'라고 말하겠죠."

배넌이 줄곧 유지하는 톤이다. 그는 "공동체"를 따뜻하게 환영하고 보호하며 청취자들의 아량과 지혜, 용기를 입에 침이 마르도록 칭찬한다.[20] 가방끈 긴 좌파의 잘난 척과 엄격함, 당파주의와 정체성 절대주의에 흠집을 내려는 의도다. 물론 다른 음색을 쓸 때도 있다. 송곳니를 드러내며 "대가리를 창에 꽂아버리겠다"고 위협할 때인데, 이건 적에게만 사용한다.[21]

MAGA 플러스를 구축하면서 배넌은 방송이 띠는 인종주의적 색채를 엷게 하려고 안간힘을 쓰고 있다. 여전히 '국경 전쟁'을 프로젝트의 주축으로 보지만 이제는 '포용적 국가주의inclusive nationalism'라고 부르는 것에 관해서 너스레를 떤다.[22] 배넌의 주장에 따르면(그리고 여론조사가 입증하는 바에 따르면)[23] 흑인과 라틴계 유권자

212

층, 그중 특히 남성 인구의 공화당 투표는 상승세에 있다. 그렇게 된 이유에는 코비드 조치가 일자리와 자영업에 악영향을 미친 것에 대한 좌절, 아이들이 젠더의 가변성이라는 생소한 아이디어를 접하는 것에 대한 거북함도 포함된다.

호주와 프랑스에서도 극우 지지 세력을 확장하려는 시도가 비슷하게 나타난다. 이런 운동들은 이주민을 매도하고, 트랜스젠더 아동들을 병리화하고, 이런 아동들에게 지지를 보내거나 국가 과거사를 진솔하게 들춰내려는 선생님들을 끌어내리고, 공산주의자와 이슬람교도에 대한 공포를 조장하는 등 혐오와 분열을 바탕으로 한다. '포용적 국가주의'는 곧 자신들과 함께 희생양을 찾는 데 동행해줄 새로운 유권자층이 백인, 남성만은 아니라는 뜻이다.

엔드 게임은 예견되어 있다. 배넌은 민병대에게 그들이 "모든 민족, 피부색, 인종, 종교를 [대표해] 이 나라를 100년 동안 호령할 것이다. 그건 포용적 국가주의다"라고 말한다.[24] 이 접근법이 2022년 중간선거에서는 빛을 발하지 못했지만 또 다른 대선 승리를 이끌어내기에는 충분할 수도 있다. 하지만 이번에도 죽을 쑨다면 대책은 다 마련돼 있다. 종교 공공연구 기관이 2021년 11월에 발표한 설문조사 결과를 보자. 트럼프의 2020년 대선 결과가 조작됐다고 믿는다는 공화당 지지자 가운데 약 40퍼센트는 "진정한 미국 애국자들은 폭력에 의존해 나라를 수호해야 할지도 모른다"고 답했다.[25]

2020년 대선이 도난당했다고 주장하는 팟캐스트 구간들 사이사이, 배넌은 자동소총에 실탄 대신 레이저를 사용하는 가정용 사

격 연습 시스템을 제안하며 진짜 사태에 대비해 '근기억'을 키워
두라고 당부한다.[26]

제3단계. 깡패[thug] 카스트의 형성[27]

내가 '파시스트 전환'이라 불러온 것을 고대하고 개방 사회를 폐
쇄하려는 지도자들은 우락부락한 젊은 남자들로 준군사 조직을 꾸
려 국민을 탄압한다. 검은셔츠단*은 이탈리아 시골을 돌아다니
며 공산주의자들을 소탕했다. 갈색셔츠단**은 독일 전역에서 난
폭 시위를 열었다. 준군사 세력은 특히나 민주주의 사회에서 중요
하다. 국민이 흉악 범죄를 두려워하게 해야 하니 법의 비호를 받
는 깡패들을 풀어놔야 한다. (…) 선거 날 시위가 벌어지거나 위협
요소가 생긴다고 가정해보자. 투표소 앞에서 보초를 서는 사설 경
비업체의 행위를 후대는 '공공질서 회복'으로 볼 가능성도 없지
않다.

위의 글을 쓴 2007년의 나오미 울프는 요즘에는 다음 선거 날
이 오면 투표소마다 깡패가 진을 칠 수 있게 사력을 다하는 남자
가 진행하는 「워룸」에 주기적으로 출연하고 있다.

---

*   국가 파시스트당의 준군사 조직의 별칭. 베니토 무솔리니가 설립, 지도
      했다.
**   나치의 준군사 조직의 별칭. 돌격대SA라는 이름으로 알려져 있다.

재브랜드화 완료

「워룸: 팬데믹」에서 울프가 백신을 절멸수용소 도입에 앞선 준비체조로 묘사하는 것을 듣는 처음 몇 달 동안 나는 배넌의 애써 억눌린 웃음기가 종종 들리는 것만 같았다. 꼭 이렇게 생각하지 싶었다. **이 페미니스트 여편네가 나보다 판을 더 크게 벌이고 있다니 믿기지 않는군. 그래 어디 한번 계속해봐……**. 물론 배넌은 경거망동하지 않았다. 그는 백인 위주의 성난 노조 가입원들 없이는 2016년 트럼프의 당선 가능성이 희박하다는 것을 알았다. 이제는 백인 위주의 성난 교외 엄마들—도대체가 문을 열겠다는 건지 닫겠다는 건지 소신 없이 대처하는 학교와 봉쇄된 체육관들로 흰머리가 늘어난 엄마들, 백신 의무령과 인스타그램 섀도 밴에 여전히 앙금이 있는 엄마들, 자기 자식과 사업을 진심으로 걱정하다가 속이 시꺼멓게 탄 엄마들, '캐런들Karens'*이라며 무시당하고 조롱받는 일을 결딴낼 작정인 엄마들—이 극우 부상의 다음 주역이 되어주리라 확신한다. 지난번 배넌은 보통 남자들에게서 돈을 옭아낸 월가와 세계정부주의자들을 비난했다. 이번에는 아이들의 몸과 마음에 독을 퍼뜨려 보통 엄마들을 절망케 하는 빅파마와 빅테크, '워크 자본주의'를 비난하고 있다.

그것이 MAGA 플러스의 골자다. 우리가 익히 아는, 빨간 야구모자를 눌러쓴 집단 플러스 내 도플갱어가 대변하는 모든 것. 배

---

*   갑질하는 백인 중년 여성에 대한 멸칭. 영미판 '김여사'.

넌이 이 유권자층을 영입하기 위해 울프를 최고위 엄마직 따위에 올려놨다고 해도 과언이 아니다. 과거 얼굴이 잘 알려진 민주당 지지자이자 소싯적 유명했던 페미니스트가 이제 엄마들을 대신해 야 너네 매니저 나와, 하며 총대를 매겠다는 것이다.

"나오미 울프의 얘기를 귀담아듣는 엄마들이 어찌나 많던지." 방송에서 배넌은 그가 "엄마 전사들" 혹은 "엄마 부대"로 부르는 집단의 주요 통솔자로 울프를 지목한다.[28] 그리고 그녀는 진급을 마다하지 않는다. 이후 울프와 배넌의 정치 프로젝트가 통합되는 몇 달간 둘의 관계는 더 돈독해졌는데 아이러니도 그런 아이러니가 없었다. 그녀는 정부가 머잖아 미접종자 부모들로부터 아이들을 잡아갈 거라는 가상의 위협을 배넌에게 진지하게 경고했는데, 정작 배넌은 미국 입국을 희망하는 가족들에게서 5000명의 아이와 아기들을 떼어놓은 대통령을 온마음으로 보좌한 인물이었다.[29] 배넌은 이에 대한 답례로 울프에게 찬사를 아끼지 않는다. 그녀가 방송에서 언급하는 출처 불명의 정보 찌꺼기를 '굉장한 이야기'로 추켜세우고 '당신만의 찬란한 솜씨'로 이에 관한 글을 써달라고 청한다. 2021년 5월 배넌은 울프가 그의 '올해의 여성 최종 선발 후보 명단'에 올라 있다고 밝혔다.[30]

배넌 전의 울프는 혈혈단신이었다. 이제 울프는 그녀만의 '늑대 무리 Wolf Pack'를 거느린다. 「워룸」의 총사령관 배넌은 소속지와 목적성, 연결감에 대한 원초적 욕구를 뼛속 깊이 알고 있다. 이 욕구를 청취자들—그가 끊임없이 칭찬하고 교감하는 「워룸」 민병대'—에게서 감지하고 울프에게서 감지한다. 한때 울프와 배넌은 브랜드 합작품까지 내놓았다. 그들과 함께 백신 시험 데이터를 훑어봐줄 목적으로 모집했다는 자원봉사자 수천 명에게 판매할 티셔츠였다. 상단에는 '백신 조사단'이, 하단에는 '워룸 민병대원'이 적혀 있다. 중앙에는 박살 난 백신 주사기와 입자들이 둥둥 떠다니는 그림이 그려져 있다. 단돈 29.99달러에 당신도 한 벌 챙길 수 있다.

울프는 자기편을 갖게 되면서 그들이 그녀에게 기대하는 모습으로 점점 변해갔다. 농가지에서 무기 훈련하는 영상을 올렸는데, 군인 출신인 새 남편 브라이언 오셰이의 지도하에 촬영했다. 현재 사립탐정 겸 경호원으로 근무하는 사설 경비업체 설립자인 그는 '용병' 소리 듣기를 꽤나 꺼리는 눈치다.[31]

울프는 새로운 터전의 규칙을 놀라운 속도로 터득했다. 예전에는 애처로운 목소리로 소셜미디어 계정 중지의 불공정함을 토로하는 영상들을 올렸다면 이제는 플랫폼에서 쫓겨난 전력을 영예의 상처로 과시하며 자금 조달 구호로 내걸고 있다. "우린 당신이 정말로 필요해요." 울프가 배넌에게 말한다. "이 주제를 보도하기 시작하면서 플랫폼이 우릴 또 퇴출시켰거든요! (…) 유튜브에서 쫓겨났으니 데일리클라우트로 와주세요." 음모론에 친화적인 머스크의 트위터 체제가 그녀의 계정을 재활성화하자 이렇게 포문을 열었다. "반갑습니다. 플랫폼에서 일곱 번이나 쫓겨나고도 여전히 입바른 소리 하는 주인장 올림."[32] 거울세계에서는 "양떼 군중sheeple"만이 거리낌 없이 말할 수 있고 선지자들은 다퉈 이겨야 마이크를 쥔다는 것을 울프는 알고 있다.

울프는 자신이 여전히 임신중절권에 찬성하는 페미니스트라고 말한다. 하지만 연방대법원이 로 대 웨이드* 판례를 무효화하자 상황을 덤덤히 받아들였다. 해당 판결이 "결정권을 각 주에 되돌려줬으니, 내 생각엔, 거의 필요한 일을 했지 싶어요".[33] 오늘날 울프가 페미니스트로서 분노의 방아쇠를 당기는 대상이라곤 자신에게 음모론의 공적을 마땅히 돌리지 않는 남성 음모론자들뿐이다. 그녀가 거짓말 상습범 알렉스 존스의 방송 「인포워스」를 저격했을 때처럼. "이야 제기랄, 내가 기껏 뼈 빠지게 상관관계를 밝혀서 글을 써내면 (주로 남자인) **다른** 해설자들이 지가 찾은 정보라고 우기니, 이젠 **넌더리**가 난다. (…) 제발 그만해, @infowars."[34]

내가 울프의 전향 수준을 깨달은 것은 트럼프의 후원을 받는 공화당원 글렌 영킨이 버지니아 주지사로 선출되고 나서였는데, 부모들이 그간의 원성을 그를 향한 성원으로 표출한 게 당선에 큰 몫을 했다. 이 광경에서 배넌은 MAGA 플러스의 결집력을 엿봤다. 영킨은 반인종주의 교육과정 채택 반대를 주안점으로 삼았는데, 마스크와 백신 의무령 반대, 교내 트랜스젠더 포용 정책의 정치화 또한 선거의 승리를 거들었다. 요컨대 엄마 전사들의 업적이었다. 이것을 포퓰리스트의 쾌거로 떠벌린 배넌은 영킨이 전 대통령, 총리, 왕조 가문과 돈줄로 연결된 극비리의 투자신탁회사 칼

*   1973년 사생활의 권리가 낙태를 비롯한 성적 자기 결정권을 보장한다고 인정한 미국 연방 대법원의 기념비적 판례. 2022년 도브스 대 잭슨여성건강기구 판결로 무효화되며 사회적 파장을 일으켰다.

218

라일 그룹 경영직에서 25년을 보낸 뒤 갓 은퇴했다는 사실에는 별 생각이 없었나보다. 정녕 "세계정부주의자"가 존재한다면 이렇게나 잘 어울리는 이력이 또 없을진대. 선거 이튿날 배넌은 방송에서 내 도플갱어를 비롯해 엄마 부대원들과 오손도손 근황을 나누었다.

이 시점까지 울프는 자신이 여전히 민주당 지지자라고, 혹은 적어도 선호 정당이 없다고 밝혀왔기에 나는 그녀가 영킨의 당선을 공공연히 축하하리라곤 미처 생각을 못 했다. 수를 완전히 잘못 읽었다. 그녀는 이렇게 말했다. "내가 유념하는 주제들에 있어 역사적인 날이 아닐 수 없다. (⋯) 특히나 여성 인권과 여성의 목소리에 관해서라면."[35] 2020년까지만 해도 울프는 동년배 페미니스트 몇몇의 트랜스젠더 인권 공격에 단호히 저항하며 그들이 우파의 도구가 되어가고 있음을 암시했다.[36] 이제 그녀는 성중립 화장실을 성폭행과 연결지어 보는 여자들과 연대하고 있었다. 울프에 의하면 이번 "대승리"[37]의 결과는 "자식을 위해서라면 뭐든 할 준비가 된 교외 지역 엄마들"이 상징하는 "초대형 플루토늄 핵무기"를 보여주었다. 양육자들이 "자기 아이를 겨누는 어둠의 세력⋯⋯ 온갖 수상한 아동 학대"의 존재를 알아차린 것이다.

그날 「워룸」에서 그녀는 세상이 여성들의 노고를 알아줘야 한다고 말했다. 하지만 배넌도 응당 경례를 받아야 했다. 울프는 득의에 차서 말했다. "엄마들을 리더로 내세워달라고 내가 지난 25년간 부탁한 남성 대다수보다 당신은 월등히 높은 공을 세웠어요. (⋯) 당신처럼 이들의 잠재력을 알아봐준 이는 없었어요."[38]

사실 무솔리니에서 피노체트에 이르기까지 파시스트와 네오파시스트 운동들은 여성이 특히 엄마라든가 국가주의적 전통과 건강한 혈통의 보호자라는 '자연스러운' 역할을 맡을 때 발휘하는 위력을 익히 알고 있었다(조르자 멜로니가 한 예다). 히틀러는 우수한 아리아인 종자로 분류된 여성 가운데 퇴직하여 아기 낳는 기계가 되겠다고 동의한 이들에게 포상금을 지급했다. 모든 전제 군주가 따른다는 '쉬운 열 가지 단계'에 울프는 이 역사적 세부 사항을 간과한 듯하다.

　2022년 중간선거 시기에 울프는 배넌의 선거 부인주의에 완전히 합류해 뉴욕주 투표 결과의 정당성을 부인했다. 몇 개월 후 그녀는 자신이 1월 6일 국회의사당 습격 사태를 다루는 언론 보도를 믿었던 것에 대해 "보수주의자, 공화당 지지자들, MAGA"에게 "목소리 높여 사과"했다.[39] 폭력 시위자들을 호기심 왕성한 구경꾼으로 덮어주는 등 사례가 들릴 만큼 사건을 겉꾸며낸 터커 칼슨의 편파 방송을 접하며 울프는 자신이 "전방위 프로파간다"에 "홀라당 넘어갔음"을 깨달았다고 소회했다. 게다가 트럼프에 대한 견해를 재고해보겠다고 나서기까지 했다. "그이에 대한 거짓말에 너무 많이, 너무 오래 파묻혀 살아서 그런지, 감도 안 와요."

　어느 기준으로 보나 경기를 일으킬 만한 정치적 변화다. 하지만 나와 사시사철 혼동되는 인물의 사상적 전향을 지켜보자니 특별한 종류의 오싹함이 밀려든다. 프로이트가 묘사한 언캐니가 다시금 떠오른다. "한때 익히 알았고 오랫동안 친숙했던 대상에게서 느껴지는 섬뜩함."[40]

내부에서부터—외부 침략이라는 도움닫기도 없이—파시즘으로 전환하는 사회는 바로 이 불길한 친근감 때문에 공포스럽다. 이런 포악한 힘을 동원해서 자국의 인구 일부와 치르는 전쟁은 외부인을 탓할 수 없다. 괴물성을 드러내는 것은 선량하고 평범한 이웃 주민들이다. 괴물스러움은 선량함의 악의적 쌍둥이요, 평범함의 도플갱어임이 밝혀진다.

이런 양면성을 이해하고자 예술가들은 도플갱어라는 기호를 통해 자신들이 가진 근심에 구체성의 옷을 입혔다. 실제로 도플갱어 서적과 영화 다수는 사회의, 심지어 우리 자신의 잠재적 파시즘을 논한다. 드니 빌뇌브 감독의 「에너미」에서는 파시즘의 위험을 주제로 강의하는 대학교수가 무도덕한 분신(그의 쌍둥이인가? 혹은 이중 자아?)이 쳐놓은 거짓말의 거미줄에 걸려 허우적거린다. 이 같은 영화들은 미묘하고 은근한 알레고리를 구사하지만, 나는 뭔가를 애써 감출 시간도 다 바닥난 듯싶다.

기계 인간과 기계 심장

도플갱어/파시즘 장르에서 제일 각광받는 영화는 이미 언급한 「위대한 독재자」다. 채플린은 두 주인공 배역을 모두 맡는 것으로 감독으로서의 재능을 발휘한다. 그는 자상하고 핍박받는 유대인 이발사와 허영스럽고 어처구니없고 살인적인 독재자를 맡았다. 그리고 전자가 후자를 흉내 내게까지 했다. 스스로 더블링하고 가해자와 피해자 캐릭터 간의 경계를 흐리면서 그는 암묵적으로 이렇게 물었던 것이다. "우리 자신의 악의적 쌍둥이는 어떻게 되는 것일까?" 이 질문은 채플린에게 특히나 무거운 심리적 숙제를 안겨주었을 것이다. 그에게는 히틀러와 공통되는 언캐니한 점이 몇 가지 있었기 때문이다. 두 사람이 똑같이 기른 인중 수염만이 아니고, 심지어 서로 나흘 간격을 두고 1889년에 태어났다는 사실만도 아니다. 제법 다른 방식이긴 했지만 두 사람 다 평범한, 잊힌 사람이 겪는 고난을 깊이 염려했다. 1939년 『스펙테이터』 사설은 채플린과 히틀러를 가리켜 이렇게 논평했다. "하나는 선, 다른 하나는 숨겨진 악을 보여주는 왜곡 거울이다."[11]

  그래서 어느 쪽이 이길지는 무엇이 결정하는가? 채플린은 개인들이 선과 악의 세력 가운데 하나를 골라야 하며, 이는 역사의 중요한 순간들에 반드시 내려야 하는 선택이라고 믿은 듯하다. 영화의 유명한 마지막 연설이 주는 교훈도 동일한 내용이다. 머리부터 발끝까지 파시즘 제복을 입고 사악한 독재자로 변장한 유대인 이발사 채플린은 그 앞에 집합한 군부대에 아래와 같이 웅변한다.

  제군들이여! 짐승들에게 그대를 바치지 말지어다! 그대를 경멸하는—그대를 노예로 만드는—그대의 삶을 속박하는—뭘 생각하고 뭘 느낄지—그대에게 명령하는 사람들…… 그런 기괴한 이들에게 그대를 바치지 말지어다—기계 마음과 기계 심장을 가진 기계 사람들! 그대는 가축이 아니다! 그대는 인간이다! (…) 제군들이여, 예속을 위해 싸우지 마라! 자유를 위해 싸워라![12]

「위대한 독재자」는 홀로코스트의 참극이 다 알려지기 전에 개봉했다. 이 마지막 연설은 채플린의 본거지, 당시 국내에 파시즘이 확산되는 한편 히틀러와의 전쟁을 망설이던 미국의 관객을 염두에 둔 내용이었다. 그러니 나를 두려움에 가장 떨게 하는 것은 다음이다. 오늘날 잊힌 보통 남자와 잊힌 보통 엄마를 대변하는 가장 큰 플랫폼을 운영하고 "기계 마음과 기계 심장을 가진 기계 사람들"에 관해 외치며 빅테크의 소비자로 전락하는 "노예제"에 저항하라고 만인에게 간청하는 사람은 바로 조르자 멜로니와 내 도플갱어를 곁에 둔 스티브 배넌이라는 사실.[43]

영화 속 독재자의 부대원들은 유대인 이발사의 연설을 듣고 감응해 즉각 파시즘의 마법에서 풀려나며 "이성"과 "민주주의"에 갈채를 보낸다. 거울세계에서는 전혀 다른 광경이 펼쳐지고 있다.[44]

8장

말도 안 되게
심각하고,
심각하게 말이 안 나오는

다음 꼭지로 넘어가기 전에 고백을 하나 해야겠다. '다른 나오미'는 내 인생을 고달프게 한 첫 나오미가 아니었다. 이전에도 나는 동명이인의 존재로 인해 여러 번 혼란을 겪었다. 나오미라는 이름이 꽤나 드문 편이어서일까, 누군가가 알게 되는 첫 나오미가 그 사람의 뇌리에 일종의 보편적 나오미로 자리매김한다는 것이 이 사달이 정치적으로 나기 전까지의 내 지론이었다. 나중에 만난 다른 나오미들은 그 원형의 나오미와 혼동될 운명에 처하는 것이다. 골 때리는 소리처럼 들리겠지만 정말이지 저 이유가 아니고서야 내 작가생활 첫 10년 내내 공중파 방송 진행자들이 나를 이렇게 소개하는 것을 어떻게 설명할 수 있겠는가. "대담에 참여해주실 다음 출연자분은 나오미 캠벨입니다."

매번 그러진 않았다. 하지만 똑같은 말실수를 심심찮게 듣다보니 어느샌가 나는 촬영장에 훤칠한 슈퍼모델이 아닌 자본주의 물 렀거라를 외치는 고만고만한 작가가 나타나 관객 여러분을 실망 시켜 송구하다며 겸양을 떨어야 한다는 약간의 강박에 사로잡혔 다. 그래도 상대가 착각하는 덕에 한번쯤은 이득을 봤다. 2004년, 미국의 이라크 침공을 보도하던 나는 이라크 채무 탕감 건으로 조 지 W. 부시 대통령이 파견한 특사 신분임을 앞세운 전 미 국무장 관 제임스 베이커 3세가 쿠웨이트 정부에 압력을 넣어 자신이 추산 1.8억 달러의 지분을 보유하는 파트너이자 수석 자문으로 소속돼 있는 칼라일 그룹과 거래를 성사시키려 했음을 암시하는 유출 문 서 자료를 받았다.[1] 기사를 내기 전에 진위를 확인해야 했는데 이 걸 칼라일 그룹이 넙죽 해줄 리는 없으니 자연히 검증의 실마리는 쿠웨이트 국무총리에게 넘어갔다. 쿠웨이트에 연고가 없기도 했거 니와, 나는 총리 사무실에 다짜고짜 전화를 걸어 접수원에게 메시 지를 남기면서도 어떤 반응이 있으리라는 희망은 품지 않았다. 그 런데 웬걸, 칠흑 같은 밤중에 총리 차관 아흐메드 알파하드로부터 전화를 받았다. 그길로 수첩을 펼친 나는 기사 발행에 앞서 필요 한 검증 절차를 후다닥 마쳤다.

전화를 끊기 전 알파하드는 이렇게 털어놓았다. "내가 연락한 유 일한 이유가 당신을 나오미 캠벨로 착각해서라는 걸 아나요?"

나는 꽤 오랜 세월 동안 동료 기자들에게 이 비화를 들려주며 같이 깔깔거렸다. 몇몇은 부패한 석유 토후국emirate의 고위 임명직 인사가 애초 캠벨에게서 연락을 받으리라 기대한 것을 이상하게 여겼다. 정확한 내막은 잘 모르겠지만, 라이베리아 전 대통령 찰스 테일러가 넬슨 만델라가 주최한 만찬회에서 만난 캠벨에게 블러드 다이아몬드*를 한 쌈지 선물했다는 혐의를 그녀가 이 악명 높은 학살자 테일러의 국제전범재판에서 증언한 사실을 참작하면 마냥 이상한 일만도 아니다. 어쨌든 이 일련의 사건은 명예, 부, 그리고/또는 권력의 특정선을 초과하는 사람들끼리는 다들 서로의 전화를 받는다는 결론으로 자연히 이어진다. (엘리트가 일반인을 꼼짝 못 하게 하는 법의 올가미에 코웃음 치는 그들만의 리그를 누린다는 이런 직관적 의식이야말로 오늘날 음모론 특이점의 원천이다.)

미꾸라지 같은 내 이름이 베이커의 경우에서처럼 큰 도움이 되는 일은 별로 없다. 하지만 그게 꿈틀거리는 걸 지켜보는 재미는 쏠쏠하다. 인터넷이라는 광야 어딘가에는 2008년발 재정 위기로 유럽이 한참 고전을 면치 못하고 있을 때 크로아티아에서 주관한 어떤 공개 토론회 영상이 남아 있다. 영상에서는 당시 곧 그리스 총리 당선인이 될 알렉시스 치프라스와 슬로베니아의 철학자 슬라보이 지젝이 담화를 나눈다. 치프라스는 국민을 궁지에 몰아넣은 가혹한 긴축 재정에 맹렬히 반대하며 다음과 같이 선언했다. "저들은 충격이라는 요법을 들이밀려고 했어요. 나오미 캠벨이 말한 대로예요."[2] 건너편에서 그와 비스듬히 마주보고 앉은 지젝은 진지하게 고개를 끄덕였다. 사회자는 에구머니나 하는 표정으로 사색이 되었다.

---

* 전쟁 지역에서 자금 조달을 목적으로 채굴하는 다이아몬드.

험상궂은 유령의 등장

이 프로젝트를 시작할 때만 해도 나는 무겁고 진지한 문학 레퍼런스로 글에 양념을 쳐서 깊이를 더할 계획이었다. 프로이트의 언캐니 이론이 분신 및 억압된 이드와 관련 있고 하니 좀더 끌어들일 계획이었다. 그걸 카를 융이 제창한 공시성과 그림자 자아와 대조할 계획이었다. 이 개념들을 에드거 앨런 포, 주제 사라마구, 도스토옙스키의 도플갱어 작업, 찰스 디킨스의 『두 도시 이야기』에 적용할 계획이었다. 그리고 지면 바깥에서 작가들이 자기 분신 때문에 곤혹스러워한 실제 사례를 탐구할 계획이었다. 이를테면 그레이엄 그린은 1980년에 나온 산문집 『탈출의 방법들』에서 수십 년 동안 자신을 사칭해 화려한 축제 입장권을 따내고 미모의 여성들을 유혹하며 온갖 사람에게서 자금을 사취한 도플갱어에 대해 이야기한다.

다 좋은데, 문제가 있다. 위의 책 여러 군데서 통찰력을 얻을 순 있겠지만, 지금, 요지경이 돼버린 내 삶을 놓고 봤을 때, 가소로움과 심각함을 독특하게 땋아낸 이런 기구한 팔자의 구체적인 결을 진정 이해하는 작가는 정말이지 한 명뿐이다. 광대, 익살꾼, 그리고 불필요한 고난과 죽음에 이바지하는—동시에 가끔 옳은 소리도 하는—사람에게 손발이 묶인 삶을 진지하게 고려한 작가를 나는 딱 한 명밖에 찾아내지 못했다. 작가가 되기를 넘어서 활발하고 위험한 실행가가 돼버린 도플갱어에 맞서 자기 정체성의 진가를 가려내는 시련을 생각해본 단 한 명의 작가.

필립 로스다.

젊을 때 맞닥뜨렸던 브랜드 문제처럼 로스 또한 내게 지극히 개인적인 이유로 난감한 대상이었다. 그를 마지막으로 접했던 스무 살의 내가 토론토대학 기숙사에서 『카운터라이프』를 내팽개치며 필립 로스라면 다시는 읽지 않겠다고 맹세했기 때문이다. 지긋지긋했다. 로스의 남자 주인공들이 겪는 우여곡절, 진흙탕에 비교될 만큼 질척거리는 그들의 내적 풍경, 그리고 그들의 고귀하고 숭엄한 혜안으로 뚫어낸 발상의 변화가 주변을 베니 힐의 희극에 등장하는 헐벗은 간호사처럼 폴짝거리고 다니는 여자 캐릭터들은 너무 꼴불견이었다.

갓 십대가 되어서는 슬그머니 『포트노이의 불평』과 『욕망의 교수』 『굿바이 콜럼버스』를 읽기도 했는데, 소설 같다기보단 뉴저지 쪽 친가를 방문한 듯 찝찝한 친숙감이 느껴졌다. 단순히 비유인 것만도 아니다. 아버지는 로스와 같은 뉴어크시 노동계급 동네에서 자랐고 위퀘이크 고등학교를 몇 년 후배로 졸업했다. 지금도 기억나는데, 나는 책이 벽에 쾅 돌진하는 순간 이제 다 끝났다고 자신했다. 내가 향유할 수 있는 세상은 넓고 높은 데다 미국 북동부 메트로폴리탄 지역의 유대인 아저씨들이 겪는 마미이슈에 대해서는 알 만큼 안다고, 이제는 더 낯선 신경증에 시달리는 새로운 민족상을 접할 때가 됐으니 마음의 터를 좀 비워야겠다고 생각했다.

30년간 지켜온 맹세다. 그러니 문학적 도플갱어에 대한 조사가 로스의 명작으로 꼽히는 도플갱어 소설 『샤일록 작전』으로 번번이 귀결되자 나는 지칠 줄 모르고 방문을 긁어대는 개를 보듯이 짜증이 솟았다. 마지못해 주문한 소설이 내가 사는 암벽에 도착하기를 기다리던 중 2018년 별세한 로스가 험상궂은 유령처럼 돌연 뉴스 일면을 장식하니 짜증은 배가되었다.

로스의 위임을 받은 장장 900페이지에 달하는 전기가 나왔다. 출판과 동시에 그가 문학적, 관계적 유산을 지켜내려고 사용했던 별나고도 주로 지독한 방법들에 관한 이야기가 여기저기서 터져 나왔다. 로스는 최소 한 명의 전기작가와 계약을 해지했고, 자신의 아카이브를 깐깐히 통제했으며, 마침내 이 과업을 블레이크 베일리에게 맡겼다. 베일리라면 지면 안팎으로 자신이 여성을 다루는 부적절한 태도를 개의치 않을 상남자로 보여서 적임자로 택했는지도 모른다. 로스가 사람 보는 눈은 정확했던 것 같다. 다수의 서평이 칭찬 만발이었고 두 남자의 위대함을 찬양했다. 『뉴리퍼블릭』에서 로라 마시는 능글맞은 관찰력을 보였다. "베일리에게서 로스는 자신의 근심을 애정으로 보살피되 도덕성에 대한 잣대는 한없이 뭉툭한 전기작가를 발견했다."[3]

그렇게 호평 행진을 이어간 지 몇 주 만에 모든 것은 개떡이 돼버렸다. 베일리의 성폭행 혐의가 드러나자 미국 출판사가 『필립 로스: 전기』를 절판하겠다며 깜짝 선언을 한 것이다. 베일리와 로스를 싸잡아 매도하는 기사가 쏟아졌고, 일각에서는 이게 또 다른 "캔슬 컬처"의 폐해라고 떽떽거렸으며, 나는 이 모든 광경을 불안감에 차올라 지켜봤다. 로스는 작가가 자기 이름의 가치를 제어하고 보호하기 위해 가능한 모든 수를 다 쓴 듯했다. 소설에 소설을 거쳐 자기 삶을 담아내고, 그 삶을 전 부인이 그녀 입장에서 풀어놓는 호기를 부리자(클레어 블룸의 『인형의 집을 떠나며』) 이판사판 싸웠으며, 공식 전기로 자기 유산이 화룡점정을 찍도록 눈감기 직전까지 사력을 다했다. 그렇게 일생을 공들여 만든 거탑도 결국 추문의 강풍에, 기업의 엄격한 자기 앞가림에 하릴없이 무너지고 말았다. 미국의 대문호 로스가 온갖 수단과 방법을 동원하고서도 자기 이름을 보호하는 데 그토록 풍성하게 실패했거늘, 마이너 리그에 속한 나에게 '다른 나오미' 사태를 통제할 기량이 어떻게 있겠는가?

그러다 책이 도착했다. 전기 말고(그 책도 복간되긴 했지만) 1993년에 처음 출간된 『샤일록 작전』 말이다. 평론가들의 말이 맞았다. 로스의 저서 가운데 가장 치밀한 데다 그동안 내가 읽어온 수많은 도플갱어 문학 중에서 단연 으뜸의 흡인력을 자랑했다. 스무 살의 나도 맞았다. 비중 있게 등장하는 유일한 여자 캐릭터라고는 로스의 도플갱어와 쎄쎄쎄 하는 풍만한 금발 간호사 징크스 하나뿐이다. 쉰 살의 나는 이 사실에 상처 입기보다는 그저 로스가 가여울 뿐이어서 책의 나머지 내용에 주의를 기울일 수 있었다.

로스는 한 꺼풀만 벗기면 그 자신임이 탄로 날 분신을 언제나 주인공으로 내세웠다. 그는 자위하는 앨릭잰더 포트노이, 색정광 네이선 주커먼, 그리고 1990년작 『디셉션』에는 필립이라는 이름의 고뇌하는 작가를 등장시켰다. 관행은 그다음 소설에서 더 짙어졌다. 『샤일록 작전』에서는 실제 필립 로스와 동일한 책을 집필하고 동일한 삶을 산 필립 로스라는 이름의 작가가 화자로 등장한다. 편의상 그를 "진짜 로스"로 부르자. 글의 초입에 등장할 때부터 이미 심약한 진짜 로스는 수면제 할시온으로 혼미해졌던 정신을 막 되찾던 중이었다. 착란 상태가 매우 심해졌을 때는 아내에게 "필립 어딨어?" 하고 묻기까지 했다.[4] 이 질문은 자아가 별도의 외부 개입 없이도 흐물거릴 수 있다는 점을 보여주는 끔찍한 전조 기능을 한다. 약품 부작용이라는 트라우마에서 회복하던 중 진짜 로스는 필립 로스라는 이름을 갖고 있고, 필립 로스와 같은 옷차림새를 하며, 필립 로스처럼 생긴 남자가 저 멀리 예루살렘에서 온갖 소란을 피우고 있다는 소식을 접한다. 그를 "가짜 로스"라고 부르자.

대중 강연과 언론 인터뷰에서 가짜 로스는 이스라엘 건국이 참혹한 실수라는 주장을 펼치고 있었다. 사방에 적을 두고 있으니 틀림없이 또 다른 유대인 대학살로 이어지리라는 것이었다. 따라서 가짜 로스는 이스라엘 유대인들이 수십 년 전 포그롬과 절멸수용소를 피해 떠나왔던 동유럽 각지로 역이주해야 한다는 사상으로 "디아스포리즘" 운동을 주창한다. 그는 이 비전을 관철시키기 위해 진짜 로스를 사칭해 유럽의 여러 원수元首를 만나기까지 했다. 동유럽 국가들의 고질적인 반유대주의라는 작은 말썽은 가짜 로스가 반유대주의에 젖었던 쭉쭉빵빵한 여자친구 징크스를 위해 고안한 혐오 디톡스 프로그램 "반유대주의자 어나니머스"를 전국에 적극적으로 도입한다면 해결될 일이었다.

사태의 심각성을 예단한 진짜 로스는 하는 수 없이 예루살렘행을 택하며 찰리 채플린처럼 자신의 흉내쟁이를 흉내 내게 된다. 한바탕 소동이 벌어지는데, 그건 침대에서의 징크스와도 마찬가지다.

도착한 지 얼마 되지도 않은 책을 훼손한 것은—밑줄과 별표와 느낌표로 속지에 생채기를 낸 것은—도플갱어 문제가 대두되면서 내가 겪은 기묘한 정신적, 정치적 고민들을 『샤일록 작전』이 혀를 내두를 만큼 언캐니한 적확성으로 짚어냈기 때문이다. 촌극에 가까운 자아의 판본과 맞닥뜨리는 꺼림칙함. 개인 브랜드를 살리려거든 그것을 죽여야만 하는 딜레마. 도플갱어들이 들춰낼 수 있는 우리의 파시즘적 이면. 악랄한 도플갱어가 사회 층위에서 생겨나는 방식. 소설은 이 모든 것, 그리고 그 이상을 담고 있다.

『샤일록 작전』에서 로스는 개별성을 향한 인간의 열렬한 욕구와 그에 비할 만큼 강력한, 타인의 존재에 반영된 자아를 보고자 하는 욕구의 길항 작용을 탐색한다. 나는 도플갱어 수수께끼에서 후자의 욕구를 방관해왔다. 돌이켜보건대, 수백만 명의 사람은 '트윈 스트레인저스'(낯선 쌍둥이) 같은 도플갱어 찾기 앱에 자기 초상을 직접 올리며 웹사이트가 안면 인식 소프트웨어로 이 세상 어딘가에 있을 자기 짝을 찾아주리라는 기대를 품고 있다. 수많은 절친은 몇 시간씩 노력해서 서로를 "쌍둥이질twinning"한다. 인상착의를 빠짐없이 맞춰 분신처럼 보이려는 것이다. 여기서 드러나듯, 절대다수의 사람은 자기 몸과 마음에 깃들어 사는 느낌을 십분 헤아려줄 타인을 반가워한다. 그리고 이 욕구는 오해의 여지가 없는 존재가 되고자 하는 욕구와 공존한다. 레이철 바이스가 일란성 쌍둥이인 산과 의사로 등장하는 영화 「데드 링거」의 2023년 리메이크는 한 감상평에 따르면 "개성과 타자에의 욕구, 혐오와 사랑의 모순"을 그려낸다. 도플갱어의 정서적 여운은 이런 양가성에서 나온다.

『샤일록 작전』에서 로스는 상충하는 감정을 서로 다른 로스에게 각각 부여한다. 제멋대로 구는 도플갱어 때문에 속이 끓은 진짜 로스는 신분 위장과 절도죄를 물으려고 그를 찾아나선다. 자신이 사칭하는 남자에게 정체가 들통나면 당황하거나 위축될 거라 생각하면서. 어느 예루살렘 호텔 로비에서 두 남자가 대면하는 즉시 이 예상은 무너진다. 가짜 로스는 형제와 상봉한 것처럼 진짜 로스를 와락 끌어안더니 벅차오르는 유대감에 두 볼을 적시고 만다. "내가 날 보고 있어", 그는 한껏 고양된 목소리로 말한다. "다만 그게 **당신**이란 거야."[5]

진짜 로스는 다시 정신이 혼미해진다. 주먹다짐해서 초상과 명의의 진짜 주인이 누구인지 가려낼 참이었는데 도리어 흠모받는 입장이 돼버리다니. 그는 준비해둔 분노를 차마 터뜨리지도, 걸어 다니는 거울과 마주 선 가짜 로스의 희열을 나눠 갖지도 못하는 처지다. 어찌 됐든 그에겐 지켜야 할 이름이 있으니까. "그놈의 이름! 그놈의 이름! 당신은 한시도, 한시도, 한시도 그 망할 놈의 이름 말고는 생각을 않지!"[6] 징크스가 따진다. 소송을 원한다면 진짜 로스는 자신을 상표권으로 걸고 넘어질 수도 있겠다며 가짜 로스가 나서서 인정하는 장면에 나는 웃플 수밖에 없었다. 게다가 본받을 만한 선례라며 토크쇼 진행자 조니 칼슨이 히어스조니이동식화장실사[#]를 대상으로 제기한 성공적인 (그리고 실제로 있었던) 소송을 귀띔해주기까지 한다.

문학 브랜드 보호의 역설이다. 내버려두면 통제력을 잃는다. 통

236

제하려들면 싸구려 호객꾼이 돼버린다. 누군 책을 팔아먹고, 누군 똥통을 팔아먹는 것일 뿐 다 같은 장사치 아니겠는가. 진짜 로스는 소송을 거는 대신 웨스트뱅크 너머까지 따라쟁이를 따라나서며 따라한다.

덤플갱어들Dumbpelgangers

내용에 전부 공감했지만, 그중에서도 나는 자기 일평생의 업적을 사기꾼이 훔쳐다 희화화했다는 진짜 로스의 심경에 가장 공감했다. "필립, 네가 직접 쓴 글을 읽어주는 기분이야."[7] 작중 소설가 아하론 아펠펠트가 작중 필립 로스에게 수화기 너머로 가짜 로스의 폴란드 방문 이유를 다루는 신문 내용을 읽어주었다. 가짜 로스는 레흐 바웬사 대통령을 만나 유럽 전역에 걸친 고토에 이스라엘 유대인의 귀향을 환영하고 시온주의 실험의 실패를 시인하게 할 작정이었다. 소설이 주는 현기증은 다음에서 시작된다. 유대국 이스라엘에 반대하는 가짜 로스의 입장은—이스라엘이 유대인의 도덕 및 안전에 미치는 영향에 대한 우려와 디아스포라가 유대 문화와 발상의 번영지라는 믿음은—느닷없이 나타나지 않았다. 그건 캐릭터가 아닌 실제 필립 로스로부터 나왔다.

20대 때부터 로스는 "자기를 혐오하는 유대인"이라는 공격을 받아왔다. 그가 그리는 뉴저지 출신의 캐릭터들은 몹시 우둔하고 볼품없었다. 로스는 미국 랍비평의회로부터 유대인을 부정적으로 그래서 동족을 위험에 빠뜨린다는 눈총을 사기도 했다. 이에 굴하지 않고 로스는 비판적 시선을 뉴어크에서 이스라엘로 옮겼다. 그리고 『카운터라이프』에서는 팔레스타인 점령지 내 유대인의 전초기지 확장을 견인한 폭력적 급진화를 조명했는데, 뉴욕과 뉴저지 출신의 망명자들이 이스라엘에서 가장 열렬히 이주해오는 한 집단을 이루었다. 이건 도플갱어 탐구의 또 다른 장이었다. 로스는 총을 멘 근육질의 "신新유대인"을 로스 본인과 같은 구舊유대인, 즉 터프한 민족주의 프로젝트에 쓸모없다며 여러 이스라엘인이 치부한 유약한 문예인에 대한 일종의 집단적 더블링으로 기술했다. 어쩌면 신유대인은 유대인을 오랫동안 희생양 삼은 폴란드와 우크라이나, 독일의 광신적 애국주의를 비추는 마카베오*식 거울일지도 모른다. 이처럼 시온주의에 대한 회의, 그리고 유대인으로 살기에 디아스포라가 얼마나 설레고 적법한지에 대한 변호는 내가 로스에게 늘 감사하는 커다란 이유다. 징크스가 연이어 등장하더라도 말이다.

　『샤일록 작전』에서 가짜 로스는 로스의 실제 사회·정치 비평을 일체 전용해 이를 가장 극단으로 밀어붙이는 동시에, 로스가 포트노이부터 주커먼에 이르기까지 전작의 주인공 및 문학적 도플갱어 대다수에 심어놓은 성심리적 노이로제들을 꾀죄죄한 발언기로 한꺼번에 재현하고 있었다. "저들이 한 몸이 됐어, 지면을 뛰쳐나와 날 풍자하는 하나의 조잡한 몸뚱어리로 합체한 거야."[8] 로스는

＊　　기원전 2세기 유대 탄압에 맞선 독립 전쟁의 영웅.

그의 도플갱어를 원통해한다.

저 문장은 코비드에서 분유 대란까지 매번 충격과 위기를—로스식 표현을 하나 더 빌리자면—미국을 노린 음모*로 천명하는 울프와 혼동될 때마다 내가 하는 생각과 닮아 있다. 내 삶을 휘어감는 조조브라식 인척력을 로스는 완벽하게 요약한다. "심각하게 받아들이기엔 너무 가소롭고, 가소롭다기엔 너무 심각하다."[9]

국경 너머에까지 정치권력을 뻗치는 울프와 배년의 대각선주의 동맹이 앞으로도 수많은 사람에게 영향을 미치며 암울한 방향으로 흐를 것을 알고 있다. 하지만 이 사안이 중대하다 해도 울프의 기행이 띠는 엉터리성—시간여행 트윗들, '백신조사단' 티셔츠, 홀로코스트 유비의 오남용—때문에 진지하게 받아들이기는 거의 불가능하다. 달리 말해, 울프는 농담거리지만 웃기지는 않다. 그렇지만 나는 내 도플갱어 때문에 울다가 웃다가 엉덩이에 털이 날 지경이다!

『샤일록 작전』에서 진짜 로스는 자신의 "우스꽝스러운 대리인"[10]을 조금이라도 통제해보려고 그를 공통의 이름으로 호명하는 대신 모이셰 피픽 Moishe Pipik이라는 별칭으로 부른다. 여기서 '피픽'은 로스가 어린 시절 집안에서 듣고 자란, 장난꾸러기와 코흘리개 아이들을 통칭하는 이디시어 접미어다. 문자 그대로 해석하자면 "모세의 배꼽"이다(내내 저 자신만 들여다보고 있는 로스에게 꼭 들어맞지 않는가). 별칭을 붙이며 얻는 안도감도 잠시뿐이다. 여전히 가

---

* 『미국을 노린 음모』는 로스의 2004년 소설이다.

말도 안 되게 심각하고, 심각하게 말이 안 나오는

짜 로스는 진짜 로스가 "피피키즘" 또는 배꼽주의라 부르는, "죄다 무용지물로 퇴행시키는──죄다 우스꽝스럽게, 죄다 익살스럽게, 죄다 얄팍하게 바꾸는 반비극의 힘"을 휘두르고 있다.[11]

피피키즘 같은 자기장에서 벗어날 방법이 있을까? 아이디어가 한번 피픽화된 이상 다시 진지해질 수 있기나 한 걸까? 어떤 면에서 이건 최근 몇 년 사이 근대 정치의 판을 새로 짠 온갖 괴기스러운 광대들과 맞닿아 있는 사안이기도 하다. 먼저 미국의 트럼프, 영국의 보리스 존슨, 필리핀의 로드리고 두테르테가 떠오른다. 그리고 자칭 서구 식민주의의 적폐를 알리는 글로벌 정의의 사도이자 반제국주의·반파시즘 정신의 수호자라는 푸틴을 꼽을 수 있다. 피픽으로서의 푸틴인 것이다. 이 인물들은 가시는 곳마다 피피키즘을 퍼뜨린다. 그들이 하는 말만 천박해지는 게 아니다. 그들이 연단에서 물러선 뒤 우리가 하고자 하는 말, 우리가 할 수 있는 말까지 천박해진다.

독재주의 무장 민병대를 좌파와 자유파가 "타자화"했다고 말하는 배넌을 예로 살펴보자. 그는 파시스트가 특정 집단을 인간에 못 미치는 존재로 묘사함으로써 장기적으로는 그들을 사회에서 내치고 심지어 절멸시키는 방식을 묘사할 때 독재주의의 분석가들이 쓰는 핵심 어휘를 전용하는 것이다. 그리고 그 이상의 실적도 올리고 있다. 타자화 개념 자체를 비웃는 덕분에 그가 이주민들에게, 흑인 유권자들에게, 성소수자 아이들에게 일상적으로 가하는 배척을 같은 단어로 설명하기는 더 어려워졌다. 유사한 방식으로, 2016년 대통령 선거 이후 트럼프는 언론의 절반을 "가짜 뉴스"로

폄하해 지지층이 주류 매체에서 보고 듣는 내용 전부를 의심하게 할 전략의 첫 단추를 끼웠다. 하지만 그 역시 가시거리 너머의 성과를 내고 있었다. 트럼프는 정말로 존재하는 현상—꾸민 내용이지만 진짜 뉴스처럼 보이도록 만들어진 양산형 선전물—을 커뮤니케이션 학자들이 서술하는 단어를 전용했다. 가짜 이야기들로 덕도 봤는데, 그중에는 교황이 그를 승인했다는 허위 보도 기사가 특히나 바이럴이 됐다. 하지만 "가짜 뉴스"라는 단어의 전용으로 우리는 사태를 진단하는 언어적 청진기를 빼앗기고 말았다.

터커 칼슨이 백인 민족주의에 기름을 붓다 말고 짬 내서 했던 말도 살펴보자. 경쟁사 MSNBC의 뉴스 진행자들이 "백인들"이라는 단어를 사용함으로써 "인종 혐오를 버젓이" 행사했다며 칼슨은 딴지를 걸었다.[12] 그리고 그들을 1994년 르완다에서 집단학살이 있기 전 반反투시족 혐오 정서를 자극한 후투족 라디오 방송인들에 빗댔다. "이건 후투족 라디오예요"라고 강조한 칼슨은 프로 미식축구 내에서 벌어지는 인종차별에 대한 보도가 "대학살적 언사"라고 잘라 말했다. "허풍이 아니에요. 정확히 그거라고요."

얼간이들이 공적 영역을 이끄는 대표 주자로 나서면 그들의 말만 하찮아지는 게 아니라 그들이 논하는 내용까지—특히 그들의 행동을 논평할 때 필요한 강력한 언어까지—전부 하찮아진다. 수많은 단어와 개념을 피폭화하는 바람에 남아나는 표현이 없게 만드는 이런 얼간이들을 나는 "덤dumb플갱어들"로 사유한다.

2014년 『뉴스테이츠먼』은 일찍이 「나오미 울프에게 무슨 일이 벌어졌는가?」를 통해 울프의 저속한 음모론에서 영감받은 우스

갯소리를 답안으로 제시했다. "지난 5년 사이 진짜 울프는 은밀히 '중화neutralized'됐고 다른 사람이 그녀로 가장하고 있다. 이 배우는 좌익 정치 전반과 특히 페미니즘을 '미국은 나쁘다'라는 전제로 시작하기만 하면 뭐든 믿을 바보 천치들이 득실대는 진영처럼 보이게 하려고 밤낮없이 극단에 선다."[13]

울프를 짝퉁으로 밝혀낼 수 있다면야—의미의 전방위적 붕괴를 예증하는 징후가 아니라면야—얼마나 속 편할까? 하지만『샤일록 작전』에서 죄다 시시하게 만드는 세력을 뚫고 갈 활로를 모색하는 진짜 로스를 지켜보면서 나는 나 자신이 피피키즘의 비바람에 풍화된 여러 방식을 되짚어봤다. 클라우트 사냥꾼들이 거울 세계에 풀어놓은『쇼크 독트린』의 사실무근 리믹스를 발견했을 때부터 어떻게 대응해야 할지 갈피를 잡지 못했다. 내 불찰인가? 충격 착취를 논하는 글에서 분명 나는 어떤 거창한 밀실 계략이 위기를 착취할 작정으로 직접 위기를 생산하는 것은 아니라고 충분히 강조했다. 오히려 위기는 정치적 반감을 사는 비인기 정책을 덮어주는 전략적 수단으로 기회주의적으로 착취됐다. (그리고 지금도 착취되고 있다.) 그래도 선수를 더 두어야 했나? 충격의 순간에도 권력을 계속 경계하라는 호소가 음모론의 만개로 이어진 건가? 내 도플갱어 문제가 경고하려던 게 저것이었나? 아니면—참고로 제일 속이 상하는 고민인데—나를 비롯해 좌파 인사 다수가 코로나 시대에 너무 소심하고 얌전했나? 개인에게 부담을 지운 팬데믹 조치들을 너무 고분고분 따랐나? 그리고 같은 시기, 때맞춰 늘어난 기업의 탐욕을 단칼에 끊어내는 데 실패했나?

스크린 뉴딜

코로나 시대에 정치인과 기업가들은 충격요법 전략을 여러 번 구사했다. 영국이 마스크 등 감염 보호 장비를 생산하겠다며 만든 "최우선 레인"은 정부 관계자 지인과 기부자들이 빨대를 꽂을 기회로 더할 나위 없어 보였다. 늘 재정난에 시달리는 국민건강서비스^{NHS}에 코로나와 2022년 말의 여타 보건 위기로 애로 사항이 생기자 토리 정부는 방편인 척하며 갖가지 민영 의료를 끌어들였는데, 이러다 영국의 자존심 NHS가 아예 매각되지는 않을까 하는 우려가 빗발쳤다. 캐나다의 여러 주에서도 팬데믹발 운영상의 어려움을 핑계로 대면서 의료 민영화를 은밀히 시도했다. 온타리오주 우파 정부는 추가 "학습량 상실" 예방책으로 공교육 종사자들의 시위권을 법적으로 박탈했다. 이것은 위기 발생을 변명으로 삼아 공립학교들을 공격하는 무수한 사례 중 하나일 뿐이다. 한편 팬데믹 첫해에 인도의 모디 정부는 농민 생존권에 치명상을 입히는 일련의 법을 통과시켰지만 전국적인 반대 농성에 직면해 결국 개혁안을 전면 철회해야 했다. 세르비아와 그리스를 비롯한 여러 국가에서는 위기 대응을 명목으로 안보 권력을 강화하고 반대 세력을 탄압했다. 중국의 노동자들은 엄격한 "제로 코비드" 정책하에 몇 주씩 공장에 갇혀 지냈고 노동권을 광범위하게 침해받았다.

목록이 두툼하게 불어나자 나는 팬데믹 기회주의와 폭리 행위를 주제로 쓰고 말하면서 팬데믹의 첫 몇 달을 보냈다. 2020년 5월 『인터셉트』와 『가디언』에 실은 장문의 보고에서는 봉쇄령을 기회로 봤던 구글과 아마존 같은 거대 테크 기업들이 "노 터치" 기술을 "코비드 걱정 없는" 기술로 재빨리 재브랜드화해 관련 제품들이 담긴 구매 희망 목록을 사용자들에게 권한 사실을 탐구했다. 유달리 경악스러운 예는 자율주차 기술을 판매하는 메릴랜드주 스티어테크의 최고경영자 아누자 소날커다. "무인 비접촉 기술이 활황이에요."[14] 그리고 등골이 서늘해지는 한마디가 뒤따른다. "인간은 숨 쉬는 재해인데, 기계는 아니잖아요."

1차 유행 때 돌던 이야기들이다. 백신은커녕 양질의 마스크조차 없어, 서로 멀찍이 떨어져 지내는 방식만이 정체불명의 바이러스를 막는 거의 유일한 해결책이던 시절 말이다. 하지만 전 구글 최고경영자 에릭 슈밋을 비롯한 테크 억만장자들은 미봉책인 긴급 조치들에 편승해 더 항구적인 변화―현장 교육을 대거 온라인으로 영구 전환하는 것부터 이른바 스마트 도시 설립까지―를 획책하려 했다. 바라는 대로 실현된다면 일상 속 감시 범주는 기하급수적으로 늘어나 기술산업군에 엄청난 흑자를 가져올 것이었다. 그들이 작금의 위기 이후에 구상하는 미래에서 집이란 온전히 사적인 공간이 아니라 초고속 디지털 연결성에 힘입은 학교와 검진실, 체육관, 그리고 정부 허가를 받는다면 구치소다. 이런 암울한 전망을 가진 비접촉 사회에서는 교사, 의료진, 운전사 모두 갈 곳을 잃는다. 현금은 역사의 뒤안길로 사라지고, 휑한 대중교통과 텅 빈 공연장은 낯익은 풍경이 될 것이다.

이런 변화 추세는 팬데믹 전부터 있었다. 하지만 봉쇄령 첫 몇 달 사이에 몰라볼 정도로 가속화됐다. 내 보고서에 추측성 내용은 하나도 없었다. 나는 테크 기업이 발표한 공식 성명문과 미국 정보자유법에 따라 공개된 문서를 토대로 글을 썼다. 팬데믹 충격요법으로 부를 만한 일관된 무언가가 차츰 모습을 드러내고 있었고, 이에 재미 삼아 "스크린 뉴딜"이라는 별칭을 붙였다.

이 보고서가 나가고 몇 달 지나자 내가 밝힌 추세를 더 음모론적으로 해설하는 사례가 몇 개 나타났다. 어쩌면 테크 기업끼리 짜고 치는 걸지 몰라. 어쩌면 세계경제포럼과 걔네 패거리가 세운 그레이트 리셋 계획일지 몰라. 어쩌면 팬데믹은 통째로 거짓이고 사망자 수도 정교한 조작일지 몰라. 어쩌면, 내 도플갱어가 암시하는 듯, 이건 중국공산당식 사회 신용제 경찰국가를 수용하게 하려는 꿍꿍이일지 몰라.

스스로를 의심하기 시작했다. 테크 기업들이 팬데믹이라는 위기를 착취하는 방식을 보도하지 말았어야 했나? 충격과 관련된 글에서 진짜 긴급 상황은 존재하며 긴급 조치를 요구한다는 것을 더 강조해야 했나? 솔직히 망설여졌다. 입을 아예 닫은 것은 아니지만 침묵이라 할 만한 시간이 흐른 것은 사실이다. 폭스를 들락거리며 "테크 회사 CEO"[15]로서 의견을 밝히는 울프는 그녀가 의도하지 않았더라도 내 우스꽝스러운 대리인처럼 들리기 일쑤였고, 내겐 저 음모론의 블랙홀에 빨려들어가지 않는 동시에 거대 테크 기업들이 이번 위기를 착취하는 사실을 꾸준히 논할 재간이 없는 듯했다. 실재하는 재난자본주의를 주제로 진지한 논의를 펼치는 한, 반백신 환상과 코비드 부인주의는 계속해서 내 뒤를 밟을 모양새였다. 피피키즘의 덫에 걸린 것이다.

그린 뉴리셋?

안타깝게도 거울세계에 들이닥친 풍자화의 바람은 기후 붕괴와 대량 투옥부터 악덕하다는 말로는 다 담을 수 없는 착취적인 노동 환경까지, 우리가 마주하는 진짜 위기들에 맞서 새순처럼 막 피어나기 시작한 유약한 저항의 시도들까지 다 꺾어버리고 있는 듯하다. 지금은 참 멀게 느껴지지만 2020년 몇 달 동안에는─거의 그해의 절반 동안─여태 미뤄지기만 했던 구조적 변화들이 팬데믹을 도화선으로 나타날 것이라는 폭넓은 믿음이 있었다. 한적한 고속도로, 간만에 개운한 휴식을 취하는 하늘, 그리고 서로를 향한 오매불망 그리움의 재잘거림. 마침내 팬데믹이 잦아들었을 때 이 모든 것이 우리가 선택할 생활 방식에 유의미한 변화를 일으킬 거라는 포부를 품은 사람들도 더러 있었다. 아룬다티 로이의 에세이「팬데믹은 포털이다」를 공유·인용·게재하며 이번 세계적 참사가 우리를 그저 다른 곳이 아닌 더 나은 곳으로 데려다주리라 상상했다.[16]

그해 봄여름, 차가 사라진 거리에 시위자들이 나타나 경찰에게 흑인 살해를 멈추라는 항의의 목소리를 냈다. 공적 우선 사항과 지출 항목을 개혁하라는 목소리가 보태지자 희망의 불꽃은 더 격렬해졌다. 같은 시기에 운동가 단체와 진보 정책 기관들은 친환경적 비전에 인종적 공정과 평등 촉구를 결합한 "민중적 회복"으로 코비드를 이겨내고자 협력했다.

하지만 팬데믹 초기에 행진 물결이 품었던 가능성의 씨앗들은 얼마 안 가 대부분 말라비틀어졌다. 포털을 건너 우리는 바뀐 세계에 다다랐지만 그것은 다수가 바라던 모습이 아니었다. 이유는 많았다. 미국 대통령 선거가 정치적 에너지를 너무 많이 빨아들였다. 정상으로의 복귀가 점차 속도를 내고 있었다. 사람들과 여전히 떨어진 상태에서 집중력을 가다듬기란 여간 어려운 일이 아니었다. 게다가 운동권에서는 핵심 인물 위주의 브랜드를 만들자는 것인지 아니면 참여자와 구성원 기반의 활동 근거지를 만들자는 것인지, 정체성을 화두로 집안싸움이 벌어졌다.

이 와중에 다른 문제가 끼어들고 있었다. 팬데믹이 새로운—더 나은, 더 친환경적인, 더 공정한—어디론가의 포털이라는 발상 자체가 거울세계에서 내 도플갱어 같은 사람들 손에 체계적으로 피픽화되고 있었다. 그것은 세계경제포럼 소속의 "세계정부주의자 엘리트들"이 팬데믹 회복을 그레이트 리셋에 대한 밑밥으로 던질 거라는 음모론과 혼동·혼용되고 있었다. 2021년 초에 이르자 대각선주의자들은 사회가 서로 연결된 위기들에 어떻게 대응할 수 있고 또 대응해야 하는지를 다루는 논의는 모두 빌 게이츠가 스위스 산꼭대기에서 꾸미는 음모와 관련 있다고 낙인찍으며 물을 흐렸다. 난데없이 "기후 봉쇄령"이 인기 검색어로 떴다. 순전히 날조된 이 위협은 하트랜드 인스티튜트와 크게 연루되어 있다. 기후변화를 부정하는 싱크탱크인 이 연구소는 세계정부주의자들이 코비드를 잠재우겠다며 사람들을 집에 성공적으로 가두면 온실가스 배출을 줄이겠다는 명목 아래 또다시 가택연금을 시도할 거라는 낭설을 퍼뜨린 바 있다. 끗발 날리던 「60분」 기자에서 음모론

선동가로 이직한 라라 로건처럼 몇몇은 세계정부주의자들이야말로 "우리가 곤충과 바퀴벌레를 먹길 원하며, 저들은 아이들의 피를 마시고 있다"고 주장했다.[17] 로건은 우파 채널 뉴스맥스에서 출연을 금지당했지만 전 세계 수많은 큐어넌 신도는 동일한 관점을 고수한다.

피피키즘의 영향권이 계속 확대되는 바람에 논의하기 곤란해진 것은 재난을 틈탄 폭리 취득의 실례나 그린 뉴딜의 필요성만이 아니다. 무게감 있는 아이디어 하나하나, 현시대의 심각성을 담아내는 단어 하나하나가 입에 오르기도 전에 부비트랩에 빠지고 만다.

피픽화의 바람이 얼마나 매서운 것인지 깨달은 순간을 정확히 기억한다. 북캘리포니아 소속의 극우 정치인들이 주 역사상 가장 치명적인 산불 때문에 공립 공원에 텐트를 치고 사는 일부 생존자를 퇴거시키라고 경찰에 지시했다는 기사를 작성 중이었다. 이번 사건은 "에코파시스트의 미래"를 예고하는 불길한 징조라는 내용의 문장을 적었다. 에코파시즘은 인간 이하로 간주되는 집단, 특히 이민자와 빈곤층에 폭력적으로 가해지는 안보 단속을 생태학적 공포로 정당화한다. 우파에서 더욱 노골화되고 있는 실재하는 위협이다. 그럼에도 어조를 누그러뜨려 "에코독재주의"로 고쳐 썼다. 아무 데나 "파시즘"을 갖다 붙이는 것은 '다른 나오미'가 하는 짓이고, 그녀는 이 단어 자체를 꽤 우습게 만들지 않았던가? 그제야 내가 무슨 짓을 한 것인지 알아차렸다. 이 위협에 적확한 진단명은 "에코파시즘"이다. 반파시스트들이 현실 세계에서 벌어지는 사건들을 정확히 묘사할 때 쓰기가 머뭇거려질 만큼 이 단어가 오남용되고 피폭화되었다고 파시스트 연합 세력에게 근황을 전하면 얼마나 고소해할까?

호주에 사는 친구 알렉스와 그 무렵 영상통화를 했다. "호주가 코비드 봉쇄령을 내리면서 파시스트 국가가 됐다는 게 사실이니?" 내가 물었다. "나오미 울프가 방금 스티브 배넌한테 그렇게 말했거든. 확인할 만한 신빙성 있는 보도자료가 안 보여서."

내 팟캐스트 취향에 눈썹 하나 까딱 않는 드문 친구 중 한 명인 알렉스는 어깨를 으쓱했다. "경찰이 고약하긴 해. 근데 이상하단 말이야. 전에는 누가 파시스트고 반파시스트인지 구분할 수 있었어. 거리에 싸움판이 벌어지면 누가 어느 쪽인지 확실했단 말이지. 근데 이젠 파시스트들이 우리 언어를 아예 베껴갔어. 말문이 다 막힌다니까."

그녀의 마지막 한마디에 어쩐지 마음이 풀렸다. 그때까지만 해도 나는 굳게 잠긴 내 말문이 나오미 사태 후유증이라고 단정 지었다. 알고 보니 이런 절대 고립의 시대를 살아가는 우리는 대부분 눈을 동그랗게 뜨고 세상이 굴러가는 모양을 숨죽여 지켜보고 있었다.

말문에 빗장이 걸렸다는 것은 핵심 어휘가 거울세계에서 끊임없이 학대받고 있다는 것 이상을 시사한다. 나는 이게 말의 역할, 기본적인 효용성이 점차 흐려지고 있는 현상과 맞닿아 있는 문제라고 짐작한다. 말에는 여전히 실용 가치가 있다. 가령 하교 시간에 맞춰 아이를 데려갈 계획을 짜고, 장을 봐야 할 식료품 목록을 정리하고, 중독성 저는 노래를 작곡할 때처럼 말이다. 그렇지만 세상을 바꾸는 데 있어서는? 친구 빌 매키벤은 그가 기사와 책을 쓰다 말고 기후변화 단체 350.org를 설립한 이유를 자주 언급한다(매키벤과 나는 10년 동안 이 단체의 이사회 구성원이었다). 대중을 겨냥했던 첫 기후변화 책『자연의 종말』을 젊은 날의 치기로 집필하던 시절을 회고하면서 그는 "책이 세상을 바꿀 수 있을 거라 생각했다"고 말했다. 하지만 기후과학자 수천 명이 내놓은 사려 깊은 연구는 물론이고 매키벤 본인의 작업을 비롯해 수많은 책이 내놓는 경고를 무시하는 정책 입안자들을 20여 년간 지켜보면서 그는 이런 결론에 이르렀다. 말은 도움이 되지만, "세상은 직접 행하는 사람들이 바꾼다". 나는 다음의 질문으로 속을 썩이고 있다. 만약 현재의 (주로 기업 브랜드 형태를 띠는) 책과 운동들이 말만 바꾸고 있는 거라면? 만약 말이—지면에 쓰거나 시위에서 외치는 말이—사람과 제도가 말하는 내용만 바꾸고, 하는 행동은 바꾸지는 않는다면?

"나는 말 이외의 당신이로다!"[18] 진짜 로스에게 일갈하는 가짜 로스는 여러 도플갱어 서사의 요체가 되는 질문을 던진다. 누가 진짜이고 무엇이 진짜인가? 정체성을 주장하는 이 누구나 진짜인가? 혹은 정체성을 가장 잘 활용하는 자가 진짜인가? 도스토옙스키의『분신』에서 활달하고 붙임성 있는 가짜 골랴드킨은 이내 주인공을 능가하고 대체한다.『샤일록 작전』에서 행동파가 아닌 이야기꾼 진짜 로스는 내내 따라쟁이 역할에 묶여 있다. 운동가 가짜 로스는 역사의 주역이 될 작정이다. 그는 진짜 로스가 문필가의 명성으로 쌓은 문화권력을 고작 신경증적인 소설을 더 쓰거나 말을 더 쏟아내는 데 낭비한다면서 꾸짖는다. 자기 작품의 근간이 되는 유대 인구를 실제로 도울 생각은 하지 않는다면서.

가짜 로스에게 있어 사람을 진짜로 만드는 요소는 다 나와 있다. 가짜는 표상 뒤에 숨고 진짜는 "말을 넘어서" 실행한다. 현시대를 규정하는 모래 지옥, 말하기/클릭하기/작성하기와 실천하기의 혼동도 마찬가지다. 스크린 전파를 타고 사는 삶의 가상적 성질, 그리고 이 모든 것을 가능케 하는 육체노동(땅 파기, 추수하기, 납땜하기, 뜨개질하기, 벽 닦기, 포장하기, 운반하기, 배달하기)과 물질 재료들(기름, 가스, 석탄, 구리, 리튬, 코발트, 모래, 나무) 간의 장력 말이다.

그게 지금처럼 비현실적인 시기에 내 말문이 막히는 진정한 이유다. 오늘날 말의 세계와 그 너머 세계 사이에서는 무력에 가까운 충돌이 벌어지고 있는 듯하다. 요 몇 년 사이 좌파 사회운동은 갖은 쟁점—억만장자와 과두적 통치, 기후 붕괴, 백인 우월주의, 감옥 폐지론, 젠더 정체성, 팔레스타인인 인권, 성폭력—을 토론하는 방식을 바꾸며 대단한 승리를 거두었다. 그리고 이런 변화들이 진짜 승리이며 유의미하다고 나는 믿어야 한다. 그렇지만 거의 모든 사안에 있어 견고한 지반은 사라지고 있는 실정이다. 담론상의 개선으로는 팬데믹 첫 2년에 걸쳐 세계 최고의 갑부 남성 열 명의 합계 자산이 7000억 달러에서 1.5조 달러로 두 배 증가하는 것을 막지 못했다.[19] 교사들이 학생들 수업 용품을 자비로 구매해야 하는 상황에서 경찰 예산안이 늘어나는 것을 막지 못했다. 화석연료 회사들이 수십억 달러에 육박하는 보조금과 새로운 허가를 따내는 것을 막지 못했다. 정황상 분명 이스라엘 방위군이 발포한 총알로 숨진 팔레스타인계 미국인 기자 셰린 아부 아클레의 장례식에서 이스라엘 경찰력이 조문객들을 구타하는 것을 막지 못했다.[20]

"우리가 담론을 바꾸긴 했는데……." 친구 한 명이 입을 뗐지만 생각은 매듭 짓지 못한 채 흩어졌다. 우리는 담론을 바꿨다. 하지만 말과 아이디어가 이례적인 평가절하를 겪던 바로 그 순간에 바꾼 듯하다. 우리는 이 폭락 현상을 가까스로 이해하기 시작했다. 이것은 우리가 화면에서 맞닥뜨리는 단어들의 격류, 미덕의 가장 처절한 퍼포먼스와 가장 냉소적인 피픽화 형태를 부지런히 과시하는 격류와 연결돼 있다. 2022년 봄, 앤절라 데이비스는 조지 플로이드 시위 이후의 긴장감을 설명했다. "여러 면에서, 어느 것 하나 제대로 바뀌지 않았지만, 동시에 모든 것이 바뀌었다."[21]

블라, 블라, 블라 너머로

단어들이 헐값이 되고 말았으니 전부 다 쓰기도 말하기도 어려운 주제들이 돼버렸다. 그런 까닭에 나는 2021년 글래스고 기후정상회의에서 그레타 툰베리가 펼친 다양한 개입 활동에 박수를 보낸다. 그녀는 기후변화를 주제로 어쩌고저쩌고 입씨름만 하고 정작 행동으로 옮기는 것은 별로 없는 사람들을 조롱했다. 툰베리는 똑같은 단어를 반복하는 것으로 무안을 주었다. "블라, 블라, 블라."

소녀 툰베리의 첫 시위가 묵언이었다는 사실을 환기해보자. 그녀는 생태 위기에 관해 알게 됐고, 이를 해결하려는 노력이 얼마나 적게 이뤄지고 있는지 봤으며, 가족 이외의 사람과 말하기를 멈추었다. 다시 말하기 시작한 것은 변화가 이뤄질 때부터였다. 처음에는 가족이 채식주의자가 되겠다고 하는 작은 변화였고 이후에는 전 세계 수백만 명이 기후 파업에 참여하는 큰 변화였다.

그때부터 툰베리는 다양한 청중 앞에서 발언하기 시작했다. 연설문에 들인 공을 미루어보면, 말이 행동으로 이어지리라는 낙관을 마음 한켠에 품었다는 것을 확인할 수 있다. 글래스고에서는 과거의 신념을 잃은 모습이 눈에 띈다. 호소력 짙은 설법으로 지도자들의 탁상공론을 멈출 수 있으리라는 신념 말이다. 그래서 기후변화보다는 이 모든 가식의 가소로움을 주제로 연설하기 시작했다. "발전적 재건. 블라, 블라, 블라. 녹색경제. 블라, 블라, 블라. 2050년까지 넷 제로. 블라, 블라, 블라."[22] 툰베리는 정상회의 개최 준비 기간에 말했다. "소위 지도자들이 한다는 말이 저런 겁니다. 말, 듣기에는 옥구슬인데 정작 실천으로 이어지는 것은 하나 없는 말뿐이라고요. 저들이 내뱉는 텅 빈 말과 약속의 하수구에 우리 꿈과 희망이 쓸려내려가고 있어요." 이튿날 BBC가 글래스고 최종 합의문에 대한 의견을 묻자 그녀는 대답했다. "블라, 블라, 블라에 물타기하는 데마저 성공하다니, 거참 장하네요."[23]

그렇게 고평받는 자리에서 그녀가 여태까지 보인 처세보다 훨씬 더 통렬한 반응이었다. 그녀는 힐난했다. 그녀는 간청했다. 그녀는 울었다. 그리고 연설을 듣는 지도자들에게 가혹하게 굴었을지언정 그들의 추진력에 기대를 걸었다. 하지만 이제는 개과천선론을 믿지 않는 것 같다. 툰베리 역시 우리 다수가 도착한 곳에 이른 것이다. 우리는 오직 우리 자신, 그리고 협력과 조직, 연대를 통한 행동으로만 살아남을 수 있다는 깨달음 말이다.

구원의 동아줄에 이름을 짓는 것을 그저 지면 낭비라고만 할 순 없다. 툰베리보다 외교적 입장을 취한 운동가들의 평처럼 기후정상회의가 "순조로운 출발"이라고 쳐보자. 당시 정상회의의 공식 명칭이―1995년부터(코로나로 인해 2020년 불발된 것을 제외하고) 매해 개최했으니―26차 당사국총회인 상황에서는, 말이 소임을 제대로 하지 않고 있다는 것을 이제는 인정할 차례이지 않을까.

배넌과 울프가 단어를 피폐화하는 바람에 주요 개념들이 수포로 돌아가고 있다고 이 지면에서 논했다. 무척 혼란스러운 현상이다. 그러나 저들보다 더 중도를 지향하는 지도자들이 더 오랜 세월 동안 한 일 또한 몹시 혼란스럽다. 단어를 의도에 맞게 쓰면서도 이들은 정작 그 단어가 가리키는 바를 실천할 의도는 없다. 한 부인주의는 다른 부인주의를 조장한다. 거울세계의 원색적인 부인주의를 배태한 것은 그보다 더 온건한 문화 영역에서 수시로 벌어지는 말과 의미와의 전쟁이다.

"어느 시점부터는 진실이 진짜인 듯 살아야 해요."[24] 더웨더스테이션의 타마라 린더만이 기후 발라드 「상실」에서 노래한다. 어느 시점부터는. 하지만 아직은 아닌.

기호와 의미 사이의 단절을 주제로 오랫동안 글을 썼지만 단절이 어느 수준으로 치달을지는 알지 못했다. 혁명의 아이콘을 앞세워 운동화와 컴퓨터, 은행 당좌를 판매하는 초기 라이프 스타일 브랜딩 캠페인—애플은 마틴 루서 킹 주니어와 간디의 얼굴로 옥외 게시판을 도배했고, 나이키는 반베트남 전쟁 운동 행진곡을 신발 광고 음악으로 사용했다—을 『노 로고』에서 꼼꼼히 읽고 촘촘히 분석하며 내가 이런 전용의 위험성을 충분히 익혔다고 생각했다. 변혁적인 운동과 아이디어들은 기존 맥락에서 유리되면서 위력과 현실성을 잃는다. 그리고 강력한 혁명의 아이콘들은 광고 중인 상품을 제작하는 그림자 세계를 적극적으로 은폐하고 그로부터 주의를 돌린다. 운동화와 전자기기를 만드느라 혹사하며 공장에 발 묶여 사는 인도네시아와 중국의 10대 소녀들. 글로벌 공급사슬의 매 단계에서 새어나오는 오염 물질과 독소. 앞에서는 사람들에게 단숨에 브랜드가 되라고 독촉하면서 뒤에서는 정규직을 계약직으로 전환하는 사회. 이건 전용co-optation이고 은닉cover-up이고 사기con였다.

미처 알아차리지 못한 더 큰 그림이 있었다. 진보의 탈을 쓴 자본주의가 새로운 단계에 접어들면서 의미에 총공세를 가하고 있었다. 여기서 가장 유념해야 할 점은 광고 캠페인들이 모든 것의 무의미성을 얼마나 철면피하게 홍보했는가다. 킹과 간디, 밥 딜런을 신자유주의의 끄나풀로 세울 수 있다면, 무엇이든 그리고 누구든 본 맥락에서 단절시켜 정반대 의미로 쓸 수 있다. 현실과 언어의 간극이 흔해지면서 반어법과 무관심의 시대가 필연적으로 도래한 것은, 모든 사람이 항상 거짓말하는 세상에서는 저 두 태도만이 체면을 지키는 자세처럼 보이기 때문이다. 이때부터 우리는 소셜미디어를 무대로 하는 아무 말 대잔치에서 신명 나게 떠들 참가 자격을 갖춘다. 사용자들은 주장과 이야기의 서사적 구조를 뒤섞어 "이거"와 "이거"와 "이거"와 "저것 좀 봐" 하며 글자 꽃가루의 향연을 펼친다.

어느 것이든 의미도 연결 고리도 없다면, 한나 아렌트가 경고했듯이 모든 것이 가능해진다. 현실은 의지에 따라 주물럭거릴 점토다. 거울세계 거주자들의 조형적 충동은 맹렬해 보인다. 오로지 자신들만 이 미쳐 돌아가는 세상을 "거시적 견지"에서 파악할 수 있다고 주장하는 내 도플갱어와 그 외 인플루언서들은 엡스타인, 게이츠, 다보스, 파우치, CCP가 플롯을 조종한다며 매일같이 주장한다. 거울의 이쪽 편에서도 장관이 펼쳐지고 있다. 달아오르고 있는 행성을 구해달라는 청소년들의 간곡한 탄원을 들은 지도자들은 그 성마른 청소년들과 주먹을 맞부딪치는 셀카를 찍어 트위터에 올린다. 2019년 캐나다 총리 쥐스탱 트뤼도는 본인이 이끄는 정부의 정책에 항의하는 대규모 기후 파업에 동참했다. 행진 이상의 성과를 거둘 힘이 있다는 사실은 까마득히 잊은 듯 보였다.

말문이 막혀 있다는 만연한 느낌을 나의 허약하고 맥없는 침묵보다 훨씬 더 잘 포착하는 툰베리의 화법 때문에 "블라, 블라, 블라" 연설은 감명적이었다. 그녀는 언어를 비판하는 데 그치지 않고 언어를 보호할 방법을 찾아냈다. 툰베리는 그들의 말을 비웃고, 그들이 그녀의 말을 어떻게 듣는지를 비웃으면서도 그녀의 말이 여전히 유효할 공간을 위해, 그녀의 말이 원칙과 행동으로 나타날 공간을 위해, 사람들이 카메라를 잘 받으려 모이는 게 아닌 공간을 위해 언어의 칼날을 벼렸다. 머잖아 그녀는 독일 서부에서 다른 운동가들과 함께 탄광지 확장을 반대하다가 경찰에 구류됐다.

조금 주저되는 제안이기는 하나, 이 대목에서 우리는 스티브 배넌으로부터 어느 정도 배울 점이 있다. 전략 설정에 있어 독불장군 같은 면모와 견해차를 가로질러 승리하는 연합을 만드는 기술을. 시청자를 용의주도한 실행가로 바꿔놓는 재주를. "액션! 액션! 액션!"에 대한 애착을.

피피키즘에 잃은 것을 다 회수하기에는 이미 늦었다. 하지만 한 가지, 반파시즘의 언어만은 절대 사수해야 한다. "대학살"과 "아파르트헤이트" "홀로코스트"의 참뜻과 이런 참극을 빚는 우월주의적 마음가짐. 거울세계에서 빠른 속도로 형체를 갖추고 있는 대열을―우월한 몸과 우월한 면역, 우월한 아기를 가졌다고 주장하는, 비트코인과 영양보충제, 임신 요가 산업의 자금으로 굴러가는 우주론을―진단하고 해체하는 데 쓰일 예리하고 예리한 단어들.

이 모든 게 꽤 가소롭지 싶다. 너무 심각하지만 않았다면.

9장

극우, 극변을 만나다

투표일이 정해지고 선거 문구가 지천에 깔리자 아들 T는 아빠 이름이 새겨진 주황색 현수막을 지나칠 때마다 기뻐서 만세를 불렀다. 캠페인에 참고할 가치가 있을 수도 있다며 내 거울세계 연구를 아비와 그의 팀에 소개했는데, 당시는 2021년 여름이었고 이들은 미국식 개나발쯤으로 사태를 넘겨짚었다.

　넘겨짚을 일은 아닌 것 같았다. 내 집 근방에 사는 로마나 디둘로라는 여성이 자신을 "캐나다 여왕, 국가원수, 그리고 군 총사령관"으로 명명하더니 가게에서 백신 접종 여부 확인을 멈추지 않는다면 (캐나다에 존재하지도 않는) 사형을 선고하리라는 칙령을 발포하고 돌아다닌다는 사실을 음모론 팟캐스트를 듣다가 알게 됐다. 이상한 일은 이렇게 끝날 줄 알았다. 하지만 더 괴이쩍게도 디둘로는 수천 명의 충신을 거느리는 듯 보였다. 그중 몇은 상점과

학교, 심지어 경찰서에 직접 찾아가 "인도에 반한 죄에 공모했으니 우리 인민이 엄벌할 것"이라며 조만간 군사재판을 받을 줄로 알라는 디둘로의 "정지 명령" 서신까지 전달했다. 한편 집과 가까운 도회지의 가장 번잡한 교차로에서 정기 집결하는 소규모 시위대가 눈에 밟히기 시작했다. 내가 '다른 나오미'의 모험을 따라다니며 마주친 문구들을 들고 있었다. '나는 동의하지 않습니다' '플랜데믹' '공포야말로 바이러스다'. 그래도 당시는 팬데믹이 1년밖에 안 된 시점이었고, 캐나다가 국경 저 아래를 휘어잡은 거울세계식 혼돈의 깔때기에 빨려들어가고 있다는 내 생각에 동조하는 사람은 내 피트니스 강사가 유일했다. 백신을 맞아야 헬스장에 들어올 수 있다는 조건을 내건 순간부터 그녀는 수많은 위협을 받았다.

캠페인 측이 내 조언을 거들떠보지 않은 이유를 이해했다. 캐나다인의 자기도취는 굉장한 효력을 지닌 마약이다. 캐나다 최서부에 위치한 이곳 브리티시컬럼비아에서는 주정부가 코로나와 관련된 핵심 통지의 대부분을 보니 헨리 박사에게 위촉했다. 지극히 양식 있어 보이는 그녀는 트럼프와 일종의 대척점에 서 있는 인물이다. 헨리 박사는 매일 귓속말처럼 나긋한 목소리로 최신 자료를 공유해주었고 우리에게 진심으로 부탁했다. "친절하세요. 침착하세요. 안전하세요." 첫해의 감염률이 기복 없이 낮게 유지되자 "닥터 보니"를 향한 팬심이 치솟았고, 한동안 화가들은 헨리 박사의 금단발 초상을 벽화로 남겼다. 존 플루보그는 그녀의 헌신에 경의를 표하는 메리 제인 페이턴트 가죽 구두를 디자인했다.

코비드 부인주의와 그레이트 리셋의 광기가 캐나다를 잠식하고 있었지만 여전히 우파에 국한된 현상 같았다. 여러 유권자가 고지식한 보수당을 떠나 화끈한 반이민주의를 표방하는 비주류 파 인민당^{PPC}에 모여들었다. 정당은 유세 문구를 거울세계에서 그대로 베껴왔다. "백신여권에 반대하라!" 우편함에 끼워진 안내 책자에 쓰인 표현이다. "체제의 폭압적인 지령들"에 맞서 궐기하라. 아비는 자신의 주요 지지층이 될(그가 표심을 얻으려는 대상인) 진보 유권자들이 이런 정서에 별 영향을 받지 않으리라 생각했다. 그는 할아버지와 아버지가 설립을 도운 신민주당^{NDP}에 의원으로 출마하고 있었다. 왕년에는 긍지 높은 사회주의 정당이었지만 오랜 세월 신민주당은 세계적 추이와 비슷하게 진짜 좌파보다는 중도좌파에 가까운 정치 노선을 따랐다. 이번 선거에서 신민주당은 캐나다의 첫 번째 대유행을 비교적 잘 다스린 사회 프로그램들을 강화하겠다는 공약을 내걸었다. 국민이 더 운동가적인 성격의 정부를 수용해 기후위기와 주택 공급난을 타개할 준비가 되었다고 아비는 확신했다. 당시 우리 다수가 품었던 희망에서 빛을 본 그는 이런 슬로건을 택했다. "팬데믹 회복은 모든 사람을 위한 그린 뉴딜이어야 합니다!"

그에게 경고하려 했다, 정말이다. 부인주의가 전통적인 좌와 우의 축으로는 예측하기 어려운 방식으로 경계를 넘나들며 대각선을 그리고 있다고 말해주었다. 에너지 치유가와 인생 코치가 간호사와 교사직만큼이나 선망받고 자유 출산[*]과 보름달 맞이 광란의

---

* 의료적 개입을 최소화한 질식분만 출산 과정을 뜻하는 '자연주의 출산'

숲속 음악 축제가 열리는 우리가 속한 공동체만 따지더라도, 내 도플갱어 같은 사람들을 좇아 거울세계로 따라 들어간 유권자들 이—그의 장래 유권자들이—존재할 거라고 아비에게 경고했다. 백 신여권에 대한 여론을 파악하라고, 그레이트 리셋에 관해서 빠삭 하게 알아두라고, 그 모든 사안에 고심해 신중한 입장을 준비하라 고 조바심 내며 부탁했다.

그럴 시간이 없었다. 그는 진짜 위기들에 대비하는 정책 조항들 을 작성하느라 눈코 뜰 새 없었다. 장기 가뭄으로 인한 물 부족, 천 정부지로 치솟은 월세와 높은 집값, 허술한 대중교통, 얼마 남지 않은 원시림의 벌충. 사랑스러운 남자여, 그는 아직도 투표를 판 가름하는 것은 현실이라고 여겼다.

그러다 우리는 문을 두드리게 됐다.

캔버싱*이 편안한 적이 언제 있었냐마는, 타인의 날숨에 대한 공포를 자극하는 초현실적인 사건이 전 세계에서 17개월째 벌어 지는 상황에서는 더 으스스함을 내뿜었다. 인기척에 현관문을 열 거나 커튼 너머로 바깥을 흘끗 보는 사람들 가운데 몇 명은 계단 발치에 나타난 우리 모습에 유령을 본 것처럼 화들짝 놀랐다.

캔버싱 파트너 탁과 나는 초인종을 여러 번 눌렀지만 우호적인 교류를 했다고 클립보드에 기록된 건수는 한 시간에 고작 한 건이

과 달리, 의료적 개입과 전문 인력의 원조를 일체 거부하는 출산 방식.
*   자원봉사자들이 유권자의 집을 일일이 방문해 특정 후보의 지지를 호소 하는 대면 선거운동.

었다. 대부분은 애초에 문을 열지 않았는데, 네가 나가보라며 집 안에서 벌어지는 실랑이 소리가 종종 들려왔다. 그러다가 우리는 지붕에는 태양전지판이 깔려 있고 진입로에서는 전기차가 충전되고 있는 어느 집에 도착했다.

"우리 쪽 사람." 탁이 자신 있게 선언했다.

오후 3시쯤이었고, 새하얀 현관문을 연 40대 여성은 조금 흐트러진 모습이었다.

"미안해요, 아직 차려입지를 않아서." 멋쩍어하며 그녀는 곰 모양이 그려진 잠옷 바지를 가리켰다.

"천만에요, 저도 남한테 뭐라 말할 처지가 아니거든요." 마스크에 가려진 내 미소가 온화한 눈주름으로나마 전달되기를 바랐다. "지금 잠옷 차림이 아니란 게 믿기지가 않아요! 내 아들은 훌렁 벗고 산 지 1년이 넘었는걸요!"

우리는 웃었다. 집 밖으로 뛰쳐나온 그녀의 검정 래브라두들이 원을 그리며 짖었다.

"신경 쓰지 마세요. 이제는 사람한테 익숙지 않아서 그래요. 나처럼요."

우리는 얼마간 더 웃었다. 나는 사회성이 없어지며 둔해진 내 코카푸가 자기 도그플갱어에게 왈왈거린 에피소드를 전했고, 래브라두들과 함께 놀아주고, 태양전지판을 칭찬했다. 우리는 순조롭게 출발하고 있었다.

"총선을 앞두고 어떤 의제에 관심이 있으신지 궁금해서 방문했어요." 그렇게 운을 띄웠다. "우리는 신민주당에서 나왔……"

갑자기 분위기가 싸해졌다. 한발 물러선 그녀는 장차 내가 '인터넷 눈알'로 부를 시선으로 나를 빤히 쳐다봤다.

"평생 신민주당에 투표했어요. 내 부모도 그랬고, 조부모도 그랬어요. 그래도 할 말은 해야겠는 게, 당신네 당수한테 참 실망이에요. 세계정부주의자들과 내통하다니."

세계정부주의자들? "유대인들"을 가리키는 코드에 털끝이 곤두섰다. 그래도 여기에 표를 얻으러 온 거지, 친구를 만들러 온 것은 아니었다. 나는 캔버싱 교육과정에서 "다리"로 불리는 걸 놓아보려고 시도했다.

"저는 작가예요. 기업의 세계화로 책을 쓴 적도 있고요. 그리고 신민주당은 거대 기업과 악질 무역협정에 언제나 맞서왔어요. 이번에는 부유세 도입안을⋯⋯"

"아. 신물 나." 그녀는 개를 곁으로 당기더니 더 멀찍이 물러섰다. "이번엔 인민당 찍어요."

그리고 그렇게, 그녀와 검정 래브라두들은 굳게 닫힌 흰색 현관문 뒤로 모습을 감췄다.

탁과 나는 멍한 표정으로 걸어 나왔다.

"캠페인에 몇 번 참여했는데", 그가 천천히 입을 뗐다. "신민주당에서 인민당으로 갈아탄 유권자는 이번이 처음이에요."

그녀는 급행열차를 탄 게 틀림없었다. 캐나다에서는 자유당과 보수당이라는 두 거대 정당이 정치적 중도파를 끌어안으며 여당과 야당 자리를 번갈아 차지하는 편이다. 그녀는 양당 중 하나를 징검다리 삼을 여유도 없이 신민주당 좌파에서 인민당 극우파로 직진했다. 신민주당에 화가 나는 것은 충분히 이해한다. 나도 그랬으니까. 기후 행동에서 불평등 문제까지 정당은 근래에 제대로 된 좌파 대안책을 내놓지 못하고 있었다. 그게 아비가 출마하려는 이유였다. 본래의 이상향을 달성할 자극제가 되기 위해서. 하지만 시원찮은 좌파에 울화가 나니 극우파로 곧장 가겠다고? 무슨 일이 벌어지고 있는 거지?

이후 문을 몇 번 더 두드렸다. 펀자브계 캐나다인들은 인도 농민의 대규모 봉기에 지지를 보낸 신민주당에 고마워하며 우리를 따뜻하게 맞아줬다. 그제야 탁과 나는 레딧^{Reddit} 게시판의 토끼굴에 미끄러져 들어갔다는 느낌을 한결 덜 수 있었다.

클립보드에 유권자 데이터를 가득 채우고 몇몇 예비 "특급 자원봉사자"의 이름을 적은 우리는 정해진 보고 시간에 맞춰 어느 당원의 집으로 향했다. 몇 블록 떨어진 곳에서 문을 두드렸던 아비도 곧 자리에 참석했다. 그는 새파랗게 질린 얼굴로 "샌달우드 냄새"가 난다고 다급하게 말했다. 마스크를 벗고 물을 좀 들이킨 뒤에야 자초지종을 말해주었다. 문이 조금 열려 있는 집을 찾아갔는데 입구 바깥으로 샌달우드 향이 뿜어져 나오고 있었다. 창턱은 청동 조각상들로 즐비했다. 부처상과 가네샤상이 눈에 들어왔다. 우리가 태양전지판에 혹했듯이 아비도 이런 집의 주인이라면 그린 뉴딜을 쉽게 납득할 거라고 짐작했다. 우리처럼 그도 단단히 오해한 것이다.

근육이 탄탄하게 잡힌 백인 여성이 요가복을 입은 채 현관에 나타났다. 아비와 한판할 기세로 그녀는 마스크 대신 손바닥으로 입을 가린 채 딱 한 가지 질문을 던졌다. "당신, 백신여권에 대해 어떤 입장이에요?"

실내 활동에 앞서 진행하는 접종 확인 절차에 신민주당은 찬성한다고 아비는 답변했다. 당시 팬데믹 상황을 따졌을 때 역학적으로 현명한 방침이었다. 이번에는 아비가 그녀의 입장을 물었다.

그때부터 그녀는 "신체적 자율"과 "자주 시민권", 그리고 그녀가 얼마나 "튼튼한 면역계"를 가지고 있는지에 대해 말하기 시작했다.

"다행이에요." 아비도 그만의 방식으로 다리를 놓아보려고 했다. "건강하시다니 다행이에요. 한 가지 걱정이라면, 모든 사람의 면역계가 다 그렇게 튼튼하지는 않을 거라서요. 면역결핍이나 다른 질환이 있는 분들은 바이러스 감염으로 중증에 빠지거나 심하면 사망에 이를 수도 있어요."

이렇게나 히피스러운 서해안 동네에 살고 있는 그녀가 한 답은 이랬다. "내 생각에 그런 사람들은 죽어 **마땅해요**."

그렇게 홀연히, 샌달우드의 짙은 안개 속으로 그녀는 사라졌다.

모진 시련을 연달아 겪고 나니 점점 사방에서 대각선주의들이 눈에 들어왔다. 커뮤니티 공지판에서. 지역협의회 회의에서. 그리고 도회지에서 모인다던 그 소규모 시위대도 몸집을 빠르게 불리고 있었다. 캠페인의 막이 오른 지 2주째 되던 때에 나는 T가 태어났던 조용한 병원을 운전하다가 지나치면서 그 입구에 모여든 300여 명의 군중을 목격했다. 내 기억으로는 이 시골에서 열린 최대 규모의 시위였다. 이라크 침공 때보다 확실히 더 많은 인원이 모였고, 2019년 기후 파업과 비교해도 더 많았을 것이다.

시위대는 당장 치료가 필요한 환자들을 가로막아서면서 간호사들에게 욕을 퍼붓고 있었다. 이 모든 것은 내 도플갱어가 게터 신설 계정에서 잔뜩 바람을 넣었던 백신 의무령 "전 세계 항의 시위World Wide Walkout"의 날에 기획된 광경이었다.[1] 한번은 시위자들이 「여전사의 노래Women's Warrior Song」를 중얼거렸다. 이 곡은 도로 바로 건너편에 부족협의회 사무실을 두고 있는 시샬 네이션을 포함해 지역 원주민 공동체 다수가 신성시하는 상징곡이다. 협의회는 이 곡의 전용이 원주민 문화에 대한 모욕이라는 성명서를 즉각 발표했다. 한편 나라 동쪽에서는 반백신론자들이 새로운 뉘른베르크 재판을 열자면서 폭력을 조장하고 비속어를 남발하는 바람에 트뤼도가 자신의 지지 집회 일정을 취소했다.

"그래, 당신이라면 백신여권에 뭐라고 할 건데?" 그날 밤, 아비가 짐짓 태연하게 물어왔다.

"일단 사람들이 가지고 있는 데이터 공포를 인정해줄 거야. 당신한테 최우선 순위는 사생활을 보호하는 것, 개인 정보가 민영 테크 기업으로 흘러 들어가지 않게 막는 것이라고 얘기해. 그다음 대화 방향을 틀어서 규제 방안을 말할 거야. 회사들을 분해해서 공공시설로 만들고 누구나 디지털 광장에 참여할 권리를 보장하겠다고. 그들도, 다른 사람들도 큰 피해를 입지 않으면서 빅테크를 혼내줄 방법이 있다고."

아비는 듣고 있었다.

"빅파마 기업들도 똑같아. 기억해, 사람들이 싫어할 이유가 다 있다는 걸. 동감할 만한 내용으로 가. 목숨 살리는 치료와 약은 애초에 영리 목적이어서는 안 된다고. 공중보건이 처방약도 포함하도록 확대할 필요성을 강조해. 이렇게 하면 공중보건이랑 예방의학에 좋은 일자리도 만들 수 있다고."

아비는 위 주장들을 안팎으로 속속들이 알고 있었고 몇 년째 견지했다. 이것은 고쳐쓰기, 즉 거울세계에서 영토를 일부분 수복하기 위한 재탕 전략이었다. 이 전략이 거울 안을 쓱 둘러보는 정도에 그친 일부 유권자에게는 효력을 낼 거라 기대했다. 하지만 아비가 아무리 매력 덩어리라고 한들 발을 깊이 담근 사람들은 도로 꺼내올 재주가 없을 것이다.

이후 몇 주 동안 아비는 생각을 고쳐먹으라는 설득형 편지를 몇 통 받았는데, 기가 막히게도 작성자들은 내 논점을 활용하고 있었다.

> 나는 우리가 겪고 있는 게 뭔지 꼼꼼히 조사해왔고, 나오미가 지금 터지고 있는 사건들, 자유를 잃고 실험적인 "숏"을 받지 않으면 차별당하는 것 등을 정리해서 『쇼크 독트린』 후속작을 써 내주기를 바라고 있었어요…… 이번 "플랜데믹"이 세상에 막대한 피해를 불러온 만큼 나는 정의가 구현되기를 바라요. 사건 관계자들, 그러니까 앤서니 파우치와 빌 게이츠, 빅파마, 언론이 처벌받길 원해요.

대부분은 이 정도 교류도 하지 않으려 했다.

거울세계의 구렁텅이에서 몇 개월을 파닥거리고서도 나는 아비와 내가 주변에서 보고 듣는 어떤 내용들에 당황했다. 팬데믹 초기에는 늙고 병든 이들을 희생해서라도 경제를 살리자는 원성이 자자했다. 하지만 그건 간살부리는 미국 공화당원들이 하는 이야기였다. 잔악하기는 해도 그들 브랜드 이미지에는 꼭 들어맞는 소리였다. 예기치 못한 것은 신민주당—캐나다에서 보편적 공중보건 제도를 지켜온 주요 정당—의 골수 유권자들이 대량 사망을 예삿일로 치부하는 점이었다. 빈야사 요가 수업을 찾아 들었을 것 같은 사람이 허약한 몸들의 개체 수 감소를 적극 옹호하리라는 것도. ("그런 사람들은 죽어 **마땅해요**.") 혹은 인민당 표지판과 '한방에 뿅 가 심화 명상 & 딥티슈 마사지' 표지판이 나란히 세워져 있을 줄은. 사적인 자리에서 고참 환경론자들은 접종 안 받을 권리를 이번 총선의 단일 안건으로 보고 있다고 말했다. 빅파마에 대항하는 고결한 신조라면서. (이후 우리는 미국 하원의장 낸시 펠로시의 82세 남편 폴을 샌프란시스코 자택에서 망치로 때려눕힌 남성이 이 동네 근처에서 태어난 사실을 알게 됐다.)

그동안 "저들"과 "우리"를 가르는 선이라고 믿었던 게 흐릿해지기 시작했다. 분명 문화에 어떤 독이 퍼지고 있었는데, 자유주의 출신 스타들의 주도로 우파 지지층에서만 퍼지고 있는 게 아니었다. 이번에는 달랐다. 강력한 개념들—자연의 삶, 신체적 힘, 근면, 순수, 신성—을 버무린 독성 혼합물이 다음의 반의어들과 함께 등장했다. 비정상, 신체적 나약, 게으름, 오염, 그리고 파멸.

피트니스와 대체의학 하위문화들은 파시스트 우월주의 운동과 오랫동안 궤를 같이해왔다. 초창기의 피트니스와 보디빌딩에 열

광한 미국인들은 우생학과 그들이 보기에 우월한 인간형을 번식시킬 전망에도 열광했다. 나치 선전물은 등산하는 젊은 남성들의 그림으로 빼곡했고, 히틀러는 "자연" 음식이 제국 번영의 실마리라고 확신했다(하지만 그가 채식주의자였다는 이야기에는 과장이 섞인 듯하다). 나치당 내에서 성행한 건강 관련 유행과 과도한 신비주의적 믿음은 신 같은 남성들을 필두로 하는 아리아인 지배 민족을 만들려는 프로젝트에 모두 동원됐다. 달리 말해 완벽한 인종을 만들겠다는 사명 자체가 밀교적 성격을 띠었기에 뉴에이지 건강 붐과 여타 자연주의 미신에 그토록 쉽게 녹아들 수 있었던 것이다.

제2차 세계대전의 비극이 끝나면서 파시스트/피트니스/뉴에이지 동맹은 스러졌다. 1960년대에 뉴에이지가 다시 인기몰이에 성공한 것은 히피와 환경주의, 비틀스의 초월 명상법 삼매경 덕분이었다. 하지만 이제는 그보다 더 오래된 우월주의적 뿌리가 뻗칠 모양이었다.

아비와 내가 이 스펙트럼의 극단에서 만난 사람들은 대놓고 코로나를 부인하는 것 같진 않았다. 다만 이들은 바이러스를 일종의 정화 또는 "도태"의 계기로 여기며 에코파시즘 사상을 끼었거나, 자연계가 인간으로부터 받은 스트레스를 팬데믹으로 해소하고 있다고 추정했다. 이런 사고법은 '지구가 치유되고 있다'와 '우리야말로 바이러스다' 같은 밈과 야생동물이 썰렁한 도시와 읍내를 어슬렁거리는 (다수 조작된) 영상들이 인터넷을 장악한 봉쇄령 초기에 횡행했다. 하지만 이제는 콕 집어 백신 반대론에 입각해 인류 일부의 죽음을 불가항력으로 보는 시각이 두드러졌다. 폭스뉴스에서 뉴스맥스로 소속사를 옮긴 사회자 롭 슈밋은 비슷한 시기에 생방송에서 자신의 생각을 이렇게 말했다. "백신 접종은 특이한 방식으로 그냥 자연의 이치를 좀 벗어나는 것 같아요. 그러니까 내 말은, 어떤 질병이 돌면—어쩌면 그건 무언가가 사람들을 일정량 쓸어가버리기도 하는 생의 섭리를 따르는 거고, 그건 그런대로 진화 방식인 거예요. 이 흐름을 백신이 어디선가 막아서고 있다고요."[2]

이건 아메리카 대륙들의 역사를 피로 물들였던 발상이다. 시간을 거슬러 올라가보면, 유럽의 정복자와 개척자들은—그들에게 토지를 빼앗기고 식량난에 시달리며 이미 약해질 대로 약해진—원주민 인구를 거의 섬멸했던 전염병을 신의 한 수, 즉 이 대륙들을 백인 기독교인의 몫으로 내정하는 성스러운 계시로 받아들였다. 제임스 1세 영국 국왕은 1620년 뉴잉글랜드 헌장에 당시의 팬데믹을 "황홀한 역병"으로 묘사했다.[3] "전능하신 신께서 우리에게 자비와 호의를 베푸심으로" 그 역병을 "야만인들에게 풀어놓으셨다". 1634년 매사추세츠만 식민지의 첫 주지사 존 윈스럽은 지역에 거주하던 알공킨 어족민을 죽음으로 몰고 간 질환들을 유사한 논조로 평한다. "그러나 이 일대에 거주하는 원주민들을 신께서 엄단하시어, 300마일 이내의 절대다수를 사망케 한 천연두는 아직도 저들 사이에 유행하고 있다. 그러므로 신께서 이곳에의 권리를 친히 우리에게 하사하셨다."[4] 1707년, 전 캐롤라이나 주지사 존 아치데일도 "인디언들"에 관해 쓴 글에서 대량 사망을 하늘이 주신 선물로 여겼다.[5] "전능하신 신께서 저들의 숫자를 줄이고자 천연두 등 비범한 병들을 보내셨다. 그리하여 영국인들에게는 스페인인보다 손에 인디언의 피를 덜 묻히게 하셨다." 사실이 아니었다. 손에 묻힐 피는 흥건했고, 병은 이런 대학살의 파도에서 여러 사인死因 가운데 하나에 지나지 않았다. 하지만 팬데믹들이 초월적 존재의 뜻을 거행한다는 관념은—그 존재가 신으로 상상되건 자연으로 상상되건 간에—근대세계의 기원 신화에서 빠지지 않는다.

에코파시즘 사상이 지금이라는 역사적 순간에 고조되는 것은 슬프게도 예측 가능한 일이다. 투잡을 뛰어도 내 집 마련은 요원하고, 여러 정부가 노숙 인구 야영지의 불도저 철거 정책을 당연한 해결법으로 제시하는 시대에 우리는 살고 있다. 한편 기후 붕괴의 현실은 날마다 가까워지고 있다. 진행 속도가 더뎌지거나 역전되지 않는다면 인류와 다른 종들의 큰 부분을 반드시 도태시키고, 가장 취약한 이들에게 가장 먼저, 가장 매섭게 작용할 것이다. 이미 진행 중인 과정이다. 이처럼 서슬 퍼런 시대에 살아 있고, 거기에 참여를 강제받는 데다, 지도자라는 이들은 언행 불일치를 일삼고 있으니 오만 데서 병폐가 나타나는 결과는 어쩔 수 없다. 사람들은 하는 수 없이 이런 현실을 납득시켜줄 서사를 찾는다.

그런 서사 가운데 하나는 기후 정의 운동이 다년간 주장한 바다. 아비의 총선 출사표에도 적혀 있다. 조금 숨 가쁘게 달려야겠지만, 선량한 사람끼리 합심하고 힘을 모은다면 우리를 찢어놓으려는 경계선들을 넘나들며 사회를 좀더 공정하고 환경친화적으로 변혁시킬 수 있다. 하지만 이 서사는 하루가 다르게 박진감을 잃고 있다. 그러니 다른 서사가 불길처럼 번졌다. 난 괜찮을 거야, 난 준비됐어, 통조림 식단이랑 태양전지판도 준비했고 특권을 따저봐도 비교우위를 누리고 있고—그러니까 고통은 딴 사람들 몫이야. 이 서사에는 흠이 있다. 타인의 고통을 줄줄이 목도하게 되며 그 고통을 정당화할 방법을 찾아야 한다. 이 때문에 다른 사람들의 죽음을 불가피한 자연선택으로, 심지어 은총으로 보게 하는 설명과 논리가 과실을 맺는다.

파시스트/뉴에이지 동맹이 그랬듯이 이것도 일종의 역사적 도돌이표를 따른다. 참상의 수혜자들이 피해자를 나 몰라라 할 때면 어김없이 참상에의 자발적인(심지어 기꺼운) 참여나 적극적인 방관을 정당화하는 설명과 논리가 나타났다. 거기에는 주로 이런 내용이 담겨 있다. 다른 사람들이 평안한 삶을 영위하도록 희생당하고, 노예화되고, 구류되고, 식민화되고, 죽음의 궁지에 몰린 사람들은 동급의 인간이 아니다. 그들은 다르고, 교양 없고, 미천하고, 까무잡잡하고, 짐승 같고, 병들고, 우범자이고, 나태하고, 미개하다. 벌써 몇 년째 우파에서 다시 일어나고 있는 이 논리는 브라질, 인도, 헝가리, 필리핀, 러시아, 터키 등의 원시 파시즘적 독재주의 지도자들의 존재가 선명히 예증한다. 하지만 유세 길에서 우리는 이런 논리가 길고 괴악한 역사의 신경회로를 따라 독재주의 보수 진영에서 친환경과 뉴에이지 좌파 진영 일부로 대각선을 그리며 확산되는 광경을 봤다.

두 진영을 잇는 연결 고리는 간단하고 명료하다. 도태를 환영한다.

누가 누가 미신주의자인가 인명록

뉴욕 다음으로 코비드 사망자 수가 제일 많던 시기의 뉴저지에 살고 있던 당시, 초기 봉쇄령 반대파는 크게 두 개의 대오로 나뉘었다. 첫 번째는 지독히 독실한 사람들이었다. 봉쇄령에도 불구하고 초대형 교회를 가득 메웠던 여러 복음주의 기독교인들. 보건 조치에도 불구하고 대규모 장례식과 기타 행사에 소집해 지역 당국과 마찰을 빚었던 내 정통파 유대교 이웃 주민들. 충분히 예측 가능한 전개였다. 맹신도들은 신앙을 방어막으로 여기거나, 종교적 의무를 다하기 위해서라면 질병쯤은 응당 지불해야 할 작은 대가로 생각한다. 이 논리에 따르면, 회중 예배를 하라는 신의 지시를 거역하는 것은 교회나 시너고그에서 동료 신자들로부터 에어로졸 미립자를 들이쉬는 것보다 더 큰 위험을 뜻했다. 봉쇄령이 내려진 지 몇 주밖에 안 된 어느 날 밤, 나는 케이블 뉴스를 몰아서 보고 있었다. 초대형 교회 참석자 수천 명 가운데 마스크 미착용자가 태반인 불법 예배 현장이 보도되었다. 코로나 감염 걱정은 없느냐는 기자의 질문에 한 신도는 방긋 웃어 보였다. "그럴 리 없어요! 난 구세주의 보혈을 입었는걸요!"

동일한 몇 주 동안 보건 조치를 한사코 등한시한 또 다른 집단은 의외로 운동 중독자들이었다. 팬데믹이 시작된 지 두 달도 안 돼서 시위를 조직하는 경우도 있었다. 야외에서 팔굽혀 펴기와 윗몸 일으키기를 하면서 이들은 실내에서 쇳덩어리를 들어올릴 권리를 요구했다. 뉴저지 벨마시의 아틸리스 체육관 운영자는 법을 어기고 사업을 개시했다. 폭스뉴스에서는 문신을 하고 수염을 덥수룩하게 기른 이 중범죄 전과자를 뜻밖의 영웅으로 추대했다. (이후 그는 공화당 예비선거에 국회의원으로 출마했다가 고배를 마셨다.)

처음에는 이 두 집단과 그들이 주력하는 활동 사이에서 교차점을 발견할 수 없었다. 극성스러운 신앙과 강철 체력 사이에, 구세주 숭배와 육체 숭배 사이에 어떤 공통분모가 있을까? 내가 거울세계에서, 특히 뉴에이지 웰니스 인플루언서들이 코비드 음모론을 공유하는 자리에서 시간을 보내자 답은 선명해졌다. 이건 2011년 어느 학술지에 등장한 이래 같은 제목의 책과 팟캐스트(내가 너무나 자주 듣는 그 팟캐스트)를 통해 대중화된 "콘스피리추얼리티(음모영성론)"*라는 마인드셋의 연장선이었다.[6] 일부 맹신도가 코비드 감염을 남의 일 취급했듯이 일부 헬스광도 자신이 바이러스에 대해 특별한 항체를 가졌다고 믿었다. 그들의 사원寺院—즉 디톡스를 마친 울끈불끈한 몸—이 그들을 지켜주리라는 신념이 있었다. 웰니스와 피트니스가 성채가 되어줄 거라고.

대각선주의자들 사이에서 방대한 영향력을 떨치고 있는 이 집단을 나는 '몸쟁이들body people'이라 부른다. 다들 몸에 살고 몸을 즐기며 몸을 지키려 하니 우리 모두 몸쟁이라고 할 수 있다. 하지만 여기서 논하려는 부류는 몸 산업 종사자들이다. 의사들이 아니고

---

* '음모conspiracy'와 '영성spirituality'을 합성한 신조어. 일원론과 범신론, 오리엔탈리즘적 신비주의 등을 혼합한 무정형의 종교망인 뉴에이지 운동과 기성 권력에 대한 무분별한 음모론을 퍼뜨리는 극우파의 결합 형태.

(물론 그들도 듬성듬성 보이기는 하지만) 전염병에 관한 실제 지식을 갖춘 역학자들은 더더욱 아니다. 타인의 몸을 올바른 길로 인도할 특수한 지식의 나침반을 가졌다고 주장할 법한 체육관장이나 심화 요가 수행자 같은 이들이다. 트레이너, 요가 선생, 크로스핏 강사, 마사지사, 종합격투사, 척추지압사, 수유 전문가, 조산사, 영양사, 본초학자, 폐경 코치, 공인받은 해독 주스 치료사 등.

이들 가운데는 인체 생리학에 대한 고도의 훈련과 소양을 쌓은 사람이 여럿 있다. 그리고 체육관장과 요가원장 다수는 고객의 안전을 위해 여러 (값비싼) 조치를 취했다. 하지만 이런 떼돈 벌리는 분야의 큰손들이 작정하고 큐어넌급 코비드 음모론자가 됐다는 사실은 달라지지 않는다. 디지털혐오대항센터에서 코비드와 백신 관련 허위 주장의 약 65퍼센트에 공동 책임이 있는 열두 명을 조사한 보고서 「역정보 12인The Disinformation Dozen」[7] 목록은 예상과는 달리 우파 매체의 인기 출연자들로 바글거리지 않았다. 척추지압사 한 명, 플로리다에서 보충제 사업으로 재미를 보고 있는 한 명을 포함한 접골사 세 명, 항암 치료 효과가 있다는 에센셜 오일과 당신의 건강을 "되찾아줄" DVD 세트를 판매하는 부부 한 쌍, 로스차일드 가문과 "글로벌 엘리트가 무대를 장악하고 있다……#신세계질서 #진실고발자" 같은 반유대주의 밈을 게재하는 '헬스광 뉴스' 편집장, 빌 게이츠가 백신으로 지구 인구 감소를 시도한다는 내용 사이사이에 슈퍼푸드 자가 치유법을 끼워 파는 뉴스레터 '그린의학정보'의 수장이었다.

목록에는 울프가 했듯이 자연미와 자연 출산, 인생을 바꿔줄 오르가슴을 격찬하는 저서를 앞세워 여성 몸 전문가라 자칭하고 개인 브랜드를 구축한 여성도 몇 명 있었다. 산부인과 의사로 재직하던 시절에 베스트셀러 『여성의 몸, 여성의 지혜』를 펴낸 이래로 「오프라 윈프리 쇼」에도 자주 출연했던 크리스티안 노스럽[8]은 무독성 세척 제품과 "정력적인 건강"에 대한 조언에 큐어넌식 코비드 부인주의를 섞어 말한 바람에 「역정보 12인」에 올랐다. 베스트셀러 작가이자 자칭 "전인적 정신과 의사"인 켈리 브로건도 함께 목록을 빛냈다. 그녀는 백신이나 마스크의 도움 없이도 코로나에 맞서 싸우고 있는 "당신의 몸에 감사"하라는 영상을 봉춤 추는 영상과 비슷한 빈도로 올린다. (브로건은 마스크 미착용을 제2물결 페미니즘 시절 브래지어 화형식에 준하는 해방의 몸짓으로 강권하고 있다.)

그것은 여성 웰니스와 대체의학, 영성이 깃든 식단과 운동법을 아우르는—한마디로 '누가 누가 미신주의자인가 인명록The Who's Who of Woo'이었다. 어엿한 거울세계 정회원들로 발돋움한 이들은 이제 극우파와 실타래처럼 꼬였다.

좌파와 우파는 각각 극단이 굽어 있어서 서로 닿을락 말락 할 정도라는 말발굽론horseshoe theory의 현실판을 보고 있는 것뿐이라고 혹자는 말한다. 하지만 이런 시각은 사회주의자와 혁명가들이 속한 극좌를 웰니스와 뉴에이지 영성주의자들이 속한 극변far-out과 착각한다. 게다가 「역정보 12인」 목록에 오른 하위문화 구성원들은 극변으로 수익 창출에 성공했다. 이들은 거대한 온라인 플랫폼과 강력한 개인 브랜드를 통해 고가의 수련회 및 세미나와 회원권과 뉴스레터와 팅크제를 판매하고 있다. 이들은 수많은 삼류 구독자를 몰고 다니는 일류 인플루언서들이다.

이런 점을 파악하고 나면 새로운 동맹들을 좀더 쉽게 이해할 수 있다. 몸과 관련된 일을 하는 영세업자와 프리랜서는 팬데믹 봉쇄령 때 가장 큰 피해를 입은 부류 중 하나다. 전염병의 기제를 생각해보면 수긍되는 결과다. 사회적 거리두기를 해서는 신체 치료 작업이 불가능하고, 운동 수업을 지도하다보면 폐쇄 공간에서 밭은 숨을 내뱉는 일이 다반사니까. 하지만 몸 산업 종사자들이 두통을 앓을 각별한 이유가 있었다. 경기 부양 지원금은 대규모 사업장과 직원을 가진 곳들에 편중돼 있었다. 주인이 직접 운영하는 데다 직원 대부분이 계약직인 소규모 체육관들은 정부 보조금을 받지 못한 채 높은 월세를 감당해야 했다.

빚더미에 앉아가며 엄격한 새 규제에 맞춰 문을 열었건만 정부 지침은 팬데믹 기간에 계속 임의로 바뀌었다. 내가 거주하는 캐나다 지역에서는 2022년 오미크론 유행에 따라 체육관이 전면 폐쇄됐는데, 운동에 열성인 사람들은 패스트푸드 음식점과 스트립 클럽이 멀쩡하게 손님을 받는다는 사실을 (무척 못마땅해하며) 지적했다. 로비스트에게 거액을 주고 수익성을 지키는 거대 운동 경기장과 스키 리조트에 비해 조그만 피트니스 스튜디오는 악조건 속에서 운영할 수밖에 없었다.

결과는 경제 도살. 국제헬스라켓스포츠클럽협회 데이터에 따르면 2022년 초까지 미국의 헬스클럽 약 1만 군데가 영업을 일체 중단해야 했다. 브리티시컬럼비아 캠루프스에서 체육관을 공동 운영하는 저스틴 그로버는 건강산업계에 부는 분노의 돌풍을 이렇게 요약했다. "술집에서 피클튀김 처먹으면서 싸구려 맥주에 꽐라 되는 놈은 괜찮은데, 알코올 중독 자조 모임에 20년째 나가면서 체육관 와서 머리 비우는 사람들, 정부한테 이런 사람들은 안중에도 없지."[9]

앙심을 품은 웰니스 노동자 다수는 바이러스와 관련된 모든 사안에서 엘리트들의 사악한 계획을 읽어내기에 이르렀다. 하지만 봉쇄령 때문에 큰 피해를 입었다고 해서 웰니스 분야에 떠도는 괴팍한 음모론들을 다 설명할 수 있을까? 동네 극장 주인들은 왜 같은 결말을 맞지 않았는가? 궁극의 체력과 "정력적인 건강"을 구하는 여정에서 무엇이 그토록 추하게 만들었던 걸까?

바디 더블

『아름다움의 신화』에서 울프는 1980년대에 여성의 미적 기준 상향화를 가부장제가 페미니즘의 성공에 매긴 세금으로 주장한다. 고단한 근무에 이어 가사와 양육까지 마치면, 이제는 "여가 시간에 세 번째 교대가 추가된다. 슈퍼우먼은…… 상당한 '아름다움' 노동을 직업적 구상안에 더해야 한다".[10]

위 주장이 나온 지 30년이 될 즈음, 정치경제학에 일가견이 있는 다른 페미니스트 작가 바버라 에런라이크가 『건강의 배신』에서 1980년대를 풍미한 건강·미용 산업계를 재조명한다. 2022년 9월 작고한 그녀는 이 책에서 어떻게 레이건·대처 시대에 들어서 체력과 건강 관리가 강박 수준에 이르렀고 이런 경향이 심해졌는 가를 짚는다. 그리고 이런 강박은 페미니즘의 성공에 대한 반동이 아니라 1960, 1970년대에 사람들의 희망을 잔뜩 부풀렸다가 1980년대에 신자유주의의 벽 앞에서 전의를 상실하고 만 변혁적 운동들의 실패에 대한 반동이라고 설명한다.

정의 실현의 꿈과 좋은 삶에 대한 집단적 비전이 물 건너가자 각자도생의 시대가 열렸다. 원자화된 개인들은 막 탈규제화돼 불안정한 노동시장에서 자기 밥그릇을 챙기기 위해 서로의 어깨를 밟고 올라서야 했다. 바로 이런 맥락에서 여러 사람이 몸짱 되기에 집착하기 시작했다. 러닝머신이 가두시위를 대신하고 프리웨이트가 프리러브를 대신한 것이다. 몸 꾸미기에 대한 압박으로 괴로워하기야 여성들이 먼저였지만, 곧이어 남성들도 달성 불가능한 육체적 이상향과 미적 기준에 시달렸다. 에런라이크는 이렇게 표현했다. 이것은 모두 "1960년대에 반짝 겪었던 집단적 성장을 뒤로 한 채 개인적 관심사로 눈길을 돌리는 움직임의 일부다…… 세상을 바꾸지도 직업을 제뜻대로 설정하지도 못하지만 자기 몸만큼은 통제 가능하다. 입안에 뭐가 들어갈지, 근육을 어떻게 키울 건지."[11] 바로 이런 맥락에서 과거 이피^{yippie}* 난동꾼이자 시카고 세븐**의 피고인이었던 제리 루빈은 1980년대에 이르러서는 자타

---

*   베트남 반전주의를 표방한 청년국제당의 당원.

**   1968년 민주당 전당대회에서 경찰과 대규모 유혈 충돌로 이어진 베트남 종전 시위에서 주동자 7명이 내란죄로 기소됐으나 무죄 판결을 받았다. 피고인들은 사회운동권의 대명사로 떠올랐고 해당 재판은 비민주적 편

공인 여피^{yuppie}*이자 운동 전도사로 변모했다.

에런라이크는 그녀 자신이 체육관과 맺은 길고도 지난한 관계를 묘사한다. "이 세상의 부정부패를 적어도 혼자서는 혹은 단시간 내에는 어떻게 하지 못하더라도, 몇 주면 레그 프레스 머신에 20파운드 정도는 얹을 수 있을 테니까."¹² 체육관 죽순이였던 적은 없지만 충분히 동감한다. 살면서 요가만으로 통제감을 느낄 수 있었던 시기가 몇 차례 있었다. 나를 포함해 수백만 명이 이 악물고 미국의 이라크 침공을 저지하려 했는데도 끝내 수포로 돌아간 반면, 그런 와중에도 나는 까마귀 자세에 엉거주춤 도전할 수 있었고 운수 좋은 날이면 물구나무서기도 가능했다. 여러 해가 지나 암 판정을 받았을 때는 수행에 더 박차를 가했다. 고도의 지구력과 유연성을 연마하는 순간만큼은 몸이 내게 복종했다. 두 발밑에 땅이 헐떡거리고 사방이 화마로 후끈거리고 기후위기가 성큼성큼 들이닥치고 있으니, 몸이 시키는 대로 움직이는 모습에 안도감이 드는 것은 당연한 일이다. 위로를 주는 모습이다.

그럼에도 청소년기 과식증 환자이자 「제인 폰다의 체력 단련」 애청자로서 내 경험을 돌이켜보자. 이 과정은 극에 달할 때 일종의 더블링으로 나타난다. 식단과 건강 관리로 변신하고자 한다면, 지금 그대로의 당신 곁에는 충분한 절제와 수양을 통해서라면, 충

파성으로 미국 사법사상 최악의 치부로 남았다.

* 젊은 사무직 상류층. 루빈은 진로를 바꿔 월가의 증권중개인이자 사업가가 되었다.

분한 허기와 충분한 아령질을 통해서라면 달성 가능할 것 같은 당신이—언제나—따라다닌다. 더 낫고 다른 당신은 언제나 손에 잡힐 듯 잡히지 않는다. 에런라이크는 무엇이든 했다 하면 어깨가 부딪칠 거리에 다닥다닥 모여 있으면서 대화라고는 운동기구 사용 순서를 정할 목적으로만 하는 장소, 체육관에 흐르는 괴기한 침묵에 대해 논했다. 체육관의 고요는 이곳을 규정하는 제1의 관계가 단련하는 사람들 사이가 아니라 단련하는 개인과 그가 되고 싶어하는 상, 몸 분신 사이라는 게 그녀의 설명이다.

단편집 『그녀의 몸과 타인들의 파티』에서 카먼 마리아 마차도는 마른 자아와 뚱뚱한 자아 간의 관계를 내적 도플갱어 형태로 탐색한다. 「여덟 입」에서 화자는 무겁고 탄력 없이 처진 자기 체형을 혐오한다. "밋밋하고 무자비한 드레스룸 조명에 넌더리가 났다. 거울을 들여다보는 게 지겨웠다. 성에 안 차는 살집을 한 손 가득 움켜쥐고 들춰보고 도로 내려놓으면 삭신이 다 쑤셨다."[13] 그녀는 비만 치료 수술을 받고 사회적으로 용인되는 크기의 몸을 만들지만 자신을 해코지하려는 유령으로 생각했던 무언가가 그보다 더 섬뜩한 존재라는 걸 발견한다. 수술 결과 잘려나간 지방 100파운드가 뭉뚱그려진 사람 형체로 집에 나타난다. 차마 사랑할 수 없어 도려내야 했던 자아가 지방 골렘으로 나타난 것이다. "그 옆에 나는 무릎 꿇는다."[14] 화자는 말한다. "있어야 할 게 하나도 없는 몸뚱이다. 배도 뼈도 입도. 그냥 푹신한 살덩어리였다. 나는 웅크려 앉아 어깨를, 어깨처럼 보이는 것을 쓰다듬는다. 그것이 고개 돌려 나를 바라본다. 눈이 없는데도 똑똑히 나를 보고 있다. 그

녀가 나를 보고 있다. 그녀는 끔찍하지만 정직하다. 그녀는 흉측
하지만 참되다." 이후 화자는 그녀의 분신을 흠씬 두들겨 팬다.

불완전하고 허약한 자아에 대한 혐오와 분노는 운동과 식단, 수
술과 이런저런 건강 비책을 올바르게 조합함으로써 가질 수 있는
완벽하고 관리된 육체를 향한 열망의 이면일 수 있다. 이 열망은
우리가 또 다른 종류의 바디 더블링을 수행하면서 더 거세진다. 임
신, 밤샘 육아, 스트레스, 공해 등에 찌들어가며 얼굴과 몸매에 생
기는 변화를 관찰하고, 또 지구가 태양을 공전하는 동안 목숨을 부
지하고 있다보면 으레 겪는 과정, 바로 노화다. "노년은 싸움이 아
니다. 살해다."[15] 필립 로스, 나의 탈 많은 도플갱어 제왕이 말했다.

살면 살수록 우리 자신은 더 낯설어진다. "한창때" 기억은 지난
번 회고했을 때보다 더 이질적으로 느껴진다. 전성기 분신에 붙들
려 살다가는 칼질, 바느질된 패러디 꼴이 날 것이다. 더 아찔할 수
도 있다. 그게 『도리언 그레이의 초상』이 남긴 불후의 교훈 아니
던가. 영원한 청춘을 좇느라고 현실 속 늙어가는 분신을 직시하지
않는다면 둘 다 파멸하고 만다.

건강이 무결하기를, 원기가 왕성하기를 바라다가 인플루언서
들이 건네는 달콤한 약속에 많이들 혹한다. 예컨대 음모영성론계
의 마사 스튜어트* 격인 크리스티안 노스럽은 판매 중인 책과 폐
경기 영양보충제, 아이크림과 질 보습제가 당신에게 꺼지지 않는
생기의 불꽃을 가져다줄 것이라고 약속한다. 이런 제안에 혹할 이

* 　　미국판 살림의 여왕.

유야 여럿 있겠지만 정통 의학의 한계와 과실도 포함돼 있다. 전문의와 제약 회사들은 복잡한 질환과 장애로 힘겨워하는 사람들에게 종종 명쾌한 해답을 안겨주지 못한다. 그리고 내가 꼬마 시절 밥상머리에서 마지못해 익혔던 아버지의 연구 내용을 떠올려 보자면, 재생산 건강 분야에 대한 학습은 불충분한 상태이며 여성이 호소하는 통증은 대부분 건강염려증으로 경시, 좌시, 무시당한다. 출산 과정에서는 억울해할 일이 더러 생기는데, 자기 몸을 정확히 설명하지 못한다는 편견의 시선을 받는 흑인과 원주민 여성은 정통 의학의 실수와 방치를 더 심각하게 겪는다. 미국 질병예방센터에 따르면, "흑인 여성은 백인 여성에 비해 임신 관련 원인으로 사망에 이를 확률이 세 배나 높다".[16] 한편 2021년 조사에서는 흑인 여성이 출산한 아기가 백인 여성이 출산한 아기보다 영아 사망률이 두 배 이상 높다고 밝혔다.

　이런 상황과 그 너머의 여건으로 인해 수백만 명의 사람은 장수 노하우와 자조 방침에 기대어 자기 몸을 달래고 고치고 완화시키려 하고 있으며 실제로 효과를 얻기도 한다. 거울세계의 함정은 여기에 숨어 있다. 그들이 퍼뜨리는 거짓에는 언제나 일말의 진실이 섞여 있다. 언제나 거울세계는 사람들이 원통해하는 집단적 실책을 찾아내 기회주의적으로 착취한다.

난산難産에서 코비드 음모로 가는 경로

딸이 조부모로부터 망상에 지나지 않는 백신 입자 부스러기를 묻혀오기라도 할까봐 전전긍긍하던 토론토의 인플루언서인 글로잉 마마의 예를 살펴보자. 팬데믹 전, 그녀는 임신기 전후 여성들의 체력 가꾸기를 돕는 코치 역할에 전념했다. ("이 미치고 팔짝 뛰는 #엄마의삶 속에서도 건강과 체력을 최대치로 끌어올리는 게 얼마나 쉬운지 보여드리겠어요.")[17] 팬데믹이 시작되면서 그녀는 마스크 미착용자 엄마 부대를 이끌고 쇼핑몰을 점거해 보건 조치를 해제하라고 항의했다.

다소 충격적인 변화이지만 일리가 없지는 않다. 아이를 품고 기르는 동안에도 최상의 컨디션을 유지할 방법을 찾다보면 제법 급진적으로 바뀔 수 있다. 평생을 환경 독소에 신경 끄고 살던 사람도 자기 몸속에, 위에, 주변에 놓인 이런저런 물질이 일정량을 초과할 때 자라나는 태아 또는 영유아의 건강을 해칠 화학물이라는 것을 금세 깨닫는다. 또한 출산 방식을 고민하는 예비 양육자 입장에서는 선배 산모들로부터 무시무시한 후기를 접할 가능성이 높다. 분만을 유도하겠답시고 의사들이 다짜고짜 약을 집어넣었다가 일이 틀어져서 결국 추가 개입에 긴급 제왕절개술까지 받았는데 출산 후에도 몸 상태가 좋아지지 않는다든가. 어쩌면 내 도플갱어가 비슷한 경험을 하고서 당시 느꼈던 울화와 낙담을 기록한 2001년 작 『오해: 모성으로 가는 여정에서 만난 진실과 거짓, 돌발 상황』의 낡은 사본을 물려받아 한번 훑어봤을 수도 있다.

서양 의학이 이런 사안을 진지하게 조명하는 경우가 드물다보니 임부들은 대체 정보원과 대체 지원을 찾아나선다. 이를테면 의학계가 당신에게 무력하고 무지하고 무능한 느낌만 주지 않느냐고 속삭이는 곳들. 본능과 직감을 깨워서 어쩌면 크리스티안 노스럽이 출연한 2008년 다큐멘터리에서처럼 "출산 오르가슴"을 느껴보라고 속삭이는 곳들.

이것은 산모 건강을 증진하는 긍정적 경험이 될 수도 있다. 어떤 형태로 출산할지 결정할 권리가 있다는 것은 다행이니까. 하지만 백인, 부유층, 자유지상주의자들이 주름잡고 있는 웰니스 산업은 바로 이 대목에서 치명상을 입힐 수 있다. 질식분만을 쉽게 포기하거나 외과적 개입에 지나치게 의존하거나 가정 출산이라면 위험 부담이 적더라도 무조건 뜯어말리려는 의사가 실제로 많지만, 세계 도처에서는 임신과 출산에 따르는 합병증이 주요 사인이다. 미국처럼 유복한 국가에서조차 여성과 성소수자 인구는 더 많은 (그리고 더 섬세한) 진료를 필요로 한다. 더 적은 게 아니라.

가정학 의사이자 퀸스대학 가정의학과 조교수인 미셸 코언은 코로나 시대에 여성 웰니스 유사과학자들이 시청자에게 미친 악영향을 추적했다. 코언 박사는 의사들이 미진했던 점을 인정하면서도 인플루언서들이 "의학계의 성차별을 장사 밑천으로 삼아 새롭고 젠더화된 돌팔이 약 시장을 만들고 있다"고 주장한다.[18] 제도를 고칠 생각보다는 낙오자들의 호주머니를 털려는 속셈인 것이다. "웰니스 산업은 여성 건강에 더 깊이 있고, 더 나은 과학을 바라는 입장이 아니에요. 주류 바깥에 곁길을 뚫어서 여성 문제를 해결하려 하고 있어요. 더 교묘한 문제라면, 앞으로도 웰니스 산업은 젠더의 축을 따라 발전할 가능성이 크기 때문에 약장수들에게 노출될 가능성은 여성들이 압도적으로 높다는 거예요."

초기 페미니스트 건강 운동과는 꽤 다른 양상이다. 1970년대에는 글로벌 사우스 빈곤층 엄마들에게 분유 가루를 광고한 네슬레를 상대로 불매운동을 벌이는 등 어느 정도 반자본주의적 성격을 띠는 시도가 있었다. 그때 페미니스트 건강 운동은 병원 내 분만실 조성, 조산사와 산파의 전문화, 안전하게 낙태할 권리, 여성 건강에서 등한시된 문제를 조명할 연구 기관 등 집단적·제도적 차원의 변화를 목표로 했다. 유급 육아휴직과 범죄시되지 않고 모유 수유할 권리도 포함됐다. 아버지의 연구와 어머니의 추진력 덕분에 이런 운동에 속해 자란 입장으로서 말하건대, 화려한 삶은 아니었다. 조산사와 산파는 돈을 (조금) 벌었다. 가정의라면 더 받긴 했지만 산과의에 비하면 새 발의 피였다. 책『우리 몸, 우리 자신』의 수익금으로 보스턴여성건강공동체를 설립했지만 그걸로 입에 풀칠할 수 있는 사람은 없었다.

포괄어 "웰니스"가 의미하는 바는 여전히 가치가 높다. 다들 위험할 정도로 늘 앉아서만 생활한다. 책상 앞에 붙어 있어야 일할 수 있으니까 그렇다. 틈날 때마다 움직이면 더 건강하고 활기차게 살 수 있다. 신선한 재료로 조리한 음식은 오가며 사 먹는 패스트 푸드보다 영양가가 더 뛰어나다. 불로영생이나 시곗바늘을 되돌려 청춘을 선물해주진 않겠지만 어쨌든 활동적이고 힘이 센 것은 좋다. 영양가 높은 음식을 섭취하는 것도. 그리고 빅파마가 내놓는 해결책 너머로 건강의 지평을 확장하는 것도. 어디서 살든 누구나 이런 선택을 할 수 있도록 기회와 시간, 자원이 뒷받침돼야겠지만 오늘날에는 기대하기 어려운 게 사실이다.

이런 생활 조건상의 변화를 코비드 백신과 마스크, 처방약에 대한 대안책이 아니라 중요한 보완책으로 권유한 의사와 대체의학가들이 있다. 의사 루파 마랴는 코비드 음모론자들을 거세게 비난하며 반과학적 태도가 "미국 내 주요 사인"이라고 일침을 가했다.[19] 그리고 의사 라지 파텔과 『인플레임드』를 공동 저술해 현재 의학계에서 이뤄져야 할 개선 사항을 논의했다. 사람들이 앓는 게 당연한 일이 돼버린 사회에서 살고 있다며 웰니스 업계 권위자들이 하는 지적은 옳다고 시인한다. 하지만 강철 체력 같은 고가 솔루션을 제시하는 대신 우리 세계에서 독소를 빼내고 누구나 건강한 선택을 하게 해줄 구조적 변화, "깊은 의학deep medicine"을 주창한다.

마랴와 파텔처럼 대체요법과 예방의학에 박식한 사람들은 전문 지식을 바탕으로 팬데믹 기간에 공통의 보건 위기에 대한 집단적, 구조적 타개책을 강구했다. 일찍이 미국의 대공황 기간에도 비슷한 노력이 이뤄졌다. 뉴딜 정책의 프로그램들은 공공 수영장과 주립공원, 국립공원 수백 개를 건립하며 일자리 수백만 개를 창출했다. 이 야심찬 공익사업들은 운동과 자연에의 접근 권리를 부유층만 누려서는 안 된다는 핵심 철학을 지녔다. 흑인과 갈색인종 거주지 가운데 뉴딜 인프라의 혜택을 일체 받지 못했던 지역, 혹은 백인들이 인종 통합 정책에 반발하면서 인프라를 잃었던 지역에 중점을 둔 유사한 프로그램을 오늘날에도 도입해볼 수 있다.

그리고 웰니스 전문가들은 간호사와 교사들을 공격하기보다는 이들과 의기투합해 아이들이 야외와 자연에서 교육받는 시간을 추가 확보하고, 주당 근무 시간을 축소한 양육자도 충분한 월급과 노조의 보호를 받도록 목소리를 높일 수 있었다. 그랬더라면 활동적인 삶을 사는 데, 건강식을 선택하거나 준비하는 데 더 이상적인 조건을 마련했을 것이다.

하지만 한가락 한다는 웰니스 인플루언서 대다수는 다른 식으로 영향력을 행사했다. 완벽한 바디 더블에 도달하면 완벽한 삶이 펼쳐지리라는 보증만 가득하다. 내 어머니가 주기적으로 참조한 건강계의 바이블 『우리 몸, 우리 자신』의 정신을 어느덧 "내 몸, 내 가치"의 에토스가 대체하면서 "네 몸, 네 과제" 또한 자연히 딸려온 듯하다.

이제 이 업계가 굴러가는 모양새가 빤히 보인다. 눈이 시릴 정도로 하얀 배경 막 앞에서 자기 모습을 사진과 영상 촬영물로 남기는 절대적으로 백인 위주의 미녀들. 필터와 필러로 도자기처럼 매끄러워진 얼굴. 몸에 딱 들러붙고 격려 문구가 적힌 탱크톱과 자매품 무늬 레깅스. 아이 키우는 과정을 유기농 식품 협찬 광고 시리즈로 녹여내는 웨이브 머리 맘플루언서까지. 그들은 심장이 터져나올 것만 같은 절절한 사랑의 눈빛을 카메라 렌즈 너머 우리에게 발산한다. 여차하면 깜빡할 수 있는데, 이들은 실제로는 휴대전화에 담긴 본인의 모습, 디지털 분신을 바라보고 있다. 그러면서 이 출구 없는 거울의 집에서 최상의 자아를, 바디 더블을 일궈내라고 우리에게 강요한다.

여느 온라인 문화와 마찬가지로 인플루언서들의 부상은 한동안 크게 문제시할 게 없어 보였다. 아무렴, 인스타그램과 틱톡은 자존감에 씻을 수 없는 상처를 남기기도 하고, 그래, 허풍선이들이 하는 짓은 종종 가관인 데다, 누구는 이뇨 작용에 좋다는 의심쩍은 찻잎을 판매하기도 했다. 하지만 플랫폼에는 운동 꿀팁과 건강식 요리법, 정말로 유익한 정보도 돌아다녔다.

그러다가 사건이 터졌다. 자칭 건강 전문가들이 모여 있고 전도가 양양한 이 무질서 산업군이, 소득 안정성을 보장받는 근무자들을 포함해 거의 모든 사람을 단숨에 쫄아버리게 한 전 세계적 보건 위기와 만났다.

요가 스튜디오와 크로스핏 훈련장, 마사지 클리닉은 팬데믹을 계기로 문을 처음 닫았다. 장부에 기입하는 숫자가 들쑥날쑥해지면서 운영자들의 장래도 같이 요동치기 시작했다. 에런라이크가 관찰했다시피 우리는 삶이 통제 바깥에 있다고 느낄 때 몸으로 시선을 돌린다. 응원 구호를 정답게 외치며 홈트레이닝과 야채 주스를 권하던 예쁘고 튼실한 인플루언서 다수가 어둠의 세력이 곧 나타나 우리를 오염시키고 숨을 못 쉬게 하며 잽을 날린 뒤 지배할 거라고 속삭인 게 바로 이 시기였다. 바로 이 시기에 대각선들끼리 서로를 찾아나서기 시작했다.

악바리끼리의 대동단결

스티브 배넌을 헬스광으로 여기는 사람은 아무도 없을 것이다. 트럼프는 패스트푸드를 받들어 모신다. 그리고 폭스뉴스에서는 진성 미국인에게 채소 섭취를 권하는 자유주의자들을 헌신짝이 될 때까지 씹고 뜯는다. (백악관에서 정원밭을 가꾼 미셸 오바마는 단골 표적이 되었다.) 어쨌든 공통점이 나타났다, 그것도 아주 많이.

극우와 극변은 앞뒤 가리지 않고 일을 추진하는 악바리 같은 집념과 초개인주의에 대한 신념, 이 둘을 바탕으로 결속한다. 대체요법 세계에서는 다들 무언가를 팔고 있다. 수업, 수련회, 사운드 배스, 에센셜 오일, 해독성 스프레이, 히말라야 소금램프, 커피 관장제. 건강보조제만 놓고 따져도 2022년 전 세계 판매 총액은 1550억 달러로 추산된다.[20] 배넌의 「워룸」이나 알렉스 존스의 「인포워스」도 별반 다르지 않다. 남성스러움이 뚝뚝 묻어나는 보조제, 생존주의자를 위한 비축 식량과 도구, 프리덤페스트 초대권, 귀금속 할인권, 은 용액을 혼합한 치약, 무기 훈련 교습. 앞으로 닥칠 "수난 시대"에 대비할 남성이라면 특수 적외선에 고환을 그을려 테스토스테론 수치를 높여야 한다는 내용의 2022년 다큐멘터리를 터커 칼슨이 찍었던 사실도 잊지 말자.

두 부류는 서로 다른 목소리를 낸다. 하나는 사근거리고 다른 하나는 사납다. (법적 공방으로 두통을 앓기 시작한 존스는 자기 브랜드에서 나온 상품을 광고한답시고 시청자들에게 으름장을 놓는 수준에 이르렀다. "이걸 구매하지 않는다면 적의 편을 드는 거나 다름없어.")[21] 하지만 기저에 깔린 메시지는 닮아 있다. 나라가 나락으로 떨어지고 있으니 당신은 (사회적 일원이 아니라) 한 개인으로서 몸을 잘 챙겨두든, 재난 창고에 비상식량을 더 쟁여두든, 혹은 둘 다 하든, 이 악물고 앞날에 대비해야 한다. 가장 성공한 건강·운동계 인플루언서들은 이상적인 모습을 전시하면서 당신도 나처럼 끝없이 자기계발을 한다면 반열의 경지에 오를 수 있다고 속삭인다. 그러면서 돈을 한 보따리 쟁이는 모습이, 개인을 유일한 사회적 행위자로 보는 극우파 경제적 자유지상주의자 및 무정부자본주의자와 여러 면에서 톱니바퀴처럼 완벽하게 맞물린다. 두 부류 다 누구나 건강한 삶을 살 수 있게 할 집단적 해결책이나 구조적 변화에 대해서는 말하지 않는다.

정말로 극우와 극변은 백신에 대해 같은 입장인 걸까? 칼슨은 코비드 백신을 맞은 적이 없다고 주장하고 배넌도 자신이 미접종 상태임을 강력히 암시하는데 실제로 그런지는 알 길이 없다. 우리는 다음을 알 뿐이다. 이들은 성공리에, 절찬리에 진행될 수 있는 정부 지원 사업, 즉 범유행에 대항할 백신 무료 배포 프로그램에 초를 치는 편이 정치적으로 이득이 된다는 것을 간파했다.

이것은 트럼프가 2020년 선거에서 곤욕을 치른 뒤 민주당이 여전히 삼권을 장악한 시점에 착수됐던 것과 어느 정도 관련이 있다. 원활하게 백신 접종률을 높였더라면 수많은 목숨을 살리고 민주당에도 큰 성과를 안겨주었을 것이다. 하지만 의학 역정보가 끊임없이 확산되면서 와이오밍이나 미시시피 같은 주는 접종 대상자의 절반이 접종하는 일에서조차 난항을 겪었다.[22]

백신 반대론을 뒷받침하는 좀더 깊은 이념적 논리가 있을지 모른다. 만약 미국이 무료 백신과 급여 대체 프로그램으로 코비드를 좀더 수월하게 통제했더라면, 결단에 따라 적기에 보편적이고도 인간적인 보살핌을 국민 전체에게 제공할 능력이 연방정부에 아직도 있다는 점을 증명하는 사건이 되었을 것이다. 하지만 이는 다른 질문들을 제기한다. 코비드를 손볼 수 있다면, 왜 거기서 그칠까? 비슷한 대규모 공익 사업으로 다른 시급한 사안도 처리하면 되지 않을까? 정부가 기아 사태와 널뛰는 주거 비용, 보편적 의료보험에 대한 모범답안도 제시할 수 있을까? 코비드에 원만히 대응했더라면 우파 진영 다수가 달가워하지 않을 활동가적인 근대 정부의 전례를 남겼을 것이다. 그러니 코비드 공중보건 조치가 배넌과 칼슨 같은 사람들의 조준선에 놓인 것은 어쩌면 아주 간단하게도 오직 공공성 때문일 수도 있다.

「역정보 12인」목록을 수놓은 웰니스계 권위자와 행상인들도 (그리고 그런 자리를 탐내는 사람들도) 보건 당국 공직자들과 맞붙었는데, 이들은 돈을 노리고 싸웠다고 보는 게 맞다. "건강은 의료계의 **목표가 아닙니다.** 뉴스레터를 구독하시고 **건강의 참요소를** 익히세요!"[23] 크리스티안 노스럽이 웹사이트 상단에 걸어놓은 문구 옆으로는 이상하리만큼 반반한 그녀의 얼굴 사진이 좌르르 펼쳐져 있다. 또는 한창 회자된 밈을 인용해보자. "독감 주사 따위 안 맞겠어! 의료산업이 건강한 사람보다는 골골거리는 사람을 선호한다는 걸 알 만한 지능은 되니까."(선호도 발언은 타당한데, 그건 공짜 독감 주사를 맞느냐 마느냐 하는 문제와는 무관하다.)

웰니스 자영업계가 드는 논리를 다음과 같이 요약할 수 있겠다. 의사와 제약 회사들은 당신이 아프기만을 기다렸다가 반창고 같은 허섭스레기 변통책만 권하겠지만 우리 웰니스와 피트니스 전문가들은 당신의 안녕을 진심으로 기원하니까, 여기 파는 물건부터 전부 사보시죠. 웰니스 산업이 번창하고 수익성이 올라갈수록 정통 의학과의 경쟁 심리는 더 거세진다. 병원에서 진찰받거나 처방전을 받는 일조차 관리 실패의 근거, 즉 시키는 대로 유기농 주스를 마시지 않았거나 트레이닝을 받지 않았다는 방증으로 읽힌다. 그러니 (독소에 찌들고 체력이 부실한) 보통 사람들과 같은 줄에 서서, 어떤 전문 지식도 특별한 미덕도 따로 갖출 필요 없이, 자본주의 시장 한복판에서 제일 의심스러워하는 무료 제품을 받기란 웰니스 종사자의 정체성을 무너뜨리기에 부족함이 없다.

코로나 바이러스가 터지면서 웰니스wellness를 전문으로 하는 유명 인사와 그들이 질병sickness으로 밥벌이한다며 깔본 사람들(예: 의사와 과학자들)의 경쟁은 점입가경으로 치달았는데, 이유는 간단했다. 정통 의학은 몇 달째 고전하고 있었다. 이 시기의 의사들은 감염 의심자에게 전혀 안심이 안 될 충고만 했다. "다른 사람한테 옮기지 않도록 조심하세요." "호흡 곤란이 오지 않는 한 집에서 지내세요." "호흡 곤란이 오면 구급차를 불러 지역 병원의 문을 두드려보되 확률상 거기서 살아 나오기는 힘들어요."

이건 음모가 아니었고 사실 대부분은 실패라고 볼 수도 없었다. 물론 의료계가 더 많은 마스크 재고량, 더 많은 인공호흡 장치, 더 많은 침상, 더 많은 간호사 인력을 배치해뒀더라면 범유행에 좀더 유능하게 맞섰을 것이다. 하지만 기저 문제, 즉 신종 바이러스를 이해하는 데는 시간이 걸린다는 점을 바꿀 수는 없었다. 과학자들이 진지한 연구 끝에 최적의 경로를 제시하는 데는 시간이 걸린다.

이 같은 정보 공백에서 웰니스 보부상들은 선발주자의 기회를 엿보았다. 이쪽도 바이러스에 대한 이해가 부족하기는 마찬가지였지만, 특정 약재나 식단이 해결해줄 거라는 허풍을 무질서한 온라인 정글에서 언제 막아선 적이 있었던가. 전염병 학자들이 밤잠 설쳐가며 SARS-CoV-2를 연구하는 동안 웰니스 구루들은 온갖 영양보충제와 팅크제, 만병통치약을 늘어놓으며 의사들이 못 하는 걸 해주겠다고 떠들었다. 우리를 지켜줄 거라고. 횡재도 이런 횡재가 없었다. 물론 백신이 나타나 분위기를 망치려들기 전까지는.

이 업계가 뿔이 날 만도 하지 않은가?

흑사병

여태까지는 대각선주의 동맹이 편리상 맺어진 거라는 식으로 주장을 펼쳐왔다. 극우 선전가나 극변 인플루언서는 저마다 백신 배포에 코를 빠뜨리고 싶어할 만한 이유가 충분했다. 전자는 순기능하고 상냥한 정부의 전례를 (그리고 정적의 승리를) 두려워했다. 후자는 급성장 중인 업계의 파탄을 두려워했다. 하지만 두 집단이 더 강하고 더 난감한 연결 고리로 묶여 있다는 생각이 든다. 서로 얽히는 과정에서 두 세계는 누구의 생명이 제일 높은 가치를 지니고 또 누구의 죽음은 "자연"의 소행인가에 대한 철학을 점차 노골적으로 공유하고 있다.

다른 웰니스 수단처럼 운동도 깊고 유익한 쾌락을 제공한다. 하지만 업계 전도사 여럿에게 피트니스와 식단은 가치관이 응축된 노력이다. 목표 달성이라는 높은 기준치를 설정하고 그에 알맞은 각고의 노력("뼈와 살을 깎는 노력")을 기울이는 것이다. 그렇게 해야 이상적인 바디 더블에 가닿을 수 있다. 바디 더블이 거기서 그대로 있어준다면야 아무 탈이 없을 것이다. 문제는 그러는 법이 드물다는 것이다. 카먼 마리아 마차도가 도플갱어 단편에서 보여주듯이, 호리호리하고 완벽한 몸을 갖게 되면 과거 비참했던 몸은 그림자 자아가 되어 늘 곁을 맴돈다. 그리고 이 버려진 분신은 끔찍이도 구박받는다. 「여덟 입」에서 화자가 받은 수술과 그에 따른 변화를 자신에 대한 공격으로 간주한 딸은 상처받은 마음에 화를 낸다. "내 몸 싫어, 엄마?"[21] 고통에 찬 목소리다. "엄마는 자기 몸 분명히 싫어했잖아, 근데 난 엄마의 예전 몸이랑 똑 닮아 있고, 그러니……." 이건 좀더 사적인 도플갱어가 풀어놓은 덫이다. 몸에 대한 광기에 사로잡히면 건강한 자아는 허약한 자아를 박살내는 데서 멈추지 못할 수도 있다. 끓어오르는 자기혐오를 다른 사람의 덜 건강하고, 덜 전형적으로 유능한 몸에 투사해 새로운 분풀이 대상을 만든다.

신체에 대한 도덕적 판단은 팬데믹을 거치면서 더 심해졌다. 비만과 당뇨, 일부 중독이 연령을 비롯한 다른 요인들과 함께 코비드 감염 때 위험을 높인다는 사실이 밝혀지자 판단하는 경향은 한

층 더 격렬해졌다.[25] 한편 마스크 착용과 백신 접종은 가장 취약한 인구를 보호하기 위한 의무로 설명되었다. 웰니스 문화 기저에 깔려 있는 덜 전형적으로 완벽한 몸과 덜 "청결한" 라이프스타일에 대한 적대감의 불씨가 화재로 번진 것은 이때다.

예를 들자면 끝이 없겠지만 우리의 오랜 동무인 글로잉 마마의 일화 하나면 충분하다. 인스타그램에 수두룩하게 게시한 코비드 음모 영상에서 그녀는 빈혈기를 자주 내비친다. "미안해요 여러분, 내가 사흘째 단식 중이라." 공복감을 호소하는 것은 분명 보는 재미를 더한다. 팬데믹 2년차에 접어들자 글로잉 마마는 그녀와 딸의 마스크·백신 거부가 타인의 건강을 위협할 수도 있다는 말에 가감 없이 분노를 드러낸다. 이렇게나 건강한 몸이 긍정적 활력의 원천이 아닌 다른 무언가라는 가능성은 당연히 있을 수 없기에 그녀는 자신을 괴롭히는 상상 속 비평가들에게 이렇게 응한다. "씨발, 당근 처먹고 러닝머신에서 뛰기나 해."[26] 여기에 동의하며 다른 트레이너가 한마디 얹는다. "신진대사가 후진 사람들이 치유를 하든, 건강을 낮게 하든 내 상관할 바 아니라는 걸 요즘 받아들이고 있다…… 그 사람들 건강은 그 사람들 책임이고 내 건강은 내 책임이라는 걸 인정하고 깨달으면…… 끝!" 그러고서 작성자는 펠리오 식단*을 따르는 중에도 먹기 괜찮은 머핀을 소개하는 데 열중했다.(#청결식단)

---

* 펠리오paleo는 '구석기 시대'를 뜻하는 단어로, 여기서는 선조들이 먹던 방식처럼 무가공, 무첨가 자연 식재료 위주의 식단을 가리킨다.

이런 댓글들을 살펴보면 적어도 위와 같은 트레이너들에게는 그들처럼 기골이 장대하지 않은 사람은 건강의 어떤 면에 대해서도 의견을 가질 자격이 없다. 건강에 관하여 그들을 추궁할 자격은 더더구나 없다. 코비드 시대에는 모든 사람이 불편을 일정 정도 감내해 집단적 안녕을 도모해야 한다는 공중보건 구호는 많은 이로부터 지지를 얻었다. 하지만 웰니스 산업의 핵심 구호와는 정면으로 배치됐다. 개인은 영향과 통제, 경쟁력을 선보이는 핵심장으로서 자기 몸에 대한 책임을 반드시 져야 한다. 관리 안 한 결과는 오로지 자기 몫이다. 신체 신자유주의의 결정체다.

팬데믹 공표 한 달차에는 바이러스에 대해 알려진 게 얼마 없었다. 그래도 이것만은 확실했다. 코비드는 백인보다 흑인을 더 심각하게 위협했다. 2020년 4월『뉴요커』기고문에서 프린스턴대학 역사학 교수 키앙가야마타 테일러는 코비드 사태를 "흑사병"이라 일컬었다. "이번 바이러스로 수천 명에 이르는 백인 미국인도 목숨을 잃었지만 아프리카계 미국인이 죽어가는 속도로 미루어보면 작금의 공중보건 위기는 인종적·계급적 불평등의 실체를 보여주는 실물 교훈이라고 할 수 있다."[27] 하지만 음모영성주의 인플루언서들은 전혀 다른 교훈을 얻어갔다. 이들은 코비드 초기 사망자 통계에 드러난 인종과 계급 간 격차에서 다음의 교훈을 깨달았다. "이 바이러스는 나같이 생기지 않은 사람들을 죽이겠군." (초반에는 사실이었지만 팬데믹이 길어지면서 형세는 점차 역전됐다.[28] 백신과 마스크에 대한 역정보 확산이 주된 이유였다.)

자기애 넘치는 파스텔 톤의 여성 웰니스 세계와 입에서 불을 뿜으며 이민자를 쥐 잡듯 하는 배넌계 우파를 이어 붙이는 찐득한 풀은 바로 우월주의 서사에서 열등하게 여기는 수많은 사람을 지구상에서 지워버리겠다는 의지다. "당근 처먹고 러닝머신에서 뛰기나" 하라며 자신에게 백신 접종을 부탁해오는 사람들을 쏘아붙이는 날씬한 백인 피트니스 강사들은 코비드에 고삐가 풀리면서 피해를 입는 대상이 주로 가난한 흑인과 갈색인종이었다는 점을 염두에 두었으리라고는 생각하지 않는다. 하지만 이런 통계적 현실은 대각선주의 동맹에 속한 극우파 사람들이 바라는 백인 우월주의 목적에 여전히 부응한다. 코비드 최고 위험군은 배넌이 "국경 전쟁" 팟캐스트 구간에서 침입자로 다루고 트럼프가 "미국 대학살" 취임식 연설에서 전쟁터로 묘사한 동네들에 거주하는 인구에 속한다. (해당 연설문은 배넌이 캠페인 동료들과 함께 작성했을 가능성이 높은 것으로 알려져 있다.)

다른 연결점도 보인다. 조르자 멜로니부터 자이르 보우소나루를 아우르는 초국적 극우파가 공포를 조장하는 반트랜스 정책을 강력 접착제 삼아 "포용적 국가주의"라는 프랑켄슈타인을 짜깁기하자, 코비드 백신이 부자연스럽다고 질타하던 웰니스 세계 사람 다수는 성별 이분법과 가족 내 전통적인 역할 분배의 자연스러움을 감싸고 돌면서 목소리를 더하기 시작했다. 처음에는 큰 접점이 없어 보였지만 근대 웰니스 산업 대부분은 자연적 위계와 유전적 우월함, 죽어도 싼 사람들 같은 극우 개념에 너무 쉽게 다리를 걸칠 수 있는 것으로 판명 났다.

노란색 별과 해괴망측한 투사

울프는 마스크와 백신 의무령을 나치 점령하의 유럽에서 유대인이 착용해야 했던 노란색 별에 가장 먼저 빗댄 부류에 속했다. 반백신 운동은 나치 홀로코스트에 대한 직접적인 비유를 선호했다. 툭하면 쥐스탱 트뤼도와 에마뉘엘 마크롱을 히틀러로, 앤서니 파우치를 요제프 멩겔레*로, 자가격리 호텔을 강제 수용소로 묘사했다. 목록은 끝이 없다. 그럴듯한 비유들이 인기를 얻자 테네시주 네슈빌에 위치한 어느 모자 상점에서는 '백신 미접종' 자수를 놓은 노란색 다윗의 별 패치를 판매하기에 이르렀다. ("디자인이 잘 빠졌어요! 개당 5달러고…… 곧 트럭 모자도 팔 예정이에요."[29] 가게 주인이 인스타그램에 자랑했다.) 그러나 나는 내 도플갱어만큼 나치 비유에 열심인 사람은 아직 본 적이 없다.

서슴지 않고 나치 비유를 드는 것을 넘어섰다. 그녀는 "생물파시스트biofascist" 쿠데타가 일어나고 있다고 거듭 주장한다. 왜? 백신 의무령은 특정한 몸이 (접종받은 몸이) 다른 몸보다 (접종받지 않은 몸보다) 우월하다는 파시즘적 개념을 밑절미 삼기 때문이란다. 울프가 번번이 보이는 태도이지만 이번 투사도 많은 것을 시사한다. 첫째, 나치는 독일 내에서는 백신 프로그램을 느슨히 했고 병합한 영토에서는 비#아리아인 인구의 감소를 목적으로 백신 도입을 완강히 제지했다. ("슬라브족은 우릴 위해 노동해야 한다.

---

* 아우슈비츠 수감자들에 생체 실험을 진행한 것으로 악명 높은 의사.

이득이 되지 않는다면 죽어도 상관없으니, 저들에게 백신 접종과 독일 의료 서비스는 과분한 처사다."[30] 1942년 히틀러의 참모장이자 나치 당 수부장을 지낸 마르틴 보어만이 작성했다.) 게다가 힘세고 건강한 이들에게 그들 자신과 더불어 약하고 나이 들고 의료적으로 취약한 사람들을 보호하기 위해 약간의 불편을 감수해달라고 부탁하는 백신 프로그램은 생물파시즘의 정반대다. 오히려 생물정의 biojustice 라고 부를 만하다.

공동체의 일원들에게 더 큰 위협을 가할 질환들에 백신 접종으로 대비하면 신체적 불편이나 결함에 관계없이 누구나 동등한 인간으로서 공공장소에 접근할 권리와 좋은 삶을 누릴 수 있다. 장애정의 운동의 주축이 되는 이 원칙은 수십 년간의 투쟁 끝에 헌법민주주의 사회 대다수에 법으로 일부분 (하지만 불충분하게) 제정돼 있다. 이 투쟁의 결실로 건물에 경사로와 엘리베이터가 생겼고, 공립학교에서는 비전형적인 몸과 뇌를 가진 아이들을 위해 맞춤형 교육을 제공한다. 이런 성과가 끊임없이 공격받는 이유는 우리가 각자 다른 수요와 취약성을 가진 몸들이 얽혀 사는 공동체로서 사고하고 기능해야 한다는 생각이 네 앞가림은 네 본분이고, 좋든 나쁘든 간에 너는 네 몫을 챙겨간다는 신자유주의 자본주의의 핵심 메시지와 정면으로 충돌해서다. 그리고 그 연장선상에서 신자유주의 웰니스 문화의 핵심 메시지와도 상충한다. 먹지 않으면 먹히는 약육강식의 세계에서 네 몸은 네 통제와 경쟁력의 산실이야. 그러니 지체 없이 가꾸도록!

장애정의 운동가이자 작가인 비어트리스 애들러볼턴은 코비드 부인주의에 불을 지핀 사고관을 "미래에서 당겨온 죽음들",[31] 즉 죽어가는 사람들은 안 그래도 대부분 세상을 일찍 떠날 목숨이므로 "코비드로 인한 사망을 가히 예정된 수순"으로 보는 단정적인 태도로 설명한다. 코비드로 타임라인이 몇 년 앞당겨졌을 뿐인데, 뭐 그리 대수냐? 이런 태도는 그나마 조신한 축에 든다. 샌달우드 향에 절어 있는 극단에서는 미래에서 당겨온 죽음들을 실제로 반기기까지 한다. 요가 수행자가 말하지 않았던가. "내 생각에 그런 사람들은 죽어 **마땅해요**."

내 도플갱어의 화법을 따라하다가 더 큰 혼동을 빚을 것을 각오하고 말하자면, 이건 파시즘적 사고다. 좀더 구체적으로, 이건 대학살적 사고다. 인류의 등급을 나눈 유사과학 인종주의자들은 태즈메이니아*에 본래 살던 주민 등 원주민을 "살아 있는 화석"으로 분류하며 식민지 대량 살육을 정당화했다. 영국 총리 시절 솔즈베리 후작은 1898년의 연설에서 "세계의 국가를 살아 있는 곳과 멸종하는 곳으로 대략 나눠 볼 수 있다"고 설명했다.[32] 원주민을 죽기 직전pre-dead 상태로 보기 때문에 절멸은 운명의 일정표를 단축하는 수단에 지나지 않는다.

개인 브랜딩 문화에서 나온 부산물이자 오늘날 무수한 젊은이를 괴롭히는 실리콘밸리식 자기 최적화 개념을 수용한 주류 웰니

---

* 1만여 년 전 호주 본토와 분리된 섬. 17세기 중반에 네덜란드 탐험가 아벌 타스만이 '발견'하고 19세기 초 영국 식민자들이 정착하기 전까지 이곳 원주민들은 수천 년간 외부와 단절 상태로 지냈다. 유럽에서 유입된 전염병으로 인구는 급격히 감소했다.

스계의 수로를 타고 이런 역사의 물줄기는 세를 넓히고 있다. 한 걸음 내딛을 때마다 기록해야 한다. 매일 밤 수면을 측정해야 한다. 모든 식사는 "깨끗"해야 한다. 바로 이런 맥락에서 1930년대의 파시스트/뉴에이지 동맹은 21세기에 회생했다. 인간을 "최적화" 할 수 있고 그렇게 해야 한다는 생각은 그 자체로 파시즘적 세계관을 낳는다. 내 식단이 특히나 깨끗하다는 뜻은, 다른 사람 식단은 특히나 더러울 수 있다는 소리다. 내 안전이 튼튼한 면역계 덕분이라는 말을 뒤집으면 다른 사람의 위험은 나약함 때문이라는 의미다. 내가 완전하다면 그 정의상 다른 사람은 불완전하다. 고장나 있다. 폐기장 가까이에 있다. 이런 맥락에서 몇몇 유명한 백신 반대론자는 스스로를 "순수 혈통"이라 부른다. 피가 백신에 물들지 않았다는 이유에서인데, 우월주의가 물씬 느껴지지 않는가.

내친김에 거울세계에서 가장 피픽화한 투사를 살펴보자. 코비드 음모론 첫 유행에서부터 우리를 침수시킬 거짓말의 해일까지 전체를 통틀어 다음의 주장이 제일 우세했다. 이 모든 것의 배후에는 인류를 다수 처분하려는 계획이 있다는 주장. 처음에는, 바이러스는 중국인들이 우리를 도태시킬 목적으로 개발한 생물 무기라는 주장이었다. 그다음에는, 드러나지 않은 우생학자인 빌 게이츠가 우리를 도태시킬 진짜 도구, 백신을 밀어붙이려고 바이러스를 만들어냈다는 주장이었다. 하지만 정작 실제로 도태를, 불필요한 대규모 희생을 부추긴 사람은 누구였나? 대각선주의자 본인들이다. 그들은 병력이 있는 사람, 장애를 가진 사람, 면역결핍을 앓는 사람, 장년층에 속하는 사람, 즉 공동체 내에서 상대적으로 더 취약한 사람들이 피해를 입지 않도록 전염성 막강한 질병을 예방할 수 있는 간단하고도 안전한 조치들을 조직적으로 거부했다. 우생학은 무리에서 약한 일원을 도태시켜 유전 형질을 강화하는 것을 주된 목표로 삼는다. 그리고 큰 부분이 성사됐다. 미국에서 코비드로 사망한 첫 80만 명 중 4분의 3은 65세 이상이다. 또한 빈자의 캠페인이 실시한 조사에 따르면, 미국에서 빈곤 지역 거주 인구는 부유 지역 대비 약 두 배 높은 비율로 사망했다.[33] 미국에서 델타 변이가 유행했을 때 극빈 지역 거주 인구는 극부 지역 대비 **다섯 배 높은 비율**로 사망했다. 숫자는 코비드가 계급전쟁임을 보여준다.

○●

자, 그럼 정리가 다 되지 않았나? 극악무도한 이번 인명 대손실은 거울세계 사람들에게 책임을 물으면 되지 않는가. 나머지는 바이러스라는 끔찍한 시험에 알맞게 대처했으니 발 뻗고 잘 수 있지 않나. 마스크를 썼고 주사를 맞았고 커브를 꺾고 또 꺾으려 노력하지 않았나.

불편한 진실이라면, 이건 도플갱어 이야기라는 것이다. 도플갱어 이야기는 결코 '저들'에 관한 내용에서 끝나지 않는다. 저들은 언제나 '우리'와 연루돼 있다. 문학은 논의의 여지를 남기지 않는다. 1796년에서 1797년 사이에 출간된 세 권짜리 소설 『지벤케스』에서 도플갱어Doppelgänger라는 단어를 창안했다고 알려진 독일 소설가 장 파울은 해당 개념을 "자기 자신을 보는 사람들Leute, die sich selber sehen"로 정의했다.[34]

나는 그렇게 해온 걸까? 내 모든 결함과 과오, 무능력을 정말로 똑똑히 직시해온 걸까? '다른 나오미'와 그녀의 새로운 지지층을 깊숙이 들여다보면서 나는 나와 나인 것들에서 무엇을 보기를 거부하고 있는 걸까? 내가 "이쪽"과 "우리"라는 단어로 수식하는 사람들에게서 무엇을 보기를 거부하고 있는 걸까?

라파엘 전파 그림 속 커플처럼 우리 자신을 숲속에서 만난다면 과연 무엇을 만날까? 짐작이 맞는다면, 우리 중 다수는 충격에 졸도하고 말 것이다. 거울세계의 윤곽을 톺아보면서 나는 이번 해괴망측한 챕터의 근간이 되는 사고관이 대각선주의 진영 바깥에서도 보인다는 사실을 무시할 수 없었다.

거울의 이편에 선 우리는 면역결핍 질환자들을 보호하기 위해 정부에 어떤 압력을 가했는가? 여과된 실내 공기를 모든 근무지에서 누리도록 권리를 제정했는가? 백신을 국경 너머에까지 나누었는가? 북미와 유럽 정부는 국민에게 2차, 3차 접종을 권했다. 만약 지구상의 모든 사람이 1차 접종을 받기 전까지는 추가 주사를 맞지 않겠다고 했더라면? 시류에 편승하는 과정에서 우리는 어떤 몸들을 묵시적으로 희생했는가? 운 좋게도 자택에서 근무할 수 있었던 사람들은 그들이 "없어서는 안 된다"며 노고를 치하한 노동자들이 실제로 임금과 보호를 받을 수 있도록 얼마나 노력했는가? 저들이 노동조합을 결성할 수 있게 싸웠는가, 아니면 단지 편리하다는 이유로 아마존에서 계속 물건을 주문했는가? 터놓고 말하자면, 우리 다수는 훨씬 더 많은 것을 이뤄낼 수 있었다.

거울세계에 미끄러져 들어가는 사람들을 돌려세우는 일의 한계가 여기서 드러난다고 생각한다. 거울의 이편에서는 어떤 대안책을 내놓고 있는가? 제물대 없는 세계를 만들 계획이 따로 있는가? 그리고 실행을 기반으로 하는 믿을 만한 계획인가? 아니면 또 다른 블라, 블라, 블라처럼 들리는가? 달리 말해, 환상에 빠진 사람들에게 우리가 실상을 바꿀 획기적인 힘을 여전히 가지고 있다고 어떻게 설득할 것인가? 아비와 탁과 나는 팬데믹으로 고초를 겪은 이웃 주민들의 초인종을 누르며 함께하자고 제안했다. 기후오염과 제도적 빈곤의 타개를 사회적 급선무로 설정할 수 있다는 것을 믿어달라고. 이 믿음의 도약에 기쁜 마음으로 동참하고자 하는 사람을 몇 명 만났다. 아니, 그들은 초대받기를 기다려온 것처럼 흥분을 감추지 못했다. 그러나 우리가 만났던 주민 가운데는 한때 이런 집단적 사명의식을 띠었을 법하나 이제는 다른, 더 불길한 서사의 주파수에 포획된 경우도 있었다.

그리고 거대한 무언가가 바뀌지 않는 이상, 이것은 심리적 대이주의 시작에 불과하다는 직감을 나는 떨쳐낼 수 없었다.

○ ●

투표 결과는 우리가 캔버싱하면서 문을 두드렸을 때 들은 반응과 꽤 닮아 있었다. 코비드 대처 성과로 여론을 이끈다면 다수 여당의 지위를 얻으리라는 자신감으로 조기 총선을 밀어붙였던 트뤼도는 원점에서 한 치도 벗어나지 못했다. 그는 총리로 재집권했지만 의회 과반석으로 판도를 뒤집는 데는 실패했다. 아비는 지역구에서 신민주당 투표수를 두 배로 불렸지만 트뤼도 자유당으로부터 의석을 가져오는 데는 역부족이었다(예상대로였다). 한편 극우 인민당은 전국 투표수를 세 배 높였다. 더 나쁜 상황이 펼쳐질 수도 있었지만, 이걸 좋은 상황으로 볼 수도 없었다.

1년 뒤 다시 만난 대각선들은 이번에는 더 깊숙이, 더 가까이 다가왔다. 친환경 성향을 이따금 보이는 온건파 진보주의자들이 운전대를 잡고 있던 밴쿠버 시의회는 2022년 10월 지방선거에서 우회전하며 낯설고 낯선 경로에 진입했다. 밴쿠버는 샌프란시스코와 로스앤젤레스를 앞서는, 북미에서 셋째 가는 고물가 도시이자 독성 약물 위기의 진앙지다.[35] 이번에 승리한 후보자들은 주거난과 마약류 긴급사태에 근본적인 해결책을 제시하기보다는 노숙인과 정신질환자에 대한 두려움을 자극하며 경찰관 100명 추가 고용을 공약으로 내걸었다.

이번 선거의 결정타는 밴쿠버의 세 번째 부자 남성인 칩 윌슨이 조달한 거액의 자금이었을 거라고 여러 해설자는 추측했다.[36] 요가복 산업의 거성, 루루레몬 창업자인 윌슨은 2013년 레깅스 제품에 대한 고객의 항의에 다음과 같이 응해 공분을 샀다. "어떤 여자 몸에는 안 맞을 겁니다…… 허벅지끼리 쓸려서 그러는 걸 거예요."[37] 이를 계기로 일선에서 물러났지만 윌슨은 여전히 회사의 대주주다. 이후 블로그 삼매경에 빠지며 별소리를 다 했는데, 그중에는 여성이 충분히 "여성스럽지" 않아 남성의 흥분이 저하돼 "인류 존망"이 위기라는 게 골자인, 지금은 삭제된 글「발기는 중요한 가?」[38]도 있다.

근래에 월슨은 우파 정치가들과 센세이셔널한 언론 공세에 막대한 부를 쾌척하고 있다.[39] 위에서 말한 밴쿠버 선거철을 포함해서 말이다. 팟캐스트「크랙다운」의 사회자 가스 멀린스는 득표 결과에 한풀 꺾인 친구와 동료들의 모습에 이렇게 피력했다. "요가의 검은 돈으로 조장한 공포가 이번 선거 결과를 좌우했다."[40]

남성성의 장래를 우려하는 비만혐오주의 억만장자가 세운 요가팬츠 제국으로부터 자금을 수혈받은 신입 경찰 100명? 거울세계는 분명히 확장 중이었고, 앞으로 더 괴기한 모습으로 변해갈 게 눈에 선했다. 2022년 12월에는 폭력 쿠데타로 독일 정부를 전복하고 군주제를 복원하려던 일행의 계획이 빛을 보지 못했다는 소식이 들려왔다. 캐나다 큐어넌 여왕을 모시는 충신들이 그랬듯이 중무장한 극우 지지자와 음모론적 몽상가들은 현 독일 정부가 위법이라는 환상에 휘말려 권력 탈환 계획을 세웠다. 그다음 달에는 재선에 실패한 브라질의 극우 전 대통령 보우소나루를 추종하는 무리가 정부 청사 기관 여러 곳에 난입해 군사 쿠데타를 일으키자며 대선 불복 폭동 사태를 일으켰다가 진압됐다. 배넌과 「워룸」 민병대는 브라질 대선이 부정 선거였으며 새로 취임한 룰라가 중국공산당의 사주를 받아 남미 대륙을 마르크스주의에 팔아넘길 요량이라며 몇 주씩이나 거짓 주장을 했다.

건장한 남성과 건전한 여성들이 더 치밀한 그물망 안에 얽혀들며 더 원대한 목표를 기획할수록 이들의 정형화된 완벽함이 저 춤

촘한 체에 미처 걸러지지 않는 수많은 사람에게 의미하는 바가 무엇일지를 예감하면서 근심은 늘어난다. 그리고 상황을 좀더 개인적으로 받아들이게 된다. 순수한 아이와 완벽한 인체에 대한 집착에는 내 아이를 향한 비록 잠재적이긴 하나 명백한 공격이 배어 있기에.

10장

자폐증 그리고
반백신 운동의 전편

내가 토끼굴에 자빠지든 말든 시간은 야속하게도 제 갈 길을 계속 가고, T는 최근 열 살이 됐다. 이 낱말들이 세상에 모습을 드러낼 때쯤이면 열한 살이 되어 있을 것이다. 이번 작업에 착수하면서 나는 신경다양적인 아이를 키우는 과정을 세세히 서술하거나 의사가 네 살배기와 기껏해야 두 시간을 같이 보내고 정해준 진단명의 잘잘못을 따질 생각은 없었다. T를 고정된 타인의 관점으로 묶어둔다면 아무래도 개인 브랜드 꼴이 날 테니까. 아이의 사생활을 언젠가 (그리고 만약) 공유한다면 그건 순전히 T의 선택에 따른 결과일 것이다. 대신 아이의 포식자 사랑을 보여주는 명랑한 일화들과 남다른 관찰력을 언급했는데, 그건 아동기라면 누구나 보일 수 있는 행동이라서 그랬다.

앞으로 지면에 담을 내용은 슬프게도 이 책과 맞닿아 있는 주제가 돼버린, 내가 자폐아 부모 커뮤니티라는 아주 특정한 하위문화에서 겪은 개인적인 경험이다.

한때는 이런 부모들을 찾기 위해 삼만리라도 떠날 자신이 있었다. 내 가족의 사정을 알아줄 사람이라면 누구라도 만나서 대화하고 싶었다. T는 지금 우리가 브리티시컬럼비아에서 사는 곳에서 태어났지만 몇 개월 지나 우리는 토론토로 이사해 아비네 가족과 대도시가 주는 편의에 기댔다. 하지만 T 같은 아이들에게 제공되는 편의는 극히 드물었다. 아이를 진단한 의사는 정부 지원 치료를 받으려면 최소 몇 년은 기다려야 한다고 경고했다. 그는 조기 개입이 "핵심"이라고 덧붙였다. 우리는 동네 공립학교에 딸린 유치원에서 좌절을 겪었다. 한 반에 30명이었고 그중 발달장애 아이는 다섯 명이었다. 담임 한 명. 그리고 천부적인 보조 선생님 한 명. 담임은 병가를 내더니 그 후로는 감감 무소식이었다. 업무량을 당해낼 재간이 없었던 보조 선생님도 스트레스 때문에 결국 다른 교육구로 전입했다. "그 다섯 아이의 삶을 바꿔놓을 수 있었어요." 훗날 그녀가 내게 말했다. "하지만 그 다섯 명에 더해 다른 스물다섯 명까지 보는 것은 무리예요." 지역에 배치된 "자폐증팀" 하나가 학교 수백 개를 맡았다. 그들이 T의 반에 도착했을 때는 학년이 끝나기 열흘 전이었다.

나는 고장난 제도라도 어떻게든 구워삶아 아이들 뒷바라지에 성공한 부모들을 만나봐야 했다. 지원 모임을 상상했다. 격려의 말을 (아마도 술잔과 함께) 건네며 울고 웃는 자리, 빈털터리인 교육위원회로부터 아이들에게 들어갈 자원을 쥐어짜내는 비법이 공유되는 자리 말이다. 나는 새롭고도 낯선 풍경에서 동료 몇 명을 사귀었고 한두 명은 꽤 도움이 됐다. 하지만 파고들수록 다른 모습이 나타났다. 요상한 마법 치료제 산업이었다. 암시장에서 거래되는 유아용 비타민 주사, 이상행동을 없애준다는 극단적인 식단, 하루 종일 옆에 딱 달라붙어 있는 육아법. 뇌를 재구조화한다는 음파와 잠재의식 메시지는 내가 이전에 조사했던, 미국 중앙정보국이 정신과 환자군을 대상으로 진행한 MK울트라 실험*을 연상시키기도 했다. 그리고 온라인에서는 아이 내면의 자폐증과 "전쟁"을 벌이고 있는 자칭 '자폐증 부모 전사들Autism Warrior Parents'을 발견했다. 그중 몇 명이 공유한 끔찍한 "치료법" 가운데는 종이와 섬유 생산에 주로 쓰이는 표백제, 이산화염소를 아이들에게 마시도록 권유하는 내용도 있었다.[1] 아이의 진단 이후 일을 그만둔 뒤 응용행동분석ABA을 활용해 아이 전담 치료사로 살고 있다는 사람들도 만났다. 응용행동분석은 잘하면 상을, 못하면 벌을 주는 치료법이다. 전기충격 요법이라는 흑역사를 갖고 있는 데다 오늘날에도 영유아의 자폐 증상을 남김없이 "소멸시킬" 목적으로 자주 쓰인다. "눈에 쌍심지 켜고 조기 개입하는 게 전부예요." 한 양육자가 내게 말했다. "일찌감치 잡지 못하면 끝이라고요."

자폐 진단을 받은 지 얼마 안 돼서 아이와 함께 YMCA에 들렀

* 강제 자백을 받아낼 고도의 심문 기술을 개발하기 위한 불법 인간 실험으로, 세뇌부터 향정신성 마약류 주입 등 다양한 고문이 이뤄졌다. 1953년에 시작돼 1973년 중지됐다.

다. 종종 90분짜리 요가 수업을 받으러 오던 곳인데, 그날은 커다란 폼블록을 질질 끌고 다니는 T를 횡한 공간 끄트머리에 서서 지켜봤다. 그러다 일면식 있는 변호사와 마주쳐 근황을 주고받았다. 눈가에 다크서클이 드리운 그는 걸음마 배우는 자기 아이가 자폐증을 진단받았다고 했다. 멀쩡했는데 백신을 맞더니 숫기 없는 맹꽁이가 됐다는 설명. 백신 탓이라고 그는 확언했다. 직접 조사해본다면 자기가 하는 소리에 나도 맞장구칠 거라면서. 이후로 몇 년간 이 남자는 반백신 운동을 대표하는 변호사로 맹활약했다. (그리고 코로나 시대가 열리자 보건 조치가 독재적이라고 주장하는 캠페인에 가담했다.)

자폐 아동 부모를 수소문하기 시작했을 때 기대한 모습과는 거리가 멀었다. 나는 비난하거나 고소할 대상을 찾았던 게 아니다. 우리 아이들에 대한 고려가 부족한 세상을 헤쳐나가며 길벗으로 삼을 동료, 그도 아니면 아이들이 겪는 감각처리 문제를 아는 음악치료사나 치과 의사에 대한 정보를 구하고 있었을 뿐이다. 2018년, 나는 지푸라기라도 잡는 심정으로 럿거스대학 교수직을 수락했다. 럿거스는 신경다양성 연구로 명망 있고, 뉴저지는 T 같은 아이들을 위한 체계적인 공교육 돌봄을 제공하는 것으로 잘 알려져 있다. 캐나다의 공공보건과 교육제도에 긍지가 높았던 나로서는 미국의 장애인법ADA과 장애인교육법IDEA이 기존에 알고 있던 어떤 것도 범접할 수 없을 만큼 첨예한 도구임을 깨닫고는 놀라움을 감추지 못했다. 법을 앞세운 뉴저지 부모들은 아이들이 지역 학교에서 필요한 교육을 받을 수 있도록 뽕이란 뽕은 다 뽑아가고 있었다.

　T가 1학년을 시작하기 전 여름에 뉴저지로 이사했는데 도착하자마자 확연한 차이가 느껴졌다. 아이가 입학할 공립학교에는 간호사, 심리학자, 언어치료사, 작업치료사가 근무했고 이들은 두 군데 학교만 더 맡고 있었다. 이들이 따뜻한 핸드메이드 목도리처럼 T를 둘러싸는 모습에 눈물이 줄줄 흘렀다. 이틀 연속 진행한 검사 결과를 토대로 맞춤형 교육 계획안이 나왔고, T는 아이 다섯 명 전원이 자폐 스펙트럼인 반에 배정됐다. 선생님 세 명이 따라붙었다. 정규 수업이 끝난 뒤에는 신경다양적 아이들의 눈높이에 맞춘 교과 외 활동에 참여하니 황홀감이 계속됐다. 음악 교습과 연극 놀이, 신경전형적 청소년과 스펙트럼상에 있는 아이를 일대일로 붙여서 매주 운동하는 '버디볼' 프로그램까지. 정말 신세계가 따로 없었다.

　이곳에서도 부모들이 회복할 방도를 찾고 있다는 점은 다르지 않았다. 내가 버디볼에 도착한 지 5분도 안 돼서 한 학부형이 다가와 매끄럽게 코팅된 소책자를 손에 쯸러주었다. 백신과 자폐증의 상관관계를 주장하는 내용이었다. 그가 나열한 증거에 대조군이라고는 **하나**뿐이었다. 첫째는 미국 밖에서 태어났고 백신을 맞지 않았다. 그 아이는 신경전형적이다. 막내는 미국에서 태어났고 백신을 맞았으며 자폐증이 있다. "그러니까", 그가 선언했다. "백신 탓인 게 뻔하잖아요!"

　이게 바로 의사들이 "백신-자폐증 미신"이라 부르는 것의 괴력이다. 여러모로 코비드 백신 반대 운동에 길을 터준 이 미신은 아이들이 돌 전후로 1차 접종을 받는 홍역과 볼거리, 풍진 MMR 백신이 자폐증의 원인이라고 주장한다. 백신-자폐증 미신은 1998년 영국의 저명한 의학 학술지 『랜싯』에 등재된 한 논문에서 MMR 백신이 자폐증에 (그리고 장 질환에) 영향을 준다고 암시한 내용을 인용하며 설득력을 얻었지만, 해당 논문은 이후 완전히 무효화됐다. 12년이 지나고 출판사는 위 주장이 "거짓으로 판명나자" 논문을 철회했다.[2] 일찍이 2004년, 해당 논문의 공저자 열세 명 가운데 열 명이 연구 데이터 "해석"상의 문제로 철회 의사를 밝혔다.[3] 주저자인 소화기과 의사 앤드루 웨이크필드는 영국에서 의료 면허를 정지당했다. 그가 이해관계 충돌을 밝히지 않았고, 영국 국가의료평의회의 표현에 따르면 연구 피실험자 아동들을 "무정하게 냉대"했다는 이유에서였다.[4]

웨이크필드의 논문이 등장한 이후로 약 25년의 세월이 지났고 그동안 주장을 뒷받침할 추가 근거가 드러나지 않았는데도 백신-자폐증 미신은 어느 때보다 더 불티나게 팔리고 있다. 페이스북 그룹과 유튜브 채널, 과학 논문에서 논하는 내용의 진위를 가리는 훈련이 안 된 사람이라면 탐사 보도로 착각할 만큼 그럴듯하게 편집된 다큐멘터리들의 유통망을 타고 미신은 전 세계로 계속 뻗어나가고 있다. 유통망은 나름대로 가짜 의료 전문가와 셀럽, 인플루언서와 변호사, 그리고 별도로 표기하지 않는다면 섭섭해할 로버트 F. 케네디 주니어를 보유하고 있다.

그들이 허위 정보를 확산한 결과, 여러 질환이 부활했다. 2000년 미국이 자국 내 종식을 고한 홍역은 가파른 속도로 다시 늘어나는 중이다.[5] 2019년 세계보건기구는 전 세계 홍역 감염률의 급상승 추세를 공지했다. "23년 만에 보고 사례의 최고치를 기록"한 홍역은 그해 20만7500명의 목숨을 앗아갔다. 사망자 수가 3년 만에 50퍼센트 늘어난 것이다.[6]

백신을 자폐증의 주범으로 지목하는 역정보의 증가는 소셜미디어의 부상 자체와, 소셜미디어가 백신 위학僞學 전반을 몇 년째 제재하지 않아 내용이 자유롭게 돌고 있는 데서 기인한다. 아이가 정기 백신을 맞으면 평생 장애로 고생할 거라는 이야기는 부모가 듣기에 과연 센세이셔널하고 관심경제에 최적화된 메시지 같다. 하지만 코비드 역정보처럼 소셜미디어도 기존 동향을 강화했을 뿐이다. 백신을 원망하는 자폐 아동 부모들과 대화할 때마다 놀라는 지점인데, 이들은 기만당했거나 부당한 대우를 받았다는 느낌에 사로잡혀 있다. 누군가가 혹은 무언가가 어엿이 신경전형적이었던 아이를 훔쳐가서 유별나고 흠집 난 아이로 바꿔치기했다는 느낌도. 그리고 가족이 침해받았다는 느낌까지.

이제 내 도플갱어는 자폐증 역정보 운동권에서도 힘깨나 쓰고 있다. 운동권 저명인사를 그녀의 플랫폼으로 초청하고, 그들도 그녀를 똑같이 환영한다. 한번은 로버트 F. 케네디 주니어와 함께 찍은 사진들을 버젓이 게시하며 백신을 잡아먹으려고 안달난 케네디 주니어의 자체 설립 단체인 아동건강방어CHD에 이런 평을 남겼다. "단체에서 진행하는 연구에 경의를 표해요. 자료를 착실하게 모은 것 같네요."[7] 울프와 케네디가 각자 팬데믹을 주제로 쓴 책을 출판사들은 세트로 팔기까지 했다. ("이번 크리스마스에는 진실을 선물하세요!")[8] 덧붙여 그녀는 코비드가 불러온 문화를 "아스퍼거 같다"는 비속어로 묘사했다.[9] 학교의 바이러스 전파 방지책이 "그러지 않았더라면 정상일 아이들에게 아스퍼거 특성 같은 것을" 유발하고 있다고도 말했다.

자식이라는 분신

하지만 이 장은 도플갱어 이야기에서 울프와 크게 관련이 없는 내용이다. 이 장은 좀더 만연한 형태의 도플갱잉, 즉 부모 자식 간에 이뤄지는 더블링과 맞닿아 있다. 생식을 일종의 시간적 더블링으로 여기는 경향은 부유층 사이에서 더 두드러진다. 아이는 양육자의 유산과 재산을 미래로 확장하는 구실을 하며, 때로 아버지나 어머니의 이름까지 그대로 물려받는다(케네디처럼 말이다). 오늘날처럼 개인 브랜딩과 세공된 자아가 범람하는 시대에는 상속 재산이나 명문가 타이틀 없이도 비슷한 성취를 이룰 수 있다. 아이를 당신이라는 브랜드의 자회사 또는 신제품군으로 취급하면 된다. 당신과 당신의 꼬꼬마 판박이가 인스타그램에 옷을 맞춰 입은 사진을 게시하거나 틱톡에 함께 앙증맞게 춤추는 영상을 올리면 된다.

글로잉 마마는 이걸 한다. 무척 귀여운 딸과 함께 거실에서 춤판을 벌이는 깜찍한 영상을 올린다. 그리고 앙심을 품은 영상도 올린다. "터진 주둥이라고 함부로 놀리지 마, 건강한 우리 애들이

당신을 위험에 빠트렸다는 둥."[10] 카메라 앞에서 발악하는 동안 그
녀의 딸은 차 뒷좌석에서 새근새근 자고 있다. "네 생활 습관은 네
가 알아서 챙겨, 알겠어? 아가리에 음식 쓰레기 처넣는 짓 그만하
고, 만날천날 미련곰탱이처럼 앉아만 있지 말고, 미디어가 지껄이
는 말 작작 들으라고…… 어딜 감히, 예쁘고 날랜 내 새끼가 굼뜨
고 멍청하고 썩어빠진 당신네 궁둥짝을 어떻게 하겠네 말겠네 주
책을 부려 부리긴. 닥쳐. 닥치라고, 알겠어?"

조금 다른 아이들에게 온갖 수치와 병명을 들이미는 사회에서
이런 태도—부모의 기대와 사회적 기준에 모두 부합하며 티끌만
한 흠조차 없는 천상의 아이들, 금이야 옥이야 하며 모든 악의 근
원으로부터 지켜내야만 하는 아이들을 자랑거리 삼기—는 필연적
으로 생길 듯싶다. 거울세계에서 벌어지는 수많은 다툼—"안티워
크" 법, "동성애 언급 금지" 의안, 성별 위화감 해소 목적의 의료적
돌봄에 대한 전격 반대, 백신과 마스크를 둘러싼 교육위원회의 내
분—은 결국 하나의 질문으로 귀결된다. 아이들은 무엇을 위해 사
는가? 아이들도 자기 주관이 있는 사람이며, 부모 된 도리는 아이
들이 제 갈 길을 찾아가도록 지원하고 보호하는 것인가? 아니면
아이들은 우리의 부속물, 우리의 확장판, 우리의 스핀오프, 우리의
분신이고, 취향에 맞게 키워서 훗날 득을 볼 대상인가? 꽤 많은 양
육자는 어떤 외부 개입이나 의견 없이 자식을 빈틈없이 통제할 권
리가 있다고 믿는 듯하다. (마스크와 백신을 아동 강간이나 독약 처
방으로 간주하는) 신체적 통제. (반인종주의 교육이 자녀에게 불순한
사상을 이식한다고 간주하는) 정신적 통제. (아이가 성별 정체성을 표

현하는 다양한 방식과 성지향성에 관한 논의 일체를 "그루밍"으로 퉁치는) 젠더와 섹슈얼리티 통제까지.[11]

아이를 고유한 인격체로 보지 않는 이 태도는 오랜 세월 장애 아동이 잔혹한 수용 시설에서 은폐된 삶을 살았던 이유와도 연결된다. 여봐란듯이 뿌듯해할 분신을 찍어내는 것이 부모의 목표라면 장애는 기획해둔 청사진을 망치는 불청객으로서 아이의 삶에 난입한다. 요즘 언어를 빌려 말해보자. 아이를 당신의 브랜드 확장판으로 본다면, 사회적 정상성의 기준에 부합하지 않는 아이는 당신의 개인 브랜드를 통째로 위기에 빠뜨린다.

이것은 정치 성향으로 갈릴 사안이 아니다. 보수주의자 가운데는 장애아의 권리를 자유주의자보다 더 열심히 옹호하는 사람도 있다. 그리고 이런 압박에서 누군들 자유롭겠는가. 자식이 대박을 치면 부모를 찬양하고 자식이 쪽박을 차면 부모를 비방하는 사회다. 나는 해당 사항이 없다고 말 못 하겠다. 그나마 살면서 모성에 대해 내내 양가감정을 품었기 때문에 크게 휘둘리지는 않았던 듯싶다. 나라는 양육자의 모습이 어떨지 고정된 상을 딱히 갖지 않았고 아이가 나에게 가질 의미도 마찬가지였다. 그건 나를 사로잡는 환상 거리의 범주에 속하지 않았다. 따라서 타고난 엄마는 못 되더라도 어떤 아이가 나타나든 간에 진지한 호기심을 가질 수는 있었던 것 같다. 이것을 굳이 짚는 이유가 있다. 그동안 내가 대화해본 자폐 아동 부모 대부분은 자식에게 품었던 뿌리 깊은 환상이 사라지는 과정에서 격렬한 애도기를 가졌다. 실제로는 존재하지 않았던 자식 분신에 상심한 나머지, 당장 앞에 있는 하나뿐인 아이가 눈에 들어오지 않는다. 트랜스 아동을 둔 부모 일부가 겪는 경험에도 비교해볼 수 있겠다. 딸이나 아들로 알고 키우던 자식의 상실을 한동안 서글퍼한 뒤에야 그들은 아이의 성별 정체성을 받아들인다.

애도의 대상이 성별 순응적인 아이이건 신경전형적인 아이이건(혹은, 주로 그렇듯이, 둘 다이건), 부모가 짧고 굵게 진통하면 이 시기는 웬만해서는 끝난다. 다행히 아이들은 부모가 겪는 내적 갈등을 양해해준다. 문제라면, 자폐 아동 부모 모임에서 드러났다시피 환상의 파국 다음 단계로 넘어가지 못하는 부모가 많다는 점이다. 아이의 행동 양식을 이해하고 지원하기보다는 "소멸시킬" 약과 음모론, 극단적 치료법을 득달같이 찾아나선다.[12]

2018년 『워싱턴포스트』는 기사에 휘트니 엘런비의 자폐모 자서전 『자폐증 무검열판』을 일부 발췌한다. "아들이 실내 공간에 극심한 공포를 느끼는데"[13]도 불구하고 시끄럽고 널찍한 강당에 데려가 「세서미 스트리트 라이브!」를 강제 시청하게 한 경험을 엘런비는 가슴이 미어지도록 생생한 필치로 회고한다. 몸을 뒤틀며 목놓아 우는 아이의 팔다리를 꽉 붙잡고 바닥에 나뒹굴며 씨름하다가 끝끝내 이 다섯 살짜리 "저항의 숙주"로부터 백기를 받아낸다. 아이는 강당에 들어가 멍한 얼굴로 쇼를 시청한다. 승리의 기쁨에 젖은 엘런비는 아이가 포비아를 극복했다며 이날 자신이 한 행동을 사랑의 매로 묘사한다.

자폐를 가진 독자들의 관점은 사뭇 달랐다. 그중 트랜스젠더 작가 아덴 프라이는 이렇게 응답했다.

많은, 정말 많은 자폐 아동이 엘런비의 글에 나와 있듯이 육체적 대치가 잦은 환경이나 동료평가를 받은 기본적인 의학조차 거부하는 가정에서 자랍니다. 아니면 자폐 아동의 자율성을 완전히, 철저히 무시하는 부모 손에 키워지죠. 이게 다 사랑이라면서요. 하지만 그건 사랑이 아닙니다. 가학이에요…… 우리는 어떤 나이의 자폐 아동도 학대당하는 걸 원치 않는 생존자입니다. 우리 말 좀 들으세요. 우리 말 좀 믿으세요. 아이는 치료가 아니라 존중과 경청, 무엇보다 사랑을 받아야 합니다. 진정한 사랑을요.[14]

엘런비의 본심은 힘겨루기에서 진 뒤 강당에 조용히 앉아 있는 아들을 묘사하는 구절에서 가장 뚜렷이 드러난다. 이런 "귀중한 순간"[15]에 아들은 "또래와 분간할 수 없다indistinguishable". 응용행동 분석의 창시자 격인 심리학자 올레 이바 로바스가 남긴 악명 높은 주장을 그대로 되풀이하는 표현이다. 1987년 로바스는 자신이 고안한 ABA 치료 요법을 받은 아이들 가운데 절반 가까이가 담당 선생님들로부터 "정상인 친구들과 분간할 수 없다"는 평을 들었다고 썼다.[16]

마음이 다른 식으로 기능하는 어린 사람들이 본다면 크게 상처받을 메시지다. 저들의 존재 자체가 타인이 처리해줘야 할 문제, 치료해줘야 할 장애, 또는 적어도 감춰야 할 단점이라고 말하고 있지 않은가. 통념상 정상성에 맞지 않는 아이, 또래와 구별되는 아이는 엄청난 선물이 될 수 있다. 동시에 차이성은 부모와 선생, 그리고 누구보다 소음이 잦은 기계와 눈이 따가운 조명, 「세서미 스트리트 라이브!」 등 자기 마음을 마음에 두지 않은 세상을 우직하게 헤쳐나가야 할 아이 본인에게 험난한 과정을 예고한다. 어떤 양육자는 아이가 긍정적이지 않은 의미로 틀에서 벗어나고 언뜻 봐도 눈에 띄다가는 거울이 잡초처럼 우거진 이 세계에서 완벽을 향한 무한 경쟁에서 뒤처질까봐 공포감을 느낀다.

그렇게 또 다른 경쟁이 막을 올린다. 마법 치료제와 제거주의적 물리 요법, 그리고 지탄할 대상을 찾아서.

그동안 자폐증 연구에 수십억 달러가 투입됐지만 왜 특정 두뇌가 다른 방식으로 기능하는가는 여전히 미지수다.[17] 그래도 자폐증 진단 사례가 지난 20~30년간 급증한 이유를 밝혀줄 단서는 어느 정도 나와 있다. 미국 질병통제센터 자폐증·발달장애모니터링네트워크는 2018년 통계상 8세 아동 44명 중 1명이 자폐증 진단을 받는다고 보고했는데, 2000년 150명 중 1명이던 비율에서 훌쩍 상승한 수치다.[18] 한 가지 이유는, 기존에 배제됐던 신경비전형인을 포괄하도록 1990년대에 자폐증의 임상적 정의가 확장된 것을 꼽을 수 있다.[19] 그리하여 더 많은 이가 진단 시험을 받는 계기가 마련됐고,[20] 진단율 급상승으로 이어지면서 자폐 증상의 다양한 발현 방식에 대한 인식을 제고했다. 최근 들어서 의사들은 비교적 증상을 잘 감추는 여아들의 자폐증을 조금 더 능숙하게 알아본다.[21] 그만큼은 아니지만 흑인과 원주민, 라틴계 남아들의 자폐증을 식별하는 능력도 나아졌다. 이 아이들은 신경다양성에 알맞은 지원과 편의를 제공받기보다 단순히 "문제아"로 치부되거나 훈계받을 가능성이 여전히 높다. 수치가 올라가는 또 다른 중요한 요인이 있을지도 모른다. 내가 그랬듯이, 임신 연령이 높아지고 있다. 여러 동료평가 연구는 노산이라면 그렇지 않은 경우보다 아이의 자폐증 진단율이 높아진다고 말한다.[22]

거짓임이 드러나고 또 드러나도 백신-자폐증 미신이 계속 기승을 부리는 것은 차이를 비극으로 보는 부모들에게 외부의 적을 선물하기 때문이다. **이건 유전자 복불복 탓이 아니야. 이건 출산 연령 탓이 아니야. 이건 잽 탓이야.** 되뇌며 그들은 자존심을 굽히지 않는다. 비슷한 방식으로, 양육이라는 낯선 난관을 완벽히 통과할 최적화의 비결을 귀동냥하러 늘씬한 맘플루언서들을 구독하는 초보 부모들은 아이를 미접종 상태에 남겨둠으로써 마치 뭔가를 통제하고 있다는 기분에 젖겠지만 사실 아이는 어느 누구의 통제하에도 있지 않다. 웰니스로 통제감을 보장할 수 없는 것과 같은 이치다.

그러니 백신-자폐증 미신에 누구보다 더 열심히 장작을 때는 부류는 면허가 취소된 의사가 아니다. 웰니스 인플루언서가 되어서 용돈벌이 하는 셀럽과 맘플루언서들이다. 주로 여성인 이들은 만전에 만전을 기해온 자기 삶에 통념상 완벽에 못 미치는 뭔가가 굴러들어왔다는 사실을 극구 부인하고 아이가 자기 장점을 그대로 이어가주리라는 환상에 목맨다. 앤드루 웨이크필드와 연인관계였던 것으로 알려진 모델 출신의 웰니스 인플루언서 엘 맥퍼슨(제품 라인: 웰리코)은 당시 웨이크필드가 제작한 반백신 선전 영화를 홍보했다. 호주의 "인플루언서 수도"로 알려진 호화로운 뉴에이지 해변 도시 바이런베이는 아니나 다를까 호주의 "반백신 수도"로도 알려져 있다.[23] 2021년, 1세 영아 의무 백신 접종률은 주

평균 94.8퍼센트에 한참 못 미치는 66.8퍼센트에 그쳤고, 디프테리아 같은 질환들이 돌아왔다.

하지만 백신-자폐증 미신의 대중화에 앞장선 것으로 따지자면, 완벽하기만 하던 자기 삶에 아들의 자폐증이 대격동을 몰고 왔다며 유명한 인터뷰들에서 여러 차례 토로한 모델이자 배우 겸 TV 진행자인 제니 매카시를 능가할 사람은 없다. 그녀는 의사가 진단명을 건넸을 때를 이렇게 소회했다. "나는 그 순간에 죽었어요."[24] 자폐증 역정보를 10년 넘도록 유포하고 있는 매카시는 2015년 PBS「프런트라인」에서 이렇게 말했다. "자폐증을 가진 아이의 부모에게 홍역과 자폐증 가운데 하나를 고르라면 99.9퍼센트는 옳다구나 하고 홍역을 고를 겁니다."[25]

코비드 시대에는 다음과 같은 주장이 흔히 들려온다. 아무리 치사율이 높다 해도 나와 내 건강한 가족에게는 독감 치레 수준에 그칠 테니 차라리 바이러스를 앓고 말겠다. 홍역과 코비드 주장이 유독 겹쳐서 들리는 데는 그럴 만한 이유가 있다. 후자는 전자를 원형으로 삼는다. 자폐증 엄마 전사들이 배넌의 쇼에 등장해 코비드 백신과 비판적 인종 이론에 칼날을 들이밀기 한참 전부터 매카시는 소문난 방송이란 방송에는 다 출연해『엄마 전사들』을 팔러 다녔다.[26]

『우리는 고장난 게 아닙니다』의 저자 에릭 가르시아는 연관성을 일찍이 감지했다. "우리는 자폐증 공포 조장에 수년째 물들어 있는 세계에 살고 있습니다."[27] 그는 이렇게 부연했다. "코비드 [백신] 실효성부터 미국 선거 청렴성까지, 지금 모든 사안에 의심을 제기하는 이들 중에는 음모론과 자폐증 유언비어 유포로 출발선을 끊은 사람이 여럿입니다."

이는 작금의 정치 지형을 규정짓는 중요한 요소다. 자폐 아동에 대한 공포, 장애 아동 전반에 대한 공포가 우리를 이곳으로 이끈 것이다. 『쇼크 독트린』 시절의 내 천적인 자유시장 경제학자 고 밀턴 프리드먼을 인용하자면, "아이디어들"은 알맞은 충격이 일기를 기다리며 "널려 있었다".[28] 그리고 그 아이디어들을 두루 퍼뜨릴 디지털 정보 회로들도. 다들 매복해 있었다. 언변의 달인들. "자연스러움"에 대한 노골적인 소구. 백신으로 인한 피해와 사망에 관한 미검증 수기를 얼렁뚱땅 부풀리는 기법들. 빅파마와 거대 정부가 건강한 몸들을 몸져눕게 하려고 공작한다는 음모론. 표백제를 들이키라는 신통한 치료법. (트럼프는 가당찮은 이 코비드 해법*을 지껄이기 전부터 백신과 자폐증의 상관성을 누차 주장했다.)

유사과학 다큐멘터리 「플랜데믹」이 뚝딱 제작돼 팬데믹 초반에 엄청난 해를 끼칠 수 있었던 것은 반백신 운동의 오랜 지론을 답습했기 때문이다. 한편 코비드 「역정보 12인」 목록을 장식한 인물 다수는 백신 반대론 카드를 꺼내들고 기다리고 있었다. 이들은 전혀 다른 백신들에 그런 의견을 수년째 개진했고, 두려움에 젖어 절박한 부모들을 상대로 백신 대신 고가의 보충제/강연회/건

---

* 2020년 4월 23일 트럼프 대통령은 백악관 브리핑에서 살균제 주입과 자외선 노출을 바이러스 퇴치책으로 검토해보라는 돌발 발언으로 나라 안팎에 대혼란을 빚었다.

강 프로그램을 구매하는 편이 낫다고 설득하는 요령을 비롯해 어떻게 해야 전략이 효과적으로 먹힐지를 정확히 알았다. (이런 사기 수법은 웨이크필드의 논문이 원조라 할 수 있다. 그는 MMR 백신 피해를 주장하는 사람들을 대표하는 변호사 리처드 바가 확보한 보조금에서 재원을 일부 제공받아 연구했다는 사실을 논문에 밝히지 않았다. 또한 MMR 백신의 평판이 추락할 때면 자신이 특허를 신청해둔 다른 백신에서 이득을 볼 잠재성도 밝히지 않았다.)[29]

하나로 수렴되는 이 세계들에서는 역정보 인프라 이상이 중첩한다. 여기에는 공유된 세계관과 공유된 마인드셋, 공유된 판별법도 있다. 사람이 정상인지 변이인지, 순수한지 더러운지, 성공인지 실패인지. 심지어 모든 도플갱어 이야기에서처럼 진짜인지 가짜인지까지. 모두 가려낼 수 있다.

"펑― 아이의 눈에서 영혼이 사라졌어요."[30] 제니 매카시는 백신이 자폐 아들에게 미친 효과를 이렇게 묘사했다. 이런 식으로 장애 아동을 그리는 것은 그녀가 처음이 아니었다.

"네 걸 가져가고 내 걸 돌려내!"

자폐증의 정의를 확장해 진단율 증가에 막중한 역할을 한 사람은 영국의 소아정신과 의사 로나 윙이다. 그녀가 이 분야에 종사하기 시작한 1950년대 후반에 자폐증은 매우 드물고 극단적이며 치명적인 질환으로 여겨졌고, 어린이 1만 명 가운데 2~4명 정도만 진단을 받았다.[31] 1943년 처음으로 이 증후군을 진단한 정신과 의사 레오 카너의 정의에 따르면 자폐증 환아들은 "의심할 여지 없이 뛰어난 인지능력을 가졌지만",[32] 자기만의 세계에 살고, 동작을 반복하고, 물건에 집착하고, 주로 제한된 언어를 구사하고, 기본적인 자기 관리에 어려움을 겪었다.

이런 정의가 도움이 필요한 신경비전형적 어린이를 여럿 배제한다는 것을 윙은 알고 있었다. 그래서 자폐증이 일련의 정태적 증상이 아니라 개인마다 다양한 방식으로 나타나는 스펙트럼으로서 언어적으로 유창하고 신체적으로 능숙한 사람을 포함할 수 있다는 아이디어를 고안했고, 윙의 연구로 마침내 자폐증은 "스펙트럼 장애"로 진단되기 시작했다.[33] 좀더 광범위한 정의가 타당하다는 것을 입증하고자 그녀는 한스 아스퍼거라는 오스트리아 소아과 의사가 발표했지만 출간 당시에는 묻혔던 글들에 주목했다. 아스퍼거는 오스트리아가 나치 치하에 있던 기간을 포함해 레오 카너와 같은 시기에 빈에서 자폐증 연구를 진행했다. 윙의 작업에 힘입어 "아스퍼거 증후군"은 1990년대 미국정신의학협회의 『정신질환 진단 및 통계 편람DSM』에 "고기능" 자폐증으로 등록됐는데, 이 같은 기능상의 구별은 훗날 의문을 샀다.[34]

자폐 아동을 둔 어머니로서 윙은 임상적인 일 외에도 민담과 종교, 문학이 자폐 인구를 묘사한 방식에 관심을 가졌다. 그녀는 자폐 인구를 묘사한 최초의 기록을 아일랜드와 켈트 전설, 그리고 "인간 아기를 훔쳐가며 요정이 대신 남겨두고 떠난 교환아이changeling 전설"[35]에서 찾았다.

흥미롭게도 교환아이는 도플갱어를 다루는 초기 묘사 중 하나다. 전설은 이렇다. 요정은 건강한 인간 아기와 어린아이를 침대에서 빼내 요정계로 몰래 데려간다. 빈자리에 남겨진 신비한 교환아이는 유괴된 아이와 똑같은 분신이지만 신체 기형을 가지고 있거나 주변과 거리를 둔 채 오묘한 분위기를 자아내며 의뭉스러운 "속임수"를 쓴다. 윙과 그녀의 공저자인 자폐증 운동가 데이비드 포터는 요정 도플갱어의 전설이 장애를 이해하고자 하는 뚜렷한 시도라고 생각했다. "이런 신화에 등장하는 아름답지만 이상하고 동떨어져 있는 교환아이는 자폐를 가진 아이와 매우 유사해 보입니다."[36] 교환아이 신화는 독일, 이집트, 스칸디나비아, 영국 등 여러 문화에서 두루 나타난다.

어떤 이야기에서는 요정계로부터 벌을 받지는 않을까 하는 두려움에 가족이 교환아이를 친자식으로 키운다. 다른 이야기에서는 요정을 유인해보겠답시고 교환아이를 죽음에 이를 정도로 고문하기도 하는데, 납치범이 친족을 찾으러 오는 길에 훔쳐간 인간 아이를 돌려주리라는 희망에서다.[37] 1968년 스위스 정신과 의사이자 바젤대학 교수 카를 하프터는 전설 속에서 분신을 몰아내기 위해 사용한 고문을 자세히 기술했다.

부모는 [교환아이가] 피를 흘릴 때까지 회초리로 아홉 번 때리면서 외쳐라. "네 걸 가져가고 내 걸 돌려내!" 아이를 끓는 물 위에 붙잡아두고서 쑤셔넣을 거라고 공갈해라. 서로 다른 나무 아홉 종류로 화덕을 땐 다음 아이를 삽 위에 올려놓고 불구덩이에 집어넣

기라도 할 듯이 행세해라…… 가죽과 시뻘건 쇠를 먹이로 주고 독
약을 마시게 해라.[38]

고문이 의도대로 이뤄졌다면 교환아이는 집을 떠나는데, 후다
닥 굴뚝으로 올라가 요정계로 모습을 감춘다는 게 전설상의 설명
이다. 어떤 설화에서는 "진짜" 아이가 돌아온다. 분신을 내쫓은 것
만으로도 가슴을 쓸어내리는 설화도 있다.

이런 이야기는 당시에 허구로 받아들여지지 않았다. 그림 형제
의 잔혹 동화를 포함해 대다수는 현실을 반영했다. 게다가 몇몇 부
모는 이런 이야기를 장애가 있거나 어떤 이유에서든 미풍양속에
어긋나는 아이들을 다루는 실용서로 참고했다. 교환아이 신화의
유래와 유산을 연구한 민속전설 학자 D. L. 애슐리먼은 이런 이야
기가 주로 실제 사건을 바탕으로 작성됐다고 설명한다. 가족들은
공동체 일원들의 지도하에 장애가 있는 아이를 가학적으로 다뤘
다. "전설적인 이야기들이 '교환아이들'의 실제 학대 경험을 잘못
전하거나 과장한 게 아니라는 증거는 충분합니다."[39]

애슐리먼은 다음과 같이 덧붙인다. "이처럼 판타지로 끝맺는 이
야기들은 선천적 기형과 심각한 영아 질병으로 얼룩진 시대에 희
망과 소원 실현, 도피처를 제공했다."[40] 나는 이번 문헌을 조사하면
서 축구장이나 YMCA 체육관에서 백신을 원흉으로 보는 부모들
과 했던 대화가 자연스레 떠올랐다. 아이가 돌변한 모습을 설명하
기 위해 갖다 붙이는 이야기들은 교환아이 전설에서 나오는 것들
과 거의 똑 맞아떨어졌다. 내 아이는 완벽하고 정상이었는데 어떤

사건이 (백신이) 발생했고, 그 사건을 기점으로 다른 존재가 돼버렸다. 아이는 찌그러진 도플갱어가 되어 나타났다. 매카시의 말을 다시 인용하자면, "펑—아이의 눈에서 영혼이 사라졌어요".

스티브 실버만은 2015년 저서『뉴로트라이브: 자폐증의 잃어버린 역사와 신경다양성의 미래』에서 이렇게 말했다. 자폐증 진단이 늘기 시작한 이래 "정상적으로 자라던 아기들이 필수 예방접종을 받으면서 달라졌다는 이야기가 인터넷에 돌기 시작했다……소아과 의사의 흰 가운을 입은 도둑이 자녀를 훔쳐가기라도 한 양 부모들은 아들딸이 납치됐다는 식으로 묘사했다".[41]

일부 부모는 '바꿔치기'된 아이들에 대해서 교환아이 전설의 기이한 메아리처럼 들리는 반응을 한다. 그래, 오늘날의 자폐증 부모 전사들은 아이를 끓는 물에 넣지는 않지만 치유라는 이름의 학대를 가하는 경우가 너무 많다. 그리고 이런 부모들은 은유적으로, 아니 어쩌면 문자 그대로, 고대의 교환아이 주술을 목청껏 외고 있다. "네 걸 가져가고 내 걸 돌려내!"

여러 부모는 장애를 아이에게 내재하는 성질이 아니라 아이에게 침입한 어떤 초월적인 외부 힘으로 여긴다. 야바위꾼들의 조언을 귀담아듣다가 빚어진 믿음이다. 만약 장애가 침입자나 외부인, 영혼의 강도라면 교환아이 신화에서처럼 부모는 침입자를 액막이하고 상상 속의 평범한, 완벽한 가정의 모습을 되찾기 위해 난폭한 수단마저 다 동원할 수 있다. 웰니스계에서 운동에 미쳐 있지 않고 뚱뚱한 사람들에게 품는 막연한 적대감처럼 이 또한 매우 위험한 마인드셋이다. 가정을 장악해 취약한 아이들의 심신을 갉아먹을 수 있다. 그리고 또 다른 종류의 도플갱어 장르와도 긴밀히 엮여 있다. 사회 전체를 장악해, 극한의 경우에서라면 집단의 분위기와 성질을 180도 뒤바꿀 수도 있다. 빈에서 그랬듯이.

아이들을 위한 궁전

나치 집권 초기에 오스트리아의 한 의사 집단은 아리아인의 균일하고 우수한 버전이자 우월주의 프로젝트의 심장부 개념, 보크^{Volk}에 들어맞지 않는 아이들을 전력으로 탐구했다. 고작 몇 년 전까지만 해도 같은 의사들 가운데 몇몇은 붉은 빈으로 불리던 곳에서 진보적 아동 발달의 꽃을 피우는 데 열성을 다했던 사람들이라는 게 참으로 뼈아픈 아이러니다.

제1차 세계대전이 종식되자 빈은 말 그대로 초토화됐다. 유대인 위주의 곤궁한 난민 수십만 명이 비위생적인 주거지에 밀집하자 감염병이 일상적으로 돌았다. 아이들은 전쟁고아가 되어 길거리를 부랑했고, 불구가 된 참전 군인들은 앞날을 막막해했다. 이런 가운데 사회민주노동당^{SDAP}은 1919년 선거를 통해 집권했고 1934년 파시스트들이 들어서기 전까지 빈을 사회주의와 인간주의 정책의 실험실로 운영했다. 사회민주노동당은 보수적인 가톨릭 정치인들이 지배하는 오스트리아에 세속주의자와 유대인 지성인을 위한 숨통을 터주었다. 붉은 빈은 새롭고 포용적인 생활 방식을 전격 도입했다. 자연광이 들어오고 널찍한 안뜰이 있는 공동 주거지를 대거 건축해 당시 빈 인구 11퍼센트에 이르는 약 20만 명의 노동계층 주민들이 살도록 했다.[42] 이는 지금까지도 진보적인 사회 주거 정책의 모범 사례로 연구되고 있다.

이 시기의 빈을 연구하는 타마라 카마토비치는 이렇게 설명한다. "빈 사회주의자들은 유럽에서 최초로 아동 빈곤을 줄이고 불평등을 체계적으로 해소하기 위한 보편적 복지 프로그램을 만들었다."[43] 신설 아파트 건물 다수에는 산모 보건 센터를 포함한 기본 시설이 갖춰져 있었는데, "여성이 거주지 근처에서 의료인으로부터 영유아 질병과 영양 정보를 습득할 수 있게 한 것은 공공보건 서비스를 노동자의 일상생활에 적극 통합하려는 노력을 나타낸다."

민주사회주의 실험은 다음의 획기적인 사고관을 바탕으로 했다. 어린이는 단순히 부모의 부속물이 아니며, 그들의 미래는 계급에 따라 미리 정해지는 것이 아니고, 교육은 복종을 세뇌시킬 목적도 가난한 아이들이 예속된 삶을 살기에 앞서 치르는 준비 과정도 아니다. 빈 정책 결정자들은 복잡한 유년기 심리에 대한 비약적인 이해를 바탕으로(이건 프로이트의 고향이었다) 어린이들에게는 그들만의 권리가 있고, 그들의 잠재력을 끌어내는 것이 곧 교육의 소임이라고 믿었다. 사회주의 교육이론가 오토 펠릭스 카니츠는 1925년에 이렇게 썼다. "더는 억압받지 않고, 더는 어린 시절의 유쾌함을 빼앗기지 않고, 더는 구휼의 대상이라는 헛된 인식에 갇혀 있지 않은 이 아이들은 자랑스럽고 자유롭고 완전하며 창의적인 개인으로 성장할 수 있다."[44]

붉은 빈에서는 이런 성장의 밑거름을 아이의 출생과 동시에 제공했다. 돈이 없어 갓 태어난 아기를 신문지로 감싸는 일이 없도록 가난한 어머니들에게 기저귀와 의류 패키지를 전달했다. 캠페인은 "빈에는 신문지 위에서 태어나는 아이가 없어야 한다"[45]고 공표했고 보건과 교육, 사회 서비스 분야에 "돌봄노동자"를 대거 고용했다. 눈부시게 아름다운 공원과 노동계급을 위한 여름 캠프와 공공 수영장을 만들었다. 유치원과 방과후 프로그램을 줄줄이 개설했다. 학교는 실험적인 야외 교육과 예술 교육을 새로 채택했는데, 보수주의자들은 이러다가는 아이들이 읽고 쓰기를 결코 배울 수 없을 거라며 조롱했다.

그들의 예감은 틀렸다. 어린이들은 부족함 없이 잘 컸다. 붉은 빈의 아동 중심 사회는 여러 면에서 유럽형 뉴딜의 모태가 되었지만 그보다 더 명시적으로 평등을 추구했다. 사회복지 프로그램 다수를 감독한 의사 출신의 사회주의 정치인 율리우스 탠들러는 이런 조기 투자가 아이들을 선도하는 길임을 보여주는 유명한 발언을 했다. "아이들에게 궁전을 지어주면 감옥 벽을 허물 수 있다."[46]

낙원은 아니었다. 때는 바야흐로 우생학 사상이 대서양 양측에서 진보와 보수 모두의 지지를 얻고 급증하던 시기였다. 미국에서는 소위 정신박약자들을 비롯해 유전자 풀[pool]을 위협하는 것으로 간주되는 집단에 강제 불임 시술을 하는 프로그램을 이미 여러 주에서 시작했다. 신임이 높은 탠들러를 포함해 붉은 빈의 사회주의 지도자 일부는 중증 장애인과 정신이상자들에게 별 가망이 없다고 판단했고, 비록 빈에서는 불임 시술 프로그램을 시행하지 않았지만 미국의 상황에 호의적으로 반응했다.

반면 빈의 아동 중심적인 비전을 이루고자 노력한 의사와 정신의학자, 사회복지사들은 발달장애 아동들에게 운동가적이고 개입주의적인 방식으로 접근했다. 아이들은 대부분 재활 시설과 위탁 가정으로 보내졌다. 『아스퍼거의 아이들: 나치 치하 빈에서 자폐증의 기원』에서 역사학자 이디스 셰퍼는 이 시기를 실험 기간으로 본다. "빈은 교육자와 소아과 의사, 정신과 의사, 정신분석가가 학교와 법원, 클리닉, 번창하는 복지제도 등에 적용할 서로 다른 이론을 앞다퉈 제시하는 발상의 용광로가 되었다."[47]

　　당시 빈의 주요 어린이 복지 기관은 빈대학 소아병원 치료 교육 클리닉 하일페다고기크였다. 이전이라면 감옥 같은 시설에 수용하거나 이질적인 행동을 근절하기 위해 처벌했을 아이들에게 이곳에서는 평가와 교육, 치료를 제공했다. 그리고 아이들은 당대의 관례를 산산이 부술 정도로 진보적인 치료법을 경험했다. 음악과 예술, 자연, 운동, 언어치료, 놀이를 곁들인 전통적인 교과과정을 이수했다. 『뉴로트라이브』에서 실버만은 클리닉을 방문한 미국의 정신과 의사들이 자국에 흔히 있는 엄격한 시험과 규제가 이곳에는 없다는 사실에 놀라워한 점을 논한다.[48]

　　하일페다고기크에 있던 아이 다수는 의사들이 "자폐적autistic"이라고 부르는 특성을 띠었다. "자아"를 뜻하는 그리스어 autos에서 유래한 이 단어는 의식이 내면에 초점을 맞추고 있다는 의미로 쓰였다. 이런 아이들은 사회 규범을 이해하고 따르기 힘들어했지만 클리닉은 진단명을 붙이거나 "비정상"으로 분류하는 것조차 다년간 반대했다. 과몰입하는 예술가나 멍한 교수 같은 역사적 전형에서 나타나듯 사회적 어려움을 낳는 특성은 다양하므로 교육자들이 자폐 증상을 질병 취급할 필요는 없다고 판단했다. 대신 붉은 빈이 펼치는 아동 중심 정책의 풍조에 알맞게 이런 습성을 다양한 인간 군상의 일면으로 보고 그에 적합한 맞춤형 지원을 고안했다. 하지만 맞춤형 지원은 금세 다른 식으로 전개되기 시작했다.

한스 아스퍼거, 이면을 드러내다

빈에서 사회민주노동당이 10년 넘게 집권한 1930년대 초반, 오스트리아 변두리에서는 파시스트 세력이 힘을 키우고 있었다. 마침내 1933년에 권력을 장악한 이들은 맞수가 되는 정당과 노조를 재빨리 해체했다. 많은 사람이 붉은 빈의 성과를 지켜내고자 반격하면서 내전이 일어났지만 머잖아 오스트로파시스트가 도시를 점령했다. 1934년 5월에 이르러서는 조국전선Fatherland Front이 전국을 통제했다. 4년 후 오스트리아는 나치 독일에 병합됐다. 붉은 빈이 이끈 진보적 실험 시대는 완전히 막을 내렸다. 유대인을 다수 포함한 사회주의 지도자들은 망명길에 올랐다. 해방적 아동기를 꿈꾼 이상주의 이론가 오토 펠릭스 카니츠를 비롯해 빈에서 자리를 지킨 일부는 결국 나치 수용소에서 형장의 이슬로 사라졌다.

나치는 어린이에 대한 새로운 관점을 펼쳤다. 어린이는 개인의 권리를 가진 다층적 인격체가 아니라 지배 인종 생산의 열쇠였다. 민족 개량 프로젝트는 우수한 아리아인이 태어나도록 임신을 장려하는 한편, 집단의 순수성을 위협하는 아기들의 출생을 미연에 방지하거나, 이미 태어났다면 살생하기를 권장했다.

나치당이 빈의 아동 및 가족 중심 사회주의 프로그램과 정책을 모두 폐지한 것은 아니다. 다만 그걸 뒤틀어 암울한 도플갱어를 만들어냈다. 유대인 이민자 다수를 포함해 엄마와 아이 전반을 대상자로 하던 보편적 복지 프로그램들은 이제 오로지 아리아인 엄마와 아이들에게만 지원과 돌봄을 제공했다. 선별 복지는 나치의 주요 임무인 지배 인종 만들기의 일환이었다. "나치는 '가족 복지'를 인종화한 복지 체제로 재편했다"고 카마토비치는 설명한다.[49] 사회적 어려움과 발달장애를 가진 아이들을 더 잘 이해하고 돕기 위해 만들어진 프로그램들은 어느덧 진단 기계로 변모했다. 의사들은 아이들을 나치 프로젝트에 유용하거나 당의 표현으로 하자면 "살 가치가 없는" 부류로 나누었다.[50]

절멸수용소에서 유대인을 대규모로 죽이기 한참 전, 나치는 정신병원에 입원한 장애 인구를 대상으로 살인 기술을 연마하고 정교하게 가다듬었다. T4 작전으로 불리는 안락사 프로그램은 1939년에 공식적으로 개시되었고 최대 20만 명의 장애인을 살해했다. 일부는 제국이 처음 제작한 가스실들에서 사망했다. 그리고 전쟁을 치르면서 장애 인구 관리는 국고에 부담된다는 나치의 신조를 몸소 실천한 의료인의 손에 더 많은 사람이 "야생 안락사"를 당했을 것으로 추정된다. 시체는 대량 매장되거나 화장됐다. 유족 대부분은 친인척이 감염병으로 사망했다는 소식을 통보받았다.

빈의 유명 아동 클리닉 암 슈피겔그룬트에서는 800명을 살해하고 사후에도 학대를 계속했다. 아이 수백 명의 뇌를 포름알데히드 병에 보관해 실험에 사용했다. 전쟁 후에도 암 슈피겔그룬트에서는 희생자 유해 슬라이드를 바탕으로 연구를 계속했고 이는 1980년대가 되어서야 멈췄다.

오스트리아의 도플갱어 전환으로 이익을 얻은 사람 중 한 명은 한스 아스퍼거다. 젊은 나이에 하일페다고기크의 원장으로 부임한 그는 그곳에서 자폐증을 비롯해 발달장애를 가진 아이들을 치료했다. 아스퍼거는 이상주의가 정점에 이른 붉은 빈에서 의학을 공부했다. 그와 같이 근무한 게오르크 프랑클을 비롯해 유대인 정신과 의사들은 오늘날 신경다양성—뇌는 다양하게 작동하며 차이를 병리화하지 않아도 된다는 개념—을 이해하는 데 열쇠가 되는 진보 이론들을 발전시켰다. 오스트리아가 독일에 합병되기 1년 전까지만 해도 이런 분석에 아스퍼거는 동조했다. 이를테면 1937년, 그는 자폐 증상을 보이는 어린 환자들을 진단명 하나로 깔끔하게 묶을 수 없다고 적었다. "사람의 성격처럼 아동 발달론도 천차만별이다. 엄격한 기준의 진단은 불가능하다."[51] 그러더니 몇 달 만에 견해를 바꿨다. 나치의 우생학 담론에 물들면서 "병든 유전자 형질의 전파"를 방지할 필요성을 피력했다.[52] 이전에는 진단을 내릴 수 없다고 말한 자폐증적 특징을 보이는 아이들을 이제는 "쉽게 알아볼 수 있는 아동 집단"으로 재해석했다. 그가 붙인 이름은 "자폐증적 사이코패스"였다.[53]

진단 자체가 이데올로기로 물들었다. 『아스퍼거의 아이들』에서 셰퍼가 논하듯이, 나치는 아리아인 집단 보크를 꾀하고 군사화했으며 이에 대한 연대감을 일컫는 미묘하고 번역하기 까다로운 정서인 게뮈트^{Gemüt}로 개인의 가치를 매겼다. 자폐증을 가진 이들은 외부가 아닌 내부에 시선을 두고 사회적 신호를 읽기 어려워하며 다른 사람들보다 사회적 인정에 관심을 두지 않으므로 "게뮈트의 빈곤"을 가졌다고 아스퍼거는 서술했다.[54] 보크를 위해서 협동심을 발휘할 수 없을 테니 대부분은 사회적 가치가 전혀 없을 것이라고 말했다. 그들은 자라서 "흉물스럽고 저속하게 거리를 배회하며 큰소리로 혼잣말하거나 주위 시선에도 아랑곳 않고 행인들에게 말을 거는 '괴짜^{originals}'"가 될 것이었다.[55] 하지만 그가 "작은 교수들"이라 일컫은 소수는 특수 임무를 맡을 수 있었다.[56] 나치가 여전히 독일의 지휘봉을 잡고 있던 1941년, 아스퍼거는 이렇게 썼다. "우리는 매우 고질적인 사례를 포함해 치료받던 아이 다수가 일터와 무장 부대에서, [나치] 당에서 제 역할을 얼마나 잘해내고 있는지 안다. 적잖은 수가 명예로운 직책에 올랐다. 우리가 하는 작업이 노력할 만한 가치가 있다는 것을 보여주는 성공 사례다."[57]

이미 안락사 프로그램으로 장애 인구를 무차별하게 살해하던 때에 한 발언이었으니, 이렇게 말한 것이나 다름없었다. 자폐증 인구의 태반은 죽어 마땅하지만 그중 굉장한 주의력을 보이는 일부는 나치 당에 (암호 해독자로서 또는 파시스트 프로젝트에서 고도의 집중을 요하는 기타 직군에 종사하는 등) 쓸모 있어 보였다. 최근 연구에 따르면 아스퍼거는 불과 두 살의 영아들마저 암 슈피겔그룬트 클리닉으로 보내 죽이는 데 동의했다.[58] 다시 말해, 아스퍼거는 누가 살아남고 누가 살해될지를 구분하는 체제, 아리아인의 이상향에 못 미치는 수백만 명을 숨지게 할 도륙 기계로 곧 확장할 체제의 결절점이었다.

따라서 셰퍼는 아스퍼거 증후군 진단뿐만 아니라 아스퍼거로부터 지대한 영향을 받은 자폐 스펙트럼 진단 전반도 문제 있다고 여긴다. 이러한 글들로 미루어보면 자폐 스펙트럼은 의과학보다는 파시즘적 사고와 더 깊이 맞닿아 있는 진단이다. 나치는 아리아인을 만들기 위해 우월주의적 집단 사고에 복종하도록 강요했다. 게뮈트가 부족하기 때문에 자폐 아동은 병적이라는 아스퍼거의 주장은 의학적 진단이라기보다는 정상 행동의 범주를 구획하는 매우 이데올로기적인 진단이었다. 그가 아이들에게 내린 진단은 사실상 파시즘 결핍증이었다. "아스퍼거 같은 나치의 아동 정신의들은 어린이의 성격을 체제 규범에 따라 진단했다"고 셰퍼는 쓴다.[59]

아스퍼거는 자폐 아동 집단에서 "작은 교수들"만 떼어내 구제할 가치가 있다면서 "고기능 자폐증"과 "저기능 자폐증"이라는 논란이 될 만한 구별을 지었다. 신경비전형적인 아이들 가운데 소수를 우월하게 평가하는 동시에, 선택받지 못한 경쟁력 없는 아이들은 그길로 죽음의 열차에 오르게 하는 체제, 이것이 아스퍼거가 남긴 유산이다.

아스퍼거가 밟은 충격적인 궤적은 취약 집단에 따뜻한 호의와 호기심을 보이던 기관들과 몇 사람이 단 몇 년 만에 무신경한 대학살의 냉기로 식어버릴 수 있음을 보여준다. 스위치가 꺼진 듯이 말이다.

코비드로 또 다른 한 해가 지나가고, 내 도플갱어 패거리가 백신 접종자는 불결한 피를 가졌다거나 마치 교환아이처럼 영혼을 잃었다며 새로운 패닉의 바람을 일으키는 동안 나는 사회가 파시스트 분신으로 바뀌어가는 구체적인 방식에 천착했다. 이런 전환을 실행하려는 모든 독재자가 따르는 열 단계가 있다고 울프는 오랫동안 주장해왔다. 나는 이게 그렇게 간단하지는 않을 일일 뿐만 아니라 마냥 권좌에 앉은 사람에게만 해당되지는 않을 일이라고 생각한다. 이건 우월함과 순결함같이 들뜨는 기분을 갈구하는, 일반 시민의 허기와 욕구에 관한 것이기도 하다. 역사적으로 도플갱어의 전형은 삶과 죽음, 신체와 영혼, 에고와 이드, 진짜 아이와 가짜 아이 같은 문제를 탐구하는 도구로 쓰였지만, 분신 혹은 "악의 적 쌍둥이"라는 기호가 오랜 세월 경고한 다른 것이 존재한다. 모든 사람 안에 살고 모든 국가에 매복하는 음지의 폭군이다.

저것과 이것 모두

이에 관해서라면 필립 로스에게 배울 점이 많다. 피상적인 가소로움을 걷어내고 고갱이만 본다면 결국 『샤일록 작전』은 좀더 광범하고 심각한 형태의 더블링을 다루는 서사다. 소설은 오하이오주 클리블랜드에서 자동차 수리공으로 근무하는 우크라이나 출신의 이주민, 실존 인물 존 뎀야뉴크가 1988년에 치른 재판을 배경으로 펼쳐진다. 뎀야뉴크는 한 번에 수백 명씩 유대인 수감자들에게 가스를 살포하는 등 가학을 즐기던 트레블링카 수용소 가스실의 악명 높은 교도관 "공포의 이반"이라는 혐의를 받고 미국에서 체포돼 이스라엘로 인도되었다. 책장을 넘기며 나는 겉으로는 유치찬란한 로스의 도플갱어가 사실 독자를 더 심도 있는 논의로 이끄는 장치라는 것을 점점 알아차렸다.

진짜 로스와 가짜 로스가 졸렬한 자존심 싸움을 벌이는 동안 '공포의 이반'으로 지목된 이 남자는 예루살렘 법정에서 기력이 쇠진한 홀로코스트 생존자들과 연이어 마주한다. 진짜 로스는 방청석에 앉아 원고의 규탄과 피고 측 변호를 듣는다. 이제 60대 후반의 나이인 뎀야뉴크는 이 모든 게 소비에트 연방이 자신의 절멸수용소 신분증을 조작해 생긴 정체성 오인에서 비롯된 일이라고 역설한다. 그는 괴물이 아니다. 그는 가정에 충실한 남자이고, 애틋한 아버지이며, 교외 지역 공동체의 등불이다. 진짜 로스는 증인대에 선 뎀야뉴크를 보며 그의 변론을 상상한다. "고통받은 여러분께 심심한 위로를 전하오나, 당신이 원하는 이반은 저같이 오하이오 클리블랜드에 사는 정원사처럼 천진무구한 사람이 아니었습니다…… 이렇게나 반듯하게 살아온 인생으로 정말이지 환장할 혐의들을 천 번이고 반증합니다. 내가 어떻게 저것과 이것 모두가 될 수 있단 말입니까?"[60]

작가 로스에게 뎀야뉴크의 평범한 가정생활은 소용없는 알리바이였다. 사람이 저것과 이것—무자비한 살육 병기와 가정에 충실한 남자—모두가 될 수 있다는 바로 그 사실이 소름끼치는 것이다. 분신들은 공존한다. 상쇄되지 않는다. 진짜 로스는 이렇게 관찰한다. "매우 착하고 매우 착하지 않은, 철저히 대립되는 인품이 더는 사이코패스의 전유물이 아님을 독일인들은 온 세상에 보란 듯이 똑똑히 증명했다."[61]

아스퍼거도 서로 대립하는 듯한 두 인품을 유지했다. 한 남자는 기발한 "작은 교수들"을 침착하게 지켜본 뒤 조심스럽고 인정미 있게 그려내며 그들의 생존권을 옹호했다. 다른 남자는 말수가 적고 사회가 기대하는 귀염성이 모자란 아이들에 가차 없이 이송 명령을 내렸다. "아스퍼거의 행동에 드러난 양면성은 나치즘 일체의 양면성을 드러낸다"고 셰퍼는 쓴다.[62] 집단 건강과 웰니스를 앞세워 횡포와 타락을 일삼은 체제.

오늘날 자폐증 문학에서는 아스퍼거의 양면성을 끊임없이 논한다. 그는 지킬 박사였나 하이드 씨였나? 그는 구원자인가 나치인가? 빛이었나 그림자였나? 학자들은 거듭 토론하지만 사실 이 중 하나를 택할 필요는 없다. 그는 저것과 이것 모두가 될 수 있다. 둘은 상충되지 않는다. 자폐증 학자 안나 드호헤는 진단 편람에서 "아스퍼거 증후군"이 사라지기 전까지 그녀 같은 사람 다수에게 이름의 낙인brand을 새긴 아스퍼거의 양면성을 이렇게 논한다. "나는 아스퍼거가 어떤 아이는 살게 남겨두고 또 어떤 아이는 슈피겔 그룬트로 보낸 결정에 배후가 됐을 이데올로기에 관심이 있어요. 그리고 그 이데올로기가 오늘날 나타나는 방식에도요."[63]

나도 관심이 있다. 매일 밤 퀭하게 휴대전화를 들여다보면, 간담이 서늘해질 언어로 무적의 유전자와 우수한 면역계, "순수 혈통"과 완벽한 아이들을 논하면서 상상 속 본인의 모습보다 조금 덜 강하고 완벽한 타인을 보호하기 위해 마스크를 착용하는 등 간단한 행동을 하지 않겠다는 사람을 더 자주 맞닥뜨린다. 이들은 주로 자기도 모르는 사이에 T 같은 어린이들을 세상에서 제거하려 했던 야만적 관례를 계승하는 후임자가 돼버린다. 주변인의 안위를 좀 고려해달라는 부탁에 살부터 빼라며 입에 거품 물고 맹폭에 나서는 인플루언서들은 우월주의적 논리를 동원해 가치 있는 삶과 버려도 될 삶을 판가름한다. 나치 당에서 생존 가치가 없다고 판정 내린 부류의 아이를 갖기가 극도로 두려운 나머지, 홍역 같은 바이러스를 수십 년간 잘 통제한 백신을 아이가 맞지 못하도록 막아서는 부모도 같은 논리에 휘말려 있다.

이게 오늘날 백신 반대론의 계보다. 하지만 피폭화한 거울세계에서는 자신들이야말로 이번 세기의 노란 별을 강제로 달고 절멸 수용소로 끌려가고 있다고 굳게 믿고 있다.

아이가 미러링하나요?

내가 자폐증 부모 공동체에서 겪은 경험이 흔한 것인지는 알 길이 없다. 운동경기장이나 치료 대기실에서 이리저리 부대낀 이후부터는 더 이상 찾아가지 않았으니까. 그래도 백신 역정보 산업이 실존하는 고통을 자양분 삼아 몸집을 불리고 있다는 것은 단언할 수 있다. 발달장애 아동 가족들도 우리가 사는 사회, 즉 진단은 마구 퍼주지만 진짜 도움에 있어서는 짠돌이인 사회에서 살고 있다.

자칭 진지하시다는 분들끼리 모인 자리에서 불우 아동을 위해 궁전을 지어 감옥 벽을 헐자고 말한다면 즉각 비웃음을 사고 말 것이다. 설령 "좋은" 보험에 들었다고 해도 중증 장애를 가진 아이를 보살피다가는 까딱하면 파산에 이른다. 장애정의 운동에 힘입어 취학 아동에게 양질의 지원을 제공하는 지역에서조차 대부분의 지원 활동은 아이들이 성년을 맞는 동시에 바닥을 드러낸다.

심지어 장애아에 신경깨나 써야 하는—백인과 상류층이 밀집한 지역에 위치하고 소송할 재력을 가진 학부모를 상대하는—학교에서조차 마치 강아지 훈련처럼 간식과 벌칙을 주는 ABA가 지배적인 교육 방식으로 버티고 있다. 뉴저지에 도착하며 아이를 대놓고 방치하는 교육 시스템과는 작별했다며 자축하던 허니문 시절이 끝나자 찝찝한 마음이 들었다. 학교가 비전형적인 아이들을 특별반에 몰아넣어 진행하는 ABA 훈련은 학생들의 역량을 키워주려는 의도가 아니라 숨 돌릴 틈도 없이 시험을 치르고 고득점 결과를 내고 있다는 것을 대외적으로 보여주기 위함인 듯했다. 이 시험들은 학교 순위에 반영됐고, 학교 순위는 땅값에 반영됐고, 땅값은 자산세에 반영됐고, 자산세는 학교에 자금을 대는 구조였다. 그리고 아이들은 진단 과정 시작과 동시에 정상성과 이상성의 매트릭스에 놓인다.

"아이가 장난감을 적절하게 갖고 노나요?" 맨 처음 만난 의사가 물었다.

적절하게? 장난감 자동차를 가지고 경주하는 것이 그걸 벽면을 따라 쌓아올려 추상적인 조형물로 만드는 것보다 더 적절하다고 대체 누가 판단할 수 있을까? 나는 못 한다.

"아이가 미러링하나요?" 치료사가 집을 방문했다.

"미러링이 뭔가요?" 내가 되물었다.

"아이가 당신의 행동을 따라하던가요, 사이먼 세즈*처럼요."

아. 그런 걸 살핀 적은 없었다. 하지만 궁금해졌다. 나는 아이가 미러링하기를 원했나? 그렇다면 누구를? 나를? 또래를? 만화 캐릭터를? 우리는 타인의 행동을 그대로 베끼는 반사적 충동에 휩쓸리다가 이런 시궁창에 떨어진 것이 아니었나? 물론 따라하면 인생이 순탄해지기는 한다. 하지만 내면의 목소리를 따르는 아이들이 무리에 좀 섞여 있는 게 그렇게 나쁜 건가?

정말로 거울이 더 필요한 것일까? 색다른 곳으로 가는 포털은 어떨까?

우리 가족이 장애와 맺는 관계는 그것을 이름 짓고, 치료하고, 통제하려는 마인드셋에 느끼는 이물감이 거의 전부였다. 하지만—늘 그렇듯이—다른 마인드셋도 존재했다. 그런 보물을 발견한 것은 놀랍게도 암벽 위로 삶의 터전을 옮기고 나서였다. 솔직히 말하자면 그것 때문에 지역에 남기로 했다. 처음에는 뉴저지에서 받았던 화려한 후원 하나 없는 시골 일반 학교에 T를 보내는 일이 고행의 연속이지 싶었다. 막상 뚜껑을 열어보니 아이는 여태껏 경험한 것 중 최고의 시간을 즐기고 있었는데 이유는 간단했다. 여기서는 압박도, 측정도, 시험도 흔치 않았다.

---

*   게임의 리더가 내리는 명령대로 동작을 따라하는 놀이.

자폐증 전문 치료사는 없지만 아이는 스트레스를 받을 때면 다정한 보조 선생님과 숲을 거닌다. 이 선생님과 대화 주제를 번갈아 정하면서 타인과 더불어 사는 데 필요한 상부상조의 가치를 익힌다. 어디서 시간을 내오는지는 모르겠으나 담임은 무한한 창의력을 발휘해 아이의 최신 포식자 취향을 반영한 교육과정을 짜온다. T는 못살게 구는 친구가 한 명도 없어 행복하다며 나를 안심시킨다. 그건 언제라도 바뀔 수 있고, 언젠가는 바뀔 것이다. 여기서 만나본 사람 중에는 일이 상서롭게 풀리지 않은 사례도 있다. 하지만 적어도 지금, 낙오자와 부적응자가 함께 정겹게 뛰노는 (그리고, 아무렴, 괴짜 같은 정치 성향이 종종 나부끼는) 이 공동체에서, T는 모든 아이가 마땅히 누려야 할 무언가―본모습 그대로 받아들여지기―를 경험하고 있는 듯하다.

내리막길 탈출구

아비의 여름철 선거 유세가 끝난 지 얼마 안 된 시점에 처방전을 받으러 약국에 줄을 섰는데, 18세쯤 돼 보이는 어린 여자가 면마스크와 일회용 마스크의 장단점을 주제로 대화를 걸어왔다.

"난 파란 마스크가 싫어요." 그녀가 불쑥 말했다. "쓰레기를 너무 많이 만들어내잖아요."

"그 사람 가만 내버려둬." 동행한 다른 여자(엄마? 할머니?)가 말했다. 그러고는 팔뚝을 붙잡아 청소년을 내게서 떼어놓았다. "그 사람"―나를 가리킨 것이었다―"너랑 말 섞을 생각이 없다니까."

이 젊은이에게 의사가 어떤 명찰을 달아줬을지는 모르겠지만 내 아들이 달고 다니는 것과 크게 다르진 않으리라는 느낌이 들었다.

"아뇨, 아뇨, 같이 수다 떨어요." 내가 말했다. "달리 뭘 하겠어요? 기다리는 중인데."

그길로 함께 수다를 떨었다. 면 마스크의 장점에 대해서(더 보드랍고, 더 예쁘고, 환경 면에서도 더 낫다). 내 형제자매에 대해서(각각 한 명씩 있다). 내 나이에 대해서. 그렇게 대화가 이뤄지는 동안 나는 보호자가 어깨를 축 늘어뜨리며 경계를 늦추는 모습을 유심히 지켜봤다.

이런 경험이 몇 번 있었다. 보통 줄 서서 기다리는 중에 벌어지는데 항상 이런 식이다. 먼저 신경비전형적인 사람이 곰살궂게 말을 걸며 나를 (주로 헤드폰으로 빚어낸) 대중 속의 고독에서 끄집어내면, 다음에는 부모나 조부모의 얼굴에 수치심과 패닉이 드리우고, 마침내 사랑하는 사람에게 그런 뼈아픈 감정을 겪지 않아도 된다니, 매몰아치는 폭풍 속 피난처를 찾은 듯 안색이 밝아진다.

어떤 심정일지 조금은 안다. 내가 10대였을 때 어머니는 중증 뇌졸중으로 신체능력의 다수와 인지능력의 일부를 잃었다. 보호자 역할을 하면서 나는 세상의 냉담함을 일찍 깨우쳤고 장애는 숨겨야 한다는 사고를 가진 사람들의 눈짓에서 싫증과 조바심을 능숙하게 알아차렸다. 하지만 나 자신도 창피했고, 인간이 저마다의 뇌와 몸으로 세상을 맞는 천차만별의 방식이 얼마나 보배로운 것인지를 종종 잊었다.

그랬던 나는 학교 놀이터에서 간단한 기구에 쩔쩔매는 유치원생 T의 모습을 지켜보다가 터닝 포인트를 맞았다. 같은 반 여학생이 체조 선수처럼 도약해 철봉을 잡고 몸을 앞뒤로 흔들었고, 이내 거꾸로 매달리자 긴 머리가 바닥에 닿으며 모래바람을 일으켰다. 저렇게나 능력이 출중한 아이의 부모는 어떤 기분일까 하고 상상해봤다. 게다가 친절하기까지! 아이는 놀던 걸 멈추고 T에게 다가와 구름사다리 건너는 방법을 알려주려고 노력했다. 내 아들에게 시간을 내주는 당찬 여자아이를 보고 있노라면 마음이 저절로 말랑해진다.

그쯤에 나타난 아이 아버지에게 딸의 야무진 행동과, 이해가 좀 서툰 친구도 선뜻 챙기는 따뜻한 마음씨를 칭찬했다. 남자가 자랑을 속사포로 늘어놓기 시작한 덕분에 나는 그 다섯 살짜리가 체조 선수로 촉망받고 있을 뿐만 아니라 『로미오와 줄리엣』의 독백문을 전부 낭송할 수 있고 체스 경기에 여러 번 출전했으며 바이올린이라면 사족을 못 쓰고 정제 설탕이 들어간 음식은 절대, 단 한 번도 먹어본 적이 없다는 걸 알아버리고 말았다.

기가 다 빨렸다. 부녀는 이 완벽의 올림픽에서 완승을 거두고 있었지만 내가 봤을 때 이건 아이들이 참가해서는 안 되는 고약하리만큼 슬픈 시합이었다. 그 자그마한 아이는 이미 반짝이고 있었다. 애써 광을 내 트로피로 만들 필요가 없었다는 말이다. 하지만 온 세상을 제집 거실처럼 저렇게 쉽게 거니는 아이를 둔다면, 경제질서에서 소수의 능력자만이 선점할 수 있는 상을 휩쓸어가며 아이를 통해 대리만족하고 싶은 유혹에 흔들리지 않을 자신이 나는 없었다. 이 깨달음과 동시에, 타고나기가 남달라 저 시합에 결코 참가하지 못할 아이를 가졌다는 게 얼마나 특별한 선물인지를 깨달았다. T는 자기만의 경기장에서 자기만의 규칙들—아이가 성인이 된 다음의 귀추가 궁금해지는 멋진 규칙들—을, 아이 혼자만이 해독할 수 있을 규칙들을 세우고 있었다.

발랄한 몸짓으로 엉거주춤 플라스틱 미끄럼틀을 타고 내려오는 T의 모습을 바라보며, 나는 우리 둘 다에게 이 내리막길 탈출구를 선물해준 아이가 몹시 고마웠다.

비밀과 그림자

방탄복 없이 태어난 아리따운 생명체, T에 관해서라면 이만큼 공유하는 데도 꽤 큰 결심이 필요했다. 나이가 차서 아이가 자폐아 부모 세계의 어두운 모서리를 조명하는 것은 유의미한 작업이라고 양해해주기를 바란다. 한편 나는 무척 호기로웠던 그 동급생 아버지와의 일화를 공유하는 데도 굉장히 고심했다. 책을 읽게 된다면 자기라는 것을 단번에 알아차릴 것이다. 제 딴에는 처음 만난 사람에게 잘 보이려다가 좀 심취했을 뿐인데, 이렇게 이야깃거리로 삼아도 괜찮은가? 불쾌할 수도 있다. 하지만 그가 보인 태도는 되짚어볼 만하다. 왜냐하면 그동안 써온 내용처럼, 정작 주목해야 할 대상은 거울세계에서 부리는 곡예 자체가 아니기 때문이다. 이성과 휴머니즘, 과학에 대한 존중, 그리고 소외계층에 연민의 손길을 뻗고 있노라 자부하는 집단에서 벌어지는 일이다. '저들'과는 격이 다르다고 스스로 정의하는 집단에서.

아동기를 군비 경쟁 뺨치는 성취의 장으로 만든 것은 윤택한 삶을 사는 자유주의 부모들이다. 명문대라는 인생의 첫 번째 결승선을 통과하기 위해 아이들은 자신의 가장 내밀한 트라우마를 비극을 딛고 일어서는 승리의 서사로 바꿔 써내야 한다. (한편 최상류층 가정에서는 거액의 뇌물을 주고 자녀의 합격통지서를 따내는 정황이 최근 대학가 스캔들로 여실히 드러났다.) 이대로라면 몇 년 내로 상류층 자유주의 부모들은 자식의 키나 지능지수, 운동 기량을 높일 목표로 배아 유전자를 조금 손보는 것을 특권이 아니라 의무로 받아들이지 않을까.

세상이 미쳐 날뛰어 돌아가고 있어. 그들은 말할 것이다. **그러니 내 자식들에게는 살아남을 무기가 필요해.** 빌 매키벤은 근래 내게 이렇게 말해줬다. "그들은 모두가 잘 살 세상을 만드는 방법을 궁리하는 게 아니라 무너지고 있는 세상에서 자기 자식이 잘 살 방법을 강구하고 있어."

웰니스와 양육세계가 교차하며 함께 완벽한 경쟁의 신호탄을 쏘아올리는 모습에 내 마음이 요동치는 것은 다음의 이유가 제일 크다. 스스로 완전무결하다고 말하는 사람들이 멀찍이 달아나고 있는 구조적 악폐unwellness. 도처에 보이는 구조적 악폐. 지금 보이는 미러링과 더블링의 수원에는 우리가 보길 꺼리는, 진정 들여다보길 꺼리는 사태와 사람들이 고여 있을 거라 짐작한다. 우리 곁에서, 우리 과거에서, 그리고 우리를 향해 닥쳐오는 요지경 속 미

래에서. 우리 자신의 그림자를 앞지르는 방법에는 여러 가지가 있
다. 음모론의 바다에 빠지는 것은 그중 하나일 뿐이다. 그리고 저
그림자와의 대결은 내 지도가 부득이 가리키는 다음 행선지였다.

3부

음영 지대(분할)

음영 지대(분할)

"아플 거야, 이제." 에이미가 말했다.
"죽은 게 삶으로 돌아올 때면 아픈 법이야."

토니 모리슨, 『빌러비드』

11장

침착, 음모⋯⋯ 자본주의

2007년에 『쇼크 독트린』 순회 강연차 오리건주 포틀랜드를 찾았다. 온화한 미소로 공항에서 나를 맞은 백발의 주최자는 어느새 고민거리를 털어놓았다. 열의 넘치는 "트루서truther"* 그룹 하나가 그날 밤 예정된 내 행사에서 훼살 부릴 낌새란다.

아니나 다를까, 일이 났다. 교회에서 북토크를 하고 있는데 후디를 입은 남자 둘이 2층에서 현수막을 내렸다. 9·11은 **내부 소행이다.**

그 시절 트루서 운동은 「플랜데믹」처럼 저예산으로 대흥행한 다큐멘터리 「느슨한 변화」를 등에 업고 한창 인기몰이 중이었고, 좌

---

* 9·11 테러에 대한 일반적인 설명을 부정하는 사람. 요즘에는 음모론자에게 포괄적으로 사용하기도 한다.

파 일각에서는 이를 용인하거나 심지어 조장했다. 트루서들은 딕 체니와 조지 W. 부시가 쌍둥이 빌딩 격파를 공모했고 이를 테러리스트 소행으로 보이게끔 시도한 정황을 부시 정권에 비판적인 유명 평론가들은 내심 알고 있었다고 "시인"하라며 종용하는 것을 주요 전략으로 삼았다. 그들은 포틀랜드 외에도 내 북토크 질의응답에 여러 차례 끼어들었다. 친구 제러미 스카힐도 저서 『블랙워터: 세계 최강의 용병부대』로 강연하면서 같은 악재를 겪었다.

이런 식으로 몇 년간 고초를 치르면서 어떤 결론에 다다랐다. 입증할 길 없는 음모론적 주장을 믿음직한 탐사 연구로부터 가르는 선은 예상만큼 견고하지도 확실하지도 않다. 어떤 사람들은 탐사 보도와 사실 기반 분석, 언어도단의 음모론을 번갈아 소비하며 자기 입맛에 맞게 연계성을 추려내고 세 가지 재료를 내키는 대로 섞어 잡탕을 만든다.

연구자가 보기에 셋은 확연히 다른 장르다. 책임감 있는 탐사 기자는 일정한 관행을 따른다. 자료를 이중 삼중의 출처로 따지고, 유출 문서를 검증하며, 동료 평가 연구를 인용하고, 학술 용어와 연구 방법론을 제대로 이해한 것인지 확인차 유수의 전문가들에게 글을 보내고, 출판에 앞서 팩트체커가 원문을 낱낱이 검사하게 한 다음 명예훼손 전문 변호사에게 모든 것을 넘긴다. (나는 책을 낼 때 여러 분야의 변호사를 선임한다.) 이건 느리고 비싸고 손이 많이 가는 과정이지만 우리가 사실을 확인할 증거로 합의한 대상에 우리가 아는 한 가장 가까이 가닿는 방법이다.

음모론 인플루언서는 탐사 보도의 도플갱어로서 양식을 제법 베끼지만 정확성은 찾아볼 수가 없다. 이 기법의 무림고수 되시는 분이 바로 울프다. 툭하면 "결정적 단서"를 찾았다든가 "블록버스터급 기밀"을 입수했단다. 그리고 수천 장에 이르는 과학 논문과 메타데이터를 증거로 언급하지만, 울프가 문서에서 읽었다고 쓴 것이 정말로 문서에 나와 있는지 읽으러 가는 사람은 없을 것이다. (코비드 백신이 "대학살"을 자행했다는 소리가 대부분이다. 그녀가 인용하는 문서를 살펴본 결과, 그런 이야기는 어디에도 나오지 않는다.)

기후변화 부정 집단이 과학적으로 수없이 증명된 지구 온난화를 맥락과 무관한 온도 차트와 철 지난 자료, 복잡한 과학 용어로 "폭로"하겠다고 하듯이 울프도 소위 과학의 피픽화에 가담하고 있다. "지질 나노 입자"와 "돌기 단백질" "혈액-뇌 장벽"과 같은 의학 용어를 시도 때도 없이 들먹이는 바람에 스티브 배넌이 애걸한 적도 있다. "천천히 말해요! 천천히!"

이 같은 담론 포화 상태에 대한 반사작용으로 생기는 만성적 불신을 브라질의 철학 교수 로드리고 누니스는 "디나이얼리즘 denialism"으로 개념화한다. 거울세계의 다른 모든 것처럼 위아래가 거꾸로인 이 상태가 우파에 득이 되고 좌파에는 실이 되는 이유는 "가시권에 있는 실제 위협을 요란하게 비뚤어진 버전으로 대체하기 때문이다. 따라서 민주주의의 문제는 기업과 금융 시장의 주구 노릇을 하는 정계 엘리트가 아니라 세계정부 수립을 모략한다는 암중의 소아성애자 도당이 되어버린다."[1] 마치 "환경 문제는 기후변화가 아니라, 생활 양식을 바꾸고 성장을 저해할 정치적 의제에 따른 과학의 무기화"이듯 말이다. 이것도 덧붙일 수 있겠다. 코비드는 영리를 추구하는 제약 회사들과 허수아비 정부가 건성으로 싸우고 있는 감염률 높은 질병이 아니라 당신을 노예로 부리려는 앱이 문제인 것이라고.

세계 도처의 배넌들은 억만장자들로부터 돈다발을 받고 호의호식한다. 그러니 저들이 개인적으로 음모론을 신뢰하느냐 마느냐와는 상관없이 음모론을 꽤나 애정하는 이유는 분명 다음과 같을 것이다. 음모론은 사람들이 공들여 진실로 밝혀낸 주지의 스캔들로부터 관심을 빼돌린다. 그리고 진실로 밝혀지기 일보 직전 상태의(그건 정말로 부정 선거였다! 백신은 정말로 아기들을 죽이고 있다! 그리고 의사 놈팽이들!), 하지만 결코 입증되는 법은 없을 폭발적인 무언가에 집중하게 만든다.

코비드가 나타나면서 기업이 바이러스를 빌미로 폭리를 취하고 정계 지도자들이 비상사태라는 명목하에 주요 서비스를 민영화하는 시도가 속출했다. 수조 달러를 투입해 시장 붕괴와 다국적 기업의 도산을 방지했지만 정작 대량 해고는 막지 못했다. 억만장자들은 누가 들어도 피가 거꾸로 솟을 속도로 재산을 축적하는 한편, 고객의 통장을 텅장으로 만들고 고물가 위기에 기름을 부었다. 미사여구를 갖다 붙이지 않더라도 대중이 민주 항쟁을 일으키기에 충분한 상황이었다. (흡사 "내부 소행"이란 표제어 없이도 이라크 불법 침공과 그로 인해 생겨난 수십만 명의 사망자를 알려오는 비보가 충분했듯이.) 백신 미접종 인구가 "아파르트헤이트"를 겪고 있다고 엄살 피울 일이 아니었다. 부유국과 빈곤국 사이에 진짜 백신 아파르트헤이트가 벌어지고 있었으니까. 코비드 "포로 수용소"

니 뭐니 나불거릴 필요가 없었다. 바이러스가 감옥, 정육업 공장, 아마존 물품 창고를 휩쓸고 가더라도 그곳 사람들은 사람이 아니라는 듯 아무도 관여하지 않았으니까. 공정한 사회였더라면 진실로 입증된 이런 진짜 스캔들에 관해 매일, 하루 종일 이야기했을 것이다. 우리 다수는 그러지 않았는데, 허튼 음모론을 뒤치다꺼리하느라 시간을 전부 허비한 것이 그렇게 된 이유 중 하나였다.

침착이라는 충격 저항법

"패턴 인식"이 내 직업의 본분이라고 생각한다. 나는 고용 안정성의 후퇴, 주요 산업의 소유권 합병, 그리고 초기 라이프스타일 브랜드들의 허술한 기업 구조를 특징짓는 마케팅 예산의 기하급수적인 증가 사이에 연결점이 있다는 것을 덜컥 깨달은 순간을 기억한다. 어떤 도당이 꾸며낸 지구 정복 계획 따위는 아니었지만 자본주의의 신국면을 설명할 논리적 이야기로 엮어낼 만한 어떤 흐름, 패턴이 존재했다. 그 순간 『노 로고』를 쓸 결심이 섰는데, 이 깨달음의 감각은 명징하다 못해 25년이 훌쩍 지난 지금도 패턴에 눈을 뜬 그날 내가 어디에 있었고 무엇을 하고 있었는지가 생생히 기억난다. (바닥에 앉아 학생 기자와 유선으로 통화를 하던 중이었다).

『쇼크 독트린』을 집필하면서는 그런 지향점을 한 번 더 정립하고자 했다. 9·11 사태로 정치적 향로가 몇 년간 오리무중에 빠지면서 친구, 동료들의 사기가 바닥에 떨어져 있던 때였다. 나는 이번에도 연결 고리를 밝히는 이야기를 쫓았다. 책은 9·11 이후의 충격 상태와 지난 반세기 동안 다른 국가나 다른 사람의 권리, 사생활, 그리고 공동의 부를 앗아가는 정책을 펼치려고 활용한 충격들 간의 접점을 다루었다.

우리의 "피드(먹이)"가 뒤죽박죽된 정보로 가득한 이 시점에 연구자-분석가가 할 일은 정해져 있다. 권력의 지도를 그리며 사건에 질서를 부여하고 정세 이해를 도와야 한다. 우아한 문학 길라잡이 존 버거는 내가 보낸 『쇼크 독트린』 교정쇄를 읽고서 내 글쓰기 인생에서 가장 유의미한 감상문을 남겨주었다. 다른 사람들은 내용에 부아가 치민다고 말했지만, 그는 책이 자신을 "자극하면서도 침착하게 한다"고 후기를 남겼다. 충격 상태에 진입한 사람과 사회는 정체성과 방향감각을 상실한다고 그는 관찰했다. "따라서 침착은 저항하는 방식이다."[2]

버거의 말을 자주 되새긴다. 침착은 불의에 마땅히 내야 할 화나 분노를 대체하지 않는다. 저 두 감정은 필요한 변화를 이끄는 강력한 동인이다. 그러나 침착은 집중의 사전 준비물이자 문제 해결 순서를 정하는 능력의 전제 조건이다. 충격이 정체성을 무너뜨린다면 침착은 우리를 되찾을 지반이 되어준다. 버거 덕분에 나는 내가 침착성을 찾으려고 글을 쓴다는 것을 깨달았다. 주변과 내면, 그리고―희망 사항인데―독자의 마음에 있는 무질서를 길들이고자 하는 마음에서. 지면에 나오는 내용은 거의 언제나 괴로움을, 그리고 대부분 어지러움을 선사하지만 내 생각에 책은 결코 독자를 충격에 빠뜨리는 것을 목적으로 해서는 안 된다. 독자를 충격에서 빠져나오게 해야 한다.

내 도플갱어의 언행에 긴 시간 사로잡혀 지내다보니 나는 그녀가 아주 다른 목적을 가졌다는 생각이 든다. 울프는 "겁에 질려" 있다고 상습적으로 말한다. 본인이 직접 수행한 코비드 백신 조사를 "충격적으로 충격적"이라고 성격 짓는다. 그리고 본인이 맞서 싸우고 있는 공중보건 조치들을 그릇되거나 심지어 위험한 것도 아닌, "두려움에 온몸이 굳어버리는" 내용이라고 묘사한다.[3]

"과장된 언어를 쓰고 싶진 않아요."[4] 울프는 보건 당국이 사람들 집 앞에 백신 기본 정보 소책자를 놓고 가는 것을 스티브 배넌과 논하고 있었다. 그러고 나서는 추측으로 이야기를 이어갔다. "백신을 안 맞은 아이는 데리고 갈 거예요, 꼭 그게 다음 수순인 것처럼. 아니면 접종 증명서가 없는 사람을 격리 수용소로 끌고 갈 수도 있고요. 내가 하는 말이, 어쩌면 조금은…… 긴장하거나 부풀리는 것처럼 들릴지도……." 그렇게 들린다. 언제나 그렇게 들린다. 그렇게 들리라고 하는 소리니까. 음모론 문화는 침착의 반대, 패닉의 확산을 목표로 한다.

음모는…… 자본주의다

여기서부터 상황은 좀더 복잡해진다. 권력층을 구축하고 유지한 시스템들과, 이런 시스템을 위협하는 대상을 제거하려고 실제로 진행된 비밀 작전을 분석하는 급진 반체제 작가와 학자들은 음모론자로 몰리기 십상이다. 힘깨나 쓰는 정재계 사람들 또는 반기업이나 반자본주의, 반인종주의 분석에 속으로 뜨끔하는 사람들은 방해되는 아이디어들을 매도하거나 주변화하려고 할 때 흔히 궁지몰이 수법을 쓴다. 권력 비평으로 난다 긴다 하는 좌익 분석가라면 마르크스부터 죽 같은 수모를 겪었다.

주요 기관 여러 곳에서는 코비드 역정보에 대적하면서 이 전략을 다시금 꺼내들었다. 가령 UN 집행위원회가 펴낸 안내서에서는 음모론을 "특정 사건이나 상황이 악의를 가진 강력한 세력에 의해 비밀리에 조작되고 있다는 믿음"으로 정의한다.[5] 어떤 의도로 한 말인지는 잘 알겠지만 가장 중요한 요소, 즉 해당 이론이 가짜인지 아니면 적어도 입증이 안 된 것인지의 여부를 놓치고 있다. 왜냐하면 실제로 적잖은 수의 사건과 상황—금융 위기, 에너지 부족, 전쟁—이 "강력한 세력에 의해 비밀리에 조작되고" 있으며, 그 조작은 대중에게 매우 부정적인 영향을 끼치기 때문이다. 이걸 믿는 이는 음모론자가 아니다. 정치와 역사를 진지하게 고찰하는 사람이다.

경제와 사회 시스템을 연구하고 읽고 쓰며 기저 패턴을 인식하려는 시도는 내게 심신의 안정을 가져다준다. 시스템을 논하는 작업은 빌딩에 견고한 기초를 놓는 것과 같다. 한번 자리 잡으면 그 뒤에 오는 모든 것이 더 튼튼해진다. 이것 없이는 강풍 한 번에 모두 다 날아가버린다. 이것을 이해한다 해도 세상은 여전히 파란만장하다. 그렇지만 불가해하지는 않을 것이다. 체계적인 힘들은 늘 작용하고 있고, 그중 다수는 새로운 이윤의 땅을 개간해 증식하고 확장하라는 자본주의적 명령과 맞닿아 있다.

그 명령을 바탕으로 이제껏 논의해온 더블링 형상들을 제법 설명할 수 있겠다. 성장에 대한 일념은 정체성을 브랜드화하고 상품화하는 경향, 우리 자신과 우리 몸, 우리 아이들을 최적화하려는 경향을 견인하며 경제생활을 더 위태롭게 만들었다. 실망스럽기 그지없는 테크 브로들은 자본주의적 명령이 세운 규칙들(혹은 그들의 부재) 덕분에 정보 생태계 전체를 장악했고 우리의 주의와 분노를 논밭 삼아 새로운 경제를 일구었다. 그리고 이 규칙들은 코로나 대처를 개인에게 완전히 맡기며(마스크 꼼꼼히 쓰세요, 잽 받으세요) 공립학교와 병원 시설, 대중교통을 강화하는 고비용 투자는 배제하는 결과를 가져왔다. 이렇게 짜인 우선순위에서 큰 이득을 보는 것은 엘리트들이다. 또한 그들은 인종과 민족, 젠더 표현으로 갈라치기를 조장하는 정치와 언론 공작에 뒷돈을 대며 서민끼리 공동의 경제적, 계층적 이익을 위해 단합할 가능성을 떨어뜨린다.

시스템이 설계대로 작동하며 인명 피해를 낳는 것과 비밀스러운 악당이 말짱히 잘 굴러가고 있는 민주주의를 망치는 것은 물론 다른 이야기다. 좌파가 존재하는 핵심 이유 가운데 하나가 이것이라고 생각한다. 사회가 다수에게 불리하게 조작돼 있으며 입만 나불대는 정치적 수사가 중요한 진실을 가리고 있다는 만연한(그리고 적확한) 느낌에 질서와 타당성을 부여해줄 부와 권력의 구조적 분석을 제시하기 위함이다. 이해하지 못하는 대상은 바꿀 수도 없기 때문이다. 그리고 시스템이 정녕 조작돼 있고 여러 사람이 울상을 짓고 있기 때문이다. 하지만 새로운 이익원을 찾고 포섭하려는 자본주의적 동력을 제대로 이해하지 못한다면 유례없이 발칙한 도당이 비선실세라고 상상하기 쉽다.

내 도플갱어가 여기에 해당되는 사람으로 보인다. 까마득한 『아름다움의 신화』 시절부터 말이다. "여자들을 '미인' 지망생 상태에 가둬두어서 자기혐오에 절고 실패를 거듭하며 굶주리고 성적으로 불안하게끔 하면 물건을 더 많이 구입한다는 것을 누군가 어디서건 어떻게 해서건 알아낸 게 분명하다."[6] 당시 울프가 쓴 글이다. 불안할 때 물건을 더 많이 구입하는 심리는 광고업계에서 특히 여성을 대상으로 장사할 때 참조하는 기본 원리다. 하지만 그런 불안을 자극한다고 해서 그녀가 주장하듯이 우리를 짓누를 계책이 따로 존재하는 것은 아니다. 그건 자본주의가 늘 하던 일, 삶의 모든 측면을 상품화할 새롭고 기발한 방식을 만들어내는 일의 한 예시일 뿐이다.

같은 이유로 울프는 월가 점령 운동 때 경찰의 진압 행위를 아주 단단히 오해했다. 그녀는 공원에 설치된 막사를 철거하는 것이 미국 국민을 노린 최고 수위의 음모이자 "전쟁"이라고 했다.[7] 하지만 당시 전국의 경찰이 집결 인원을 해산하는 방법을 서로 공유한 이유는 그들이 10년 전 세계무역기구와 국제통화기금 대항 운동 및 몇 년 뒤 BLM 시위대에 최루탄과 페퍼 스프레이를 살포한 이유와 동일하다. 우리가 폭력 진압이나 상징적 전용, 혹은 둘 다를 사용해 유산계급을 보호하도록 세밀하게 설계된 시스템 아래서 살고 있기 때문이다.

울프와 나를 가르는 차이점 가운데, 그녀와 다른 많은 이가 현실
감을 잃은 이유로 보이는 다음을 나는 제일 중요하게 생각한다. 나
는 자본이 우리 몸, 민주적 구조, 그리고 모든 존재를 떠받치는 생
태계에 낳는 폐해에 초점을 맞추는 좌파다. 그녀는 제대로 된 자본
비평을 내놓은 적 없는 자유주의자다. 울프는 단지 그녀 같은 여자
들이 개인으로서 체제의 사다리를 무사히 오를 수 있도록 편견과
차별에 발목 잡히지 않기를 바랐을 뿐이다. "여자들이 시장경제에
서 뒤처지는 일이 없도록 그들에게 힘을 보태줘야 한다고 생각해
요."[8] 여러 해 전 『가디언』의 캐서린 바이너에게 한 말이다.

울프는 자유능력주의가 한 약속을 맹신했다. 사람들에게 개인
으로서 발돋움할 수 있는 연장을 주어라, 모든 사람이 더 나은 삶
을 살게 할 보편적 프로그램을 만드는 것이 아니라. 그녀는 능력주
의의 규칙에 따라 엘리베이터를 타고 한 층 한 층 올라가 꼭대기
에 섰다. 고등학교 토론부, 예일대학 다음에는 옥스퍼드대학, 자유
주의 미디어의 총아, 세계에서 가장 권세 높은 남자들의 고문, 다보
스 인사들과의 만찬 자리. 그녀는 자신을 "서사의 소산"[9]이자 "북
동부 또는 양해안bicoastal 엘리트 사고 리더들······의 총아"로 소개
해왔다. 그런데 어떤 꼴이 났는가? 이렇게나 그녀를 치켜세워준 엘
리트 자유주의 질서가 겉보기와는 다르다는 점을 과연 깨달은 것
일까? 이게 공정하지 않다고, 실은 부정한 규칙과 가짜 약속, 잔인
함으로 넘실거린다고? 기존의 세계관이 붕괴한 뒤 폐허를 대체할
재목이 보이지 않아 하다못해 비밀결사와 음모를 고른 것인가?

음모론을 연구하는 럿거스대학 커뮤니케이션 교수 잭 브래티

크는 울프의 추이를 내게 이렇게 설명해줬다. "자유주의에 입각해 개인주의를 신봉하면 권력이 구조가 아닌 개인과 집단에 깃들어 있다고 생각하게 됩니다. 자본이나 계급 분석이 미비한 상태에서는 서구에 흔히 도는, 개인이 세상을 바꾸는 능력에 대한 이야기에 의존할 수밖에 없지요. 하지만 영웅 서사는 곧잘 악당 서사로 변합니다."[10] 이건 특기할 만한 부분이다. 음모론 문화는 오늘날 일촉즉발의 위기들을 관통하는 초개인주의를 배격하지 않는다. 대신 그걸 미러링해서 모든 사회악을 독보적인 영향력을 지닌 소수의 인물에게 지워버린다. 파우치. 게이츠. 슈와브. 소로스.

울프는 코비드 보건 조치를 계기로 사탄적 악의 존재를 믿게 되었다고 말한다. 이번 사태로 자본주의에 대한 신용을 조금도 잃지 않았다니 안타까울 따름이다.

엉킴의 충격

영웅에서 악당 서사로의 전환은 정치에 무관심해 보이는 사람들이 괴기한 코비드 음모론에 꽂혀든 연유를 어느 정도 설명해준다. 그들 가운데 울프를 비롯한 많은 이가 이 고장난 체계에서 앞서나가기 위한 규칙을 따랐고 보상을 받았다. 개인 사업을 시작했고, 어느 정도 재산을 불렸고, 대출금을 받았고, 어쩌면 소규모 임대업으로 쌈짓돈을 챙겼는지도 모른다. 자기 자신과 가족만 건사하면 맡은 바 소임을 다 한 거라고, 그 이상은 요구되지 않으리라고 생각했다. (주거비, 교육비, 의료비, 에너지 비용 급증으로 기본적인 앞가림을 하는 것조차 점점 더 어려워지고 있는데도 말이다.) 지금누리는 안락과 풍요는 자신의 독창성과 근면함이 가져온 결과라는 이야기를 믿었다. (그들의 직원도, 돌봐주는 사람도, 부유국을 우대하는 무역 정책의 결과도 아니었고, 그들의 인종이나 계급의 결과는 더더욱 아니었다.) 그러다가 우리는 돌연 개인, 가족, 국가 차원을 초월하는 협력으로써만 해결 가능한 위기에 직면했다. 우리는 사실상 서로 얽혀 있기 때문이었다. 그리고 그것은 코비드 자체보다 더 큰 충격이었다.

형세가 어쩌다 이렇게 이상해진 것인지만 이해해서는 소용없다. 형세가 이미 얼마나 이상했었는지도 이해해야 한다. 1970년대에 시작돼 아직도 건재하는 신자유주의 시대에 모든 역경과 고난—빈곤, 학자금 대출, 주거 퇴출, 약물 중독 등—은 개인의 실패로 병리화된다. 동시에 모든 성공은 입지전적인 듯한 사람들의 상대적 우월함을 보여주는 증거로 꼽힌다. 물론 거친 개인주의rugged individualism라는 망상은 신자유주의가 위세를 떨친 지난 반세기보다 훨씬 더 깊은 역사를 갖고 있다. 미국과 캐나다, 호주 같은 정착 식민지 국가에 거주하는 사람 대다수는 도난된 땅과 도난된 목숨에 건국의 빚을 지고 있다는 사실, 즉 주로 강제노역자로 이루어진 식민지 개척 집단이 노예제와 대학살로 자수성가의 핏빛 조성금을 마련했다는 사실에 눈을 뜨지 않은 상태다. 이 같은 식민운동을 맨 처음 시작한 유럽 국가들도 무지하기는 마찬가지다.

지금, 지난 수십 년 동안 뿌려온 불신의 씨앗들이 열매를 맺고 있다. 공동체와 사회 구성원이라는 개념 자체, 정부가 사람들에게 좋은 지원을 제공할 수 있고 또 제공해야만 한다는 작은 기대조차 불신받고 있다. "사회란 없다."[11] 마거릿 대처가 천명했다. 이 명제가 그렇게나 폭넓은 공감을 사는 게 정말로 뒷목 잡을 일인가? 사람들이 위축된 시선으로 세상을, 서로를 바라본 지는 이미 오래다. 심리적 궁핍은 노조 파괴, 국경에서의 인권 말살, 무너져가는 공립 병원과 학교 등 다양한 방식으로 드러나 이제는 공익이라는 발상 자체가 이질적이다. 코비드든 기후위기든 불평등 위기든 조금이라도 개인의 참여를 바라는 정책을 거울세계에서는 서구사회에 공산당의 가치를 이식하려는 계책의 하나로 보고 있으니, 공익은 문자 그대로 외래적인foreign 것이 돼버렸다.

우리 사회는—'나를 밟지 마라Don't tread on me'*라는 가장 협소한 의미의 자유와 풍전등화 상태에서도 눈 가리고 아웅하겠다는 신조로 세워졌기에—코비드의 충격을 흡수 못 하고 난항을 겪었다. 이번 위기는 우리가 그림자 속에서 일하고 살아가는 존재까지 바라보기로 선택할 **때에만**, 우리가 집단적으로 행동하고 대의를 위해 개인적 희생을 어느 정도 감수할 **때에만** 해결할 수 있는 것이었다. 모든 것이 얼어붙은 그 첫 몇 주를 누가 잊을 수 있겠는가? 많은 사람이 홀로 남겨진 동시에 단합심으로 들뜨던 그 시기를. 집

---

* 독립혁명 당시 식민지 미국 군기에 등장한 문구. 선제 공격을 하지는 않으나 한번 건드리면 물러서지 않고 싸우는 것으로 알려져 있는 산림 방울뱀이 문구 위에 그려져 있다.

밖에서 숨을 들이쉬던 매 순간 다들 이런 생각에 사로잡혔다. 또 누가 여기서 숨을 내쉬었을까? 문고리와 엘리베이터 버튼, 공원 벤치, 음식 용기, 배달 상자 등 무엇 하나 손에 닿을 때마다 이게 또 누구 손에 닿았을지를 생각해야 했다. 그 사람들은 괜찮을까? 괜찮지 않다면 병가를 낼 수 있을까? 의료 혜택은 받을 수 있을까? 우리가 분리된 개별적 존재라는 환상은 녹아 없어졌다. 우리는 단 한 번도 제 손으로 만들어진 적이 없었다. 우리는 서로를 만들고 해체한다.

팬데믹 기간에 우리 정부들은 보살핌과 연대의 인프라를 구축하기 위해 할 수 있는 만큼, 해야 할 만큼 최선을 다하지 않았다. 뉴딜 시대와 제2차 세계대전의 후방 전선 동원 규모에 비하면 초라한 성적이다. 그러나 사람들이 집에서 지낼 수 있도록 구제금을 지급하고 코비드 테스트와 백신 접종을 무료로 제공한 것은 주요 공공 정책이 지난 반세기 동안 한결같이 지켜온 노선—인간성을 나눠 갖는 사이에서는 서로에게 일정한 책임이 따른다는 개념 자체를 무시하는 노선—을 완전히, 파격적으로 이탈하는 행보였다. 다른 방도가 없었다. 이런 조치를 안 취했더라면 추가 사망자 수백만 명이 발생했을 테고 경제 전체가 침수됐을 테니까.

수십 년을 탈사회화하고 나서야 사람들이 신자유주의의 냉혹함을 받아들였다는 점을 떠올려보자. 정치인과 언론 거물들은 지원이 필요한 사람이라면 누구나 신청할 수 있게 만들어진 사회 프로그램의 수혜자를 흑인 "복지 여왕" "최상위 포식자" "불법 체류자"로 묶으면서 반흑인 인종주의와 반이주민 히스테리를 부추겼다. 1980, 1990년대의 실태를 열거할 필요는 없을 것이다. 하지만 거울세계의 윤곽과 해프닝에서 이것만은 확실히 알고 가야 한다. 수세대에 걸쳐 사회 구성원 간에 불화를 조장한 메시지들은 팬데믹을 발표한다고 해서 하루아침에 사라지지는 않는다. 그러나 기묘하게도 중도주의 정치인들은 코비드가 발생했을 때 그런 기대를 품었다. 그건 그 나름 마법적 사고였다.

정재계 지도층은 한마디 경고도 없이 갑자기 다른 메시지를 입에 올리기 시작했다. 알고 보니 우리는 사회에 살고 있고, 젊고 강한 사람은 늙고 병든 사람을 위해 희생을 감수해야 하며, 그들의 혹은 우리 자신의 안위를 고려해 마스크를 써야 하고, 팬데믹 이전에는 노동과 생명의 가치를 체계적으로 괄시받고 좌시받고 무시받던 바로 그 사람들—흑인, 여성, 가난한 나라 출신이 압도적으로 많다—에게 우리는 박수를 보내고 감사를 표해야 했다.

이런 연대의 제스처야말로 보여도 보이지 않는 듯 투명한 안대를 쓰고 살라는 자본주의의 오랜 정언과 배치되는 진정한 현기증, 진정한 전도몽상이었다. 돌이켜보면 인구 일부가 다음과 같은 사고를 한 것은 기함할 일이 전혀 아니다. **엿이나 먹어라. 이미 보이지 않는 존재로 합의된 사람들을 보호하려고 마스크를 쓰거나 잽을 받거나 집에 갇혀 지낼 생각, 우리는 추호도 없다.** 또한 미국처럼 건강을 수익점으로 삼고 좋은 의학을 "금싸라기" 사보험과 등치시키는 나라에서 무료 백신은 사람들의 반감을 샀다. 31세의 부동산 중개업자 케빈 뉴먼은 이런 논리를 펼쳤다. "코비드가 정말로 심각한 질병이라면 백신을 돈 주고 맞아야 했을 것이다. 다른 건 다

비싼데 이것만 공짜로 제공하겠다고? 수상하다."[12]

코비드 시위가 집단행동의 상징을 저격한 것도 특기할 만하다. 이탈리아와 호주에서 대각선주의 시위대는 노조 본부에 무단 침입해 사무실을 온통 파헤쳐놨다. 그리고 거리에서 **"자유를"**이라는, 그 공허하고 육중한 단어를 부르짖었다. 무엇을 하기 위한 자유란 말인가? 우리는 단결할 때 더 강해진다는 기본 원리를 바탕으로 집단의 힘을 드러내 보이는 것이 시위의 주된 목적이다. 하지만 이건 달랐다. 이건 집단적이라면 그게 뭐든 간에 일단 그들의 개별 신체, 그들의 개별 가족을 섬멸시킬 적으로 돌리고 보는 원자화된 개인들이 잠깐 응집한 결과였다. 한마디로 이건 연결에 반발하고 바이러스가 남긴 절절한 가르침에 아우성치는 모임이었다. 우리가 생면부지의 사람들과 같은 숨을, 같은 병원病原을, 같은 생태계를 공유한다는 가르침. 좋든 싫든 우리가 서로 엮여 있다는 가르침. 그러나 시위자들은, 우리가 저마다 빚은 외딴 섬이며 우리는 누구의 요청에도 응하지 않는다고 말하고 있었다. 우리는 "자주 국민"이고, 누구도 우리를 공동체나 사회 안에 몰아넣을 수 없다고 말하고 있었다.[13]

놀라워할 것이 결코 아니다. **진짜** 놀라운 것, 정녕 마음을 뭉클하게 하는 것은 우리가 사회에 살고 있다는 개념이 지난 수십 년간 농락당했음에도 불구하고 꽤 많은 이가 공덕심으로 거의 2년 동안 새로운 규칙에 따라 살았고 홀연히 나타난 복지 정부에 기뻐했다는 사실이다. 물론 정부가 코비드 정책을 등지기 시작하면서 "정상"이라는 위기는 재발했다. 그러나 비록 잠깐일지라도 우리는 다른 세계, 다른 종류의 집단적 전환을 목격했다.

어떤 음모는 진짜다

　최신형 자본주의가 세계를 주조하고 왜곡하는 방식을 이해하면서 일말의 안정을 취할 수는 있다. 그렇다고 해서 증명 가능한 실존 음모가 없다는 뜻은 아니다. "음모"를 암암리에 포악한 계책을 펼쳐보자는 어떤 집단 구성원끼리의 합의로 정의한다면 정재계에서 활동하는 자본의 대행자들은 음모에 부득이하게 관여한다. 1970년대 초, 민주적으로 선출된 칠레의 사회주의 대통령 살바도르 아옌데가 구리 광산을 국영화하자 CIA 지원을 받은 군부 쿠데타가 그를 끌어내렸다. 마찬가지로 이란 총리 모하마드 모사데그도 CIA 공작으로 1953년 실각했고 그가 국영화를 단행하려 했던 석유 회사는 얼마 후 브리티시 페트롤리움이 되었다.

　『쇼크 독트린』에서 나는 이처럼 충분히 고증된 계책들을 짚어보며 신자유주의 부상의 대안 역사를 기술했다. 아직 내막이 밝혀지지 않은 음모도 여럿 있으리라 믿어 의심치 않는다. 동시대 권력자들이 대중을 기만한 예도 숱하다. 미시간주 공무원들은 플린트시 상수도에서 독소가 검출되었다는 사실을 알면서도 몇 년이 지나도록 시치미를 뗐다. 브리티시 페트롤리움과 할리버튼은 해상 원유 시추 시설 딥워터 호라이즌의 운영 비용을 절감하려다가 멕시코만에 사상 최대의 해양 기름 유출 사고를 빚었고 실제 피해

규모를 은폐하려고 안간힘을 썼다. 폴크스바겐은 당사의 디젤 차량이 배출하는 오염 탄소량을 감추려고 다년간 음모를 꾸몄다(시승자들을 개조된 차에 태웠다). 가장 개탄스러운 것은, 담배 회사들에서 영감을 얻은 엑손과 다른 석유 거인들이 공모해 기후변화의 진상에 의심과 혼란을 부추긴 점이다. 여기에 언급한 예는 빙산의 일각에 지나지 않는다.

이런 중차대한 결정이 이뤄지는 방들이 있다. 그중에는 어슴푸레한 조명을 가진 곳도 몇 군데 있을지 모른다. 하지만 큐어넌이 떠올리는 사탄적 이미지와 달리 음모 공작의 동기는 진부하기 그지없다. 미국의 채광 기업은 귀금속이 나오는 주요 수원을 통제하고자 음모하고, 석유 거물은 산유국에 자기 거점을 계속 두려고 음모하는 것이다. 자본주의는 수익을 극대화하려는 습성이 있다. 음모를 동반해서라도 말이다. 이와 관련해서 피피키즘의 또 다른 희생양인 "딥 스테이트deep state"를 살펴보자. 본래 이 단어는 군부와 엘리트 네트워크가 지도하는 암중 활동의 실체를 묘사하려고 터키 좌파가 대중화한 것이다.[14] 하지만 배넌과 트럼프는 자신들의 방자하고 주로 위법한 권력 행사를 가로막는 권력이라면—법과 경제, 언론, 첩보 기관 등—모조리 "딥 스테이트"라고 부르며 자기 실책을 둘러대기 위한 손쉬운 제물로 삼았다. 무엇 하나 그들의 책임인 것은 없었다. 원흉은 언제나 "딥 스테이트"였다.

애덤 스미스는 1776년 『국부론』에서 말했다. "동종 업계 사람들은 오락과 유흥을 주제로 말을 섞는 법조차 드물지만, 한번 시작했다 하면 대화는 대중에 대한 음모나 가격을 인상할 궁리로 마침표를 찍기 마련이다."[15] 2013년 영국의 작가이자 출판인인 마크 피셔는 한발 더 나가, 오늘날 음모로 불리는 것은 거의 "지배층의 계층 연대"라고 일침을 가했다.[16] 즉, 정재계 갑부끼리 서로 뒤를 봐주는 것이 거의 다라는 뜻이다.

이런 음모는 진짜다. 그리고 뉴욕과 런던의 말끔한 이사회 회의실에서 기획하는 짬짜미 행위나 단속원을 속이는 수법, 글로벌 사우스에서 새로 출범한 사회주의 정부를 몰락시키려는 음모보다 더 조악한 음모도 실제로 존재한다. 왜냐하면 부유한 나라의 중산층을 끌어들이는 시장의 표면은—밝은 조명의 주유소와 식료품점, 매끈한 웹사이트와 칙칙한 사무실은—자본주의의 전말이 아니기 때문이다. 겉껍데기일 뿐이다. 이 모든 것은 노동자와 소비자, 사용자를 갈아넣어서 작동하지만 공급망에서 더 감춰진 곳까지 동원한다. 과잉 착취와 인적 봉쇄, 생태계 파괴가 벌어지는 이 사각지대는 시스템의 일시적 결함이 아니라 우리 세계의 기저다.

지금 그리고 있는 지도에는 이곳을 '음영 지대Shadow Lands'로 표기하도록 하겠다. 음영 지대는 마찰 없이 잘 굴러가는 듯 보이는 글로벌 경제를 떠받치며 영락없이 쑥대밭이 돼버린 하부 구조다. 수십 년 동안 효율성을 쥐어짜내다보니 공급 사슬의 고리 하나하나—원료를 추출하는 광산과 산업 농장, 미가공 자재를 부속물과 완성품으로 바꾸는 공장과 도살장, 그것을 오대양 육대주로 옮기는 기차와 선박, 딸깍 소리에 바로 준비할 수 있게 물건을 분류하고 저장하는 창고, 딸깍 소리가 들려옴과 동시에 배달에 나서는 운송 차량, 각 단계에서 나오는 침전물이 쌓이고 고이는 쓰레기

더미와 썩은 상수도, 갑부들끼리 향락을 즐기는 으리으리한 놀이터—는 서로 다른, 하지만 이골이 날 정도로 친숙한 약탈의 줄거리를 따른다.

　이런 이야기 자체보다 이제는 이런 이야기가 더 이상 충격을 자아내지 않는다는 사실이 더 충격이다.『노 로고』가 나온 지 25년이 지난 지금, 우리는 뉴욕이나 런던, 토론토에 사는 젊은 여성이 패스트 패션을 추구하면 다른 젊은 여성은 방글라데시 다카의 의류 공장에서 화재를 각오하고 일해야 한다는 것을 당연하게 받아들인다. 혹은 우리가 쓰는 휴대전화를 만드는 중국 선전深圳의 공장에서는 전자기기 제조 노동자들의 추락사를 막으려고 자살방지용 그물을 공공연히 설치한다는 것을. 혹은 두바이나 도하 같은 도시를 건설하고 보수하는 이주노동자들은 절망적인 생활 및 근무 환경에 처하다 못해 산재로 사망할 시 고용주는 어떤 책임도 지지 않는다는 것을. 혹은 뉴저지의 창고 노동자들은 지상 최고의 갑부 셋 중 한 명과 싸워야 화장실에 갈 시간을 쟁취할 수 있다는 것을. 혹은 필리핀 마닐라의 콘텐츠 심사자들은 소셜미디어 피드를 "위생적으로" 유지하기 위해 하루 종일 참수형과 아동 강간 게시물을 보고 있어야 한다는 것을. 혹은 우리의 광기 어린 소비 행태와 에너지 낭비가 로스앤젤레스와 소노마의 잘 빠진 교외 지역에 산불을 부채질하면 근처 감옥 수감자들이 이 위험천만한 진압 작업에 일인당 단돈 몇 달러를 받고서 투입된다는 것을. 마찬가지로, 기후 재난 때문에 독성 공기를 맡으며 아보카도와 딸기를 따는 중미 출신의 이주민도 만약 아프거나 노동 조건 개선을 바란다면 짓무른 과일처럼 헌신짝 신세가 되어 수당도 없이 귀국길에 오른다는 것을.

그나마 이들은 음영 지대의 행운아, 상대적 승리자다. 급여를 받아 고향에 사는 가족이나 옥고를 치르고 있는 친인척에게 보낼 수 있으니까. 이들보다 우리 세계의 더 어두운 맹점—이민 구금 시설과 수용소, 또는 비바람 한 번이면 뒤집힐 보트, 또는 부동산이 고수익 투기장으로 변질됨에 따라 번드르르한 도시에 불어나고 있는 텐트장—에서 살아가는 이들은 수두룩하다. 눈에 보이지 않는다고 마찰이 사라지는 것은 아니다. 마찰 그 자체의 삶을 살아가는 음영 지대 거주민에게 이양될 뿐이다.

이런 어두침침함은 진짜 음모들과도 연결돼 있다. 음영 지대의 기본 생활 및 근무 조건은 매우 열악한 데다 근대라는 환상을 지키기 위해 그림자에 가려져 있으므로 극심한 가학성을 띠기 십상이다. 이곳에서는 감독과 교도관, 군인들이 육체적·성적 학대를 일삼는다. 학대를 아무렇지 않게 자행하는 것은 그로부터 가장 큰 피해를 입는 인구—가난하고, 서류가 부족하고, 법적 신분이 위태롭고, 압도적으로 흑인과 갈색인종이 많은 집단—의 생명을 이미 무시하고 있기 때문이다. 학대가 음영 지대에서 판을 치는 것은 판을 칠 수 있기 때문이다. 그리고 은폐 공작은 이 사실이 탄로 나지 않게끔 가해자를 보호하고, 공급 사슬에서 채광이 가장 좋은 구간을 들락거리면서도 저 뒤편의 사정에 대해서는 스스로 무지하고 무고하게 남도록 소비자를 보호한다.

같이 해부해야 할 자본주의의 음모가 하나 더 있다. 극소수의 사람이 음영 지대를 운용하며 빅토리아 시대의 국왕들보다 더 부유한 삶을 살다보니, 자연히 그런 최상류층 인사 가운데 일부는 자신이 법 위에 군림한다고 착각하는 현상의 연장선상에 있는 음모다. 간추려 말하겠다. 나는 옥살이하던 제프리 엡스타인이 사망함과 동시에 세력가 남자들의 치부도 여럿 사장되었다고 생각하며, 그런 비밀의 전모를 속속들이 밝힐 날이 올 가능성은 희박하다고 본다. 당신의 생각은 어떤가?

권력과 부는 스스로를 지키기 위해 모의한다. 이것은 공적으로도 벌어지고 사적으로도 벌어진다. 이것은 백주에도 벌어지고 야밤에도 벌어진다. 그러니 지금 거울세계를 강타한 방정맞은 이론의 회오리에 반작용으로 발끈한 나머지, 타락과 부패는 존재하지 않는다고, 또라이 음모론자나 그런 개풀 뜯는 소리를 믿는 거라고 어깃장을 놓아서는 안 된다. 왜냐하면 이렇게나 극심한 불평등을 부르는 경제질서는—억만장자들이 우주선을 타고 인류 고난의 바다를 가로지르는 경제질서는—그 자체로 타락이며, 이런 수준의 불의는 더한 타락을 자연히 불러오기 때문이다.

이제 문제는 우리가 이처럼 무거운 진실을 모른다는 데 있지 않다. 이것을 **어떻게** 알아야 할지 모른다는 데 있다. 세계가 음영 지대 위에 자리하고 있다는 사실을 다 알고 있다. 하지만 이것을 알아서 뭘 할 수 있나? 어디로 갈 수 있나? 분노와 수치와 슬픔은 어디로 새어나가는가?

과두제 엘리트가 행한 범죄를 취재하는 25년의 세월 동안 나는 저들이 면책되는 모습에 화병이 도지곤 했다. 착취 공장과 기름 유출 사고. 이라크 침공. 2008년의 금융 위기. 이상주의자들을 헬리콥터 밖으로 밀쳐서 추락시킨 중남미의 쿠데타. 소련 붕괴 이후 러시아가 맞은 민주주의의 여명기를 체계적으로 짓뭉갠 결과적으로 소수의 독재자가 들어서며 훗날 푸틴에게 길을 열어준 미국의 연방정부. 저들이 그렇게 험한 짓을 저지르고도 신수 훤하게 떵떵거리며 사는 것을 생각하면 속에서 천불이 난다. 누구도 죗값을 치르지 않았다. 모두가 평판을 세탁했다. 헨리 키신저*는 여전히 대통령들의 자문역이다. 딕 체니는 사리 분별을 잘하는 공화당원으로 추대받고 있다. 금융 파생상품의 버블을 부풀려 2008년 세계 경제를 침몰시킨 주동자 중 한 명인 전 재무장관 로버트 루빈은 이제 기후변화라는 대재앙을 막으려면 늑장 부릴 여유가 없다고 조언한다. 목이 멘다. 호흡이 가빠진다. 심한 날이면 몸이 터질 것만 같다. 면책은 사람을 돌아버리게 한다. 그건 사회 전체를 돌아버리게 할 수도 있다. "권력 오용은 음모 혐의를 **낳기에**, 누군가 음모의 장본인으로 지목된다면 그런 극단적인 거짓 주장들에 빌미를 일부 스스로 제공했다고 봐야 한다."[17] 디지털 저널리즘 학자인 마커스 길로이-웨어가『사실 이후? 가짜 뉴스의 진실』에 쓴 내용이다. 세라 켄지어 역시 2022년의 저서『그들은 알고 있었다: 음모론 문화가 미국을 길들인 방식』에서 진짜 음모에 대한 면책이 뚱딴지같은 믿음을 부추기는 방식을 탐구했다.[18]

이를 설명할 예시로는 그레이트 리셋 음모론들이 적격이다. 반

---

* 원서 출간 두 달 뒤인 2023년 11월, 키신저는 향년 100세로 눈을 감았다.

봉쇄령 시위 초기에 그레이트 리셋 음모론을 유포한 사람들은 흡사 기밀이라도 폭로했다는 듯이 굴었다. 이상한 점이라면, 그레이트 리셋은 애초에 감춰진 적이 없었다는 것이다. 그것은 세계경제포럼이 오래도록 추구해온 아이디어들에 새옷을 입혀 내보낸 브랜딩 캠페인이었다. 포럼은 생체측정 신분증, 3D 프린팅, 기업 녹색 에너지, 공유경제 등을 청사진으로 제시하며 "더 나은 자본주의로" 팬데믹 이후의 세계 경제를 만회하겠다고 했다. 캠페인이 공개한 일련의 영상에는 기후변화에 대응할 필요성을 논하는 초국적 원유 기업의 수장들과 "더 나은 재건" 및 "더 공정하고 더 친환경적이며 더 건강한 행성"을 기약하는 정치인들이 등장했다. 다보스에서 매번 하는 겉치레였다. 무엇 하나 새롭거나 감춰진 것은 없었다.

하지만 우파 기자와 정치인, 좌파의 "독립 연구자들"은 마치 간교한 엘리트가 은닉하려고 했던 음모를 직접 밝혀냈다는 듯이 행동했다. 그게 참이라면, 이건 최초로 마케팅 부서와 해설용 영상을 갖춘 음모가 될 것이다.

정의라는 판타지

애초에 감춰져 있지도 않은 것을 밝혀내려는 이상 욕구는 어디서 오는가? 그건 사회적 평등(또는 최소한 "공정")에 아직도 립서비스 하는 자유민주주의 사회에서 인류의 운명을 좌지우지할 권력을 대놓고 자기 권리로 여기는 세계 엘리트들의 행태가 꽤나 아니꼽다는 점에서 오는 것일지도 모른다. 과두정치의 작동 기제는 감춰져 있지 않다. 관계자들이 어깨에 힘을 잔뜩 주고 오만하게 구는 바람에 보는 사람의 오장이 다 뒤집힐 지경이다. 억만장자, 국가 원수, A급 셀럽, 언론인, 여러 왕족의 구성원들은 매년 스위스 다보스에서 개최하는 세계경제포럼에 참석한다. 이들은 콜로라도주 아스펜에서도 매년 만남을 갖고, 맨해튼의 클린턴 글로벌 이니셔티브에서도 자리를 함께한다. 초대권 소지자만 참석할 수 있는 구글의 연례 "여름 캠프"에서는 마크 저커버그와 케이티 페리를 비슷한 확률로 마주칠 수 있다. 어떤 모임에서건 그들은 기후 붕괴나 전염병, 기아 같은 세계적 난제를 법령도 대중 참여도 없이 손수 해결해보겠다며 나선다. 이런 위기들을 만들고 유지하는 데 자신이 세운 혁혁한 공에는 코빼기만 한 반성도 없이 말이다.

민주주의 사회에서 이런 금권정치가 민낯을 가릴 시늉도 하지 않고 고개를 빳빳이 드는 꼴을 지켜보는 것은, 배우자의 외도를 지켜보는 취향이 아닌데도 억지로 봐야 하는 처지와 같다. 어쩌면 음모론 문화란 자존심을 지키기 위한 일종의 기괴한 궐기일 수도 있다.

그게 큐어넌의 원동력일지도 모른다. 음모론의 중심에는 정의라는 관능적인 판타지가 자리 잡고 있다. 큐어넌은 "호인들"이 나타나서 기강을 어지럽히는 아동성애자와 사탄 숭배자, 절도범들을 잡아다가 관타나모 수용소로 보내줄 "대폭풍" 또는 "대각성"의 시대가 펼쳐지리라 기대한다. 이건 가슴이 벅차오를 정도로 철딱서니 없는 기대라고 마크 피셔는 말한다. "예컨대 경영과 은행업 종사자들을 완전히 새로운 ('나은') 집단으로 갈아 끼우면 사정이 나아질 거라고 진짜로 기대하는 사람은 없겠지?"[19] 하지만 말이다, 혹하는 이유를 나도 알겠다. 그건 미셸 오바마가 조지 W. 부시로부터 사탕을 건네받는 것*을 보는 일보다야 훨씬 더 낫다. 혹은 2022년 5월 같은 부시가 "지극히 부당하고 잔인한 이라크 침공. 내 말은…… 우크라이나"[20]라며 발언을 번복하는 모습에 객석 관중이 실소하는 것을 듣는 것보다야 훨씬 더 낫다.

그렇다면 급히 던질 질문이 있다. 거울세계 바깥의 사람들은 정의와 책임에 대한 비전을 갖고 있는가? 자유주의 진영은 도널드 트럼프가 임기 안팎으로 지은 죄에 대해 법의 심판을 받는 날이 언젠가 오리라는 희망에 붙들려 있다. 하지만 그걸 떠나서, 살아 있는 전범자들을 국제형사재판소에 세워야 한다고 부르짖는 이가 있는가? 기후위기를 자극하는 기업들로부터 자산을 압류할 계획은 있는가? MAGA 공화당 지지자들이 하원에서 진행 중인 공개 재판을 신형 "처치위원회"—민주당 상원의원 프랭크 처치 위원장의 이름을 따 1975년에 출범한 이 상원 특별 위원회에서는 국내외 정보기관이 사용한 지상 최악의 꼼수를 조사했다—로 부르는 것은 피피키즘의 극치다. 그렇지만 민주당원들은 하원을 차

---

* 2018년 존 매케인 상원의원의 장례식에 참석했을 때 미셸 오바마는 근처에 앉아 있던 부시로부터 감기사탕을 전해 받았다. 이외에도 두 사람은 공공장소에서 친분을 드러내며 초당파적 우정으로 화제를 모았다.

지했을 때 정보기관들이 거대 테크 기업들과 협조해 프라이버시를 침해하고 시민을 염탐한 사실을 조사하려고 시도한 적이 있는가? 혹은 스노든 같은 밀고자들의 사면은? 우리는 정의를 아예 포기했는가? 그렇다면 정의에 대한 갈망이 일그러진 형태로 거울세계에서 다시 떠오르는 것은 당연한 수순이다. 공백이 생겼고, 내 도플갱어가 일깨워준 게 하나 있다면, 그것은 바로 공백은 채워지는 성질이 있다는 것이다.

오늘날 음모론 문화를 부추기는 또 다른 요인이 존재하는 듯하다. 지난 30년 동안 기업 합병이라는 광풍이 분 결과 소비자는 비탈길이나 다름없는 경기장에 서게 되었고, 때로는 살림 밑천을 장만하는 일조차 사기꾼들과의 끝없는 사투처럼 느껴진다. 다들 읽는 사람 하나 없을 서비스 이용약관의 세부 조항에 자잘한 돌부리를 심어놔 우리를 걸고 넘어뜨릴 요령을 피우는 듯하다. 블랙박스는 우리의 커뮤니케이션 네트워크를 작동시키는 알고리즘만이 아니다. 거의 모든 게 블랙박스, 즉 무언가를 감추고 있는 불투명한 시스템이다. 주거 시장은 주거에 관한 것이 아니다. 헤지펀드와 투기업자들에 관한 것이다. 대학은 교육을 위한 것이 아니다. 젊은이들을 종신 채무자로 만들기 위한 것이다. 장기 요양 시설은 요양이 목적이 아니다. 어르신들의 여생을 축낼 목적, 부동산 거래를 목적으로 한다. 대부분의 뉴스 웹사이트는 뉴스를 제공하지 않는다. 자동재생 영상과 광고 문구를 거의 모든 페이지 하단의 절반에 드글거릴 정도로 띄워 우리의 클릭을 유인할 지면을 제공할 뿐이다. 무엇 하나 겉과 속이 같은 게 없다. 이런 약탈적, 축출적 자본주의는 불신과 과대망상의 화근이다. 그러니 엘리트층이 인신매매한 아이들의 혈액(아드레노크롬)을 추출해 마시고 있다는 음모론을 펼치는 큐어넌이 인기를 끄는 게 납득된다. 엘리트층은 누구를 말라깽이로 만들 심산에서 우리의 돈과 노동, 시간과 데이터를 빨아먹고 있다. 바싹 마르다 못해 지구촌 방방곡곡에서는 산발적으로 화재가 나기도 한다. 다보스 엘리트가 아이들을 잡아먹고 있는 것은 아니지만 아이들의 미래를 잡아먹고 있으며, 그것만으로도 충분히 나쁘다. 큐어넌 신봉자들은 아이들이 피자 가게와 센트럴 파크 하부에 있는 비밀 터널을 통해 거래되고 있다고 상상한다. 그건 환상이지만 일부 주요 도시 아래에는 빈자와 병자, 약물의존자, 사회가 버린 이들이 숨어 사는 실제 터널—말 그대로 음영 지대—이 있다. 번쩍이는 라스베이거스의 불빛 아래에는 수백, 심지어 수천 명이 구불구불 뻗은 폭우 배수 터널에서 기거한다.

내 도플갱어가 사찰 공포를 백신 앱 하나에 전부 투사하듯이, 음모론자들은 사실을 틀리게 보고하지만 느낌은 제법 맞히는 편이다. 음영 지대가 존재하는 세상에서 사는 느낌, 누군가의 수치가 누군가의 수익이라는 느낌, 약탈과 축출로 산송장이 되어가는 느낌, 중요한 진실이 장막 뒤에 숨겨져 있다는 느낌. 이런 느낌의 씨가 되는 시스템은 C로 시작하는데, 만약 아무도 당신에게 자본주의capitalism가 작동하는 법을 미처 알리지 않은 상황이라면, 그리고 규칙만 잘 따르면 자유와 햇살, 빅맥 세트와 마땅히 당신 몫이어야 할 인생을 얻을 수 있으리라고 대신 말해준 거라면 C로 시작하는 다른 단어, 음모conspiracy와 충분히 헷갈릴 만도 하다.

길로이-웨어는 "음모론은 의구심이라는 건강하고 타당한 정치적 본능의 오발탄이다"[21]라고 말한다.

하지만 의구심에서 대상을 오조준하다가는 화약고가 터질 수도 있다.

그림자 앞지르기

조던 필 감독의 2019년 도플갱어 스릴러 영화 「어스」는 지상세계 사람들의 분신들이 모여 지내는 지하세계를 그린다. 서로 다른 세계를 사는 판박이들은 짝지어져 있고, 후자는 전자의 움직임을 불행의 그늘 속에서 따라해야만 한다. 지하인의 고난으로 지상인의 평안을 유지하는 이 역학은 인종자본주의가 낳은 계층적 구조에 대한 비유로 해석되곤 한다. 하지만 「어스」의 지하세계 거주민은 왜곡된 그림자 인생을 사는 데 지쳐 지상의 땅에 비집고 나타나며, 대혼란을 초래한다.

이 그림자 무리는 누구인가?

"우리는 미국인이다." 마음이 철렁한다.

마찬가지로 한국의 봉준호 감독은 2019년 영화 「기생충」을 통해 그림자 세계의 상하부를 다룬다. 땅굴을 파고 사는 벌레로 취급받는 노동자 계급은 더 이상 상류층 모시기가 싫증나서 사치스런 삶을 차지하러 위층에 올라간다. 이것은 **위층, 아래층**을 초월하는 문제다. 이것은 자본주의와 제국주의의 음영 지대 전체를 비유한다. 중국의 공장에서 착취당하는 청소년들, 콩고의 코발트 채굴장에서 일하는 아이들, 우리의 기름통을 채우는 석유 전쟁, 유럽이 견고한 성채라는 자기 환상을 지키겠다며 구조 요청을 무시한 결과 바다에서 익사하는 이주민들. 이제 이 목록에는 부유한 국가 사람들이 (그러니까 위협을 조작하고 "학정"을 운운하며 특권을 낭비하지 않았을 경우) 세 번째, 네 번째 부스터숏을 기다리는 동안 코비드 백신 주사를 한 번도 맞지 못한 수억 명을 덧붙일 수 있겠다.

소설가 데이지 힐드야드는 우리가 음영 지대에 도플갱어처럼 엮여 있다고 말한다. 2017년작 『두 번째 몸』에서 그녀는 몸을 두 개 갖는 것이 인간의 조건이라고 상정한다. 첫 번째는 허기를 채우고, 직장으로 출근하고, 체육관에서 운동하고, 아이를 만드는 우리의 의식적인 그릇이다. 두 번째는 그런 그릇의 화덕이 되는, 우리를 대신해 평행세계에서 자원을 추출하고 물품을 제조하는 그림자 자아다. 힐드야드는 다음과 같이 쓴다.

당신은 지금 이 몸에 붙들려 있지만 엄밀히 말하자면 인도 혹은 이라크에 있을 수도, 하늘이 되어 폭풍우를 내리치고 있을 수도, 바다가 되어 고래 떼를 해변가로 몰아가고 있을 수도 있다. 당신은 그런 곳에 있는 당신의 몸을 아마 느끼지 못할 것이다. 마치 다른 두 개의 몸을 가진 듯이 말이다. 당신은 존재하고 먹고 자고 일상생활을 영위하는 개별 신체를 가지고 있다. 또한 국외 정세와 고래 떼에 영향을 끼치는 두 번째 몸도 가지고 있다. (…) 다른 몸만큼 눈에 드러나진 않지만 훨씬 더 거대한 몸을.[22]

힐드야드가 하는 생각을 따라가보면, 석유와 가스로 난방하고 요리하고 운전하면서 멸종 위기를 자극하는 우리는 그 연료를 확보하고자 세금으로 치르는 전쟁과 불가분의 관계에 있다. 물리적 존재의 연장선상에서 관여한다는 말이다. "두 번째 몸은 말 그대로 당신의 물질적, 생물적 존재다. 당신의 또 다른 버전이다." 당신의 육화된 자아에서 곧잘 드러나지 않는 차원이다.

이것은 비단 거울세계에서만 앓는 고질병이 아니고, 비단 '저들'만 연루되는 문제도 아니다. 작금의 세태에 관한, 우리 모두에 관한 것이다. 음영 지대를 방석으로 깔고 앉은 세계, 언제나 그래온 세계에 관한 것이다. 이것은 부유한 사회의 이중성—날 좀 보소 하고 위풍당당하게 행진하는 나치 말고, "문명"이라는 프로젝트의 이면을 언제나 구성해온 파멸적 폭력과 무자비한 착취—을 직시할 계기다. 고명한 독일 철학자 발터 벤야민은 1940년, 눈을 감기 전 이렇게 썼다. "문명의 기록 가운데 야만의 기록이 아닌 것은 없다."[23] 20년 후 또 다른 유려한 소설가이자 수필가이며 극작가인 제임스 볼드윈은 이렇게 적었다. "두말할 것 없이, 우리가 우리 자신을 더 잘 이해한다면 스스로를 덜 훼손할 것이다. 그렇지만 우리 자신과 그것을 이해하는 것 사이에는 매우 높은 장벽이 존재한다. 차라리 모르는 척하고 싶은 게 꽤 많으니!"[24]

우리 다수가 차라리 모르는 척하고 싶어하는 온갖 진실이 코비드 시대에 선명히 드러났다. 현재 경제질서의 실체, 노년층과 필수 산업 종사자를 처우하는 방식의 실체가 드러났다. 그리고 집단적 과거의 실체도 드러났다. 근대 세계는 아프리카계 인구를 예속하고 원주민의 영토를 약탈함으로써 만들어졌다. 내 도플갱어를 따르는 무리는 이런 과거와, 과거가 현재에 남긴 족적을 교과서 및 교내 도서관 책장에서 없애려고 한다. 엎친 데 덮친 격으로 온실가스 배출량을 감소하라는 기후과학자들의 청원에 정책 결정권자와 기업가들이 30년 넘도록 청개구리 짓으로만 응해온 결과, 우리는 다가오는 미래에도 대비해야만 한다. 번들거리는 화면과 우르릉대는 엔진, 잽싼 배달 속도 뒤에는 비참한 미래가 도사리고 있다. 원거리와 근거리에 있는 인간 동료, 비인간 존재, 그리고 생태계가 지불해야 할 치명적인 대가를 다들 잘 알고 있다. 2022년 가을, 파키스탄에서는 홍수로 캐나다 전체 인구에 달하는 수의 이재민이 발생했고 한철 수확량 전체가 잠겼다. 하지만 물이 다 빠지기도 전에 이 기록적인 재해는 디지털 소식통에서 자취를 감췄다.

이 같은 평행의 음영 지대는 지구별에서 상대적 풍요를 누리는 지역에 사는 사람들의 개인적, 행성적 잠재의식이 된다. 그리고 우리를 쫓아다닌다. 과거와 현재, 미래에서 온 유령들이 한꺼번에 달려들고 있다. 예감할 수 있다. 세계 사이의 칸막이가 조만간 무너지리라는 것을. 남 부러울 것 하나 없는 삶을 산다는 이들조차 고통과 추태를 보지 않을 길이 더는 없다는 것을. 사회가 괴물 같은 도플갱어로 바뀔 수 있듯이 지구 또한 거주 가능한 곳에서 거주 불가능한 곳으로 바뀔 수 있다는 것을. 그리고 아마존 우림이 잿더미로 변하고 남극 빙벽이 침수하고 있으니 이미 이행이 시작된 지는 한참 되었다는 것을.

"전쟁터나 공동묘지였던 장소를 방문하면 곧장 알 수 있다."[25]

디나 메츠거는 2022년 저서『늙은 여자: 불의 일기』에 적는다.

　당신은 알고 있다. 우리 모두는 알고 있다. 그리고 우리는 바짝 따라붙은 그림자를 감지한다.

12장

반환이라는 방향

언젠가 자식과 손주들이 우리를 붙잡고 질문하는 날이 올 겁니다…… "아빠, 엄마, 할머니, 할아버지 하며 물을 거예요. 전쟁 때 뭘 했나요?"[1]

　　나오미 울프가 뉴스레터에 위 질문을 던진 2022년 3월 2일, 전쟁이 발발하고 있었다. 유럽 국가를 겨냥한 공격으로는 제2차 세계대전 이래로 가장 참혹한 것이었다. 러시아는 우크라이나 수도 키이우와 주변 교외 지역에 일주일째 맹격을 가하고 있었고 마리우폴 항구를 막 에워싸던 참이었다. 당시 UN 집계상 포위된 우크라이나를 떠난 난민은 100만여 명에 이르렀다. 하지만 아이들이 연장자를 취조하는 장면을 상상하면서 울프가 심중에 둔 전쟁은 이게 아니었다. 지구 행성이 앓는 전쟁을 뜻한 것도 아니었다. 사흘 전 UN 사무총장 안토니우 구테흐스가 기후변화에 관한 정부간 협의체[IPCC]의 최종 보고서를 "인류 수난에 관한 도해서이자 기후 리더십 실패에 대한 엄중한 단죄"로 평했는데도 말이다.[2]

「나는 '용감한' 게 아니다. 네가 쫄보일 뿐」이라는 글에서 내 도플갱어는 번지르르한 맨해튼 트라이베카 구역에 위치한 워커 호텔에서 전개되는 전쟁을 가리키고 있었는데, 설명을 읽자니 이 전쟁에서 그녀 본인은 가히 영웅적 책임을 맡고 있었다.

오버나이트 오트밀 사건

호텔에 머무르던 울프는 실내 좌석을 "접종자에게만" 허용한다는 건물 안 카페 표지판을 주시했다. 이곳은 커피 한 잔을 4달러에, 오버나이트 오트밀 한 그릇을 6달러에 판매하는 고급 체인점인 블루보틀이었다. 울프는 독재에 항거하고자 전선에 섰다.

> 호텔에서 숙박한 지 사흘째 되던 날, 나는 블루보틀 카페 직원에게 내가 미접종자임을 정중히 알렸다. 그리고 이제 커피와 오버나이트 오트밀을 사서 금단의 런치 카운터[lunch counter]에 가져가 점잖이 앉아 있을 계획인데, 뉴욕시가 카페더러 나를 차별하라는 한 지시에는 응하지 않을 거라고 말했다.
> 직원은 코를 먹는 소리로—위에서 하라는 대로—내 행동이 뉴욕시 "명령"에 반한다고 말했다. 알고 있는 바지만 여전히 준수하지 않는 것을 선택하겠다고 답했다…… 그러고서 불법 런치 카운터

에 앉은 나는 담당 변호사에게 대기하라는 문자를 보낸 뒤, 내가 지금 백신 미접종자의 카페 및 레스토랑 실내 착석을 금하는 뉴욕시의 차별 명령을 의도적으로 거역하고 있다고, 워커 호텔 트라이베카 카페의 런치 카운터에 앉아 있으니 원하신다면 체포해가라고 주지사 [캐시] 호컬과 시장 [에릭] 애덤스에게 공개 트윗을 보냈다.

언제 체포될까, 요동치는 심장을 부여잡고 한 시간을 기다렸다.

무슨 일이 벌어졌는지 아는가?

아무 일도 벌어지지 않았다.[3]

그렇다. 정말로 아무 일도 벌어지지 않았다. 경찰은 현장에 출동하지 않았고 주지사와 시장도 할 일이 쌓여 있었을 것이다.

이 사건으로 소셜미디어에서 초미의 관심사로 등극한 울프는 곧장 그랜드센트럴 역으로 걸음을 옮겨 접종 증명서가 필요한 대기 구역에서 똑같은 객기를 부렸다. 이번에는 "경찰관 두 명이 단숨에 나타났다". 그리고 그녀를 미접종자 전용 대기 구역으로 공손히 안내했다고 울프는 말했다.

나는 뉴욕시의 강점, 말이 났으니 미국의 강점이 다양성과 누구에게나 평등한 대우라고, 사람들이 다른 형태의 차별과 강제 분리 시설에 응하지 않고 거부했더라면 차별 정책은 좀더 일찍 종지부를 찍었을 거라고 설명했다. 그날로 두 번째로 나는 평화 불복을 선언했다.

그날로 두 번째, 울프는 소신 행동을 하다가 체포되기를 기다렸다. "수갑이 채워질 생각에 마음을 다잡았다"고 그녀는 적었다. "심장이 또다시 뜀박질했다." 하지만 블루보틀에서처럼 아무 일도 일어나지 않았다. 아무것도. "이제 자리에서 일어나 기차에 올라도 괜찮냐고 묻자 누구도 나를 막아서지 않았다."

이처럼 커피를 주문하고 기차에 탑승하는 소소한 경험에서 그녀는 꽤 육중한 결론을 도출했다.

> 한때 잘나가던 도시의 영혼을 꺼트린 위헌 "명령"에 따르기를 거부했는데 아무 일도 벌어지지 않았다…… 그렇지만 저런 가공할 "명령"에 버텨서는 지독하고 끔찍한 순간을 거쳐서야 명령의 무의미함을 적어도 나 자신에게 증명할 수 있었다.
> 타인의 용기가 이 세상에 가능성을 열어준다.

그것이 울프가 말하는 이번 사건의 "교훈"이다.[4]

하지만 그것이 뉴욕시에서 체포되지 못한 내 도플갱어의 무능력이 주는 유일한 교훈은 아니다. 그녀가 거듭 주장하는 바와 달리, 팬데믹을 핑계 삼아 자유를 종말시키려는 쿠데타는 일어난 적이 없었다. 그리고 그녀는 생물파시스트 정권 아래 살고 있지 않았다. 항의 시위를 벌일 당시 울프도 틀림없이 알고 있었겠지만, 뉴욕 시장 에릭 애덤스는 앞으로도 감염률이 낮게 유지된다는 가정하에 실내 음식점 백신령을 해제할 계획을 이미 발표했다.[5] 울프는 그로부터 며칠 후 난동을 피웠다.[6] 권리를 침해하는 면이 없잖아 있었지만 임시 보건 조치는 실제로 임시적이었다.

앞서 밝혔듯이 나는 백신 앱에 양가적인 입장이다. 일상의 디지털화는 기존의 불평등을 심화하는데, 그렇기로 따지면야 시체가 쌓여갈 지경으로 바이러스가 창궐하게 내버려둘 때도 마찬가지다. 하지만 바이러스가 잇달아 변이하면서 백신의 감염 통제력이 약해지자 백신령을 강행한대도 큰 효과를 못 볼 것이라는 계산에 뉴욕 등지에서 백신령을 해제하기 시작한 것이다. (여전히 감염과 전이 제어에 탁월한 마스크와 항원 신속 검사기에 대한 시행 요건도 곧 사라졌다.)

이런 사안들은 차치하더라도, 결국 따지고 보면 도시에서 무난하게 하루를 보낸 것을 몇 배 뻥튀기해 묘사한 울프의 글에서 단연 내 이목을 끈 것은 괴이한 어휘 선택이다. 블루보틀에서는 보통 주문한 음료나 요깃거리를 바로 들고 나간다. 매장 안에 좌석이 있기는 하나, 울프가 세 번이나 언급한 "런치 카운터"는 존재하지 않는다. 이런 시대착오적인 단어를 사용함으로써, 보나 마나 그녀는 노스캐롤라이나주 그린즈버러에서 흑인 민권 운동가 네 명이 울워스 잡화점의 백인 전용 정책에 반대하며 내부 음식점이 그들에게 식사를 제공할 때까지 자리를 지키고 앉는 등 유혈 탄압에도 불구하고 실제 런치 카운터에서 진행한 1960년대 초반의 싯인sit-in* 운동을 상기시키려던 것이다. 그린즈버러 4인이 보여준

---

* 권리 확장을 촉구하기보다는 기존 권리를 행사한다는 데 초점이 맞춰져 일반적 의미의 연좌농성과는 결을 달리한다.

저항 행동은 인종 분리 정책이 횡행하던 미국 남부에 시민적 불복종의 열기를 달구었다. 용기에 대한 죗값으로 구타당하고 유치장에 끌려간 사람이 부지기수였다.

실제로 짐 크로법은 흑인 인구를 이등 시민으로 머무르게 할 의도에서 착안된 독재 체제다. 런치 카운터의 역사적 기억 및 "강제 분리 시설"과 "차별 명령"으로 과거를 환기함으로써 울프는 자신을 뻔뻔스럽게도 그린즈버러 4인과 1955년 앨라배마주 몽고메리에서 백인 승객에게 버스 좌석을 양보하지 않은 로자 파크스와 같은 선상에 올려놓은 것이다.[7] (울프는 딸에게 파크스의 이름을 붙여줄 정도로 그녀를 흠모한다.)[8] 훗날 울프는 뉴욕주에서의 팬데믹 생활을 이렇게 표현했다. "마치 우리 모두가 짐 크로법 아래 살아온 듯하다."[9]

인종적 롤플레잉

역사적 비유는 하루 이틀 일이 아니었다. 그녀는 인터뷰 중에 아무 데나 나치 레퍼런스를 갖다 붙이고 백신 의무령을 진짜 존재하는 인종 억압의 구조에 거듭 비교했다. 한편 반백신, 반마스크, 반봉쇄령 운동권은 스스로를 흑인 해방 운동의 동격으로 보고 어휘를 꾸준히 전용했다. 심지어 배넌은 교육위원회 회의에 난입하고 지역 공화당 지부를 장악한 그의 실천파 관객이 "호를 휘게 하고 있다bending the arc"*며 공적을 치하하기까지 했다. 뉴욕, 시드니, 파리, 로마 어디서건 백인 인구는─이들은 시위 군중과 지도자층의 절대다수를 구성한다─자신들이 "새로운 민권 운동"에 동참하고 있다고 떳떳이 말했다. 이유는 곧 그들이 새로운 위계에서 "이등 시민"이고 "의료 아파르트헤이트"를 겪는 피해자이기 때문이다. 일부 시위자는 '의무령=노예제'가 적힌 팻말을 들었다. 2021년 9월 오리건주 뉴버그에서는 지역의 백신 의무령에 항의하겠다면서 어떤 초등학교 보조 강사가 블랙페이스[**]로 출근하기에 이르렀다. "나는 로자 파크스를 표상하는 겁니다."[10] 그녀가 토크쇼 사회자에게 말했다. 종합해보면 이 운동권은 십자군 이래로 인종 및 종교 소수자가 겪은 거의 모든 범죄, 즉 노예제와 대학살, 홀로코스트, 짐 크로, 아파르트헤이트 그 이상에 맞서고 있다고 여러 차례 주장했다.

글로잉 마마는 "숨 쉴 권리"를 둘러싼 쟁탈전이 이제는 지겹다고 한다. 마스크가 의무였던 시기에 상점에서 마스크 착용을 거부한 것을 두고 쓴 표현이다. 캘리포니아주 샌디에이고에서 자녀의 교내 마스크 착용을 원치 않는 한 엄마 무리는 단체명을 '숨 쉬게 내버려두세요Let Them Breathe'로 정했다.[11] 배울 만큼 배우신 중상층 백인 엄마들이 해당 슬로건의 기원을 모를 거라고 보지는 않는다. 2014년 뉴욕시 경찰관에게 목을 졸린 에릭 가너는 "숨이 안 쉬어

─────

*   마틴 루서 킹 목사의 명언 '도덕적 우주의 호는 길지만 결국 정의를 향해 휘어 있다'에 빗댄 표현.

**   비흑인이 흑인을 흉내 낼 목적으로 얼굴을 검게 칠하는 분장. 인종차별의 뿌리가 깊은 희화 행동.

진다I can't breathe"는 단말마의 호소를 남기고 사망했다. 2020년 조지 플로이드가 같은 말을 남기고 미니애폴리스 경찰관의 손에 죽자, 그 표현으로 거리가 북새통이 됐던 것을 저들이 모를 리 없었다. 하지만 저 세 단어는 플로이드의 죽음이―그리고 아머드 알버리의, 브리오나 테일러의, 전후로 수없는 사람의 죽음이―촉발한 시위로 나라가 발칵 뒤집힌 지 채 1년도 안 돼서 조금만 변형한 채 다시 등장해, 당시 여전히 흑인 인구가 가장 큰 피해를 보고 있던 코비드 19의 전이를 줄이기 위한 공중보건 정책을 타도하는 데 쓰였다.

대각선주의자들은 다들 인종적 롤플레잉을 즐겨한다. 2021년 봄, 울프는 미국의 노예제 종식을 기념하는 연방 공휴일 준틴스데이에 계획된 반백신 행사에서 "다섯 개의 자유" 캠페인을 논할 예정이었다. 저널리스트 오언 히긴스는 흑인 해방의 꽃과 같은 공휴일을 이런 목적으로 사용하는 것이 합당한지를 물었다. 주최자가 답변했다. "정부가 우리를 노예로 부리고 있잖아요."[12]

행사는 취소됐던 것으로 보인다. 그렇지만 원래 계획한 일정에서 우리는 코비드 조치가 정치적 복종의 새 시대를 열었고 오로지 그녀 자신과 추종자들만이 여기에 저항할 용기를 지녔다고 끊임없이 주장하는 울프가 뼈저리게 간과한 점을 발견한다. 2020년 여름, 마스크 의무령과 사회적 거리두기 수칙에도 불구하고 시위자 수백만 명이 밤낮없이 거리로 쏟아져 나왔다. 경찰의 흑인 살해에 반대 목소리를 낸 이들은 대량 투옥과 군사화한 단속에 들어가는 자원을 회수해 교육과 주거, 건강 인프라 및 인종 분리 정책이 공식적으로 끝났다고 해도 흑인 인구가 실질적인 이등 시민으로 살고 있음을 보여주는 부와 투자 간극을 좁혀줄 서비스에 대대적으로 재분배할 것을 촉구했다.

코비드가 중국공산당식 복종의 새 시대를 여는 문이라고 생각하는 사람이라면 미국 역사상 최대 규모의 시위들이 이번 팬데믹 기간에 일어났음을 떠올려보자. 수백만 명이 최루탄과 페퍼 스프레이에 몸서리치면서도 발언과 집회, 이의 제기의 권리를 행사했다. 나아가 정부의 전횡을 우려하는 사람이라면, 2020년 시위의 기폭제가 된 수감자 살해와 인권 침해 역시 우려해야 한다. 하지만 미국이 부화뇌동의 국가로 변해가고 있다고 경고하는 영상에서 울프는 인종 정의 운동의 존재나, 그녀가 블루보틀과 그랜드센트럴 역에서 보인 행동을 흑인이 하면 매우 높은 확률로 바닥에 엎어져 수갑을 차게 될 현실을 인정하지 않았다. 그건 백신령이 압제적이라서가 아니라 울프가 이제껏 참 꼼꼼히도 무시한 이번 시위의 원인, 즉 반흑인 인종주의가 경찰의 구조적 문제인 탓이다.

블루보틀에서의 소전투가 막을 내린 지 3개월이 지난 2022년 6월, 울프가 오리건주 세일럼에서 이목을 더 성공적으로 끌면서 사태는 더 가소롭고 심각해졌다. 그녀는 세일럼에서 여전히 백신 증명서를 지참해야 입장이 가능한 소수의 음식점 가운데 하나, 에필로그 키친 앤드 칵테일을 방문했다. 창문에 조지 플로이드와 브리오나 테일러의 초상과 더불어 '흑인의 생명은 소중하다'와 '혐오를 위한 곳은 없다'라는 서명이 걸려 있는 흑인 소유의 레스토랑이었다. 세일럼에서 갈 수 있는 식당이 많고 많은데도, 그리고 다른 식당을 예약해뒀는데도 에필로그에 친히 행차한 울프는 나가달라는 요청을 받기 전까지 계속 항의했다. 그리고 레스토랑의 흑인 매니저를 일장 훈시하는 영상을 찍었다. "미국사를 살펴보면 많은 사람이 그런 틀을 허물었어요. 당신도 알다시피 이 나라 사람들은 동등한 권리를 가지고 있으니 결국에는 옳은 행동이었죠." 덧붙여 그녀는 백신 요구 조건이 "단연코 차별"이라고 주장했다.[13]

자신이 받는 혹사를 "미국사에서 중대한 순간"으로 명명하는 등 울프의 설교는 안쓰러울 정도로 길어졌다.[14] 그녀가 게터에 이 영상을 자랑스럽게 게시하자 구독자들은 불 보듯 뻔하게 레스토랑에 전화와 이메일, 소셜미디어로 인종차별 폭격을 가했다. 이들은 (트럼프의 이름을 종종 사용해) 가짜 예약을 했고 레스토랑 평점을 고의로 깎아내렸다. "1점짜리 리뷰가 150개를 넘어섰습니다."[15] 에필로그의 공동 소유자 조너선 존스가 사건 일주일 뒤 밝혔다. "그중 대부분은 인종주의로 직결합니다. 꽤나 추접스럽고, 야비한 인종주의예요." 실제로 리뷰에는 우리가 이제껏 살펴본 주제를 두루 혼합한 내용이 대부분이었다. 팻포비아, 반흑인 인종주의, 음모, 유전적 우월성에 대한 주장, 그리고 창문에 걸린 BLM 포스터에 대한 각별한 혐오.

이런 정황에서 대각선주의 진영과 오늘날 다른 주요 운동들의 관계를 질문해보자. 이들은 서로 다른 노선을 걷고 있는가? 여러 대각선주의자가 꼬집듯이, 자유주의 엘리트는 봉쇄령 반대 시위를 폄하하는 동시에 인종 정의 운동은 축하하는 등 이중 잣대가 만연한가? 혹시 역학이 더 복잡해, 한 운동이 다른 운동과 왜곡된 변증법적 관계에 놓여 있는 것인가?

백신여권이 유효하던 기간에 미접종자는 자신이 차별의 피해자, 심지어 때로는 사회적 외톨이라는 느낌을 받았을 것이다. 그리고 기저 질환 때문에 마스크나 주사 사용이 힘든 인구는 의무령 적용 대상자에서 제외하도록 따로 조치를 취할 수 있고 취했어야만 했다. 하지만 이런 변덕스러운 형태의 차별에 가장 큰 목소리로 항거하는 사람은 대부분 나처럼 무탈하게 잘 사는 백인 여자들이었다. 그들이 확성기를 계속 붙잡는 이유는 코비드 보건 조치에 대적하면 강력한 피해자 신분을—인종화된 폭력이 화제를 모으면서 백인 여성 다수가 자기 역할을 근심하기 시작하던 차에—얻을 거라는 믿음이 강력하게 작용해서인 듯하다. 모두가 한창 시쳇말 '캐런'을 비방하던 시기에 백인 여성은 차별받는 신분이었다고 볼 수 있는가? 레스토랑과 교통수단을 내키는 대로 사용하지 못하고 친구와 가족에게 홀대받고 있는 자신이 캐런의 탈을 쓴 로자라고 진짜 착각한다면, 그렇게 볼 수도 있지 않을까. 그렇다면 자기 지위를 느닷없이 잃었다고 주장함으로써 명예를 회복할 수 있을 텐데, 이런 원상 복귀책이 마냥 씨알도 안 먹힐 전개는 또 아닌 것이, 현 단계의 신자유주의적 자본주의는 정체성 단위의 억압에서 연대하고 함께 분석할 토대(정체성 정치의 본래 의도)에서 그 나름의 화폐로 톡톡히 전환해버리지 않았던가.

반흑인 폭력에 저항하는 동시에 미접종자를 차별하는 것은 아이러니라며 울프가 열변을 토하자 흑인 매니저는 초연하게 답한다. "자기중심적인 게 안타까워요."[16] 훗날 레스토랑 주인과 매니저는 당시에 울프가 누구인지 몰랐다고 밝혔다. 하지만 다른 차원에서 그들은 그녀가 누구인지 정확히 알고 있었다.

흑인 인구를 노예로 부리며 경제를 일구고, 원주민을 대상으로 잔혹한 폭력과 고문, 기아, 강제 이주 캠페인을 시행해 훔친 땅에 건국의 빚을 진 나라에서 과거란 우리에게 드리운, 떨쳐지지 않는, 도처에 존재하는 집단적 그림자다. 지배 문화는 조지 플로이드의 살해 이후처럼 인식 제고가 일시적으로나마 이뤄질 때에야 이러한 원죄에—혹은 오늘날 학교와 주거지, 의료와 법원에서 지속되는 인종 분리에—눈길을 흘긋 준다. 팬데믹 기간에 집에서 지내면서 자택령이 어떻다느니 할 수 있었던 사람들을 병원과 요양 기관, 물류 창고, 폐기물 처리 시설, 충분히 사례하지 않는 기타 일터 등에서 제대로 된 보호 장비도 없이 바이러스 가운데 살아남으며 동시대 삶의 인프라를 지탱해야 했던 사람들로부터 구분지은 단층선이 인종의 축을 매우 닮아 있다는 것도 잊어서는 안 된다.

보수와 자유 진영이 각각 진리와 덕망을 표방하며 서로를 미러링하는 판국이니, 백인성의 그림자 세계는 우리가 시인하지 않은 역사와 현재로 가득하다. 이것은 알려진 동시에 억눌리고 있는 사실이다. 『세상과 나 사이』에서 타네히시 코츠는 백인 인구가 이같은 그림자를 부인하는 것을 "드림", 즉 아메리칸드림에서 미국이 맡는 중요성을 덜고 몽상 측면을 강조한 줄임말로 부른다.[17] 무엇보다 드림은 그것이 꿈임을 알고, 그것이 거짓임을 알고, 현실이 우리를 선잠에서 깨울 기세로 문을 세차게 두드리고 있음을 안다. 그러니 커튼을 쳐서 빛이 새어 들어오는 걸 막으려고 발군의 노력을 기울여야 하는 것이다.

울프가 맨해튼과 세일럼 음식점에서 보인 기행에서 가장 지독한 아이러니는 바로 이것이다. 그녀는 민권 운동에서 쓰이는 언어를 흡수하고 전용하지만, 거울세계 동행자 다수는 미국 과거의 진상을 밝히려는 모든 시도와 싸우고 있으며, 학교에서 진행하는 인종주의의 현실에 대한 교육은 마스크와 백신처럼 아동 학대라고 주장한다. 학교에서는 "애국적인" 역사만 지도하게 법안 발의를 촉구하고 치욕사를 담은 서적은 금서로 지정하라고 강권한다. 왜냐하면, 역사학자 키앙가야마타 테일러가 논하듯이, 역사를 알게 되면 그것이 남긴 유산을 해결해야 하기 때문이다.

> 이렇게 집단 공세는 미국의 인종주의와 제노포비아의 역사에 대한 공적 논의를 웃음거리로 전락시켰다. 그리고 어떤 맥락에서는 그런 논의를 영영 불가능하게 만들어버렸다. 미국 인종차별의 역사를 논의하면 오늘날 존재하는 가난과 실업, 사회적 박탈의 패턴을 이해하는 안목을 기를 수 있다. 그리고 이런 논의는 인종적 배제를 완화할 공공 프로그램을 만들거나 확장하자는 주장의 근간을 이룬다.[18]

자연히 우파에서는 이런 논의를 눈엣가시로 보는 한편, "'거대 정부'를 선호한다는 꼬리표를 두려워하는 일부 자유주의자도" 이런 논의를 회피한다고 테일러는 적는다.

상황이 이러니 울프가 로자 파크스를 코스프레하는 동안, "자유"를 지키는 싸움에 새로이 참여한 동료 전사 가운데 몇몇은 그들이 그동안 훔쳐온 바로 그 역사를 말하는 책들에 빨간 딱지를 붙이느라 일손이 모자랄 지경이었다. 그 책들 가운데는 펜실베이니아 교육위원회 금서 목록에 오른 『나는 로자 파크스야!』라는 작은 그림책도 포함됐다. 그동안 울프가 출연한 우파 미디어 방송을 수백 편 직접 청취해본 결과, 나는 그녀가 "섀도 밴"과 디플랫포밍을 당한 피해자라면서 신세한탄하는 것은 들어봤어도 정작 전국에 불어닥치는 금서 지정의 한파를 비평하는 것은 단 한마디도 들어본 적이 없다.[19]

대각선주의자들은 피억압자의 언어와 자세를 빨아들임으로써 과거라는 기나긴 그림자를 앞지르려는 듯하다. 나라가 불에 탄 촌락과 묘지들 위에서 싹을 틔웠다는 사실과, 그렇게 숨진 영혼들을 제대로 기린 적 없다는 과거까지.

두 개의 트럭 호송대 이야기

2021년 5월, 브리티시컬럼비아 내륙에 위치한 원주민 공동체 트켐룹스 테 세퀘펨크 퍼스트 네이션 부족이 발표한 성명서가 세계적 반향을 일으켰다. 100년 가까이 운영됐던 전前 캠루프스 인디언 기숙학교 부지에서 최대 215명의 아이가 묻힌 터를 발견했다는 내용이었다. 매장 당시 세 살밖에 안 된 아이도 있었던 것으로 추정됐다.[20] 과거 원주민 학생들은 주 안팎에서 이곳 기숙학교로 보내졌다.

　유럽 식민자들이 아메리카 대륙에 당도한 이래 원주민 전체 인구의 90퍼센트 이상을 죽인 대학살에서 기숙학교는 비교적 근대적인 무기의 하나였을 뿐이다. 학교 생존자들은 비밀 묘지에 대한 기억을 오래도록 공유해왔다. 밤 사이에 사라지더니 감감무소식인 아이들에 관하여. 교회 신부의 손에 키워지다가 돌연 사라진 젖먹이들에 관하여. 이건 너무나 공공연한 비밀이라 2015년 진실화해위원회TRC는 공식 보고서를 펴내며 캐나다 정부가 기숙학교들에서의 사망과 살해 가능성을 전수 조사할 것을 제언했다.

　보고서는 "문화적 대학살"로 분류한 내역을 세세히 검토했다.[21] 1880년대부터 1990년대 후반 사이, 캐나다 각지의 퍼스트 네이션과 메티스족, 이누이트족 아이들 최소 15만 명이 가족과 문화에서 떨어져 나와[22] 가톨릭교회와 연방 및 주 정부의 지령을 받는 단체들이 운영하는 소위 기숙학교에 강제 등교했다.[23] 인터뷰를 수천 번 진행한 이후 TRC는 기숙학교에서 숨진 아이들 3201명의 이름을 밝혀냈고, 이 숫자는 훗날 4117명으로 바뀌었다.[24] TRC 위원장 머리 싱클레어 판사는 실제 수치가 2만5000명에 달할 것으로 추정하며 옛 기관들의 부지를 조사해달라고 연방정부에 계속해서 청원했다.[25]

　그러나 정부는 시간을 끌었다. 늑장 대응을 보다 못한 퍼스트 네이션 부족 일부가 직접 나서서 코비드라는 스산한 고립 속에서도 현장 조사를 묵묵히 진행했다. 그리고 이제, 지면 투과 레이더를 들이밀자 땅이 기밀을 토해냈다. 생존자와 그 후예들은 이미 알고 있던 쓰라린 진실을 서구 과학으로 검증한 것이다. 학교들은 원주민 문화만 죽일 작정이 아니었다. 아이들까지 죽였다. 그것도 많이. 의료적 방치, 영양실조, 신체 학대, 때로는 적나라한 살해였다. "종말Apocalypse"의 그리스 원어는 폭로와 노출, 묵시를 뜻한다. 이것은 종말이었다.

캠루프스에서의 아이들 매장 사건이 실화 — 레이더 "반사reflection"를 통한 집단적 잠재의식의 물리적 표상—로 판명나자 캐나다의 기원이 학살적 폭력이었다는 사실은 더 이상 숨을 구멍이 없었다. 그리고 이것은 시작에 불과했다. 세퀘펨크 부족은 매장 인원을 215명에서 200명으로 하향 조정했지만 그로부터 몇 주 지나지 않아 다른 옛 기숙학교들의 터에서 표기 없는 묘지를 수백 개 더 발견했다. 글을 쓰고 있는 지금, 내가 사는 곳으로부터 몇 분 안 되는 거리에서 묘지 조사가 진행되고 있다. 이미 얕은 묘지를 수십 개 발굴했다. 이제까지 2000개가 넘는 미표기 묘지가 캐나다의 옛 학교 부지에서 확인되었다.[26] 이런 섬찟한 소식이 계속 들려오리라는 데는 의심의 여지가 없다.

해당 기관들의 목적은 교육이 아니었다. 원주민성이라는 정체성을 파괴하는 것이었다. 캐나다 정부가 기숙학교들에 전달한 공식 지령은 "아이 내면의 인디언을 죽여라"였다.[27] 원주민 인구의 땅과 관련된 전통과 의례, 언어, 친족관계를 없애버려라. 인종주의만을 원흉으로 보기도 하지만 그건 반쪽짜리 이야기일 뿐이다. 기숙학교 시스템의 밑바탕이었던 백인 우월주의와 기독교 우월주의도 국가의 경제적, 정치적 이익을 도모했다. 모피 무역 회사들과 여타 추출산업군이 모여서 시작된 캐나다는 게걸스러운 토지욕에서 기숙학교 제도를 만들었다. 관계들을 찢어놓으니―부모 자식 간의, 땅과 주민 간의 연결감을 단절하고 훼손하니―원주민의 미할양 영토를 몰수해 자원 추출과 이주 목적으로 사용하기가 수월했다.

2020년 조지 플로이드의 죽음이 대규모 자각의 불씨가 되었듯이 2021년 미표기 묘지 발굴은 캐나다 전역에서 분노와 애도, 연대의 물결을 일으켰다. 이런 도착적인 학교들의 설계에 이바지한 식민 권위자들의 동상은 철거됐다. 한 유명 대학은 이름을 바꾸었다. 교회들이 불타 없어졌다. 마침내 프란치스코 교황이 직접 "참회의 참배"를 하러 캐나다를 방문했고 이후 이렇게 선언했다. "네, 이건 대학살이 맞습니다."[28] 그러자 의회는 기숙학교제가 UN이 제시한 대학살의 정의에 부합한다는 동의를 만장일치로 가결했다.[29]

이런 중범죄를 심문하는 운동은 레이더로 묘지를 확증하기 전부터 주황색 셔츠와 '모든 아이는 중요하다'라는 구호를 상징으로 삼았다. 그해 봄, 가정과 사업장 수천 곳에서 저 문구가 쓰인 주황색 기를 게양했고, 은행권부터 대학가에 이르기까지 각종 기관이 "주황 셔츠의 날"을 기념했으며, 거의 모든 학교와 놀이터에서는 철제 울타리에 주황색 리본 215개를 달았다. 광장은 작은 신발과 곰 인형으로 만든 추모식으로 붐볐다. 신문에서는 가족을 생이별시키고 땅을 훔쳐간 짓에 대한 그럴듯한 변명을 제공한 백인 우월주의의 법적 허구legal fiction―"명백한 운명"과 "발견주의 원칙" 같은 터무니없는 포고를 일방적으로 앞세운 유럽 군주와 교황들은 이미 거주민이 있지만 새로 "발견된" 땅을 약탈할 신성한 권리를 주장했다──를 기사로 써냈다.

이곳 세칭 브리티시컬럼비아에서는(주 이름 자체부터 낯뜨겁게 '영국 왕실'과 '크리스토퍼 콜럼버스'라는 식민적 이름을 섞어 만든 것이다) 캐나다라는 정착 국가의 터 아래 묻힌 세계들이 지면 위로 비집고 올라오는 듯했다. 아이들의 죽음과 이어진 은폐 공작이 진짜 음모라는 것을 이제 더는 부정할 수 없었다. 근대 원주민 권리 운동의 영도자인 조지 마누엘 대추장은 캠루프스 학교를 다녔다. "허기는 학교에 대한 나의 처음이자 마지막 기억이다."[30] 그는 회고록에 적었다. "나만이 아니다. 모든 인디언 학생은 굶주림의 냄새를 풍겼다." 몸이 쇠약해진 원주민 아동은 질병에 더 취약해졌다. 마누엘 본인은 열두 살에 결핵에 걸려 남은 삶을 장애와 함께 살았다.

브리티시컬럼비아 내륙에서 송유관 확장 반대 운동을 이끈 손녀 카나후스 마누엘은 가족 여러 명을 괴롭힌 학교들의 목적을 이렇게 묘사했다. "그들은 땅을 훔치고자 아이들을 훔쳤다."[31] 그녀는 묘지가 발견된 지 얼마 지나지 않아 나와 인터뷰하면서 정의는 유의미한 배상을 통해서만 실현될 수 있다고 말했다. 카나후스가 요구하는 "토지 반환"은 오늘날 원주민 권리 운동을 대표하는 표어로 자리 잡았다. 그것이 무엇을 의미할지에 대한 심도 있는 논의가 드디어 이뤄지고 있다.

식민 프로젝트의 원죄가 음영 지대를 벗어나 만천하에 드러나면서 한 가지 확실해진 것이 있다. 공인된 역사가 말하는 속 편한 미신은 더 이상 버틸 자리가 없다는 것. 캐나다 각계각층에도 큰 파

414

장을 일으킨 조지 플로이드의 사망으로부터 불과 1년쯤 됐을 때 정교政敎가 어린이들의 몸과 마음에 만행을 저질렀다는 소식이 들려오자 캐나다인들은 우리가 누군지, 어떻게 이런 상황에 이르렀는지, 앞으로 무엇이 되고 싶은지에 관한 새로운 서사를 필요로 했다.

묘지 성명서는 5월 느지막이 발표됐다. 통상 캐나다는 식민지 간에 연합 자치령을 형성한 7월 1일 건국일을 기념한다. 여전히 조사가 한창이던 2021년, 이번 해만큼은 빨간 바탕에 중앙의 하얀 정사각형 속 단풍잎이 그려진 국기를 여봐란듯이 휘날리며 폭죽을 터뜨리는 관행이 적합하지 않다는 대국적 합의가 이뤄졌다. 브리티시컬럼비아의 주도 빅토리아는 아예 캐나다의 날을 취소했다. 다른 도시들은 '모든 아이는 중요하다' 문구를 벽화로 남기며 애도와 회개가 담긴 공식 선언문을 발표했다. 쥐스탱 트뤼도 총리는 "국사에 관해 우리 자신에게 솔직해져야 한다"며 대국민 메시지를 전했다.[32] 내가 사는 이곳 연안에서도 캐나다의 날에 군중은 오렌지색 파도였고 적백색 풍엽기는 하나도 없었다.

"국가 자체가 서사다."[33] 에드워드 사이드는 『문화와 제국주의』에 이렇게 썼다. 우리의 서사는 효력을 잃었다. 그해 봄과 초여름에는 나라 전체가 땅 파기에 돌입한 양 내 생애를 통틀어 역사에 가장 깊이 천착했다. 흥미롭게도 나는 이 상황을 지켜보며 현기증과는 반대되는 것을 겪었다. 국가 신화를 빚고 공인된 역사를 찍어내면서 덧없는 자화자찬을 하는 대신 우리가 사는 곳의 정체, 우리 같은 정착 국민이 이 땅을 쓸 수 있게 된 경위, 그리고 부인으로 점철된 아니-보기와 아니-알기의 삶을 떠나 드디어 좋은 손님, 좋은 이웃이 되기 위해 우리가 해야 할 일이 분명해지고 있었다. "발명된 과거는 쓰임새가 없다. 그것은 가뭄에 점토가 그러듯이, 삶의 하중을 견디지 못하고 금이 가 으스러진다."[34] 제임스 볼드윈은 이렇게 썼다. 그러나 "과거를, 역사를 인정하는 것은 거기에 빠져 죽는 것이 아니다. 활용법을 익히는 것이다".

대화를 나눠본 원주민 친구와 이웃들은 분노와 비탄에 빠지면서도, 머잖아 깊은 깨우침의 시간이 찾아오리라는 희망을 조심스레 내비쳤다. 캠루프스 기숙학교 생존자 노먼 리타스킷은 『글로브앤드메일』과의 인터뷰에서 말했다. 학교에서의 일에 대해 "내가 같은 이야기를 3년 전에 털어놓았다면" 사람들은 "허구"로 받아들였겠지만, 이제는 신뢰한다. "줄거리는 바뀌지 않았다." "듣는 이가 바뀐 것이다."[35]

발굴 초기에 97번 고속도로 부근에서 발견된 묘지 터에서 두 시간 거리에 거주하는 백인 트럭 운전사이자 자영업자인 아버지 마이크 오토는 사건에 대해 알아가면서 내적 변화를 겪었다. 오토는 원주민 가족들이 "어디로 갔는지 알 수 없는 꼬마들"에게 무슨 일이 벌어졌는지 모른 채 어떤 심정으로 살았을지를 헤아려봤다.[36] 그는 수심에 찬 이웃들에게 자신과 같은 비원주민 캐나다인도 정부와 사법, 교회로부터 정의를 찾는 그들의 노력에 연대한다는 것을 알려줘야 한다고 느꼈다.

팬데믹이 여전히 극성을 부리고 있었고, 묘지가 소재한 곳에서는 외부인이 무리 지어 동네에 찾아오는 것을 원치 않는다며 분명히 선을 그었다. 오토는 물리적 거리를 두고자 하는 원주민 공동체의 욕구를 존중하는 동시에 지지 의사를 강력히 밝힐 수 있는 행동을 강구했다. 묘소 앞을 지나며 헌금을 남긴 뒤 떠나는 트럭 행렬, 바로 '우리는 연대합니다 호송대'였다.

오토는 페이스북에서 트럭 운전수 그룹 다수에게 초대 글을 남겼고 업계의 유명 인사들에게 연락했다. 목표는 호송대 트럭을 215대로 불리는 것이었다. 마침내 약 400대가 모였고 오토바이와 승용차도 여러 대 동참했다. 운전자들은 차체에 사랑의 메시지를 작성했고, 방열판에 주황색 셔츠를 걸어놓았고, '모든 아이는 소중하다'가 적힌 깃발을 흔들었다. 호송대는 행렬 내내 환호받았고, 마을 전체가 마중 나와 그들과 음식을 나눠 먹기도 했다. 트럭들이 옛 기숙학교를 지나치며 경적을 울리자 세퀘펨크 부족 사람들은 드럼 의전과 전사의 노래로 화답했다. 눈물이 번진 얼굴로 다들 결의에 찬 주먹을 들어올렸다.

이 사건을 언급하는 이유는 비원주민 인구가 안 그래도 짐이 무거운 사람들에게 정의와 배상 촉구의 역할을 떠넘기기보다는 원주민 사망을 진정한 집단적 위기로 보고 행동한 진귀하고도 지역에 유의미한 예시였기 때문이다. 하지만 내가 트럭 400대로 구성된 2021년 6월의 호송대를 언급한 또 다른 이유는 그것이 심지어 캐나다에서조차 거의 잊힌 일이 되어버렸기 때문이다. 마이크 오토의 곰살가운 조직은 고작 8개월 뒤 훨씬 더 요란한 캐나다 트럭 운전수들로 구성된 호송대에게 대중의 관심을 완전히 빼앗겼다.

전 세계에 울려 퍼진 경적

당신도 2022년 겨울의 이 사건을 기억할지 모른다. 당시 국제 언론은 '뒈져라 트뤼도'로 도배한 커다란 트럭들을 몰고 나타나 한 달 가까이 수도 오타와의 중심지를 점거한 위풍당당한 캐나다인들의 사진으로 범람했다. 또는 철교를 막아서며 캐나다와 미국 사이의 주요 무역로를 주차장으로 사용한 차량대 사진이라든가. 트럭 운전수에게 국경을 건너려면 코비드 백신 접종서를 제출하라는 새로운 조건에 반대해 모인 이 두 번째 호송대는 머지않아 마스크 착용령과 공중보건 제약을 아우르는 "의무령" 전반을 폐지하라는 방향으로 번졌다.

대다수의 캐나다인 트럭 운전수는 백신 접종을 마친 상태였고 보건 조치에 이의가 없었다. 하지만 대각선주의 수사에 푹 빠져 백신 요구 사항을 새로운 형태의 폭정이라고 주장한 소수는 자영업자, 과거 경찰과 군인이었던 사람들, 비건 요리책『오 쉬 글로스』의 저자, 다수의 복음주의 기독교인으로 구성된 잡동사니 집단과 합세했다. "나라를 폐쇄하자"는 일념하에 모인 이들은 당시 엘리자베스 2세 여왕의 직무 대리인인 캐나다 총독을 설득해 트뤼도 3기 내각을 철회시키겠다는 포부를 내비쳤다.

호송대는 두터운 팬층을 거느렸다. 도널드 트럼프와 일론 머스크는 "캐나다인 트럭 운전수들"을 노동계급의 영웅으로 칭송했다. 스티브 배넌과 터커 칼슨은 이들을 전면 보도했다. 내 도플갱어는 이들이 현대의 자유 전사*라는 식으로 응원했다. 곧이어 비슷한 호송대들이 워싱턴 D.C.에서부터 뉴질랜드의 웰링턴에까지 등장했다. 점거 사태에 몇 주씩이나 희한하리만큼 굼뜨게 반응하던 트뤼도 정권은 돌연 태세를 바꿔 캐나다 사상 최초로 긴급명령을 발동했고 지지자들의 은행 계좌를 동결하는 등 탄압 수법을 밀어붙였다. 비상사태 선포는 논리가 너무 빈약해 훗날 파업이든 원주민 집단 농성이든 주요 경제 활동을 방해하는 행위 일체에 위험한 전례를 남겼다. 그리고 이 같은 강경 조치로 인해 호송 대원들은 배넌계 인사들과 팟캐스트 거물인 조 로건으로부터 더 진득한 애정 공세를 받았다.

눈요깃거리로 풍성한 시위였던 것은 사실이다. 현장에는 눈싸움, 맥주통, 뭉게뭉게 피어오르는 마리화나 연기, 그리고 캐나다 국기의 향연이 펼쳐졌다. 예리코 행진자**와 가두 설교자들, 신에게 직접 계시를 받는다는 사람들로 시위대는 북적거렸다. 낯선 이에게 포옹하는 광경과 마스크 착용자에게 육두문자를 퍼붓는 광경이 동시에 펼쳐졌다. 믿기지 않겠지만, 공기를 넣어 부풀린 온수 욕조도 구비해뒀다. 그리고 대각선주의 진영을 규정 짓는 명명

---

* 전시하에 정부나 사회 부정에 대하여 무장해 싸우는 반체제파.

** 히브리인들이 가나안을 정복하면서 예언받은 대로 예리코 성 주위를 돌며 야훼의 영광을 외치자 성벽이 무너졌다는 「여호수아기」 이야기에 착안해, 각 주 의사당 주변에서 기도와 단식, 행진을 한다면 신께서 조작된 2020 대선 결과를 되바꿔주리라 믿는 친트럼프 성향의 느슨한 유대기독교 연합.

백백한 정치적 환란의 신호도 득실거렸다. 거대한 스와스티카가 박힌 나치 국기와 옛 미국 남부 연합기를 힘껏 휘두르는 사람, 노란 별을 착용하고서 자신이 아파르트헤이트나 짐 크로법에 처형당하고 있다는 팻말을 치켜든 반백신론자. 이들은 나치인가 반나치인가? 이들은 인종분리주의자인가 반분리주의자인가? 이들은 자랑스러운 우국지사인가 아니면 최근 대선 결과를 뒤집을 작정인 모반자인가? 답은 중요하지 않아 보인다. 호송대는 뿌리 끝까지 피픽화했으므로 그 진지함과 가소로움의 매듭이 느슨해질 일은 결코 없을 것이다.

호송대 지지자 다수는 점거 사태에서 노골적으로 나타난 인종주의적 요소를 일시적인 것으로 덮어두려 했다. 마치 비밀 경찰이나 안티파*가 자신들의 평판을 떨어뜨리기 위해 꾸며낸 밀계인 것처럼 말이다. 어물쩍 무마하려는 사람들에게는 아쉬운 소식이겠지만, 호송대와 인종주의는 한 몸이다. 호송대에서 가장 막무가내인 지도자 가운데 한 명인 패트 킹이라는 남성은 당시 구독자 35만 명을 보유한 페이스북 개인 페이지를 이용해 시위자들의 후방 지원을 도맡았다. 킹은 원주민 문화를 "망신"으로 부른 적나라한 인종주의자이고,[37] 2019년에는 이민과 기후행동이 캐나다인의 생활 방식을 이중으로 위협한다면서 비슷한 소규모 호송대를 조직해 대항에 나섰다. "코카서스, 앵글로색슨 인종의 감소라고 부

---

*   '안티파시스트'의 줄임말. 반파시즘과 반인종주의를 표방하는 미국 좌익 운동의 한 조류.

릅시다."[38] 킹이 주장했다. "그리고 그게 목표인 겁니다. 가장 강한 혈통을 가진 사람들, 앵글로색슨 인종의 인구를 감소시키는 것." 또한 그는 "난민을 대량으로 풀어놓을 [뿐만 아니라] 교육제도를 침투·조종할" 계획이 꾸며지고 있다고 이야기했다.[39]

물론 킹은 그동안 백인 우월주의 폭동에 도화선이 된 "거대한 대체" 이론을 앵무새처럼 따라 읊고 있었다. 이처럼 인종주의 관점을 대놓고 개진하는 호송대 지도자로는 킹만 있는 게 아니었다. 캐나다혐오반대네트워크는 알래스카주에서 캐나다 중남부 대초원과 앨버타주를 거쳐 저 멀리 플로리다주에 이르는 일대에 새로운 나라, 다이애골론(대각국) 수립을 꾀하는 동명의 집단을 포함해 네트워크가 주시하는 거의 모든 조직이 분규를 자극하고 있다고 보고했다.[40]

"다이애골론은 무장 단체가 되어가고 있습니다. 그들의 최종 목표는 파시즘입니다. 폭력을 사용해 힘을 취하고 이데올로기와 인종, 젠더 등에서 그들의 순수성 심사 기준에 미달하는 사람들의 권리를 빼앗는 겁니다…… 그들의 모토는 '총이나 밧줄'입니다."[41]

위의 사실을 숙고해볼 필요가 있다. 미표기 묘지 발굴이 계기가 되어서 불과 1년 전 기숙학교는 정부가 원주민 부족들과 언어, 문화를 영어와 프랑스어권 기독교 문화로 대체하려는 공식 정책의 일환이었다는 사실에 관한 전격적인 논의가 이뤄졌다. 기숙학교는 자연계가 성스럽고 생동하며 상호 의존한다고 믿는—행성적 위기를 맞은 현시대에 뜻깊은 가르침을 주는—우주관을 박멸하고자 제작된 기계였다. 하지만 이제는 어떤 남성이 자기가 속한 기독교 코카서스인 문화가 이른바 '거대한 대체'를 통해 검고 열등한 타자에 의해 대체될 위기라면서 호송대를 줄줄이 이끌고 있다. 고명한 오지브와족 저자이자 캐나다 예술위원회 의장 제시 웬테는 이들의 미러링을 훤히 읽었다. "역사의 진실이 드러날수록 이런 행태가 짙어지는 것은 우연이 아니다."[42] 웬테는 호송대가 "[그런 진실을] 직시해야 함에 따라 식민 권위를 재차 강조하고, 팬데믹 기간에 밝혀진 대로 바닥이 드러난 공동체감을 채우고자 하는 욕구"에서 행동한다고 서술했다.

오타와 점거를 흔한 애국자 집단의 소행으로 치부한 한 보수당 의원은 당시의 거리 분위기를 "캐나다의 날 1000배"로 묘사했다.[43] 일면 맞아떨어지는 설명이었다. 적백색 국기들은 조의로 숙연하던 캐나다의 날에 집에 잠자코 있다가 이제는 앙심이라도 품은 듯 모든 트럭에서 펄럭였다. 게다가 성조기와 군데군데 단짝을 이루는 볼썽사나운 모습이라니, 꼭 미국과 캐나다 두 나라가 2년간의 인종적 깨우침 끝에 집단적 건망증이라는 단일한 프로젝트에 녹아든 듯 보였다.

근대 세계의 하부로 기능해온 음영 지대를 근대 세계에 통합해 단단한 지층 같은 것을 잠재적으로 만들어나갈 수 있다. 볼드윈이 썼듯이, 과거의 난제를 직면해야만 역사는 가용할 수 있는 것이 된다. 어쩌면 단결의 기반이 될 수도 있다. 하지만 누구도 통합 과정이 순탄할 것이라고 말한 적은 없다. 그러니 오타와에 나타난 바퀴 18개 달린 트레일러 호송대가 무고하다며 발악하는 집단, 진실을 그림자에 더 꽁꽁 숨겨놓으며 당위와 지배라는 달큰한 꿈을—

개인으로서, 국가로서—다시 꾸려고 하는 시도로 볼 수 있다.

오타와를 마비시켰던 호송대는 8개월 전에 등장했던 비교적 덜 알려진 호송대와 극명한 대비를 이루었다. 마이크 오토의 시위에는 캐나다의 시초인 대학살을 정직하게 바라보려는 드문 지개志槪가 묻어났지만, 새로운 호송대는 적대적 현재주의—캐나다 폭력의 역사든, 코비드가 여전히 상승세에 있다는 사실이든(호송 대원 다수가 병들었다), 초대형 트럭을 한 달씩이나 공회전함으로써 자극한 행성적 온난화든(호송대의 비공식 상징은 밀수입한 휘발유 통이었다) 불편한 진실이라면 반추하지 않으려는 태도—의 화신이었다.

불과 1년 사이, 존재끼리 뒤얽혀 있음에 대한 인지와 포용을 보여준 '우리는 연대합니다 호송대'는 상호 의존성을 저버리고 초개인주의적 독립성의 길을 걸은 '자유 호송대'에 자리를 내주었다. 캐나다에는 결백이라는 환상을 거머쥐고 싶어하는 무리가 분명히 있다. 그리고 환상을 보전하기 위해 그들은 나머지 인구를 볼모로 삼는 일도 서슴지 않을 것이다.

나도 피해자, 최대 피해자다!

도플갱어 정치에서는 공포하는 대상을 부정하는 것만으로는 모자라다. 흉내와 미러링, 피피키즘을 반드시 곁들인다. 그리하여 눈을 뭉쳐 지은 요새와 트럭 경적에 더해 오타와의 자유 호송대는 평화의 파이프*와 티피**를 사용했다. (이들은 지역 알곤킨족 추장 세 명으로부터 반발을 샀다.) 호송 대원 일부는 트럭에서 '모든 아이는 소중하다'가 쓰인 주황색 깃발을 흔들었다. 하지만 그 구호는 기숙학교에서 강간과 고문·살해를 당했고 유해 발굴이 여전히 진행 중인 원주민 아이들을 기리는 목적이 아니라, 몇몇 시위자가 한 말을 빌리자면, 교내 마스크와 백신 의무령으로 "두 번째 대학살"의 위기에 처한 그들 본인의 아이들을 가리켰다. 거울세계에서는 이 같은 등가 원리를 수개월째 갈고닦는 중이었다. 미표기 묘지 발굴 소식이 들려온 지 보름 만에 반백신론자 백인 엄마들은 '코비드19는 캐나다의 두 번째 대학살이다'가 적힌 주황색 스웨트셔츠와 물건을 판매하기 시작했다.[44]

팬데믹 기간에 국가 서사와 자아상을 여럿 뒤흔든 원주민과 흑인 인종 정의 운동을 트럭 운전수들은 능가하고, 무산시키고, 도용할 의도였을까? 작정하고 그러지는 않았을 것이다. 스티브 배넌과 프라우드 보이스Proud Boys***가 내 도플갱어와 패트 킹과 부정 술수를 꾸미려고 암실에서 만나거나 한 적은 없다. 내가 판단하기에 지금 펼쳐지고 있는 광경은 반사신경에 의한 것인데, 당사자들 입장에서는 자기보존 본능을 발현한 것일지도 모른다.

다 박음질된 줄로만 알고 있던 진실에 갑자기 실밥이 터지고 올

---

*   화친을 표시하는 긴 담뱃대.
**   휴대용 천막집.
*** 트럼프를 지지하는 북미 극우 네오파시스트 무장 단체.

이 풀리는 시대다. 살기도 쉽지 않은데, 다른 많은 부분에서 이미 난항을 겪고 있기에 고됨은 배가된다. 주택 소유의 꿈을 실현하거나, 치솟는 월세를 부담하기 위해 잔돈을 긁어모으거나, 직장에서 잘리지 않고 붙어 있거나, 심지어 당장 한 주 한 주 입에 풀칠하는데 얼마의 돈이 들어갈지를 파악하는 것조차 모두 확신이 아닌 가능성의 영역에 있다. 모든 게 어찔어찔, 기우뚱기우뚱거린다. 계절 변화의 예측 가능성을 포함해 참으로 많은 것이 적어도 앞으로 몇 세대 동안은 불안정할 텐데, 그것도 잘 쳐줬을 때의 시나리오다. 이런 난기류 앞에서 우리는 자세를 바로잡고, 상황을 재점검하고, 행동의 방향을 다시 상상해야 한다. 이렇게나 시대적 요구가 거셀 때 극단주의 행동과 혼령이 쏟아져나오는 것은 이상하지 않다. 정식 보호장구 대신 쓰레기봉투를 뒤집어쓴 간호사들, 조지 플로이드의 목을 무릎으로 찍어누르던 데릭 쇼빈의 두 눈에 서린 냉랭한 경멸, 성직자들의 변태 행위, 산불로 누렇게 물든 하늘 등 거듭 탄로난 정황을 직면하기보다는 정신 팔려 있기를 선택하는 것은 이상하지 않다. 그 선택지 가운데는 스스로를 지난 500년 동안 벌어진 모든 반인도 범죄의 보편적 피해자로 상정하는 방식도 포함돼 있다.

어쩌면 이것으로 거울세계가 제기하는 음모론들 간의 잦은 모순을 설명해볼 수 있겠다. 입증되지 않은 이론으로 대중을 오도하는 것은 이 새로운 정치 대형의 진짜 목적이었던 적이 없다. 그건 한낱 수단에 지나지 않았다. 의도됐든 그렇지 않든 간에 이들의 진의는 부인과 회피 조장이다. 코비드건 기후변화건, 혹은 국가가 대학살을 자행하고서 손톱만큼의 배상도 한 적이 없다는 사실이 건, 어렵고 불편한 본질을 마주했을 때 어렵고 불편한 일을 감수하지 않으려는 게 이들의 진의다. 부인하기는 자기 내면을, 외면을, 옆면을 보는 것보다 훨씬 더 쉽다. 변화하기보다 훨씬 더 쉽다. 하지만 부인은 이야기, 즉 은폐용 서사를 필요로 하며, 그것이 바로 음모론 문화가 제공하는 바다.

그럼에도 나는 위의 분석이 주는 안락함이, 잘못을 전부 거울세계 거주민들에게 전가하는 모양새가 마음에 걸린다. 기후변화 부인 현상도 비슷하게 흘러간다. 모든 게 짜고 치는 판이라고 우기는, 누구나 단번에 알아볼 수 있는 명백한 부인자들이 있다. 하지만 언제나 가장 큰 난관은 드러나지 않는 부인자들이었는지도 모른다. 진짜라는 것을 알면서도 그렇지 않은 양 행동하고, 진실을 크고 작은 다양한 방식으로 자꾸만 망각하는 사람들.

앞서 이야기했듯이 배넌은 그 자신이 '거대한 절도'라 부르고—바이든이 2020년 대선을 훔쳤다는 주장—민주당 지지자들은 '거대한 거짓말'이라 부르는 것에 맹공을 계속 가한다. 실로 거대한 거짓말이고, 위험한 축에 속한다. 하지만 거대한 거짓말이 그것 하나뿐인가? 이를테면 통화 침투 경제론보다 거대한가? "감세 조치가 일자리를 만든다"보다 거대한가? 유한한 행성에서 무한히 성장하겠다는 의기보다 거대한가? 마거릿 대처의 "대안은 없다"와 "사회라는 것은 없다"의 쌍벽보다 거대한가? 기왕 말이 나온 김에, 명백한 운명과 테라 눌리우스,* 발견주의 원칙—미국과 캐나다, 호주를 비롯한 모든 정착 식민지 국가의 근간이 되는 거짓말—보다 거대한가? 우리가 음영 지대를 응시할 담력이 콩알만큼이라도 있다면 우리가 자멸적인 거짓말의 덫에 걸려들어 있으며 거울세계가 이번 주에 무엇을 주제로 또 주접을 떨든 그것은 최악의 허언도 최대의 사태도 아니라는 점을 똑똑히 이해할 수 있을 것이다. 배넌과 울프가 치르는 현실과의 전쟁은 어쩌면 근대세계의 기둥이던 거대한 거짓말들이 허물어지면서 발생하는 자연스러운 결과다. 몇몇은 집이 주저앉는 모습에 아예 환상에 빠져 살기를 선택한다. 그렇다고 해서 같은 집에서 나고 자란 나머지 사람들이 진실의 후견인이라는 뜻은 아니다.

그렇다면 우리 다수는 그림자가 드리운 이 숲속에서 여태 무엇을 부인하고 여태 무엇을 회피하고 있는가?

*   '주인 없는 땅'이라는 의미의 라틴어. 어떤 국가의 주권도 미치지 않은 토지는 이를 먼저 점령하는 사람이 영유권을 가진다는 이론.

13장

거울 속 나치

거울 속 나치

나라 반대편에서 트럭 운전수들이 눈싸움을 벌이던 어느 밤, 이런 유별난 해프닝을 이해하길 바라는 마음에서 나는 뭔가를 시청했다. 아이티 출신의 영화 제작자 라울 펙의 HBO 미니시리즈 「모든 야수를 몰살하라(야만의 역사)」였다. 영상은 느릿하고 신중하게 전개돼 시청자에게 생각할 시간을 준다. 펙이 이런 내레이션을 더한다. "이 필름의 존재 자체가 기적입니다."[1] 분명히 그것은 음영 지대에 균열이 일고 있으며 더 많은 비밀과 유령이 매장터에서 탈출하고 있다는 증거다.

펙은 초기 작업—패트리스 루뭄바*의 피살에 관한 「루뭄바」와 제임스 볼드윈의 생애 및 사상을 담은 「아이 엠 낫 유어 니그로」

*   벨기에령 콩고의 민족 독립 운동가. 자이르의 초대 수상.

「청년 마르크스」 등—이 우리 세계를 잉태한 폭력을 각기 다룬다고 설명했다. 이제 그는 이런 서사들을 한데 묶는 거시적 이론을 세우려 애쓰고 있다. 유럽인이 아메리카 대륙에 정착하고 아프리카를 강탈하고 미국에 인종적 아파르트헤이트를 도입한 여러 살육과 대참사, 정치 암살을 이어 붙이는 세계관 말이다.

"이 모든 것의 기원"이 그가 선정한 제목에 담겨 있다고 펙은 말한다.[2] 제목은 스웨덴 언론인 스벤 린드크비스트의 1992년작 『모든 야수를 몰살하라』에서 귀감을 얻은 것이자 중앙아프리카로 향하는 식민지 상아 무역 원정기를 담은 조지프 콘래드의 1899년작 소설 『암흑의 핵심』에 실린 숙명적 대사이기도 하다. 콘래드는 "미개인을 문명화"하겠다는 고매한 평계를 둘러대며 출항 길에 올라 현지인의 부와 토지, 신체에 대한 권리를 행사하려들었던 유럽인의 사례 다수를 참고했다. 문명화 욕구는 현지인들을 지상에서 없애버리고자 하는 열망으로 끝맺는다. 그것은 한 집단이 다른 사람들보다 생물학적으로 우월하다고 가정하는 순간 정해지는 결말이다.

"모든 야수를 몰살하라Exterminate All the Brutes"라는 문장은 어떻게 해서라도 자신의 사사로운 욕심을 채우겠다는 절멸 충동을 품고 있다. 그것은 인구와 문화 전체의 소멸을 인류 진보에 있어 불가피한 요소로 보는 것을 넘어 인류 진화에 이로움을 가져다주는 단계로 인식하는 우월주의적 사고방식이다. "열등한 인종이 죽는 것은 이득이다. 완벽한 사회를 만들고자 하는 진보의 본의에 부합하니."[3] 콘래드의 소설 『구조』에서 트래버스 씨가 설명한다. 그건 대류 전체를 피에 적시게 한 마인드셋의 골자이며 이곳 캐나다에서 속칭 비밀 묘지가 딸린 학교들에서도 구현된 바 있다. 이 마인드셋은 대학살을 범죄로 보지 않는다. 그것은 (신자들에게는) 신의 가호를 입은 혹은 (합리주의자들에게는) 다윈의 축복을 받은 그저 까다롭지만 불가결한 과정이다. 다윈은『인간의 유래와 성 선택』에 이렇게 적는다. "미래의 어느 시기, 수백 년 이내의 가까운 때에, 인류에서 문명화한 종은 세계 도처의 미개한 종을 몰살하고 대체할 것이다."[4] 이렇게 "거대한 대체" 이론에 딱 맞아떨어지는 게 또 있을까.

펙의 작업이 도플갱어를 명제로 삼은 것은 내 예상 밖이었다. 그는 홀로코스트에 관한 통념—그런 광란의 살육은 정도가 역사상 전무후무하다고 보는 시각—이 말짱 거짓이라고 주장한다. 그리고 홀로코스트를 다른 시기에 다른 대륙에 참화를 부른 식민지적 폭력의 이데올로기를 농축한 결정체로 본다. 같은 이데올로기를 나치는 유럽 내부에 심었을 뿐이다. 미니시리즈「모든 야수를 몰살하라」는 능히 20세기 최악의 인면수심, 히틀러가 문명화된 민주 서구사회의 악한 "타자"가 아니라 그 그림자, 즉 도플갱어라는 것을 요점으로 한다. 펙은 몰살 경향이 "유럽 사상의 중핵으로…… 충적세*에서 홀로코스트에 이르기까지 우리 대륙과 인간성, 생물권의 역사를 포착한다"는 린드크비스트의 주장을 잇는 견해를 펼친다.[5]

---

*   1만여 년 전에 시작되어 현재까지를 포함하는 지질시대 최후의 시대.

펙과 린드크비스트의 이야기는 아메리카 대륙에서 출발하는 것이 아니라 수세기에 걸쳐 스페인 이단 심문, 화형, 유대인과 이슬람교도의 추방이 이뤄지기까지의 유럽에서 시작한다. 이후 대서양을 건너 더 광범위한 규모로 아메리카 원주민 대학살과 이른바 '아프리카 분할Scramble for Africa'을 거친 뒤 홀로코스트에 이르러서 유럽으로 되돌아온다. 이런 전개는 제2차 세계대전을 논하는 일반적인 서사, 반파시즘 연합국이 괴물 같은 나치에 맞서 싸운 영웅 서사와 대치된다. 물론 히틀러를 꺾고 좀 늦은 감이 있더라도 수용소를 해방한 것은 근대에서 가장 빛나는 승리임이 틀림없다. 하지만 이야기는 그리 간단하지 않다. 나치가 영국 식민주의와 북미 인종 위계에 착안해 대학살 체제를 만들었다는 것을 히틀러는 세세히 말하고 적었다.

1941년에는 이렇게 말했다. "강제 수용소는 독일의 발명품이 아니다. 영국인이 고안한 것이고, 이 제도로 다른 나라들이 맥을 못 추게 했다."[6] 프로파간다를 목적으로 한 이야기였지만 일말의 진실이 담겨 있기도 하다. 실제로 다양한 식민지 맥락에서 강제 수용소를 설치했다. 스페인인이 쿠바에서, 독일 식민지 개척자가 헤레로족과 나마족을 대상으로 남서부 아프리카에서, 제2차 보어전쟁 당시 영국군이 포로 수천 명을 병이 창궐한 비좁은 공간에 가둬 죽였던 현 남아프리카 공화국에서. 히틀러가 유전적 "열등 종자"의 대량 살육을 인종 차원의 의료 복지 행위로 간주하기 전, 1866년 런던 인류학사회에 참석한 영국 왕립 해군 지휘관 베드퍼드 핌은 원주민 인구를 죽이는 일에 있어서 "대학살은 긍휼이다"

라고까지 말했다.[7]

더 최근인 동시대에도 이런 영향의 여파는 드러난다. 장애 인구를 계속 살 부류와 "생명의 가치가 없는" 부류로 구분한 한스 아스퍼거를 비롯해 독일과 오스트리아의 의사들은 미국으로부터 지대한 영향을 받았다. 인디애나주는 1907년 세계 최초의 우생학 법을 제정했고 곧 다른 주에서도 비슷한 법이 속출했다.[8] 이미 미국 우생학 운동에서는 전체 유전자 풀을 해칠 것으로 여겨진 예비 부모 수천 명에게 강제 불임 시술을 할 유사과학적 논리를 세웠다. 앵글로족과 북유럽인의 지능이 더 뛰어나다는 선입관을 바탕으로 한 논리였다. 나치는 이 같은 선례를 급진적으로 확장해 40만 명의 목숨을 단종한 것으로 추산된다. 혁신 대상은 규모와 속도였지, 종류가 아니었다.

예일대학의 법학 교수 제임스 Q. 휘트먼은 2017년 저서 『히틀러의 모델, 미국』에서 나치가 미국으로부터 어떤 영감을 받았는지를 구체적으로 조명한다. 나치는 시민적 권리에 인종별 차등을 두는 미국의 법적 장치에 착안한 1935년 뉘른베르크 법(국가시민법과 독일인 혈통 명예 보호법)으로 독일 유대인의 시민 신분과 참정권을 박탈하고 아리아인과 유대인 간의 성교 및 결혼, 출산을 금지했다고 휘트먼은 주장했다. 나치는 미국의 짐 크로 시대의 합법 분리 체제와 원주민 보호구역 정책을 참고해 유대인 게토를 신설했다. 남아프리카 공화국의 아파르트헤이트 정책 역시 나치에 큰 영향을 끼쳤다.

더 근원적으로, 나치 당원 다수는 미국의 프런티어 신화—정착지의 영토를 확장하고자 서부로 끊임없이 원정할 권리—를 즐겨 학습했다. 생존과 성장에 필요한 공간을 뜻하는 유사한 독일어 개념인 레벤스라움^{Lebensraum}을 명분으로 히틀러는 독일 동쪽을 정복하고 영토를 확장했다. 미 서부에서처럼 그곳에는 영토 확장에 걸리적거리는 사람들인 슬라브인과 유대인이 살고 있었다. 히틀러는 "총살로 레드스킨*을 수백만 명에서 수십만 명으로 줄인"[9] 유럽계 정착민들에게 찬사를 보내며 이제는 독일이 숙청 공작에 돌입하고 변경^{邊境}에 대량 이주를 할 차례라고 천명했다.

"할 일은 딱 하나다. 영토의 독일화를 위해 독일인을 들여오고 원거주민을 인디언으로 보는 것."[10] 히틀러는 1941년에 말했다. 같은 해 다른 시점에는 이런 말을 남겼다. "쭈뼛대지 않고 냉혹하게 작업에 임할 것이다…… 독일인이 빵을 먹으면서 이게 칼로 싸워 얻은 땅에서 나온 작물이라는 생각에 몸서리칠 필요는 없다고 본다. 캐나다산 밀을 먹을 때 우리가 공갈당한 인디언을 떠올리지는 않지 않은가."[11] 히틀러는 우크라이나를 침략할 권리를 두고 농을 쳤다. "우리가 우크라이나인에게 스카프와 유리 구슬, 식민지 사람들이 좋아라 하는 모든 것을 제공해주겠다."[12]

나치는 포획 지역 거주민 가운데 노역에 쓸 만한 사람들을 눈여겨봤다. 그러나 유대인은 구제 불능으로 분류했기 때문에 그들을 제거하면서 독일인 정착민이 들어설 자리를 만들었다. 전쟁이 지속되는 동안 학살 규모와 속도는 전례 없는 수준에 이르렀다. 어느

---

*   북미 원주민을 가리키는 경멸적 용어.

누구도 거대한 인원을 죽이려고 가스실이나 화장터를 지어 밤낮없이 운영한 적은 없었다. 나치의 도륙 기계가 정부 지원state-sponsored 혐오를 새로운 극단으로 밀어붙인 것은 사실이나 영토를 강탈할 목적으로 인구 소멸을 최초로 시도한 사람은 히틀러가 아니었다. "아우슈비츠는 유럽이 세계 제패에 오래도록 사용한 절멸 정책에 근대 공업을 접목시킨 결과다."[13] 린드크비스트는 이렇게 부연한다. "암흑의 핵심에서 벌어진 일이 유럽의 핵심에서 되풀이되자 누구도 거들떠보지 않았다. 다들 알면서도 인정하지 않았다."[14]

아니다. 유수의 흑인 지식인들은 평행 가도를 명민하게 읽어냈다. W. E. B. 듀보이스는 제2차 세계대전이 종식된 지 얼마 지나지 않아 출간한 『세계와 아프리카』에 이렇게 적었다. "나치가 저지른 만행—강제 수용소, 적나라한 신체 훼손과 살해, 여성 능욕, 아동 대상 중범죄 등—은 하나같이 유럽의 기독교 문명이 세계 지배의 숙명을 지닌 '우등 인종'의 이름으로 각지의 유색 인종에게 저질러온 것이다."[15] 동료 유럽인이 열등 인종으로 격하되었다는 점이 달라졌을 뿐이다.

마르티니크*의 저술가이자 정치가인 에메 세제르는 『식민주의에 대한 담론』에서 유럽인은 "나치즘이 그들을 노리기 전까지는"[16] 나치즘을 용납했다며 일침을 가한다. 이 사상이 귀향길에 올라 유럽으로 돌아오기 전까지 "그들은 그것을 묵과했다…… 눈을 감고, 정당화하고, 왜냐하면 그때까지는, 비유럽 인구에게만 적용되었기

* 카리브해 서인도제도에 위치한 프랑스령 섬.

때문이다." 히틀러가 연합국에 지은 죄는 "여태껏 오롯이" 이역만 리의 비백인 피식민자의 몫이었던 것을 감히 유대인과 슬라브인 에게 저질렀다는 점이다. 그러나 카리브인인 세제르의 입장에서 이것은 모두 하나의 길고도 연속되는 이야기였다.

세제르는 히틀러가 미국와 영국의 적 그 이상이었다고 강조했 다. 히틀러는 그들의 그림자, 그들의 쌍둥이, 그들의 뒤틀린 도플 갱어였다. "네, 매우 기품 있고, 매우 인본주의적이고, 매우 기독 교적인 20세기 부르주아에게 히틀러 일대기와 히틀러주의를 조 목조목 따져 보이며 자신도 모르는 사이에 그가 히틀러를 품고 있 다고, 히틀러가 그 안에 서식하고 있다고, 히틀러가 그의 악마라고 알려주는 것은 값진 일이 될 겁니다."[17]

거울이 깨지다

세제르의 분석은 내가 성장과정에서 접한 거의 모든 이야기에 도전장을 내밀었다. 홀로코스트는 전무후무의 괴사건, 인류사의 상궤를 한참 벗어나 본질적으로 불가해한 일이라고 배웠다. 나치 홀로코스트를 다른 어떤 범죄와 함께 언급하는 것은 신성 모독이 라고 수없이 배웠다. 그랬다가는 홀로코스트가 덜 끔찍하고 덜 충 격적이며 어쩌면 일상적인 것이 될 테니까. 하지만 일상이 끔찍하 다면? 그게 요점이라면 어떻게 할까. 나치즘이 계몽과 근대성으 로 향하는 고무적 서사에서의 탈선이 아니라 근거리에 있는 분신,

다른 얼굴이라면?

위대한 독일 문호 괴테를 언급하며 린드크비스트는 다음과 같이 쓴다. "부헨발트*가 바이마르의 괴테 생가에 근접하듯이 절멸이라는 발상은 인본주의의 중심부와 근접한다. 이런 통찰은 거의 완벽하게 외면받았다. 실제로는 유럽의 공동 유산, 절멸이라는 발상의 죄를 유일하게 뒤집어쓴 독일인에게조차."[18]

나치의 홀로코스트는 결이 다르다고 보는 견해가 여럿 있다. 선진 기술이었다. 더 신속한 죽음이었다. 산업적 규모였다. 다 사실이다. 그러나 홀로코스트마다 다르다는 것도 사실이다. 대학살마다 각기 성격이 다르고 혐오당하는 집단은 각기 특별한 방법으로 혐오당한다. 사망자 수로만 보면 아메리카 대륙의 원주민 인구가 다른 모두를 앞선다. 기술 수준으로 따지자면 아프리카 인구를 납치하고 노예화한 범대서양 무역과, 남북전쟁 전 미국 남부와 카리브제도에 그 무역으로 인력을 충원한 농가들이 당시에는 매우 근대적이었다. 강제노동을 통해 최대치의 자산을 운송하고, 보증하고, 상각하고, 추적하고, 통제하고, 추출하기 위해 고안한 시스템들은 너무나 최첨단이어서 근대 회계와 인적자원 관리에 기틀이 되었음을 여러 학자가 밝혔다. 그리고 인종·젠더학자 리날도 월컷이 매니페스토 『사유재산에 관하여』에서 기술하듯이 "농가경제에서 형성된 아이디어들은 오늘날의 사회 관계에도 영향을 미친다."[19] 이러한 사회 관계 가운데는 근대 경찰, 대중 감시, 대량 투

---

*　나치 강제 수용소가 있던 곳.

옥도 있다.

또 어떤 변명을 들며 나치 홀로코스트의 예외성을 고집할 수 있을까? 유럽에 사는 유대 민족이 유럽 문화에 꽤 동화됐고 당시의 "문명화" 기조에 꽤나 투철했다는 점을 들 수 있다. 사망자 다수는 부유하기까지 했다. 그렇지만 같은 시기 미국과 캐나다에서 강제 수용소로 이송된 일본계 문벌가들은? 전쟁의 서막이 오르기도 전인 1921년, 오클라호마주 털사 "블랙 월가"에서 벌어진 방화와 대학살은? 서로 규모가 다른 범죄인 것은 분명하나 동화는 자구책으로서 한계가 있음을 공통되게 보여준다. 독일과 오스트리아에 살던 유대 인구는 자신들이 나치의 표적이 될 가능성을 부인하다가 몰락했다. 오랜 세월 그들은 야만인으로 푸대접받기에는 너무 박식하고 너무 품위 있노라고 자부했다. 듀보이스와 세제르는 문화와 언어, 과학과 경제가 대학살에 방어막이 돼주지 않는다는 점을 강조했다. 당신을 문화적으로 미개하다고 배척하며 야수로 지목할 권력자가 휘하에 충분한 군사를 둔다면 준비는 끝난 것이다. 이것이 전 세계에 흐르는 식민지 폭력의 서사다. 어떤 집단이 땅에 정착하지 않았다고 보는 논리는—왜냐하면 다른 농업 형식을 추구하니까, 왜냐하면 계절이 지남에 따라 소재所在가 바뀌니까, 최종 목적에 들어맞는 어떤 변명을 대서든—언제나 대학살에 선행했다. 식민지 지배자들이 대륙마다 족족 벌겋게 물들여가며 영토를 빼앗기에 앞서 원주민 인구를 유목민, 즉 미개인으로 간주했듯이 나치도 참살에 앞서 유대인을 "정처 없는rootless" 사람들로 간주했다.

이처럼 고유의 문화와 영토, 신체에 상해를 입은 집단들은 히틀러의 정치 프로젝트에서 논리적 유사점을 곧잘 읽어낼 수 있었다. 이를테면 1938년 수정의 밤* 이후, 호주 애버리지니 리그(원주민 연합)의 파견인은 "독일 나치 정권의 유대 인구 박해"를 규탄하는 항의서를 작성했다.[20] 그리고, 잘 알려지지 않은 역사적 사실인데, 이 항의서를 멜버른 독일 영사관에 손수 전달했다(영사관은 서한 수령을 거부했다). 서구권 국가들이 히틀러에 대적할 결심을 하기 한참 전의 일이었다. 하지만 기본권을 지키고자 계속 싸움 중이던 원주민 지도층은 유대인이 받는 위협의 심각성을 민첩하게 감지했다. 나치의 대량 살육은 새로웠고, 유대인의 경우도 달랐다. 하지만 모든 경우가 다 달랐다. 그리고 어떤 것들은 똑 닮아 있었다.

제2차 세계대전 이후에 울려 퍼진 "앞으로는 이런 일이 없어야 한다Never again"의 이면에는 "이전에는 이런 일이 없었다Never before"가 숨죽이고 있다. 홀로코스트를 역사적 맥락에서 탈각하고, 패턴 인식에 실패하고, 나치가 식민지 대학살의 흐름에 조응한 것을 부정하자 큰 대가가 뒤따랐다. 승전국은 히틀러가 그들로부터 인종 만들기와 인구 봉쇄의 실마리를 얻었다는 불편한 사실을 마주하지 않아도 되었다. 게다가 히틀러를 꺾었다는 엄연한 위업 덕분에 승전국의 결백함은 흔들리지 않았을뿐더러 한층 더 공고해졌다.

린드크비스트의 요점은 이렇다. "두 사건이 동일해야만 하나가 다른 하나를 조장하는 것은 아니다. 유럽은 세계로 확장하면서 부

---

* 나치 돌격대와 독일인들이 유대인 상가와 시너고그를 대량 손괴한 사건.

끄러운 줄도 모르고 절멸을 옹호했으며, 특정한 사고 습관을 형성하고 정치적 전례를 남겨 새로운 분노에 길을 터주었으며 끝내 모든 난폭의 정점, 홀로코스트에 이르렀다."[21] 그리고 가장 떨쳐내기 어려운 사고 습관은 눈앞에 있는 것을 보지 않으려 하고 이미 알고 있는 것을 모른 체하려는 회피적 반사신경이다.

린드크비스트는 기후위기가 가시권에 들어오기 전인 1990년대 초에 『모든 야수를 몰살하라』를 집필했다. 그는 미처 몰랐겠지만 향후 30년 동안 유럽 열강과 그들이 세운 정착 식민지 국가들은 "열등 인종"이 거주하는 대륙들을 실제로 불태우고 침수하기로 결정했다. 그런 결정을 내리지 않는다면 부를 무한히 축적하는 일이 다시금 까다로워질 것이었기 때문이다. 이제 이런 질문을 해보자. 파시즘이 대문 앞 괴물이 아니라 집 안에 있는 괴물, 우리 안에—심지어 대학살 희생자의 후손 안에—거주하는 괴물이라면 어떨까?

바로 이것이 거울세계의 점점 더 저돌적인 역사 지우기가 표상하는 가장 큰 위험이라고 본다. 음영 지대의 문이 활짝 열렸다. 진실은 이제 되돌이킬 수 없을 정도로 만천하에 모습을 드러냈다. 가장 혹사하는 그림자 노동자군—임시노동 비자로 하루에 요양시설 네 곳에서 일하거나, 살 떨릴 정도로 차갑고 핏기 흥건한 공장에서 닭고기를 포장하는 이주민들—의 모습이 드디어 TV 화면에 실렸다. 그들이 영웅으로 추앙받아서가 아니라 이른바 핫스폿에 있었기 때문이다. 그들의 시체가 시체 안치소와 냉장 트럭에 켜켜이 쌓이고 있었기 때문이다. 오랫동안 은폐되고 억압되어온 현장을 지켜보자 인정할 수밖에 없었다. 코로나가 발병한 2020년 봄, 사람들이 거리로 쏟아져나와 피살자의 이름을 외치던 그때와, 또 그로부터 1년 후, 돌아오지 않은 어린아이들을 고개 숙여 묵념한 그때 더 많은 진실이 수면 위로 떠올랐다.

라파엘 전파 유화 속 커플이 그랬듯이, 유령이 우글거리는 거시적 세계에서 자기 입지가 어떤지를 이제 겨우, 아주 조금씩이나마 직면하는 사람이 더 많아졌다. 누군가는 이 광경에 졸도했다. 다른 누구는 이 광경에 진노했다. 우리 다수는 이 광경에 변화를 갈망했다. 집단적 무의식 속 괴물을 몰아내고자, 혹은 그런 시도라도 하고자 했다. 다른 생명의 죽음과 다른 생활 방식의 멸종에 의존하지 않는 일상을 사는 사람이 되려고 시도하고자 했다.

"정의에 반대하는 세력은 기회만 닿으면 지난날의 성과를 뒤엎을 만반의 준비가 되어 있다."[22] 올루페미 O. 타이오가 저서 『배상을 재고하다』에 썼다. 그 책이 나온 2022년에는 망각 곡선이 질주한 지—진실의 문이 닫히고 국가들이 다시금 결백과 위엄의 장막 뒤에 은신한 지—오래였다. "기억의 내부 자체에 기억에의 저항이 존재한다."[23] 정신분석학계의 역사학자 재클린 로즈가 적는다.

캠루프스의 미표기 학교 매장터에 대한 성명서가 발표된 지 1년이 되어갈 무렵 『뉴욕포스트』는 유명한 보수주의 공론가이자 원주민 권리의 오랜 반대론자 톰 플래너건의 발언을 기사에 인용했다. 그는 발굴된 묘지를 "캐나다 사상 최대의 가짜 뉴스"이자 "모럴 패닉"의 예시로 묘사했다.[24] 꽤 많은 사람의 눈에는 진솔한 역사 규명이 혹세무민으로—그래서 퇴치 대상으로—보이는가보다.

하지만 억눌린 진실은 계속 우리를 쫓아다니며 거울세계에서 뒤틀리고 왜곡된 형태로 재등장할 것이다.

2022년 5월 14일, 거대한 대체 이론과 백인 인구 저출산에 집착한 18세 백인 우월주의자는 흑인을 되도록 많이 사살할 계획으로 뉴욕주 버펄로의 한 대형 슈퍼마켓으로 차를 몰았다. 그리고 합법적으로 구매한 AR-15식 총기로 10명을 죽였다. 그는 선배 가해자들이 한 대로, 그리고 동년배 사람들이 자기 수행을 학습받은 대로 사살 과정을 실시간으로 방송했다. 또한 나치를 찬양하고 스스로를 "에코파시스트"로 내세우는 두서없는 장문의 매니페스토를 남겼다.[25] 작가이자 기후정의 운동에서 내 동료이기도 한 줄리언 브레이브 노이즈캣이 언캐니한 평행관계를 짚었다.

> 우파 음모론과 원주민 인구에 적용한 실제 정책 간의 유사성이 눈에 띈다.
> '대체 이론'―명백한 운명
> 큐어넌(제도화된 대량 아동 학대)―기숙학교들
> '플랜데믹'―천연두, 알코올, 생물테러리즘
> 죄다 프로이트적이다. 자신에게 이런 일이 벌어질 거란 두려움은 그들이 타인을 이렇게 가해한 적이 있다는 무언의 시인에서 온다. 수모를 겪어온 흑인과 갈색인종, 원주민 인구가 저들처럼 증오에 가득 차서 그동안 겪은 것을 똑같이 되갚아줄 것처럼.[26]

이것이 우리가 보고 있는 풍경의 일단인가? 점차 폭력적으로 변해가는 거울세계의 음모론자들이 이등 시민으로 강등되고 체포되고 점령되고 도태되기를 두려워하는 이유는, 바로 이런 대학살의 행태가 그들의 비교적이긴 하나 점차 위태로워지고 있는 특권을 형성하고 유지해왔던 것임을 어느 정도 직감하기 때문인가? 음영 지대의—과거와 현재, 미래를 아우르는—진실이 만에 하나 완전히 모습을 드러내 주목을 받기라도 한다면 피해자가 가해자로 바뀌는 극적인 역할 전환이 이뤄지리라는 불안에 벌벌 떨고 있는 건가?

참, 그건 예전에도 벌어진 적이 있다. 그건 모든 것이 표리부동한 곳, 도플갱어 정치가 삶의 전면을 지배하는 곳에서 지금도 진행 중이다. 그건 이스라엘과 그의 분할된 그림자 땅, 팔레스타인에서 진행 중이다. 우리의 종착지, 그리고 이 굴곡진 여정에서 만나온 갖은 세력이 겹치고 격돌하는 곳에서.

14장

떨쳐낼 수 없는
민족 분신

"그거 반유대주의라니까." "뭐하러 주의를 끌어?"

이야기하면서 그녀는 슬픔에 한풀 꺾인 모습이었다. 도플갱어 사태에 집중하다가는―그걸 출발점으로 삼아 디지털 분신과 개인 브랜드, 거울세계와 음영 지대 등의 이론을 뽑아내다가는―애초에 이런 혼동에 진짜 빌미를 제공한 위험한 관심을 더 끌어모을 것이 어머니에게는 훤했다. 보나 마나 뻔했다. 유대인이라서 그런 거니까.

다른 사람들도 어머니와 같은 입장이었다. 울프의 동태를 예의 주시하던 『네이션』 칼럼니스트 지트 히어는 그녀가 좀더 악질의 코비드 역정보를 퍼뜨리자 이렇게 썼다. "나오미 클라인과 나오미 울프를 헷갈려하는 것은 순전히 반유대주의다. 유감스럽지만 내가 규칙을 만든 게 아니다. 당신의 뇌는 한 명 이상의 나오미를 처리할 수 있어야 한다."[1]

그 규칙을 만든 사람은 나도 아니었다. 그런데 한나 아렌트가 따르던 규칙이 하나 있었다. "유대인으로서 공격당한 사람은 유대인으로서 자신을 보호해야 한다."[2] 그녀는 적었다. "독일인으로서도, 세계시민으로서도, 인권 수호자로서도 안 된다." 그러니 내가 앞으로 해야 할 게 저것인가? 그게 여태 미루고 또 미뤄온 일이었나? 이 모든 사태에 '유대인'으로서 대항해야 한단 말인가?

이리로 와 앉으셔, 백인 아줌마, 몇몇 독자가 말하는 게 들린다.

그렇게 말하는 이유를 안다. 인종 위계로 점철된 지구에서 백인의 눈에 자신의 피부색만 표상하고 훨씬 더 극악한 형태의 인종적·민족적 투영을 감내하는 사람은 수없이 많다. 또한 그들은 소셜미디어에서 타인이 한 언행에 대신 지탄받거나 칭찬받기도 한다. 호주 시인 오마 사크르는 TV 출연 계약 담당자들과 뭇 독자가 그를 다른 갈색인종과 헷갈려한 어처구니없는 일화를 주기적으로 공유한다. 사전에 합을 맞춘 게 없는데도 주택 개조 쇼가 그에게 초대 손님으로 도착할 수 있도록 전체 여행 일정을 전달한 적이 있었다. 같은 쇼는 다른 작가 오스만 파루키에게도 **똑같은** 실례를 범했다.

"다른 일행의 여행 일정을 도대체 왜 우리한테 보내는 겁니까?" 사크르가 물었다. **"당신들은 정말이지 갈색인종 남자들을 구분하지 못하는 거요?"**[3]

혹은 "일터 쌍둥이"—당사자와 조금이나마 겹치는 민족적 배경(혹은 아주 다른 배경)을 가진 다른 유색인으로, 직장 동료들이 끊임없이 당사자와 헷갈려하는 상대—때문에 일상적으로 불쾌감을 견뎌야 하는 사람들을 떠올려보자. 뻔한 걸 굳이 적시하자면, 이 둘은 도플갱어가 아니다. 그들 사이에 언캐니한 유사점이라고는 없다. 인종이 우리 뇌를 지속적으로 빠개는 방식일 뿐이다.

터놓고 말하자면, 이런 더블링은 내가 짊어질 십자가가 아니라고 생각하면서 살아도 나한테는 별 지장이 없었다. 나와 만나는 사람들이 나의 독특한 생김새를 제대로 변별하고 나를 나로 정확히 인식하리라는 태평한 가정을 하면서—그리고 내 피부색과 머릿결, 눈 모양을 토대로 추정한 정체성을 나에게 끼었을 거라고는 의심하지 않으면서—이 세상을 거닐었다. 하지만 점심 식사 도중 어머니가 해준 이야기는, 내가 나를 보기 좋게 속이고 있었다는 것을, 울프와 나는 매우 구체적인 문화적 고정관념—악전고투하는 유대인 여성—으로 얽혀 있다는 것을 일러주었다.

"누구는 나를 유대인이라며 나무라고, 누구는 그것 때문에 나를 떠받들며, 누구는 그걸로 내게 사죄하는데, 어쨌든 모든 사람이 내가 유대인이라는 점을 의식한다."[4] 1832년 독일의 시사평론가 루트비히 뵈르네가 적었다. (원명 뢰프 바루흐에서 개명하고 개신교로 개종했지만 무사하기에는 역부족이었다.) 유대인 혐오의 가히 유구한 성질은 『샤일록 작전』에 등장하는 또 다른 테마다. 책 후반에 이르러 로스의 진짜 분신은 가짜 로스가 아닌 것으로 밝혀진다. 열렬한 운동가이자 디아스포리즘 전도사인 가짜 로스가 존재하지 않듯이, 문필가이자 지성인인 진짜 로스도 어떤 면에서는 존재하지 않는다. 작중 세계에서 둘은 결국 모두 유대인 필립 로스로 축소된다. 그리고 그건 두 사람 다 샤일록, 즉 셰익스피어의 『베니스의 상인』에서 빚값으로 살 1파운드를 떼어가겠다며 기어이 칼을 빼드는 고리대금업자라는 뜻이다. 로스에게 샤일록은 유대인의 영원한 도플갱어다.

편견은 이렇게 작동한다. 편견을 가진 사람은 자신이 경멸하는 집단 구성원의 분신을 무의식적으로 만들고 그 뒤틀린 쌍둥이는 기준을 충족하는 모든 이의 주변을 맴돌며 잡아먹겠노라 항상 위협한다. 이런 분신이 들러붙으면 당신이 누구든, 당신이 정체성을 어떻게 가꿔왔든, 당신의 개인 브랜드가 얼마나 신선하고 독특하든, 그리고 당신이 소속 부류의 정형화된 이미지로부터 스스로를 떼어놓으려고 얼마나 발악하든 혐오자는 언제나 당신을 경멸당하는 집단의 대행자로 낙인찍는다. 당신은 당신이 아니다. 당신은 민족/인종/종교의 분신이며, 당신이 직접 만든 게 아니기 때문에 그 분신을 떨쳐낼 수도 없다.

"유대인으로 간주되는 이가 곧 유대인이다…… 유대인을 만드는 것이 반유대주의이기 때문이다."[5] 장편 에세이 「반유대주의와 유대인」에서 장폴 사르트르는 논했다. 일부러 자극적으로 쓴 문장이다. 말할 것도 없이 유대인 다수는 타인의 혐오를 통해서가 아니라 자신의 문화와 신앙을 긍정적으로 실천하며 유대인성을 구축한다. 하지만 사르트르가 이 글을 쓴 것은 파리가 나치로부터 해방된 직후였고, 프랑스 당국이 국내 유대인을—현지 사회에 동화된 나머지 유대인이라는 자의식도 희미했거니와 부모나 조부모가 유대인이라는 사실조차 몰랐던 사람이 대부분인—대상으로 유대인의 반박 불가능한 특징을 찾아내겠다며 체계적으로 신문하고 검사하던 기억이 아직 생생하던 시기였다. 조지프 로지 감독의 1976년작 「미스터 클라인」은 유대성 색출을 전제로 삼는 섬뜩한 도플갱어 영화다. 파리에 사는 어느 유복한 미술품 거래인이 동명의 유대인이라는 오해를 사고 이 민족 분신을 떨쳐내지 못해 점차 파국을 맞는 내용이다. 영화는 무뚝뚝한 의사가 중년 여성을 검진하는 진료소 장면으로 시작한다. 그녀의 몸 안에 도사리는 유대인을 들춰내고자 턱, 잇몸, 콧구멍, 걸음걸이를 치밀하고도 수치스럽게 측정한다. 그런 의료적 정확성으로 반유대주의자는 유대인을, 치명적인 도플갱어를 만든다.

　역사적으로 핍박받아온 집단들의 구성원은 무형의 분신을 짊어지고 다니는데, 어떤 더블링은 다른 종류보다 훨씬 더 유독하다. 1897년 W. E. B. 듀보이스는 미국에서 흑인으로 살기란 "이인성 two-ness"을 늘 느끼는 "이중의식"에 사로잡히는 것임을 논했다.[6] 그리하여 당사자는 이런 분할이 불필요한 "더 유능하고 진정한 자아에 분신 자아를 통합하려는" 동경을 품게 된다. 흑인성이 만드는 분신은 오늘날에도 그것이 덧씌워진 사람들에게 너무 가혹하고, 수 세기가 지났어도 옅어질 기미가 없어서 그 인종 분신이 집어삼키지 못할 행위란 없다. 운전하는 것도, 동네에 뛰러 나가는 것도, 가게에 들렀다 집에 돌아오는 것도, 먹통이 돼버린 자기 집 대문 앞에서 자물쇠를 어떻게 해보려는 것도 안 된다. ("나는 이유를 주려고 합니다/ 당신이 날뛰는 꼴과 안면 경련에." 준 조던은 1976년작 시 「나는 내 원수들에 위협이 되어야만 한다」에 적는다.)[7]

본래 경찰의 편견을 없앨 방안으로 강구한 얼굴인식 소프트웨어는 오히려 더블링을 자동화하는 역효과를 불러왔다. 인공지능이 흑인의 얼굴을 수없이 오인하니, 허물없던 인생에 불법 구금으로 빨간 줄이 빈번하게 그어진다. 한편 유럽에서는 흑인 이주민들이 탄 배가 풍랑에 뒤집혀도 구조대를 계속 보내지 않고 있다. 뭍에 다다르기도 전에 승선객들은 위험한 분신들에 목숨을 잃는다.

도플갱어 수백 쌍을 사진으로 담아낸 몬트리올의 예술가 프랑수아 브루넬레는 언캐니하게 닮은 얼굴들을 다루는 작업의 매력을 다음과 같이 설명한다. "얼굴은 우리가 인간으로서 서로 관계를 맺고 유지하기 위해 갖고 있는 궁극의 소통 도구입니다."[8] 맞다. 그리고 많은 이에게 얼굴로 소통하는 능력은 타인의 편협한 수용체 덕분에 **일상적으로** 저하되고 만다.

지정학적 긴장의 파고에 따라 나타나고 사라지는 인종 더블링도 있다. 뉴욕과 워싱턴 D.C.에서 9·11 테러가 벌어진 이후, 무슬림 테러리스트의 이미지는 모든 무슬림 남성에게 분신으로 작용했다. 이들에게는 엔지니어링을 공부하는 것부터 공항에 가는 일까지 모든 게 돌연 위험해졌다. 인종 프로필이 곧 국가가 만들어 낸 도플갱어가 아니라면 달리 무엇이겠는가? 모하메드(하물며 오사마) 같은 흔한 이름을 가진 탑승객들은 오류로 점철된 어떤 기밀의 비행 금지 명단에 자기 이름이 올라 비행기에서 불시에 끌려나와 특별 취조를 받거나 심하면 후드에 씌인 채 부시 정권의 신설 "블랙 사이트"*에 "제공rendered"될 가능성이 농후하다는 것을 염두에 둬야 할 지경이었다. 코비드 시대에 폭주한 (그리고 바이러스

454

가 중국공산당의 생물 무기 계략이라며 실컷 떠들어댄 내 도플갱어가 적잖이 이바지한) 반중국인 정서는 아시아인들에게 흉조의 그림자를 드리웠다. 2022년 봄, 퓨 리서치 센터 여론조사에서는 아시아계 미국인 참여자의 약 3분의 1이 혐오범죄를 피하려 일과를 바꾸었다고 밝혔다.

이처럼 악랄한 복제 풍조에서 유대인 분신은 어떤 입지를 갖는가? 한눈에 알아볼 수 있는 검은 모자와 긴 외투 차림의 하시드 유대인은 거리에서 봉변을 당하기 쉽다. 하지만 나 같은 속세의 유대인은? 솔직히 말해 나를 그들과 나란히 언급하는 것조차 면구스럽다. 운 좋게도 홀로코스트 교육 및 집단적 뉘우침이 정점에 다다랐던 시기와 장소에서 태어난 나는 유대인 혐오와 직접 마찰하는 일이 얼마 없었다. 열 살 때 영국 옥스퍼드에서 보낸 1년은 기억에 남는 예외다. "유대인"이 학교에서 단골 비속어로 통하는 바람에 나는 종교를 숨기고 아침 성가를 이래저래 부르는 수밖에 없었다. ("빛나소서, 예수여, 빛나소서! 어버이의 광영으로 이 땅을 가득히 하소서!") 그럼에도 반유대주의가 내 기분을 상하게 하는 것 이상의 성과를 내리라고는 생각해본 적이 없었다. 가장 두려워했던 것은, 정체가 들통나는 날로 주교 대리인의 딸 케이티 베넷과의 우정이 끝나버릴 거라는 점이었다. (그렇지 않았다. "해피 하누카, 나오미!" 그녀의 아버지는 그해 12월에 넌지시 말했다. 알고 보니 나는 유

---

*   국가가 재판이나 적법 절차를 거치지 않고 용의자를 구금·심문하는 비밀 시설.

떨쳐낼 수 없는 민족 분신

대인 간첩으로 쓰기에는 형편없던 것이다.)

아비라면 사정이 조금 달라진다. 나보다 더 전형적인 유대인의 생김새와 버릇을 가진 그와 25년 동안 같이 살면서 나는 사람들이 이따금 그를 보고 움찔하는 모습에 익숙해졌다. 2020년 버니 샌더스 선거 유세 길에 동행했을 때도 비슷한 더블링을 감지했다. 어떤 사람들은 샌더스의 언변과 몸가짐 때문에 그가 과격하고 투박하며 억척스러운 유대인일 거란 인상을 끝끝내 넘어서지 못했다. 그렇게 인정 넘치고 자상한 남자가 또 없을 텐데.

그치만 나는? 나야 민족성의 모서리가 튀어나오는 법이 없도록 반듯하게 매만져두지 않았는가. 남이 움찔할 일이 없게끔 잘 처신해왔다. 그렇지만 이 말을 하는 지금, 갑자기 나는 과연 내가 그런 말을 진짜로 믿었던 적이 있는지 모르겠다. 지나치게 유대인스럽고 안 그래도 징징대는 장음이 들어간 내 이름을 두고 푸념을 늘어놓은 것은 행여 유대인 그림자가 드리울까 하는 근심에서가 아니었던가? 굽이치는 머리카락을 병적으로 펴고 또 펴면서, 그간 여러 번 "내 사자머리 도플갱어"로 바꿔 부른 어떤 사람에 비하면 내 머리는 얌전하다고 으쓱거리던 것도 같은 이유에서가 아니었던가? 이건 유대인, 비유대인을 막론하고 유대인 여자들에게 던지는 만고의 비방—유대계 미국인 공주*—을 회피하려는 자기혐

---

* 부모의 재복에 겨워 제멋대로 구는 중상층 유대인 여자에 대한 멸칭. 이러한 인식은 종전부터 20세기 후반까지 대중매체와 유대 문학을 통해 재생산되었다.

오적 욕구를 드러내는 게 아니었던가? 성경 속 나오미는—되바라져서는 자기 사람들을 살리기 위해서라면 무슨 짓이든 할 기세인 그녀는—내가 혼동/혼합되기를 내내 두려워하던 바로 그 민족의 분신이 아니었던가? 이는 모두 있음 직한 가능성이다.

홀로코스트의 여파로 공개성 유대인 혐오가 주춤하던 시대도 이제 끝나가나보다. 트럼프가 정치권에 나타난 뒤로 반유대인 혐오범죄는 오름세에 있다. 유대인은 거대한 대체 이론에서 큰 지분을 차지한다. 우리 불후의 샤일록들이 이민자 입국이 이렇게나 우수수 허가되는 배후란다. 왜냐하면 일단 들어오는 이민자들이 있어야 등쳐먹으면서 수익을 더 많이 올릴 테니. 2018년 펜실베이니아주 피츠버그 생명의 나무 시너고그에서 토요일 오전 의식을 진행하던 때에 열한 명을 죽인 총잡이도 그렇게 믿었다. 칸예 웨스트가 자신의 세계를 지배한다고 생각한 "유대인들에게 데스콘 ^{death con}* 3단계를" 발령하겠다고 위협하면서 혐오의 수문은 더 활짝 열렸을 것이다. 지금 부상하고 있는 인종적, 젠더적 더블링 형태들 간에는 폭넓은 차이가 있다. 내 유대인 그림자를 보고서 가던 길을 재촉하거나 차 문을 잠그는 사람은 없다. 의사들은 내 몸이 고통을 지각한다는 것을 의심하지 않고, 내게 해를 가할 생각인 사람들은 다친 나를 구하러 올 유력자가 없을 거라고 계산하지 않는다. 그렇지만 완벽한 정합성에 집착하면서 공통점을 쉽게 간

* '방어준비태세'를 의미하는 축약어 '데프콘'의 오타 혹은 말장난이다. 데프콘에는 총 5단계가 있으며, 3단계는 준전시 상태에 발동한다.

과하다가는 연대의 가능성을 흐트러뜨리게 된다.

사탄의 악의적 쌍둥이 부대

반유대주의 학자들은 유대인 혐오의 수원을 아득한 옛날, 고대 그리스인들이 무리 지어 사는 유대인의 외양적 배타성에 분노한 것에서 찾는다. 그러나 유대인 혐오가 본격적으로 위세를 부린 것은 기독교 세계에서다. 신약성서는 신/사탄, 그리스도/적敵그리스도, 천사/악마, 천국/지옥 등 분신들 간의 팽팽한 접전을 그린다. 복음에서 유대교인을 사탄과 연관짓고 있는 만큼 두 교인은 그 시초부터 쌍생 관계다. 신실한 그리스도 추종자에 대치되는 악마적 도플갱어인 우리 유대인은 진정한 메시아를 몰라봤을 뿐만 아니라 예수 사망의 화근으로 언제고 힐난을 받는다. (그러니 아까 썼던 문장을 교정하자면, 이건 필히 우리가 짊어져야 할 십자가다.) 예수 사망의 서사는 유대인이 이후 수 세기 동안 모욕과 중상을 겪게 되는 원천이다.

그런 중상의 태반은 유대인이 유괴한 기독교 아이들의 피를 뽑아 비밀 제례에 사용한다는 끔찍한 혐의다. 이 혐의는 반유대인 폭동을 일으킬 명목으로 쓰였다. 지금도 폴란드 대성당에는 등을 구부린 유대인의 발치에 포동포동하고 구멍이 뚫린 아기들이 등장하는 프레스코화가 있다. 이런 오래된 형태의 유대인 혐오는 스페인의 레콩키스타를 거치며 1492년 유대인과 무슬림 추방에서 절정을 맞았다. 이전에는 대학살과 화형, 가톨릭교로의 대량 강제 개종이 이뤄졌다(종교를 바꿨음에도 이단 심문을 통해 본래 유대인이었다는 사실이 발각되면 신변을 보장받을 수 없었다). 1492년 추방된 유대인과 무슬림 난민들─당시 둘은 우호적 관계였다─은 오스만 제국으로 무사히 망명했다.

한 인간 집단이 영토와 자원을 놓고 다른 집단을 학살한 것은 중세에 처음 일어난 일이 아니다. 그러나 이 시기는 린드크비스트와 펙이 주장하는 바에 따르면 향후 수백 년 동안 문명과 진보와 신앙심의 이름으로 "모든 야수를 몰살"하려는 충동을 잉태했다. 게다가 1492년은, 어쩌면 우연찮게도, 크리스토퍼 콜럼버스가 탄 선박이 대서양을 횡단하며 이런 경건한 섬멸의 기술을 온 천하에 보급한 해이기도 하다.

유대인을 사탄주의와 관계짓자 중세가 저문 뒤에도 오래도록 그들을 이등 시민으로 제약하고, 게토에 몰아넣고, 농경지 소유와 주요 상권에서의 활동을 금지할 정당성이 생겼다. 따라서 유대인은 기독교 지배층이 불경하게 생각하고 멀리한 업종이었던 행상인과 상인, 고리대금업자로서 생계를 꾸렸다. 소규모 대금업자들은 몸집을 불려 1700년대에 이르러서는 커다란 은행으로 자리 잡았다. 바로 이러한 발달이─그 자체로 반유대주의의 소산이─노동자들이 겪는 모든 번뇌와 고충의 중심에 선 유대인 은행업자 수전노 이미지와 그보다 더 심한 짓을 꾸미고 있는 유대인 국제 비밀결사단에 초점을 맞춘, 좀더 근대적이며 현재 회자되는 형태의 반유대주의를 지탱한다.

일루미나티*부터 『시온 장로 의정서』**까지, 로스차일드 재정 가문부터 조지 소로스 자선업까지 유대인은 지난 250여 년간 음모론에 가장 끈질기게 등장하는 주제이자 표적이다. 이름과 배우는 달라졌더라도 각본은 토씨 하나 바뀐 게 없다. 국제 유대인 무리가 기독교 가치를 침식하고, 기독교 정권을 쇠퇴시키며, 기독교 영토를 약탈하고, 그리고 요사이 들리는 말로는, 미디어를 장악하기 위해 암중 결탁하고 있다는 혐의 말이다. 혁명에서 팬데믹, 테러리스트 공격까지 우리 탓이 아닌 게 없어 보인다.

큐어넌이 밀고 있는 음모론 각본은 줄거리가 독창적이지는 않지만, 세계를 조종하는 유대인 도당이라는 좀더 현대적인 관념과 기독교 납치 아동의 피를 수혈한다고 주장하는 옛날 '피의 중상 blood libel'을 한데 섞는 능력만큼은 알아줘야 한다. 여러 쟁쟁한 유대인에 비유대인 인사까지 망라하는 국제 음모 조직이 생명 연장을 목적으로 아이들을 데려가 아드레노크롬을 추출한단다. 이런 이야기는 문화적으로 유행하고 융합하고 변이돼 우리 유대인이 이고 다니는 무형의 민족 분신에 유구하고도 사악한 기운을 불어넣는다.

---

*   18세기 후반 프로이센 왕국을 중심으로 활동하던 급진적 성격의 비밀결사.
**   유대인의 세계 정복 계획을 담은 위조문서. 20세기 초 러시아에서 출판된 이후 유럽과 미국에 번역되어 반유대주의를 크게 자극했다.

저길 봐!

거울세계의 음모론들은 역정보 네트워크에 밑천을 대주는 억만장자들과 긴축, 민영화, 탈규제화 등 신자유주의 시대에 부의 양극화를 심각하게 초래한 경제 정책들로부터 우리의 주의를 앗아간다. 그리고 다보스 엘리트와 빅테크, 빅파마에 대한 노여움을 자극한다. 그렇지만 그 노여움은 결코 저 타깃들에 가닿지 않고 있다. 대신 반인종주의 교육과 성중립 화장실, 거대한 대체 패닉을 화두로 삼아 흑인 인구와 비백인 이민자, 유대인에게 분풀이하는 문화 전쟁이 벌어진다. 한편 이런 곡할 광경에 돈줄이 되어주는 억만장자들은 문화 전반에 감도는 분노의 전운이 자신들에게 향하는 법이 없으리라는 사실에 안도할 수 있다. 지금 이 풍조를 만든 것은 스티브 배넌도 터커 칼슨도 아니다.

수 세기에 걸쳐 반유대인 음모는 엘리트 권력에 아주 구체적인 역할, 즉 완충제, 충격의 완화제로 기능해왔다. 음모론은 대중의 독기가 왕과 여왕, 차르와 대지주들에게 닿기 전에 그 분노를 흡수해서 중견 간부들에게 향하도록 했다. 법관 유대인에게, 어쩌면 두개골 아래 뿔을 감추고서 음흉한 수작을 부리는 유대인에게. 샤일록에게.

이것은 반유대주의가 1890년대 오스트리아의 민주주의자 페르디난드 크로나베테르가 작성하고 독일 사회민주당원들이 대중화한 문구, "바보들의 사회주의"로 종종 불리는 이유이기도 하다.[9] 사회주의 분석이 물적 현실을 참조해 자본주의가 강탈과 착취를 요하는 내적 논리를 따르는 체제임을 논하는 반면, 반유대주의 음모론은 사회와 경제 규범을 이탈하는 사탄 같은 악한들에 관해서 솔깃한 소문을 퍼뜨린다. 그리고 정해진 구조 바깥에 있는 존재들은 정치체에서 퇴치하면 될 일이다. 고장에서 몰아내거나, 린드크비스트와 펙의 언어를 빌리자면, 야수를 다루듯 몰살하면 될 일이다.

유럽에서는 다민족 노동자, 소작농 집단이 사회 저변에서 힘을 모아 세습인들을 위협할 때마다 반유대주의 프로파간다가 극성을 부렸다. 스페인과 프랑스, 폴란드까지 순수 민족을 자부하고 한번도 유대인을 제대로 포용한 적 없는 나라들에서는 정처 없이 떠도는 유대인 악령들을 자국의 기독교 정착 국민과 두고두고 대치시켰다. 영원한 악의적 쌍둥이로.

이런 방법들이 몇백 년이고 재활용된 이유는 간단하다. 잘 먹히니까. 이것은 노동자들의 마음을 오도함으로써, 새로 생겨나는 동맹과 협력관계에 재를 뿌리고 부와 권력을 쥔 사람들을 두둔하는 데 탁월한 방식이다.

실패로 이어진 1905년 러시아 혁명은 특히나 안타까운 사례다. 그해 1월 러시아 제국 전역의 노동자, 소작농들은 제정帝政과 니콜라이 2세의 통치에 들고일어나 대거 파업과 봉기에 돌입했다. 각계의 사람들을 모은 다민족 동맹이 혁명을 이끌었는데, 그중 주요 파벌 하나는 회원 수천 명과 지역위원회 수백 개, 그리고 특히 폴란드와 우크라이나에서 맹위를 떨치던 방위군을 보유한 유대인노동총연맹이었다. 유대인은 지금 그들이 사는 세칭 "정주역the Pale of settlement"*에 귀속되며 유대인으로서, 노동자로서 동일 계급의 비유대인과 함께 폭넓은 권리와 정의를 추구해야 한다는 개념, doi'kayt 혹은 "이곳에 있음hereness"을 노총은 핵심 강령으로 삼았다. 유대인은 초기 시온주의자들의 주장처럼 머나먼 고토를 희구할 필요가 없었다. 압박을 느낀 수십만 명의 유대인이 독일과 동유럽에서 미국으로 떠났던 것처럼 이주할 필요도 없었다. 이곳에 노총 가입자들이 남으리라고—그리고 더 나은 곳으로 만들리라고—Doi'kayt는 공언했다.*

차르를 포함한 러시아 엘리트층은 혁명 세력에게 두 가지 방식으로 대응했다. 첫째, 한발 양보해 비록 무늬일 뿐이지만 다당 의회제를 형성했다. 동시에 두 번째, 1905년 러시아 혁명을 유대인이 기독교인을 지배하려고 꾀한 반역으로 묘사하는 신랄한 반유대주의 캠페인을 전격 개시했다. 사소한 개혁과 거대한 혼란을 일제히 일으키자 효과는 대단했다. 개혁 공표 직후, 반유대인 폭도가 타운과 도시 660곳에서 포그롬을 일으켰다.[10] 최악의 학살지로 꼽힌 우크라이나 남부의 오데사에서는 유대인 800여 명이 사망한 것으로 추산됐다. 역사학자 로버트 와인버그는 학술지 『러시아학논총』에서 참상의 일단을 다루었다. "그들은 유대인을 창문 밖으로 내던졌고, 임부를 강간하고 배를 갈랐으며, 부모가 보는 앞에서 젖먹이를 살해했다. 학살자들이 다리를 묶어 거꾸로 매단 여성이 보는 앞에

---

*   1791년부터 1917년까지 러시아 제국의 서부에 구획된 지역. 1914년 제
      1차 세계대전의 개전과 1917년 러시아 혁명의 여파로 해당 지역의 유대
      인은 이후 러시아 내륙으로 대거 이주했다.

죽은 자식 여섯 명을 바닥에 늘어놓은 사건은 너무나 소름끼친다."[11]

200년 전 유화에 그려진 유대인 피의 중상이 으스스하게 연상된다. 다만 이번에는 진짜였고, 유대인에게 저질러진 사건이었다. 와인버그에 의하면, "민족 간의 불화는 오데사 근로자들의 단결을 해치는 원심력이었다".[12] 차르가 남긴 교훈이자 시대가 남긴 교훈이었다. 당신의 목을 따러 달려드는 아랫것들의 변혁적인 운동을 짓뭉개고 싶다면, 예수 그리스도보다 역사가 더 긴 증오를 소환해줄 반유대주의 음모만 한 것은 없다.

사실 정체성을 기반으로 하는 불화라면 어떤 종류든 같은 목적으로 쓸 수 있다. 유대인 대 흑인, 흑인 대 아시아인, 무슬림 대 기독교인, "젠더 비판적인" 페미니스트 대 트랜스젠더 인구, 이주민 대 국민. 트럼프와 여타 포퓰리스트 가면을 쓴 세계 각처의 독재자들은 정체성 갈라치기 전술을 애용한다. 지지자들에게 조막만 한 경제적 이권을 옜다 하며 던져주고는 (혹은 그리하겠노라 공약하고는) 인종과 젠더 기반의 혐오를 선동하며 부의 상향 이동과 함께 권력의 집중을 지휘한다.

사실의 사회주의

유대인 혐오의 기원을 파헤치다보니 음모론끼리 얼마나 아귀가 안 맞는지가 흥미롭게 다가왔다. 유대인은 기독교인의 재산을 가로챌 속셈인 수전노 은행업자인가? 아니면 자본주의를 타도하자며 거리로 나서는 어중이떠중이 공산주의자인가? 나치가 널리 유포한 "불변의 유대인" 캐리커처를 살펴보자. 남자는 한 손에는 금화를 짤랑거리고 다른 손에는 망치와 낫을 그려놓은 독일 지도를 움켜쥔 곱사등이이니, 군침을 흘리는 자본가와 혁명을 울부짖는 마르크스주의자 역을 용케도 동시에 수행하고 있다. 음모론은 탄탄한 내적 논리 없이도 유행한다. (예: 코비드는 흔한 감기야, 쉬어! 코비드는 생물 무기야, 쫄아!) 그렇지만 유대인이 세대에 세대를 거쳐 받아온 공격에서 가장 큰 두 줄기―엉큼한 유대인 은행업자와 엉큼한 유대인 마르크스주의자―가 영겁의 상극상이라는 점은 괄목할 만하다.

그런 환상을 품게 하는 진실이 엄연히 존재한다. 유대인이 어지간한 산업군에서 퇴짜맞고서 금융권에 몰렸듯이, 유대인은 혁명을 주동한 사회주의와 공산주의 조직에도 몰렸다. 정말이지 우글우글 몰렸다. 러시아 혁명을 이끌었던 레온 트로츠키 및 멘셰비키와 볼셰비키 지도인단 다수, 같은 혁명을 독일에서 좀더 민주적인 형태로 일으키려 했던 로자 룩셈부르크와 그녀가 조직했던 스파르타쿠스 연맹의 동지 다수, 블라디미르 메뎀과 유대인노동총연맹 간부 전체, 에마 골드만과 뉴욕 아나키스트 좌파, 그리고 발터 벤야민과 테오도어 아도르노를 비롯한 프랑크푸르트학파 연구자들 외에도 이 명단은 여럿을 포함한다. 물론 우두머리 본인도. 카를 마르크스는 유대인으로 키워지지는 않았지만 양측 선대가 모두 랍비 집안이었다. 마르크스의 아버지는 루터교파로 개종하며 이름을 허셜에서 하인리히로 바꾸었다.

유대인이 사회주의와 공산주의 이데올로기에 경도되는 이유를 이해하는 한 방식으로는 "이야, 좌파는 정녕 유대인 음모로구나!" 하고 넘겨짚는 게 있다. 다른 방식이라면, 유대인을 혐오와 차별을 지나치게 받아온 대상인 만큼 부정부패 척결에 지나치게 도취하는 사람들로 보는 것이다. (내가 성장기에 접한 좌파 뽕 물씬 풍기는 이야기 가운데 하나다.) 하지만 여기에는 연관된 다른 가능성이 있다. 유대인이 오늘날 마르크스주의로 불리는 것의 이론적 측면—글로벌 자본주의에 대한 광범하고 정밀한 설명과 분석—에 관심을 갖는 것은 우리 집단을 오래도록 괴롭혀온 음모론들에 대항하려는 차원에서일 수도 있다. 수천 장에 달하는 이론과 선언문에서 최소 일부분은 유대인이 역사의 장벽에 이마를 찧어대며 다음을 말하려던 것이 아닐까. 아뇨, 당신들 돈 문제는 유대인 "짜가 변호사shysters"가 근면 성실한 "고임goyim"*의 등골을 빼먹어서 생긴 게 아니에요. 노동 인구로부터 부를 최대한 추출할 생각으로 고안한 제도가 빚은 결과예요. 그리고 그 제도는 "일루미나티" 혹은 "시온 장로"가 아니라 자본주의예요. 그리고 인종과 민족, 젠더와 종교를 넘어서는 노동자 단합만이 좀더 공정한 세계를 이루는 기회로 이어질 거예요. 그리고 하나 더. 제발 우리를 죽이지 마세요.

이론가들도 상황을 보고만 있지는 않았다. 19세기와 20세기 초반에 글을 쓰고 단체를 기획하던 유대인 사회주의자와 공산주의자들은 다들 사활을 걸고 활동했다. 마르크스주의는 『시온 장로

---

*   고이goy의 복수형. 유대인이 비유대인을 가리켜 부르는 용어.

의정서』와 같은 토양에서, 훗날 바이마르와 나치 독일이 탄생한 바로 그 토양에서 피어올랐다. 천하태평으로 앉아 있을 수 있는 사람은 없었다. 누구의 목숨도 샤일록 분신의 손아귀에서 자유롭지 못했다. 개종했다고 해도, 무신론자라고 해도 소용없었다. 마르크스의 아버지는 신심으로 개종한 것이 아니었다. 그가 변호사로 근무하던 중, 유대인을 법원이나 정부 기관에서 근무하지 못하게 하라는 프로이센의 칙령이 생겨났기 때문이다.

카를 마르크스의 딸 엘레노어 마르크스는 가풍을 이어갈 생각이었다. 그녀는 런던 이스트엔드 지역의 유대인 의류 노동자들을 원활하게 조직하려고 이디시어를 독학했고, 유럽에서 반유대주의가 극에 달했을 때도 정체를 떳떳이 밝혔다. "나는 유대인입니다."[13] 한편 로자 룩셈부르크가 세운 정당은 그녀가 언론에 설명한 "반유대주의의 도가니"의 표적이 되었다.[14] 젊었을 때 기자로 활동한 트로츠키는 "보드카와 피 냄새에 취한" 폭력배를 묘사하는 등 반유대주의 폭동을 보도하는 과정에서 큰 영향을 받았다.[15] 트로츠키 본인도 정적에 의해 (뿔을 비롯해 구색을 다 갖춘) 유대인 악마로 그려지기 일쑤였다. 그리고 1940년 눈을 감기 전, 이렇게 말했다. "성장기에 자본주의는 게토에서 데려온 유대인을 상업 확장의 도구로 썼다. 오늘날 저물어가는 자본주의 사회는 유대인에게서 남은 한 톨이라도 더 쥐어 짜내려고 혈안이다."[16]

혁명가들은 단순히 반유대주의 음모론이라는 비장의 무기를 꺾는 것을 뛰어넘는 웅대한 이상을 품었다. 그들은 현실 세계에서 사회주의를 실천하려고 일생을 바쳤다. 그렇지만 노동계급에 정치 교육을 널리 보급하겠다는 저 집념에 나는 유대인 음모와의 사투가 명시 혹은 묵시되어 있었다고 본다. 그들은 비이성적인 증오에 취약 집단보다 더 잘 어울리는 짝—경제 시스템, 이데올로기, 구조적 불평등—을 지어주고자 했다. 즉, '바보들의 사회주의'를 '사실들의 사회주의'로 바꾸고자 했다.

반토막 난 토론

그렇다고 해서 이런 험난한 시기에 활약한 유대 지식인들이 반유대주의의 집요함을 꺾을 방책에 합의를 봤다는 것은 또 아니다. 히틀러가 유대교를 트라우마의 동의어로 만들기 수십 년 전, 그리고 언쟁의 불길이 진압되기 전, 유대 지성계는 당시 완곡어법으로 "유대인 문제"로 불리던 주제를 두고 왁자지껄했다. (오늘날에는 "정체성 정치의 문제" 혹은 "인종 대 계급의 문제"를 동격으로 볼 수 있겠다.) 유대 지성사를 깊이 연구한 코넬대학의 교수 엔조 트라베르소는 유대인 문제를 "해방과 반유대주의, 문화적 동화와 시온주의를 다루는 일련의 논점들"로 정의했다.[17] 그리고 유대인 마르크스주의자와 사회주의자들은 갑론을박하면서 유대인 문제에 대해 결론을 내지 못했다.

유대인은 (사회민주당에서 주장하듯이) 선거권과 모든 산업에 종사할 수 있는 경제권 등 기독교 사회에서의 완전한 평등을 위해 싸워야 하는가? 아니면, 종교가 위안처로서의 기능을 더러 상실할 테니, 차라리 기독교 사회의 획기적 전환을 도모하며 유대인이 해방된 프롤레타리아에 완전히 동화되는 것을 목표로 삼아야 하는가? ("종교는 억압받는 피조물의 한숨이며, 무심한 세상의 심장이고, 영혼 없는 상황의 영혼이다. 종교는 인민의 아편이다."[18] 마르크스가 남긴 말인데, 트로츠키와 룩셈부르크도 여기에 동조했다.) 유대교는 혁명의 힘으로 해체할 감옥인가? (볼셰비키는 그렇다고 주장했지만 대부분은 사생활에서 종교의 권리를 보장할 필요를 인정했다.) 혹시 사회주의 사회에서조차 동화는 유럽 유대인의 고유 문화와 언어를 다민족, 다국적 노동자 사회로부터 보호할 필요성을 간과하는 함정인가? (이것은 노총의 "이곳에 있음"과 같은 입장이다.) 혹시 이 중 어느 하나 들어맞을 수 없을 만큼 유대인 혐오는 유럽 대륙에 너무 짙고 너무 광포하니, 유대인성을 잊고 아메리카 대륙에서 주도하는 노동계급 운동을 따르는 것만이 유일한 해방의 열쇠인가? (이는 대서양을 건너며 내 가족 다수가 견지했던 입장이다.) 혹시 그마저 환상에 그치지는 않는가? 특히 미국과 캐나다가 1920, 1930년대에 도입한 비정하고 인종주의 색채가 짙은 반유대주의 이민법을 감안하면, 방랑생활에 종지부를 찍고 사회주의를 현실에 안착시켜줄 국민국가를 세우는 길만이 유대인에게 안전을 보장해주지 않겠는가? (이것은 노동 시온주의자들의 의견이다.)

"이곳에 있음^hereness"에 헌신하는 노동계급 가입자 수천 명을 등에 업은 노총주의자들은 주기적으로 시온주의자들과 언쟁하며 저들의 "저곳에 있음^thereness"을 비웃었다. 모든 이가 자유로울 때 비로소 유대인도 자유로우리라는 사상이 확고했던 노총은 팔레스타인인의 땅에 군사화된 게토를 건설하는 행위 같은 것은 꿈에서도 용납하지 않았다. "당신의 해방은 피억압 인구 전체 해방의 부산물일 따름이다."[19] 1937년 노총 지도자 빅토르 알테르는 적었다. 더군다나 발터 벤야민도 지적했다. "유대 지성계가 유럽을 수수방관한다면 그곳의 상황은 매우 나쁘게 흘러갈 것이다."[20]

수년 전 노총과 대치하면서 로자 룩셈부르크는 유대인 정체성에 얽매이지 않는 보편주의를 주창했다. "너는 '유대인의 이례적 수난'이라는 주제에 대해 어떻게 생각해?"[21] 1917년 그녀의 친구가 물었다. 룩셈부르크는 이렇게 답했다. "나는 푸투마요강 고무 농장의 가엾은 희생자들이나 아프리카에서 유럽인이 시체를 놀잇감 삼고 있는 흑인에게도 똑같은 마음이야…… [유대인] 게토에 각별한 애정이 있지는 않아. 구름과 새, 사람의 눈물이 있는 곳이라면 그게 어디든 세상 전부가 내 집인 듯 안온해져." 유대인이 특히나 힘들었던 시기에 그들의 곤경을 얕잡아봤다며 룩셈부르크는 이 발언으로 책잡혔다. 이상주의적인 면이 다소 있더라도 나는 그녀가 정체성과 국경을 초월하는 인간 연대의 철학을 모색했던 것이라고 생각하려 한다.

유대인 문제에 관한 열띤 토론이 끝난 것은 한쪽의 아이디어가 더 뛰어난 설득력으로 논쟁에서 승리했기 때문도, 유대인 전반의 심금을 울렸기 때문도 아니었다. 붉은 빈의 사례와 마찬가지로 토론이 이뤄지고 있던 바로 그 땅이 테러로 으깨지는 모습에 사람들이 느꼈던 배신과 체념이 가능성을 차례로 무너뜨렸기 때문이다. 나치가 통치권을 거머쥔 그 땅에서, 그리고 유대인 노동자 운동이 혁명의 활기를 띠며 파업 시위와 자체 방위군을 조직했던 그 땅에서 유대인은 대량 학살되었다. 스탈린은 소비에트 연방의 수장이 된 이후 중앙집권에 박차를 가했다. 라이벌과 인정사정없이 전쟁을 벌였고 만행을 덮으려고 반유대주의 카드를 다시금 꺼내두었다. (트로츠키는 아들 세르게이를 노동자 대량 중독 사태의 주범자로 몰아붙이려고 스탈린이 옛적 피의 중상까지 꺼내들었다고 밝혔다.) 한편 미국과 캐나다는 다른 여러 나라처럼 유럽발 유대인 난민선에 피난항을 제공하는 법이 드물었다. (악독하게도 어느 캐나다 정부 관료는 "0명도 과하다"고 표현했다.)[22] 뉴욕과 몬트리올의 낙천주의와 기억상실에서 안전을 찾으러 기껏 왔건만.

유럽 유대 좌파 내에서 유대인 문제로 옥신각신한 논쟁을 돌이켜보면서, 나는 우리 민족에 대안적 미래를 제시한 여러 핵심 인사가 맞은 비참한 결말에 강렬한 인상을 받았다. 로자 룩셈부르크는 1919년 독일의 준군사 조직원들이 쏜 총에 맞아 숨졌고, 시체는 베를린 란트베어 운하에 던져졌다. 그리고 그녀의 피살을 계획한 조직원은 훗날 히틀러 지지자가 되었다. 노총 지도자 다수는 히틀러의 수용소와 스탈린의 숙청으로 목숨을 잃었다. 트로츠키는 스탈린의 밀정이 휘두른 얼음 도끼에 찍혀 사망했다. 동화는 유대인 문제의 해결책으로서 가망이 없음을 시인한 뒤였는데, 그는 시온주의에도 비판적인 입장을 고수했다. 비시 프랑스에서 도피한 뒤 유럽을 빠져나갈 탈출로를 끝내 마련하지 못한 발터 벤야민은 스페인의 카탈로니아 지역 해안 도시 포르트부에서 스스로 생을 마감했다.

누구보다 아브람 레온이라는 벨기에 좌파 청년의 사연이 자주 떠오른다. 제2차 세계대전 중 아직 20대의 나이였던 그는 둥그런 동안에 꼬불거리는 흑발과 무거운 검정 테 안경을 착용해 젊은 시절 트로츠키를 한껏 연상시켰다. 청소년기에 레온은 가족과 함께 팔레스타인에서 살았고, 벨기에에서는 시온주의에 낙담해 트로츠키주의에 심취했다. 나치 점령기에는 지하로 숨어들어야 했지만 계속해서 암중 회의를 조직하고 불법 팸플릿과 신문을 발간했다. 그리고 자신의 유대인 분신을 이해하려는 시도로 볼 법한 글쓰기 작업에 착수했다. 전쟁통에도 레온은 로마 제국에서부터 나치 시대까지 두루 조사해 글로벌 자본주의 프로젝트가 반유대주의를 활용한 예시를 학술 서적으로 펴냈다. 악조건 속에서 이런 고도의 연구를 어떻게 해냈을지 상상이 잘 안 되지만, 그는 다양한 자료를 참고해 글을 쓰는 데 성공했다.

나치가 반유대주의 음모론을 동원한 방식을 논하는 이 분석문은 특히 지금 역사적으로 시의적절하다. 레온의 묘사에 따르면, 히틀러는 중하층민이—제1차 세계대전으로 가계가 거덜 나고, 종전 후에는 경제 제재에 허덕였고, 마침내 대공황까지 잇달아 맞닥뜨렸다—빈털터리 신세에 대한 한탄을 나치가 "유대 자본주의"[23]로 명명한 공상적 괴물에 대한 불만으로 쏟아내게끔 선동했다. 마치 여타 자본주의는 건전하고 온당하다는 듯이 결이 다른 종류로 취급받은 유대 자본주의는 신화적 형체, 낯익은 꿍꿍이를 가진 악귀였다. 레온은 이렇게 적었다. "대기업은 대중이 자본주의에 품는 증오를 통제하고 관리해 수익원으로 삼으려 했다."[24] 전 지구적 네트워크를 갖춘 배넌계 우파가 "세계정부주의자들"에게 으르렁거리면서 대중의 분노가 자본주의라는 체제 대신 멈출 수 있는 가상의 비밀결사단에 쏠리게 하고 정작 글로벌 억만장자 계급을 생성하며 비호하는 구조들은 건드리지 않고 있는 것과 같은 이치다.

한편 러시아에서 노동자 주도 혁명의 성공과 독일에서 공산주의 정치 세력의 확장을 지켜본 나치당이 독일 노동자의 심상에서 계급이 갖는 중요성을 약화시키려고 의도적인 수를 썼다고 레온은 지적했다. 나치당은 사람들이 노동자 공통의 이익보다 아리아인이라서 즐길 수 있는 쾌락과 보상을 우선시하도록 계급 연대 대신 인종 연대를 강조했다. 인종은 최극빈층 기독교 노동자와 최부유층 산업가들을 단합시켜줄 연결 고리로 떠올랐다. 하지만 실제로 자본주의 아래서 노동자와 유산자는 서로 극히 상충하는 관심사를 갖기에 작전이 통하려면 그림자, 악의적인 쌍둥이가 필요했다. 레온은 "다양한 계급[의 아리아인들]을 반드시 **단일 인종**으로 묶어야 하는 만큼, 이 '인종'은 반드시 '국제 유대인'이라는 단일한 적을 두어야 한다. 인종이라는 신화는 그것의 '네거티브'를—적敵 인종을, 유대인을—반드시 수반해야 한다"[25]고 썼다. 이것은 백인 우월주의하에 인종과 계급이 띠는 변증법적 관계에 대한 첨예한 분석이었다. 즉, 레온은 민족 분할선을 뛰어넘는 노동자들 간의 계급 연대가 나치 프로젝트에 있어 제일의 경쟁자이자 위협이라고 주장했다.

레온의 통찰과 연구는 『유대인 문제: 마르크스주의 해석』이라는 프랑스어판으로 1946년 첫선을 보였다. 안타깝게도 그는 그동안의 노력을 집대성한 결과물을 직접 받아보지는 못했다. 레온이 분석했던 바로 그 역학이 그를 잡으러 와버린 것이다. 1944년 스스로를 지배 인종으로 일컫는 사람들의 "적인종" 일원으로서 레온은 체포됐다. 게슈타포의 손에 고문당한 뒤 아우슈비츠로 송치돼 가스실에서 죽었다. 향년 26세였다.

피피키즘이 난무하는 지금, 레온의 단명은 그가 사상에 보인 신념 때문에 나를 더없이 울컥하게 한다. 앞뒤 좌우 할 것 없이 대량 살육이 벌어지는 현장에서도, 그렇게나 살벌한 환경에서도 레온은 언어와 분석, 연구가 힘을 지녔음을, 그들이 저주를 풀 해법을 지녔음을 굳건히 믿었다. 설령 그를 구명할 힘을 발휘하기에는 때가 늦었다 할지라도.

레온의 생애는 유대 좌파에서 유대인 문제가 맞은 운명을 요약한다. 그것은 한창때 반토막이 났다. 트라베르소는 적는다. "전쟁과 홀로코스트는…… [토론의] 관계자 대다수를 죽임으로써 그런 토론의 조건을 파괴했다."[26] 사태는 거기서 그치지 않았다. 스탈린은 변혁이 이뤄질 가능성—심지어 그것의 바람직함—에 생존자들이 품었던 신뢰를 말살했다. 희망의 지표로 기능했던 붉은 빈과 다르게 소비에트 실험이 난폭하고 전체주의적으로 진전될수록 사회주의는 야만에 도덕적 대안을 제시할 능력이 없어 보였다. 스탈린의 배신 중에서도 최악이었다.

만고의 사투를 벌이는 쌍둥이들

각 사조의 지지자들은 전쟁의 폐단 속에서도 목숨을 부지했지만 유대인 문제에 있어 건재함을 과시하는 답안은 단 하나, 시온주의였다. 유대인의 고토로서 이스라엘, 모든 위협의 가능태에 무장 대비할 수 있는 국가가 유일한 선택지로 등극했다. 이런저런 형태의 전체주의에 압살되지 않은 유일한 선택지였다.

그리하여 이제는 국토와 경계를 두고 진짜 전쟁을 치르느라 초기의 토론은 대부분 자취를 감춘 듯했다. 특히 1967년 전쟁에서 이기고 웨스트뱅크와 가자를 장기 점령하면서 이 신생 국가에서는 반유대주의를 역사적으로 검토해 답해야 할 질문이 아니라 역사의 범주 바깥에 머무르는, 외계의 무언가로 상정했다. 유대인 혐오는 너무 막강한 데다 인류 심리의 해저에 너무 깊숙이 박혀 있다는 염세적 관점을 가진 이스라엘 지도층과 유대인 간부 다수가 보기에, 반유대주의를 타파할 방법으로 보편적 인간 평등의 원칙을 진전시키고 인종적·종교적 순수성과 우월성이라는 미명하에 테러나 도살당한 다른 여러 집단과 단결하자는 얘기는 순진할 뿐만 아니라 대단히 위험한 생각이었다.

경쟁 이데올로기들이 거의 스러진 뒤 시온주의가 내놓은 대책은 간단했다. 반유대주의의 뿌리를 파헤쳐 근절하는 방법보다 그 이마에 총구를 겨누고 굴종시키자. 그리고 모든 유대인의 그림자 분신인 '불변의 유대인', 즉 샤일록의 유령이 나타나거든 이스라엘은 그 자신의 도플갱어로 응징하리라. 기관총을 냅다 갈기며 토지 소유욕을 가감 없이 내비치는 구릿빛 근육질의 신유대인─우울하고 연약한 공붓벌레 구유대인의 멍에를 벗어던진 또 다른 자아.

물론 로스의 관심을 사로잡은 이 더블링은 거기서 끝나지 않았다. 구유대인이 유럽 기독교인과 형제의 난으로 얽히며 모든 폐단의 배후 악마로 지목되었듯이, 신유대인 또한 적敵자아가 필요했다. 팔레스타인인이라는, 이스라엘 내부와 변방의 위기를 한데 모은 초점이.

과거사 진술이 서로 어긋나다 못해 덤불처럼 뒤엉켜 있는 세계에서 결코 만만한 일은 아니겠지만, 어쩌다 이런 난해한 결론에 다다랐는지를 헤아리려면 역사를 잠깐 복기해야 한다. 1930년대에 아랍인들은 영국이 위임통치하고 있던 팔레스타인으로 유대인이 대량 이주하는 것을 문제시하며 몇 차례 봉기했다. 다수의 팔레스타인인은 계속되는 유대인 이민을 식민지적 행태로 보았다. 그리고 영국군과 현지 경찰이 봉기를 무력 진압하면서 이런 인식은 강화되어 원한으로 이어졌다. 아랍인의 극심한 반발을 샀던 1947년 팔레스타인 분할과 이듬해 이스라엘의 독립 국가 선언으로 1차 아랍-이스라엘 전쟁은 점쳐졌다. 팔레스타인인 약 75만 명이 추방당했고 수천 명이 사망했으며 촌락 수백 개가 파괴된 이 시기를 팔레스타인인은 나크바Nakba 또는 재해로 부른다. 최근에야 이런 만행에 관한 진실이 이스라엘의 음영 지대를 빠져나오고 있다.

민족 정화 작업의 매서운 칼날에 팔레스타인인이 그들 나름의 무력으로 맞서는 것은 당연한 일이었다. 그러나 시온주의 지도자 다수는 아랍 측 저항을 있는 그대로─영토와 자결권을 지키기 위한 반식민 민족주의(가 주를 이루지만 반유대주의적 요소도 좀 묻어 있는) 투쟁으로—보지 않았다. 홀로코스트를 빚었던 바로 그 반유 대주의가 물 흐르듯이 더 비합리적인 유대인 혐오로 진화했다고 만 생각했다. 따라서 나치 치하의 유럽에서는 집결시키지 못했던 규모의 유대 군사력으로 팔레스타인인을 섬멸해야 했다. 이스라엘 인은 팔레스타인인이라는 유대인의 새로운 영원한 적을 너무 위 협적이고, 너무 이질적이고, 너무 비이성적인 존재로 상상한 나머 지, 이들을 대상으로 자신들이 수 세기 동안 유럽 전역에서 겪었 던 폭력과 폄훼성 프로파간다, 강제 이주를 재현해도 괜찮겠다고 믿었다. 오늘날에도 주택 철거, 이스라엘 정착지 확장, 암살 작전, 팔레스타인인 공동체를 짓밟는 정착민들의 난동, 공공연한 차별 법, 벽에 팔레스타인인을 몰아넣은 게토 등이 만연하다.

○●

내가 다녔던 몬트리올의 히브리어 학교는 그런 학교들처럼 나 치 대학살의 전모를 구구단 가르치듯 학생들에게 주입했다. 우리 는 사망자 수, 악랄한 고문 형태, 가스실, 그리고 잔인하게 닫힌 국경 문에 관해서 배웠다. 때는 1970년대 후반에서 1980년대 초 였다. 직접 올라타볼 수 있는 가축 수송용 차량이 딸린 몰입형 홀 로코스트 박물관이 지어지기 전이었고, '생명의 행진the March of the Living'이 어린 유대인 수십만 명을 현장학습차 아우슈비츠에 데려 가기 전이었다. 하지만 우리는 같은 경험을 질 낮은 버전으로나마 물려받았고, 공포에 질린 상상력은 공백을 메우기에 손색없었다.

그때의 나보다 조금 더 나이 든 아이를 키우는 입장이 되어서 돌이켜보니, 수상할 만큼 기계적이던 학습과정에서 생략된 부분이 마음에 걸린다. 피상적인 감정은 표출할 수 있었다. 패륜에 대한 경악, 나치에 대한 분노, 복수에 대한 야심. 하지만 수치심이나 죄책감같이 훨씬 더 복잡하고 찝찝한 감정을 소화하거나 대학살 생존자로서 모든 형태의 대학살 논리에 반대해야 할 의무를 성찰하는 자리는 없었다. 우리가 진정 애도한 적이 없었음에, 그리고 분노를 연대의 도구로 삼을 의향이 없었음에 놀란다.

여러 해가 지난 뒤, 당시 '평화를 바라는 유대인 목소리Jewish Voices for Peace'의 지도자 가운데 한 명이었던 친구 세실리 수라스키는 이런 식의 교육법을 두고 한마디 했다. "이건 재트라우마화야, 기억하기가 아니라고. 둘은 달라." 그녀의 말에 동의했다. 기억하기는 조각난 자아를 재봉합하는 과정이다re-member-ing. 온전함을 향하는 여정이다. 반면에 재트라우마화는 우리를 조각난 상태에서 동결시킨다. 상실을 생생하고 날카롭게 유지하는 의례적 재현 장치다. 우리가 받았던 교육은 타인에게 심각한 고통을 초래할 수 있는 우리 내면의 일부분을 돌아보게 하기보다는 그런 부분을 억누를 방법을 찾으라고 가르쳤다. 선조들이 당한 고초를 마치 우리가 겪은 양 분개할 것을, 그리고 그런 상태에 머무를 것을 명했다.

우리 교육이 이런 부동의 성질을 띠게 된 이유를 이제야 깨닫는다. 그것은 홀로코스트가 좀더 거시적이고 이미 결정 난 플롯상에서 한 축을 담당했기 때문이다. 우리는 나치가 장악한 유럽의 가스실에서 시작해 예루살렘의 언덕 꼭대기에서 끝나는, 잿더미에서 날아오르는 불사조 내러티브를 전수받았을 뿐만 아니라 그 틀 안에 갇히고 말았다. 분명 예외도 있었지만 대부분 이런 교육은 진원지를 막론하고 우리를 다음 대학살에 맞설 사람들로 키울 목적이 아니었다. 시온주의자로 키울 목적이었다.

우리 민족이 떼죽음을 당하는 처참한 이야기들은 지구 반대편에 존재하는 이스라엘이라는 국가에서는 절대로 통하지 않을 것이다, 다들 그렇게 배웠다. 이런 식의 설명은 흔했다. 파시즘의 광기가 다시 고개를 들어 군홧발 사내들이 그들 나라에서 유대인 유전자를 모조리 축출하겠다는 생각을 품거든, 우리는 총 한 자루 없이 비실거리지는 않을 테다. 우리는 목숨을 구걸하고 있지는 않을 테다. 우리를 받아줄 만도 한 나라가 빗장을 잠근다고 좌절하지는 않을 테다. 우리 샤일록 도플갱어의 망혼에 잡아먹히지는 않을 테다. 왜냐고? 다음번에는 우리에게 이스라엘이 있을 테니까. 교내 집회가 열릴 때마다 게양된 청백기의 나라. 그곳에는 우리 용돈을 기부해 심은 나무가 우리에게는 알려진 적 없는 팔레스타인 촌락 부지를 의기양양하게 딛고 서 있었다.

웬만한 좌파 유대인 가정에서 성장한 사람들처럼 나도 다른 종류의 "앞으로는 이런 일이 없어야 한다"를 듣고 자랐다. 타깃이 누구인지와는 관계없이 혐오와 차별의 모든 형태에 반대하는 것은 지령이자 신성한 책무였다. 그렇지만 어머니는 내게 성서에 나오는 이름을 지어준 것과 같은 이유로 내가 히브리어 학교에 다니며 우리 집단과의 결속력을 다지고, 이단 심문이 있기도 전부터 정적들이 없애려 시도했던 우리의 노래와 관례와 언어(히브리어와 이디시어 둘 다)를 숙지할 것을 고집했다. 그리고 학교에서 쓰이는 "앞으로는 이런 일이 없어야 한다"는 우리 집에서 통하듯 "앞으로는 이런 일이 누구에게도 없어야 한다"는 뜻이 아니었다. "앞으로는 이런 일이 유대인에게 없어야 한다"는 뜻이었다. "이스라엘이 있으니 앞으로는 이런 일이 없어야 한다"는 뜻이었다. "평생을 샤일록에게 쫓기며 살아온 우리도 이제는 우리만의 분신을 가지고 있고, 그 분신은 총을 수두룩하게 가지고 있으니, 앞으로는 이런 일이 없어야 한다"는 뜻이었다.

도플갱어 국가

"도플갱어 정치."[27] 켄트대학 아프리카학·중앙아시아학 교수 캐럴라인 루니는 피해자이면서 가해자인 이스라엘의 복잡한 심리 지형을 그렇게 묘사했다. 이스라엘의 도플갱어 정체성은 이스라엘을 설명하는 이중적 언어에서 드러난다. 이스라엘-팔레스타인, 아랍인과 유대인, 두 민족, 분쟁 등 모든 게 두 겹이며 하나인 것은 없다. 두 집단이 대등한 힘을 가진 한 쌍이라는 환상에 기초해서 하나로 묶는 이런 표현들은 접착 쌍둥이의 끝없는 몸부림, 동일 시조인 아브라함으로부터 뻗어나온 두 형제 집단의 끝나지 않는 힘겨루기를 암시한다.

루니는 이스라엘을 두 가지 차원에서 도플갱어로 본다. 첫째,

이스라엘은 이단 심문이 일어나기 훨씬 전부터 유대인을 대륙의 떠돌이로 전락시켰던 유럽형 쇼비니즘적 민족주의의 도플갱어다. 시온주의는 반유대주의 유럽 열강에 윈윈 전략을 제안했다. 당신들은 "유대인 문제"에서 손을 털 수 있고(유대인은 당신의 나라를 떠나 팔레스타인으로 이주할 것이다), 유대인은 수 세기 동안 그들을 억압해왔던 호전적 민족주의를 모방/복제해 그들만의 국가를 수립할 것이다. (민족주의 자체를 원수이자 인종 혐오의 원천으로 봤던 노총 회원들이 시온주의에 격렬히 대항한 이유다.)

또한 루니에게 이스라엘은 식민지 프로젝트, 특히 정착 식민주의의 도플갱어다. 시온주의는 기독교에서 쓰던 핵심 식민지적 개념들을 유대화하여 논리적 얼개를 짰다. 원주민은 미완성 인간이므로 호주 같은 대륙들은 실질적으로 비어 있는 것이나 다름없다는 사상, 테라 눌리우스는 "땅 없는 사람들을 위한 사람들 없는 땅"—19세기 기독교인들로부터 유래하고 여러 시온주의자가 차용한 문구—으로 바뀌었다.[28] 명백한 운명은 "신권에 의해 유대인이 상속받은 영토"로 바뀌었다. "변경 개척하기"는 "황야 개화하기"로 바뀌었다.[29]

모든 식민 작업과 마찬가지로 이스라엘 정착자들은 보고도 못 본 척을 두루 실천해야만 했다. 미국의 전설적인 탐사 기자 I. F. 스톤은 팔레스타인에서의 유대국 건국에 찬동한 나머지 홀로코스트 생존자들과 은밀히 조각배를 나눠 타고 1946년 "회반죽 색 하이파"에 무사히 정박했다.[30] 그러나 1967년 전쟁 이후에 입장을 바꾸었다. "시온주의자들에게 아랍인은 투명인간이었다. 정신적으로 그곳에 없는 존재였다."[31] 5대 이스라엘 총리 골다 메이어는 이렇게 표현했다. "그곳에 팔레스타인인이라는 건 없었습니다…… 그들은 존재하지 않았습니다."[32] 팔레스타인의 대표 시인 마흐무드 다르위시는 이런 유령 같은 신분—"현재하는 부재자"의 신분—을 저서 『부재의 현재에서』에서 논한다.[33] 정착 식민 작업에 하나같이 등장하는 원주민의 부재라는 거짓말을 유지하기 위해서는 갖은 노력이 요구된다. 유대민족기금[JNF]*은 팔레스타인 촌락과 계단식 농업 대지에 소나무를 대량 이식했다. 장소명을 아랍어에서 히브리어로 바꾸었다. 1000년 된 올리브 나무를 뽑았고 지금도 뽑고 있다. 저널리스트 유세프 알 자말이 전하듯이, "이스라엘 정착민들은 팔레스타인인의 존재를 상기시키는 팔레스타인 올리브 나무를 지금까지 계속 뽑고 있다."[34]

이스라엘의 정착 식민주의에는 몇 가지 특기할 만한 차이점이 있다. 하나는 타이밍이다. 제2차 세계대전이 끝난 뒤, 글로벌 사우스에서 반식민주의 운동이 부상했다. 식민 통치에 대항하고 자결권을 주장하는 민족 운동의 파도가 일고 또 일었다. 종식 이후, 추후 이스라엘이 될 지역 주변의 과거 식민지들이 독립을 선언했다. 1946년 프랑스는 시리아와 레바논에서의 식민 통치령을 영구히 폐지하고 주둔 부대를 철수했다. 같은 해 요르단이 영국으로부터 독립했다. 이집트는 영국의 잔류에 거세게 반발하고 있었다. 1948년

* 유대인 정착촌 개발을 목적으로 토지를 매입하는 자선 모금 단체. 20세기 초에 세워졌다.

국가를 선포한 이스라엘은 시대적 흐름이 빚은 결과인 동시에 그에 명백히 반하는 예시였다. 영국은 제국의 쇠퇴라는 큰 그림 안에서 팔레스타인 위임통치령을 거둬들였다. 소규모의 유대 인구가 팔레스타인에서 계속 거주해온 것을 이유로 들면서 시온주의자들은 자신들이 민족 해방 운동을 한다는 식으로 프레임을 짰다. 다른 피억압 인구처럼 유대인도 자신들만의 국가를 갖게 될 것이었다. 물론 신생국이 들어서면서 집에서, 고향에서, 공동체에서 쫓겨난 여러 팔레스타인인 관점에서 이스라엘은 반식민 운동과 거리가 매우 멀었다. 정반대였다. 그것은 세계적 추세를 거슬러 세워진 정착 식민지였다. 우는 가슴에 대못을 박는 행위였다.

이스라엘이 기존의 정착 식민주의와 차별화되는 지점은 또 있다. 유럽 열강이 권력과 신이 주신 우월성을 이유로 들면서 식민한 반면, 홀로코스트 이후의 시온주의는 정반대, 즉 유대인의 희생과 취약성을 이유로 팔레스타인 영주권을 주장했다. 당시 여러 시온주의자는 유대인에게는 탈식민적 대세를 거스를 자격이 있다고 암묵적으로 주장하고 있었다. 이 예외적 지위는 민족 소멸의 문턱에서 기사회생하며 얻어낸 것이었다. 시온주의 측이 열강에 요구하는 정의는 이런 식이었다. 민족 정화와 대학살, 토지 수탈로 제국과 정착 식민 국가를 건설해온 당신들이 우리에게 그러지 말라고 말하는 것은 차별이다. 당신네 국토에서 혹은 식민지에서 원주민을 전멸했다면 우리에게 그러지 말라고 말하는 것은 반유대주의다. 마치 평등이 차별받지 않을 권리가 아니라 **차별할 권리**로 재구성된 듯했다. 대학살에 대한 배상으로서의 식민주의로.

그러나 만약 히틀러가 북미의 정착 식민주의를 참고했다면—그리고 그는 분명 그렇게 했다—이건 결코 배상이 아니었다. 이건 물리적으로나 정신적으로 다친 사람들이 그들보다 더 취약한 이들에게 가해하는 형태로서의 식민 논리의 연장이었다. 이러한 구조 속에서 팔레스타인인은 반식민주의 학자 에드워드 사이드의 표현을 빌리면 "피해자의 피해자"[35]가 되었고, 조지프 마사드의 언어로는 "새로운 유대인"[36]이 되었다.

물론 자신이 겪은 타자화를 타자에게 되풀이하는 것은 심리적 소모가 큰 일이다. 그리고 유대 가치와 정면으로 배치되는 행위인 만큼 극도의 억압과 투영이 뒤따라야 한다. 문학에 등장하는 도플갱어는 흔히 분할된 자아를 가지고 있고, 루니가 썼듯이, 우리가 견딜 수 없는 모든 것을 타자에게 덧씌워서 보는 "도플갱어 정치는 우선적으로 자기 분할의 정치다".[37] 이스라엘이 유럽 민족주의를 흉내 내며 도플갱어 정치를 구사한다면 다음의 방식으로도 작용하기 마련이다. 행여 자국의 원죄가 드러날까 하여 범죄성과 폭력을 팔레스타인이라는 타자에 모조리 투영하는 것. 한편 이스라엘의 식민적 본성은 시간이 지날수록 민낯을 드러내고 있고, 인종주의와 유대인 우월주의 정치가들은 모든 층위에서 권력을 공고히 하고 있다. 2022년이 끝나갈 무렵에 발족한 이스라엘의 신극우 정부는 웨스트뱅크의 점령 유지를 넘어서 합병을 주문했다. 연립 협정서에 명시되어 있다. "유대 민족은 이스라엘 땅 전역에 독점적이고 타협 없는 권리를 행사한다. 당국은 갈릴리와 네게브, 골란, 유대, 사마리아 등 이스라엘 땅 전역에 정착촌을 진흥하고 개발할 것이다."[38] 변경이 움직이고 있었다. 모든 변경이 그렇듯이.

타자를 아니 보기Unseeing

시온주의가 초기에 내건 약속에 많은 사람이 솔깃해한 이유는 쉽게 납득할 만하다. 오래도록 풍상을 견뎌온 끝에 국기와 제복, 총을 안겨주겠다는 제안을—표적이 되거나 자선 수혜자가 되는 것보다 더 많은 선택지를 안겨주겠다는 제안을—마다할 수 없었을 것이다. 누구 하나 반겨주는 이 없던 피난민 가득한 보트에 내가 타고 있었더라면 과연 내게는 난공불락의 국가를 만들어보자는 유혹을 뿌리칠 기력과 혜안이 있었을까? 그랬을 거라고는 말 못하겠다.

이스라엘인에 의해 보이지도 않고, 볼 수도 없게 된 팔레스타인인 다수는 그들을 인식하지 않겠다는 국가를 인식하지 않겠다며 맞수를 놓고 있다. 혹자는 건국한 지 70년 된 이스라엘을 "시온주의 덩어리entity"라고 부른다. "이스라엘이 존재할 권리를 인정합니까, 안 합니까?" 이스라엘 지도자와 옹호자들이 팔레스타인인들에게 묻는다. 인정하지 않을 때는 두 번째 홀로코스트를 바라고 있다는 증거로 채취한다. 그럼에도 여러 팔레스타인인과 지지자는 꿈쩍도 않는다. 존재할 권리를 인정한다 한들 이스라엘의 행태가 달라지지는 않을 것이며, 또 그리한다면 배타적 유대 고국이라는, 자신들이 원칙상 반대하는 아이디어를 합의해주는 모양새가 돼버린다. 저들이 결사반대하는 이유를 이해한다. 점령지에 거주하면서 총도 부족한 사람들이 쓸 수 있는 몇 안 되는 무기일 테니까. 하지만 역사의 여러 장에 걸쳐 인간 이하의 취급을 받아온 유대인이 듣기에 "덩어리"라는 표현은 모욕일 뿐 아니라 딱히 건설적이지도 않다.

이스라엘-팔레스타인 분쟁에 직접 영향을 받지 않는 사람들이라면 사태의 복잡성을 인식하는—1940년대에 팔레스타인으로 이주해온 이스라엘인은 대다수가 다른 선택지가 없었던 대학살 생존자이자 절박한 피난민이었다는 사실과 그들이 타집단의 민족 정화에 가담한 정착 식민자였다는 사실을 함께 인정하는—대화를 좀더 많이 나누길 바란다. 유럽에서 백인 우월주의의 제물로 바쳐졌던 유대인들이 팔레스타인에서는 백인성의 바통을 물려받았다는 사실. 이스라엘인들은 그들 나름으로 민족주의자이고, 오래도록 이스라엘은 중동에서 미국을 위한 일종의 하청 군사기지로 기능하고 있다는 사실. 이 모든 게 동시에 참이다. 이런 당착은 반제국주의의 이분법(식민자/피식민자) 또는 정체성 정치의 이분법(백인/유색인)에 쉽사리 끼워맞춰지지 않는다. 그렇지만 이스라엘-팔레스타인이 남기는 교훈이 하나라도 있다면, 이원적 사고로는 분할된 자아 또는 분할된 국가 너머로 나아갈 수 없다는 것이다. 이스라엘인의 정착 식민주의를 두둔하려는 것은 아니다. 영국 학자 재클린 로즈가 저서 『시온의 질문』에서 논하듯이 "출구를 막지 않되 시온주의의 마인드셋으로 진입하려는" 시도다.[39]

차이나 미에빌의 SF 소설 『이중 도시』에는 같은 물리적 장소를 점유하는 두 개의 대도시가 등장하는데, 각각의 주민들은 법령상 서로의 존재를 시인할 수 없다. 이토록 경비 삼엄한 망상에 흠집이 나서 한 도시 주민이 도플갱어 도시를 인식하거나 왕래한다면 "범법"으로 간주하고 중벌을 내린다. 여러 독자는 소설을 이스라엘-팔레스타인 알레고리로 해석했지만, 일상에서 상대 집단을 아니 보려는 거부 의사는 이스라엘인의 전유물이라고 해야 옳다. (팔레스타인인은 자신들을 가두고 감시하는 장벽과 군인들을 아니 볼 방도가 없다.) 그럼에도 『이중 도시』는 특히 불법 이스라엘 정착촌이 급속히 확장되고 있는 웨스트뱅크에서처럼 일상적 지형의 괴기함을 개념화하기에 유용한 소설이다.

한 겹 한 겹 맞물려 작동하는 모든 격리 사회와 마찬가지로 이스라엘과 팔레스타인은 서로 별개의 지리를 가진 것이 아니다. 대신 그들은 학교, 도로, 법, 재판소 등 모든 것을 한 쌍씩 구비한 하나의 도플갱어 사회를 형성한다. 이 사회는 공포와 부인의 철옹성에 갇혀 사는 이스라엘 유대인에게는 심리적 감옥일 테고, 웨스트뱅크의 미궁 같은 장벽과 검문소들, 가자라는 야외 감옥, 그리고 수감이 비일비재하다 못해 점령지에 거주하는 팔레스타인인 약 20퍼센트[40]—팔레스타인 수감자 지원 단체 아다미어의 조사에 따르면 80만 명에 육박하는 수—가 이스라엘군에 체포 그리고/또는 억류된 적이 있을 정도로 빽빽이 들어선 교도소들에 둘러싸여 사는 팔레스타인인에게는 문자 그대로 감옥일 것이다.

책을 알레고리로 보는 것은 원문에 지나치게 충실한 독해라며 미에빌은 인터뷰에서 불편한 기색을 내비쳤다. 그는 『이중 도시』

를 통해 국가 간의 또는 국가 안의 경계들을 짓고 허무는 전단적 논리를 폭넓게 탐구하려 했다고 밝혔다. 이렇게나 갈가리 쪼개진 행성에서 이스라엘인은 국가 수립에 들어간 미표기 묘지와 약탈한 영토, 만원의 감옥, 망혼들에 개의치 않고 살려는 유일한 집단이 아니다. 이스라엘은 "안보"를 이유로 타민족을 구석에 몰아넣고 총구를 겨누는 유일한 국가도 아니다. 점차 전말이 밝혀지고 있는 음영 지대를 가진 유일한 국가도 아니다. 그러나 이 가느다란 땅에서 쌍둥이 두 민족이 복닥거리는 광경에서는—억장을 무너지게 하는 주택 침입과 철거, 메트로놈처럼 규칙적인 가자 공습, 그리고 한때 무국적자였던 피난민들이 다른 집단을 무국적의 망망대해로 밀쳐내는 가관에서는—감히 "문명"이라고 자칭한 프로젝트의 말로가 선명해진다.

그러고 싶은 마음이야 굴뚝같을 수 있어도, 이스라엘-팔레스타인을 타협하지 않겠다는 셈족 쌍둥이끼리 벌이는 난처한 실랑이로 봐넘겨서는 안 된다. 이스라엘-팔레스타인은 근대 세계, 즉 불구덩이에서 태어난 세계이자 지금 불덩이로 타오르고 있는 세계의 건설사에서 최종장을 맡고 있다. 지구 어디에서 살고 있든 간에 우리는 모두 이 서사에 얽혀 있다. 이 서사는 무슬림과 유대 인구의 화형, 고문, 추방에서 시작해 이단 심문을 거쳐, 아메리카 대륙을 선홍색으로 물들인 정복기와 그 신식민지를 운용하려고 아프리카에서 천연자원과 인간 연료를 수탈하고, 식민지를 만들겠다고 아시아를 들쑤신 뒤 유럽으로 회항해 그간 세공해온 수법들—강제 수용소와 과학적 인종주의, 변경지에서의 대학살—을 총동원하는 히틀러의 '최종 해결책'에 이르렀다.

하지만 이야기는 거기서 끝나지 않는다. 히틀러를 끌어내렸지만 정작 피해 생존자들에 국경 문을 열어주지 않은 연합국은 홀로코스트를 둘러싼 집단적 수치심, 죄책감과 더불어 유대인 문제를 아랍권에 전가했다. "네가 처리해."

1948년 이스라엘을 건국했던 형태의 시온주의는 집단도 개인처럼 피해자인 동시에 가해자일 수 있음을, 트라우마를 입은 동시에 트라우마를 줄 수 있음을 여실히 보여준다. 트라우마의 웅덩이가 지구 한 곳에 괴었다가 다른 곳으로 자리를 바꿔 괴이는 이야기는 근대사에서 큰 지분을 차지한다. 인류의 고행으로 만든 체스 기물처럼 이리저리 옮겨다니며 어제의 포로가 오늘의 주둔군이 되는 이야기. 우리를 가둔 이야기는 집단, 두 집단, 혹은 쌍둥이에 관한 것이 아니다. 논리에 관한, 우리 세계를 오랫동안 황폐하게 만든 그 논리에 관한 이야기다.

미러링된 자아와 거울세계들, 파시스트 분신들을 죽 탐색한 끝에, 내가 평생토록 나의 음영 지대로 기능해온 이 장소—공적으로나 사적으로나 성향이 매우 다른 내 친인척들(투철한 반시온주의자에서 이스라엘에 정착한 정통파 교도까지 두루 있다) 사이에서나 내가 다루기 힘들어했던 장소—에 관심을 갖게 되는 이유는 저것이지 싶다. 왜냐하면 이스라엘이 장소이기는 하나 그곳은 내게 언제나 경고였기 때문이다. 집단적 상실을 성찰하기보다는 재트라우마화를 기반으로 정체성을 꾸리는 것에 대한 경고, 내부자와 외부자를 기준으로 집단 정체성의 뼈대를 세우는 것에 대한 경고,

열띤 토론이 통제된 발언에 자리를 내어주면 발생할 일에 대한 경고 말이다.

울프가 옳았던 때

그러니 다시 짚어보게 된다…… 그녀를.

그녀가 음모세계의 심복이 되기 전, BBC 라디오에서 '위반' 사태로 나락으로 떨어지기 전, 뭉게구름 사진으로 피드를 도배하기 전, 잠깐이었지만 내 도플갱어가 한 행동에 나는 감탄했다. 나라면 그녀가 사용한 어휘를 쓰지 않았을 테고, 나라면 그녀가 말한 방식으로 말하지 않았을 테지만, 당시 몇몇 사람이 우리 둘을 헷갈려하는 모습에도 괘념치 않았던 기억이 난다.

2014년, 이스라엘은 가자에 유다른 맹공을 퍼붓고 있었다. 무기(외 다수)를 국경 너머로 수송하는 터널 시스템을 파괴하고 팔레스타인의 로켓 발사를 저지하겠다는 목적에서였다. 사상자 집계는 점령자와 피점령자 간의 참혹한 비대칭 권력 구도를 여과 없이 보여주었다. UN 보고서는 그해 여름 팔레스타인 민간인 1462명과 이스라엘 민간인 6명, 팔레스타인 군인 789명과 이스라엘 군인 67명이 사망했다고 밝혔다.[11] 이스라엘 인권단체 벳셀렘은 전장에 서지 않은 사람 가운데 "526명—이번 작전에서 살해된 전체 팔레스타인인의 4분의 1—은 18세 이하의 아이들이었다"라고 보고했다.[12]

그때까지 나는 이스라엘 전쟁 범죄를 논하는 울프를 본 적이 없었다. 북미에 거주하는 유대인 자유주의자 대부분이 그러했듯이 그녀도 이스라엘 생활 경험이 있고 히브리어를 구사했으며 양국론을 지지했다. 그렇지만 이번 공습에는 뭔가 용납하기 어려운 구석이 있었던 것이다. 민간인, 특히 아이들의 죽음에 충격을 받은 울프는 이번 폭격이 유대 가치와 홀로코스트의 교훈을 배반하는 행위라고 적었다. 그리고 꽤 멋진 일을 했다. 울프는 "시민 저널리스트들"이 그녀의 페이스북 페이지를 정보 교환소로 쓸 수 있게 했다.[43] 해당 페이지는 한동안 핵심 정보원으로 기능했다. 그녀가 쓴 다음의 글은 널리 회자되었다.

> 사람들이 내게 왜 이'편'에 서느냐고 묻는다. 여기에 편은 없다. 나는 모든 희생자를 추모한다. 하지만 가자의 민간인을 향한 무차별 폭격은 전쟁법, 국제법을 깡그리 무시하고 있다. 독일 유대인과 연대한 사람이 더 많았더라면 역사가 다른 식으로 흘러갔을 것이므로 바로 그 이유에서 나는 가자 주민들과 연대한다.[44]

울프는 유대인 영적 공동체가 이런 심각한 도덕적 해이를 다루지 않을까 하는 기대를 품고 시너고그를 방문했지만 허사가 되고 말았던 이야기를 이어서 전했다. "나는…… 자리를 떠야 했다." 그녀가 적었다. "가자 대학살을 언급하길 기다리고 기다렸건만…… 한마디도 하지 않았다. 신은 어디에 있는가? 신은 우리가 불우한 이웃과 한뜻으로 불의에 맞서 싸우는 곳에서만 존재한다. 지금 가자에서 벌어지는 대학살…… 침묵으로 일관하는 우리 유대인의 모습에 오늘부로 나는 신앙을 내려놓고자 한다."

"대학살"이란 용어가 사람들의 노여움을 샀지만 울프는 원래부터 말조심하는 인물이 아니었다. 그리고 왜 그 용어가 적합한지도 밝혀두었다. 이스라엘은 팔레스타인 시민이 쓰는 기간 시설을 조준했고, 인도주의 회랑을 만들어두지 않았으며, 이 공격은 집단 전체를 벌하려는 성격이 뚜렷했다. 게다가 그녀는 이 주제로 여러 차례 연설하며 세간의 이목을 끌었는데, 옥스퍼드 유니언에서 발표한 내용이 특기할 만하다. 최근에 이 영상을 시청했는데, 그녀가 전염병학을 이야기할 때 보이는, 피해가 막심할 정도로 천장을 찌르는 자만심은 어디에도 드러나지 않았다는 점이 가장 눈에 띄었다. 대신 울프는 이 격렬한 설전에 참여하기가 참으로 겁난다며 떨리는 목소리로 심정을 고백했다. 게다가 다른 화제를 다룰 때처럼 마구잡이로 말하지도 않았다. 구약성서를 안팎으로 꿰고 있는 울프는 「창세기」가 유대인에게 이스라엘 독점을 보장한 바 없음을, 그리고 그것은 이방인에의 관용을 포함하는 공명정대함을 조건으로 둔 약속이었음을 환기하며 성서를 바탕으로 설득력 있는 주장을 펼쳤다.

울프는 이 일로 뭇매를 맞았다. 이스라엘 언론에는 "나오미 울프의 이스라엘 대학살 혐의가 반유대주의를 조장한다"와 같은 헤드라인이 수시로 등장했다.[45] 한편 미국에서는 슈물리 보티치라는 중견 랍비가 그녀를 헐뜯으려고 단단히 작정한 듯 보였다. 울프는 이번 일로 대학교수직을 잃었다고 『가디언』에 밝혔다. "바너드대학에서 [지도하고] 있었는데, 대학 운영이사회가 내 정치 성향이 대학 간판으로 내걸리는 상황이 내심 불편하다고 했다."[46] 그녀가 말했다. "내가 원한 바는 가르치고 이런 연구를 진행하는 것뿐이었는데." 또한 그녀는 "온라인에서 심한 협박"을 받았다. 여간 심한 게 아니다보니 사립 보안업체에 자문을 구했던 것이고, 그렇게 스트라이커 피어스 탐정 기업을 설립한 전 미국 특전사를 남편으로 맞이하게 됐다.[47]

지난 30년 동안 유대인 사회에서 같은 중진 여러 명의 비위를 거스른 나로서는 그녀가 이런 사건들을 겪으며 얼마나 무섭고 마음 아파했을지 가늠이 된다. 그녀에게 등 돌린 사람들은 친구와 가족, 동료였다. 더구나 시온주의는 그녀의 정치적 고향에 언제나 반석 같은 존재였거늘, 이제 그 반석이 무너졌다. 따라서 다음과 같이 질문해본다. 울프가 겪은 그 경험—그리고 이후 사회에서 연이어 제명당한 것—이 원인이 되어 훗날 비행을 저지른 것일까? 울프의 정치적 실향은 그녀가 새 고향을 찾기 위해 얼마나 탈선했는지를 일부 설명하는가?

시온주의의 정통성에 반기를 들다가 무차별 공격을 받고, 협박당하고, 직업을 잃은 사람은 울프만이 아니다. 그녀는 유대인으로서의 본분, 보편적 인권, 다인종 간의 연대 가능성을 활발히 논의하던 문화가 거울상처럼 그의 정반대로 변모해버린 서사의 일환이다. 한때는 유대인이 반유대주의에 맞서 투쟁하는 방법이 참 다양했다. 그건 여러 갈래의 답안으로 뻗어나가는 질문이었다. 그러다 어느 순간부터 답이 하나로 수렴했다는 소리가 들려왔다.

그런 합의는 환영에 불과했다. 계간지『유대 동향』을 중심으로 뭉친 신세대 유대인 작가와 조직가들, 노총의 "이곳에 있음" 개념으로 회귀하는 동시에 팔레스타인인과 합심해 이스라엘의 식민 폭력에 도전하는 '이프낫나우'와 '평화를 바라는 유대인 목소리' 같은 단체들이 최근 몇 년간 그런 착시를 바로잡기 시작했다. 그렇지만 이들은 여전히 소수다. 적어도 모든 유대인의 입장을 대변한다고 우기는 무리, 즉 아주 오랫동안 정적의 명부를 작성하고, 충성 선서를 강요하고, 팔레스타인인과 그들의 후원자의 강의와 연극, 영화를 취소하고 기사를 철회하고 일자리 제의를 파기함으로써 유대 공동체의 집단적, 세대 간 트라우마를 해소해온 무리에 비한다면 말이다. 대변인을 자처한 사람들은 정치적 견해차가 우리 정체성 집단 전체의 실존적 해체를 촉발한다고 주장해왔다. 이제 그들 다수는 비폭력 불매운동이라는 불가결한 정치적 도구를 지지하는 개인과 사업을 처벌하는 법을 옹호한다.

이런 현실 때문에 나는 정적이 검열당하는 모습에 열광하거나 또는 피해자임을 호소하는 사람들이라면 무조건 허리를 굽히고 보는 진보 진영의 경향에 마음이 불편해진다. 어느 쪽이든 얼마나 험한 결말을 맞게 되는지 너무 자주 목격했으니까.

빠진 챕터

놀랍지 않게도 필립 로스는 이 모든 것에 할 말이 꽤 많았다. 그는 불완전한 피해자에게 관심을 가졌고, 트라우마가 악용되는 방식에도 마찬가지였다. "나치는 이 집구석에서 생기는 모든 일에 핑계라지!"[48] 로스를 대문호의 반열에 올려놓았던 그 책에서 포트노이가 여동생에게 말한다. 정치학자 코리 로빈이 2021년 에세이에서 논평한 대로 로스는 "그의 가정에 국한하여 말하는 것이 아니다. 그는 이스라엘을 논하고 있다".[49]

로스는 이스라엘의 군사주의가 문화적 유대주의를 으스러뜨리는 방식에 대해 매우 거북해했다. 『카운터라이프』와 『샤일록 작전』에는 이스라엘의 윤리적 방종을 안타까워하며 자학에 빠지는 인물이 줄줄이 등장한다. 『샤일록 작전』에서 이스라엘 중앙정보국 모사드의 공작원으로 밝혀진 한 캐릭터는 이스라엘을 "유대의 얼이 없는 유대 국가"로 묘사한다.[50] 가짜 로스는 이스라엘이 "한때 반유대주의 수괴들이나 행사할 수 있었던 힘으로 유대인을 수없이 끔찍한 방식으로 변형하고 훼손했다"며 힐난한다.[51] 또 다른 캐릭터, (일부 비평가가 팔레스타인계 미국인 에드워드 사이드로 추정한) 로스의 오랜 팔레스타인인 친구는 디아스포라 유대 문화를 "인간적이고, 탄력적이고, 유동적이고, 해학적이고, 창조적"으로 본 반면 이스라엘은 "이걸 죄다 몽둥이로 바꿔쳤다!"고 고한다.[52]

이쯤 되면 로스는 반시온주의자인가? 그는 독자의 궁금증을 명쾌히 풀어주지 않는다. 디아스포리즘에 관하여 노총이 펼쳤던 여러 주장을 재점화한 이 책의 결론에서 진짜 로스는 뼛속 깊이 박힌 민족적 두려움 앞에 무릎 꿇고 만다. 모사드의 지령을 받은 그는 "이스라엘 안보를 위협하는 유대인 반시온주의 분자들"에 대한 정보를 수집하는 비밀 스파이로 출사한다.[53] 책에서 이 기밀 작전을 논하는 마지막 챕터를 생략하는 조건으로 모사드가 뇌물을 주자 진짜 로스는 제안을 수락한다. 졸지에 끝나버린 책을 읽는 독자는 분쇄기에 갈려나간 최종 장을 상상할 수밖에 없다.

시온주의 반대론을 죽 늘어놓았지만 로스가 남긴 최후의 메시지는 따로 있는 듯 보였다. 그렇다, 평생을 이스라엘의 비평가이자 건방진 기폭제로 살아온 로스였다. 그런 그마저 생사가 걸린 사안 앞에서는 사사로운 신념을 제쳐두고 무장과 군비를 갖춘 자기 부족을 위해 맡은 바 소임을 다할 생각이었다. 그를 작중 대리하는 진짜 로스는 작가로서, 비아냥쟁이로서, 제멋에 사는 노련한 외톨이로서가 아닌, 고유한 개인 정체성 밑단에 있는 일반화된 집단 정체성, 즉 모사드 사전상의 진정한 유대인으로서 행동한다. 그 집단 정체성은 어떤 유대인 개인이 되고 싶어하는 바나 하고자 하는 바가 아닌, 비유대 인구가 우리에게 저지를 해코지에 대한 처절하고도 철저한 공포에 뿌리를 둔다. 떨쳐낼 수 없는 민족 도플갱어를 마주한 로스는 이스라엘이 지시한 임무를 수행하며 다른 종류의 분신인 신유대인으로 거듭난다. ("나는 자기 부족을 지지하는 부족원이다." 모사드 공작원 캐릭터가 말한다.)[54]

1963년 월간지 『코멘터리』에 펴낸 기고문 「유대인에 관해 쓰기」에서 로스는 소설가란 민족 집단을 위해서 선전하거나 "어렵고 귀찮은 임무는 어떻게 받아들일까?"와 같은 지엽적인 질문에 골똘하는 직분이 아니라고 따끔히 지적했다.[55] 30년이 지난 후, 이제는 부족에 자기 의무를 다할 준비가 되었다는 심경의 변화를 알렸던 것일까? 아니면 결말이 통째로 패러디였던 것일까? 로스는 유대인 비평계를 가지고 놀며 이렇게 말했던 것일지도 모른다. 이 보시오, 랍비, 당신이 늘 원하던 대로 국가 선전을 하고 있소. 심지어 내 책을 난도질하는 모사드도 내버려뒀단 말이오! 이쯤 되면 좋은 유대인인 거요? 어쩌면 로스는 선택하고 싶지 않았던 것일 수도 있다. 어쩌면 그가 저것이자 이것임을 우리에게 알려주고 있었는지도.

무장과 위험

그렇다면 그녀는? '다른 나오미'는 어느 편일까?

음, 내 도플갱어는 2022년 5월 중순의 한 주 동안 일정한 간격을 두고 게터에 새로 산 장총 사진을 업로드하며 팬들로부터 최대치의 호응을 끌어냈다. 울프가 기념 삼아 올린 첫 사진에는 장총 한 자루가 큰 상자 안에 고이 모셔져 있다. "일냈다. 오늘 내 첫 화기를 구입했다. 조금 긴장되지만, 22구경 림파이어 총기 소지자가 된 게 자랑스럽다. 요조하게, 숙녀답게 시작해보련다."[56] 그다음 사진에서는 남편과 함께 총기를 조립하고 있다. "아내의 첫 라이플총 조립을 도와주는 남자가 페미니스트에게 최적의 남편이 되리라는 걸 누군들 알았을까."[57] 마지막으로는 조립이 다 된 총기가 작업실 책상 위에 세워져 있다. "현재와 같은 수난 시대에 작가와 반체제 비평가라면 집에 이런 쌍각대* 하나쯤은 구비해둬야 하는 것 아닐까. 펜이 칼보다 강할 수 있겠지만, 진리부**가 우리를 쥐 잡 듯이 하는 요즘, 글 쓰는 사람들은 펜과 (방어용) 칼 모두 필수다."[58]

울프는 뉴욕주 버펄로에서 18세 백인 우월주의자가 합법적으로 구매한 AR-15 스타일의 라이플총으로 슈퍼마켓에서 10명을 살해한 날 위의 글을 게시했다.

그다음 주, 울프는 미국이 "호주나 상하이, 캐나다처럼 완전한 예속화를 모면한 것은…… 순전히 수백만 명의 총기 소지자 때문 이다…… 무장 인구를 굴종시키기란 훨씬 더 어렵다. 건국자들이 수정헌법 제2조로 무기소장권을 보장해준 이유다. 바로 이런 순 간에 대비하라고"라고 적었다.[59]

그날 역시 참변으로 물든 날이었다. 텍사스주 유밸디의 초등 학교에 18세 살인자가 나타나 합법 구매한 라이플총으로 어린이 19명과 교사 2명을 죽였다.

한술 더 떠서, 그녀는 뉴스레터에 새 총기에 대한 일종의 페미니 스트 러브레터를 싣기도 했다. "강간 생존자로서, 페미니스트로서, 어떻게 나는 이 안건에 대해 이리 늦게도 안목을 길렀단 말인가? 내 안의 강간 생존자는 무기를 본능적으로 갈구했다. 습격의 싹을 자르길 본능적으로 갈구했다. 내 안의 강간 생존자는 상처 난 생명 체가 이빨과 발톱을 갈구하듯 무기를 원했다."[60] 그녀는 질문했다.

---

*   총을 가로로 보관할 때 쓰는 거치대.

**   조지 오웰의 『1984』의 전체주의 국가에서 운영하는 정부 부처로, 이름 과 달리 실제로는 역사를 왜곡 위조하여 대중을 속이는 업무를 한다.

"언제든지 이렇게나 속 편할 수 있었던 것일까? 그저 화기를 소지하고 사용법을 아는 것만으로도 여자들은 가해에 저항하고 막아설 수 있을까?" 그녀의 답이 궁금한가? "여지없다."

울프는 총기의 유혹에 빠진 첫 전 생존자가 아니다. 그렇지만 한때 그녀는 총이 피해자에게든 가해자에게든 현답이 아님을 잘 알고 있었다. 어찌 됐든 온몸으로 반감에 맞서며, 그다음에는 온몸으로 모욕에 맞서며 살다가 마침내 진실을 내팽개치고 총기로 중무장하는 편에 서는 데서 해방감을 느꼈으리라 믿어 의심치 않는다.

울프는 팔레스타인인 인권을 주제로 더 이상 말하지도 쓰지도 않는다. 그것은 새로 사귄 「워룸」 동지들에게 그리 관심거리가 되지 못한다. 그리고 그녀가 섬기는 신은 "우리가 불우한 이웃과 한뜻으로 불의에 맞서 싸우는" 일과 더는 연관이 없어 보인다.[61] 오히려 배년의 "국경 전쟁"에 꼬박꼬박 참전하며 "바이든 대통령이 국경을 완전 개방했다"는 거짓말을 복창하고 있다. 이건 "폭군이 꿈꾸던 바"이며, "변절자들이 우리 국경을 무너뜨리고 있다"고 주장한다.[62]

울프는 내란이 눈앞에 닥쳤다고 엄중히 경고한다. "나는 평화로운 사람입니다. 전쟁을 원하지 않아요. 하지만 우리를 상대로 하는 전쟁이 벌어지고 있습니다."[63] 그리고 다른 많은 사람처럼 그녀도 말 이상을 장전하고 있다.

에레즈에서 온 에레즈

　책의 끝을 바라보는 시점에 일일이 열거할 수 없을 만큼 나는 이스라엘의 도플갱어 정치와 자주 맞닥뜨렸지만, 일화 하나 공유할 여유는 될 것도 같다.

　2009년, 『쇼크 독트린』 히브리어판과 아랍어판이 갓 출간된 시점이었다. 그로부터 몇 개월 전, 이스라엘군이 가자지구에 끔찍한 공격을 개시해 팔레스타인인 약 1400명을 죽였고 주요 기간 시설을 파괴했다. 그해 팔레스타인 시민사회 집단 연합이 촉구한 보이콧과 투자 철회, 제재[BDS] 운동을 나는 존중할 수밖에 없었다. 하지만 책에 이스라엘-팔레스타인의 왕성한 재난자본주의 산업을 논하는 챕터를 담은 만큼 그 지역에서의 책 소식을 고대했다. 라말라와 예루살렘 일대에 사는 운동가들과 협력해 BDS 운동을 존중하면서도 출판할 방법을 강구했다. 팔레스타인인 권리를 옹호하는 이스라엘의 모 운동주의 출판사를 통해 책을 판매하기로 했다.

　이스라엘에서 책이 나오기 전, 폭격의 여파를 직접 보기 위해 가자로 향했다. 남편 아비와 '평화를 바라는 유대인 목소리'를 대표하여 친구 세실리 수라스키가 동행했다. 내부 진입이 가능할지는 확신이 서지 않았다. 이스라엘은 에레즈 검문소에서 가자 진입 권한을 치밀하게 단속했고, 외국인 기자 신분으로 언론인 출입증을 받으려면 이스라엘 언론 에이전시를 경유해야 했다. 우리 셋 다 충분히 의심을 살 만했는데 유대인 이름 덕분인지 사무실 관리자는 찬찬히 뜯어볼 생각은 않은 채 필요한 허가를 내주었다. 에레즈 검문소에서 유대인 이름은 민족 분신을 재소환했고, 우리는 이스라엘의 점령에 호의를 가진 사람들로 통했다. 그리하여 기다랗게 줄 서서 심문받는 팔레스타인인들과 달리 간단히 신분증 확인과 가방 검문, 신체 엑스레이 절차만 거치고 끝났다. 눈 깜짝할 새에 우리는 콘크리트 장벽 건너편, 망루에 둘러싸인 곳에 도착했다.

가자에 들어선 뒤로는 다양한 배경의 팔레스타인인 수십 명과 이야기하며 포위 생활을 되는대로 많이 알아갔다. 우리는 최근 공습으로 자식을 잃은 농민들과 양봉인, 의사와 대화를 나누었다. 백린탄에 전신 화상을 입은 아이들을 보았다. 포위 탓에 시멘트 같은 기초 건축 자재가 수급되지 않아 복구 불능의 폐허가 된 아파트 건물들을 조심히 걸어다녔다. 그리고 팔레스타인인 여성 인권 운동가 모나 알 샤와를 만났다. 그녀는 내게 이렇게 말했다. "폭탄이라도 투하될 때는 희망을 품었어요. 적어도 그땐 상황이 달라질 거라고 믿었으니까요." 이제 외부의 관심사는 다른 곳으로 옮겨갔고 가자인은 또다시 세계로부터 외면받는 심정이라고 그녀는 말했다. 공습 중에 더 낙관했다는 그녀의 말에 내내 마음이 저릿하다.

가자에서 보내는 마지막 오후, 우리는 어느 팔레스타인인 명문가名門家의 그늘진 뒷마당에서 플라스틱 의자에 앉아 휴식을 취했다. 텃밭에서 재배한 먹거리로 만찬을 대접하겠다고 고집을 피운 그 아량 있는 가족은 우리를 민족의 분신으로 여기면서 증오할 생각이 전혀 없었다. 의사인 아버지는 자식들이 평화와 정의를 바라는 유대인을 만나게 되어 다행이라고 말했다. 그들이 여태껏 교류한 유대인은 검문소 군인들뿐이었다고 한다.

"아이들이 유대인을 혐오하면서 자라기를 바라진 않아요." 그가 말했다. "그렇지만 보는 유대인마다 우리에게 총구를 겨누는 상황에서 달리 방도가 있겠습니까?"

저녁이 가까워오자 예루살렘으로 돌아가야 했고, 그때부터 일은 꼬이기 시작했다. 가자시티의 어느 인권단체가 내 방문을 알리는 기자회견을 열었는데, 소식이 에레즈 검문소 윗선까지 흘러들어간 게 분명했다. 이번에는 우리를 맞이할 준비가 되어 있었으니.

이스라엘 측은 우리 셋의 복귀를 허용하는 대신 가자 편 장벽에서 몇 시간이고 대기하게 했다. 밤이 찾아오고 통금령이 내리자 과연 돌아갈 수 있을지 조금씩 걱정되기 시작했다. 검문소는 군데군데 하마스 무장 경호원이 서성이는 황량한 야외 통로를 끼고 있는 완충지에 위치했고, 거기서 차도 친구도 없이 우두망찰 서 있기란 바람직한 처세가 아니었다.

마침내 장벽에 딸린 자동문이 열렸다. 검문과 수색을 마친 우리에게 옹골찬 체구의 흑단발 장교가 자신을 에레즈로 소개하며 다가왔다.

"에레즈에서 온 에레즈네요." 나는 분위기를 바꿔보려고 말했다. 그는 웃지 않았다. 나를 흘깃하지도 않고 아비만 보며 추가 심사를 해야 하니 위층으로 따라오라고 지시했다. 그가 조사받는 동안 세실리와 나는 아래에 남아 기다렸다. 다시 나타난 아비는 빠르게 걸으며 우리에게 이곳 에레즈들에게는 얼씬도 하지 말라는 재촉의 손짓을 했다.

예루살렘 콜로니 호텔로 돌아온 뒤 그는 아까 특별실에서 이스라엘 방위군 상급 지휘관을 만난 이야기를 해주었다. 지휘관은 아비를 창가로 데려가더니 근방에서 훈련하고 있는 탱크 대대를 가리켰다.

"보이십니까? 당신을 구하려고 저걸 보내기 일보 직전이었습니다. 당신이 얼마나 큰 위험에 빠져 있었는지 알기나 합니까? 하마스가 당신에게 무슨 짓을 저지르려고 했는지? 우린 저쪽에서 벌어지는 모든 일을 보고 들을 수 있단 말입니다." (팔레스타인인을 아니 보는 도플갱어 사회 이스라엘을 뒤집으면 모든 것을 관찰하는 눈, 감시 정부가 자리한다.)

내가 BDS 운동에 관해 떠드는 것을 들었다며 에레즈가 끼어들더니 아비에게 남자 대 남자로서 충고했다. "무슨 일이 있었는지 부인에게 전하시오. 하마스가 당신네한테 무슨 일을 저지르려던 건지 그녀에게 전하시오. 여편네 간수 좀 잘하시오."

맥주를 위안 삼은 우리 셋은 에레즈에서 온 에레즈가 기획한 듯 보이는 가스라이팅의 전모를 꼼꼼히 파헤쳐봤다. 우리는 길을 잃은 것도 아닌 유대인 셋을 구하겠답시고 이스라엘군이 가자에서 국지전을 일으킬 계획이었다고 보진 않는다. 우리가 하마스의 공격을 받을 뻔했다는 얘기도 신빙성이 떨어졌다. 이스라엘군은 선적 컨테이너 내부에 설치된 임시 검문소에서 아비를 15분간 심문했고, 핵심 질문은 캐나다인인 그가 이스라엘식 이름을 가진 이유였다. (그의 어머니가 젊을 때 노동 시온주의자였던 탓이리라). 한편 그들은 아비가 언론인이라는 말에는 화색을 띠었다. 게다가 우리를 검문소에 들여보내기 전 몇 시간이고 가자 쪽에서 기다리게 한 것은 이스라엘인들이었다.

우리를 지레 겁먹게 하려던 것임이, 우리가 "적진"에 방치된 것인가 궁금해하게 하려던 것임이 분명했다. 그러고 나서 이 메시지를 아주 명확하게 각인시키려고 했다. 우리가 우리 자신을 어떻게 생각하든, 우리가 가자 쪽에서 뭘 하고 있다고 생각하든, 피로 물든 이 땅, 이곳에서 우리는 단지 우리의 민족 분신, 즉 유대인성에 지나지 않는다고. 내가 팔레스타인인의 권리를 지지하는 한심한 짓을 하든 말든, 유대인성 때문에 우리는 가자에서 하마스에 의해 납치 또는 피살될 것이었고, 그런 우리를 경멸의 눈빛으로 보면서도 자기 목숨 바쳐가면서까지 구하러 와줄 사람은 오로지 이스라엘 군뿐이라고. 왜냐하면 하마스처럼 그들도 우리가 개인으로서 스스로를 어떻게 생각하는지는 하등 신경 쓰지 않기 때문이다. 그들이 신경 쓰는 것은 우리의 유대인 분신이다. 그러니 하마스가 우리를 유대인으로서 공격했을 때 그곳에서 이스라엘은 우리를 유대인으로서 구원해줄 것이었다.

저것이 나를 잘 간수하는 데 쓰라는 각본이었다. 그리고 그 어느 때보다 지금, 이 각본은 이스라엘이 모든 유대인에게 제시하는 문란한 계약서의 단면을 보여준다. 그래, 당신은 우리가 하는 짓—구금된 팔레스타인 청소년들과 변사체로 발견된 기자들, 한때 변두리에 머물렀다가 지금은 이스라엘의 가장 강력한 몇몇 부처에 안착해 보란 듯이 인종주의와 반아랍주의를 개진하는 정당들—을 탐탁지 않아 할 수 있다. 하지만 세상이 또다시 유대인에게 등 돌린다면—그리고 샤일록은 영원하므로 반드시 그리될 것이다—우리가 탱크와 전투기를 구비해두었고 핵 무기고의 존재를 긍정도 부정도 하지 않는 이곳으로 당신은 세상의 유일무이한 안식처를 찾으러 뛰쳐올 테니까.

그 계약서에 우르르 서명할 정도로 여러 유대인이 느꼈던 원초적 공포를 나는 이해한다. 같은 트라우마를 세대에서 세대를 거쳐 물려받았기 때문이다. 그럼에도 여전히 나는 그렇게 할 수 없다. 너무 큰 대가가 따른다. 그것은 팔레스타인인과 유대인을 집어삼키고서 끝날 대가가 아니다. 에레즈가 우리에게 제시한 거래는 이 분할된 지구에서 상대적으로 유복한 모든 이가 제시받는 부당 거래와 똑같기 때문이다. 총을 들어라. 구금소를 세워라. 탈출로를, 네 국경을 정비해라. 아이들을 완벽하게 키워라. 개인 브랜드를 지켜내라. 음영 지대를 무시해라. 피해자 행세를 하라.

그러나 분할과 수행과 투영은 효력을 잃었다. 국경과 장벽은 치솟는 기온이나 들끓는 바이러스나 전쟁 굉음으로부터 우리를 지켜주지 않는다. 그리고 우리 자신과 우리 아이들을 둘러싼 벽들도 언젠가는 흐트러질 것이다. 도플갱어 이야기가 차고 넘치도록 가르치려 한 대로 우리는 서로 스며들고 연결된 존재니까.

그러니 다른 길이 있어야만 한다. 또 다른 포털, 우리의 또 다른 이야기가.

4부

정체를 마주보다(통합)

네 동지들의 꿈과 적들의 악몽에 나타나라. 이뤄진 적 없는 미래에 살아라—유령이, 기억이, 사자使者가 되어라. 그들에게 지금 상태는 이렇게 되어오기 전까지는 불가피한 게 아니었음을 환기하라. 거뜬히 실현될 법한 이 미래의 실패 이유에 매몰되지 마라, 그에 대한 답을 찾는 것은 훗날 승리한 자들에게 맡겨라. 질문이 되어라, 그리고 당신의 무능력에 휘둘리지 마라. 유령은 물질적인 외피도 행동도 불필요하니, 당신은 그저 어른거리는 것으로 족하다.

———————————————————————

알라 압드 엘파타, 『당신은 아직 패배한 적 없다』

통합이 뜻하는 바가 뭐라도 있다면 이것일 테다. 사랑의 힘으로 우리 형제들이 그들 자신을 있는 모습 그대로 보게 해 현실 도피를 멈추고 이를 개선하게 하는 것.

———————————————————————

제임스 볼드윈, 『단지 흑인이라서, 다른 이유는 없다』

15장

탈자아

살면서 의식을 잃은 적이 몇 번 있다. 고열에, 허기에, 과음에. 그렇지만 어지럼증은 딱 한 번에 그쳤다.

열일곱 살 때였고, 어머니의 뇌졸중이 처음 발병하고서 몇 주 지난 시점이었다. 학교가 끝나자마자 병원에 갔는데, 그때 어머니가 입원 이래 처음으로 침대에서 벗어난 모습을 봤다. 어머니는 물리치료사의 도움으로 보행기를 짚고 첫걸음을 떼고 있었다. (얼마 지나지 않아 뇌졸중이 한 번 더 오면서 거동 능력 외에도 많은 걸 잃으셨다.) 나는 대기실 유리창 건너편에서 어머니를 마치 다른 사람의 어머니인 것처럼 지켜봤다. 뒤뚱거리고 불규칙한 걸음, 뒤틀린 안면, IV와 영양공급용 튜브. 어느 틈엔가 나는 차가운 바닥에 얼굴을 대고 쓰러져 있었다.

현기증은 우리가 알고 있다고 생각했던 세계가 더 이상 작동하지 않을 때 침입한다.

세계가 더 이상 작동하지 않고 있다. 모든 존재를 지탱하고 있는 생태계가 아파한다. 휘청거린다. 불안에 떨고 있다. 우리의 돌봄을 간절히 바라고 있다.

○●

고백을 하나 해야겠다. 내 분신과 거울세계를 주제로 글을 쓰면서 원래는 내 진짜 작업—요새 "진짜"가 뭘 말하기나 하는 건지는 모르겠지만—과 관련된 다른 종류의 현기증을 논할 계획이었다. 허리케인 카트리나가 뉴올리언스의 제방을 무너뜨린 이래로 20년 가까이 내 연구, 집필, 필름, 조직, 대중 강연은 기후위기라는 틀을 거의 벗어나지 않았고, 작업의 대부분은 내가 꽤 익숙해져버린 매우 특정한 서사적 경향을 띠었다. 주로 이런 전개다. 상황이 나쁘다. 상황은 더 나빠질 기색이다. 그렇지만 풍력과 태양력 위주로 경제가 굴러가도록 뜯어고치는 한편, 그 태양 아래 존재하는 모든 형태의 불평등을 퇴치할 절호의 기회가 되어줄 마셜 플랜/뉴딜/제2차 세계대전급 전방위 동원을 한다면 우리는 "더 나빠질"그 흐름을 막을 수 있다.

지체할 시간이 없다는 게 문제였다. 내가 유엔기후변화 협약에 처음 참가한 2009년에는 향후 10년이 문제 대처의 관건이라는 의미에서 "데케이드 제로"라는 개념이 한창 돌고 있었다. 내가 『이것이 모든 것을 바꾼다』를 출간한 2014년에는 이미 그 절반이 지나가고 없었다. 그리고 그렇게 데케이드 제로는 저물어갔다. 2020년 당시의 최신 과학 자료를 바탕으로 말하자면, 위험한 온난화를 막을 시기는 놓쳤지만 10년 이내에 전 세계 오염 공해를 절반으로 줄이면 재앙적 기후변화를 막을 기회는 아직 있었다.[1] 좋은 소식이라면, 그때는 기후운동이 세대를 막론하고 전폭적인 지지를 받으며 세력을 확장하고 있었고, 시스템 단위의 변화만이 유일한 해법이라는 이해가 빠르게 확산되고 있었다.

같은 해, 팬데믹이 터지기 전, 나는 버니 샌더스를 미국 민주당 대통령 후보자로 세우고자 경선 캠페인에서 열과 성을 다했다. 샌더스는 전복적인 기후행동의 필요성을 인지하는 쇄신형 플랫폼을 내세웠고, 거대 오염 유발원들과 끝까지 사투를 벌일 만반의 준비가 돼 있었기 때문이다. 코비드19 발생 직전까지의 수개월 동안 나는 그의 캠페인에서 기후 정책을 담당하는 대행자 신분으로 다섯 개 주를 방문해 집회와 자원자 미팅 수십 개에서 참여자들의 사기를 진작시켰다. 잘 풀리는 날에는—가령 호화롭고 트럼프스러운 라스베이거스가 버니에게 몰표를 던진 날에는—나는 우리가 진짜 제대로 한 건 해서 버니를 백악관 집무실에 앉힐 수 있을 거라고 기대했다.[2] 우리조차 그걸 가당찮은 시나리오라고 생각했으면서도 말이다.

우리는 제대로 한 건 하지 못했다(아시다시피). 그리고 이제 "세계를 구원할 마지막 10년"이 또 한 번 모래알처럼 빠르게 흩어지고 있다.

팬데믹 초기, 여전히 뉴저지에 거주하던 시절, 호젓한 산책길에 올라 텅 빈 거리를 부랑하다가 나는 이웃 주민이 다람쥐와 장시간 대화를 나누는 모습을 봤다. 목욕 가운을 입은 채로 현관문 앞에 서서 다른 종과 교감하는 장면을 누군가 목격하든 말든, 그녀는 일체의 자의식 없이 행복해 보였다. 그렇게 환각에 젖어서 보내던 날들에는 나 역시 다른 많은 이처럼 희망에 차버리고 말았다. 그리도 많은 것을 망쳐놨음에도 인류가 사회적 우선순위와 소란스럽고 소모적인 생활 양식을 재점검할 기회를 또 한 번 선물받은 게 아닐까 하고. 어쩌면 우리가 팬데믹이라는 포털을 달라진 모습으로 빠져나오지 않을까 하고.

그렇지만 그 요망한 질병이 돌고서 1년이 지나자 나도 심경의 변화를 겪었다. 중국의 오염 물질 배출량이 원래 수준으로 돌아왔다는 소식에 그렇게 됐는지도 모른다. 어쩌면 조 바이든이 원유와 가스 시추 허가서를 수천 장씩 새로 뿌려대기 시작해서.[3] 어쩌면 빙하가 다 녹아 없어지기 전에 알래스카를 구경하러 온 관광객 가득한 유람선이 지금 내가 사는 지역의 연안가에 다시 나타나기 시작해서.

하지만 나를 절망케 한 일등 공신은 따로 있다. 몇 년 사이 몸집을 급속도로 불려가던 민중운동들이—기후 파업을 하고, 샌더스와 기타 반체제 후보자들을 지지하고, 인종정의를 구호로 외치며 거리를 휩쓸던 운동들이—내부에서 자기네끼리 치고받으면서 풍비박산 나버린 것이다. 그리고 이런 현상을 초래한 것은 분열의 선두에 서서 개인 브랜드를 구축하던 사람들이 주였다. 운동 지도 세력이 대부분 온라인 클라우트를 기준으로 결정되는 데다 지도자의 청렴성을 검증할 수단이 미비한 마당에 분쟁과 불신은 쉽게 퍼졌다. 여기에 분노를 부추기는 알고리즘과 상처가 더 곪게 그 위에 소금을 치고 있는 가짜 계정과 러시아 봇들의 지원 공세도 이만저만이 아니었다. 선대 좌파가 대중의 적으로 간주했던 약탈적 기업 논리는 이제 우리 안에 완전히 침투했다. 우리를 연결했던 통로들에, 우리의 사고 습관에, 우리 세포에. 무엇 하나 믿을 만하게 보이지 않았다. 게다가 서로라면 더더욱.

말세를 피할 어설픈 방책들까지 모두 거덜나니, 내가 제시할 해법은 더 이상 없어 보였다. 내게는 우리가 극도로 꺼리는 사회적·생태적 결과를 막아낼 길이 더는 보이지 않았다. 그게 내 현기증의 가장 큰 원인이었다. 공유할 만한 구원의 서사 하나 없는 나는 과연 누구란 말인가?

바로 그때, 그녀의 토끼굴을 요리조리 따라 들어가보자는 이상한 결심을 하게 됐다. 무엇보다 나는 내가 더 이상 부인할 수 없는 것을 논하기가 싫어서 오락거리를 찾아나섰던 것 같다. 우리가 마지막 남은 최상의 기회를 날리고 있는 것 같다는 점, 그걸 도저히 글로 써낼 수 없었다. 나는 못 하겠더라. 그래서 시선을 딴 데로 돌린 것이다.

하지만 분신들의 세계로 진입하면 할수록 나는 자꾸만 원점으로 되돌아왔다. 도플갱어들이 지니는 함의에 개인적으로나 정치적으로 관심을 쏟을수록 내가 익힌 이 내용이 우리가 자멸의 길에서 되걸어 나올 수 있는 사람들이 될 가능성과 긴밀히 맞닿아 보였다.

완벽해진 브랜드로서의 자아, 디지털 아바타로서의 자아, 데이터 광산으로서의 자아, 이상화된 신체로서의 자아, 인종주의와 반유대주의 투영물로서의 자아, 자식을 거울로 쓰는 자아, 영원한 피해자로서의 자아. 이 분신들에는 한 가지 공통점이 있다. 모두 아니 보는 방식이다. (이상화된 버전을 수행한답시고 바빠서) 우리 자신을 아니 똑똑히 보는 방식, (자신에게서 견딜 수 없는 걸 타인에 투영한답시고 바빠서) 서로를 아니 똑똑히 보는 방식, (우리 자신을 분할하고 스스로 시야를 희뿌옇게 해서) 세계와의, 우리 사이의 연결을 아니 똑똑히 보는 방식. 다른 걸 다 젖히고 이게 현시대의─그리고 현시대에 나타나는 미러링과 합성된 자아들, 조작된 현실들의─언캐니한 감각을 설명한다고 생각한다. 이 감각의 원류는 우리가 아니 보려는 사람과 사태들에서 찾을 수 있다. 과거에서, 현재에서, 우리에게 닥쳐오는 미래에서.

수행, 분할, 투영은 회피의 춤을 이루는 개별 스텝이다. 무엇을 회피하고 있냐고? 우리의 진정한 도플갱어일 듯싶다. 그것은 데이지 힐드야드가 우리의 "두 번째 몸"[4]이라 부른, 전쟁과 고래와 얽힌 몸, 과거의 대학살로부터 이득을 취하는 한편 독극물을 방울방울 풀어놓으며 미래의 떼죽음에 이바지하는 몸이다. 제 안위와 편의를 누리자고 음영 지대를 채굴하는 두 번째 몸 말이다.

우리가 회피하는 이유는 그런 몸이 되고 싶지 않아서다. 대멸종에 기여하는 몸이고 싶지 않아서. 다른 몸들이 멸시와 혹사를 당하며 죽기를 각오하고 만든 옷가지를 몸에 걸치고 싶지 않아서. 인간과 비인간의 고난으로 빚어올린 음식을 목구멍 아래로 넘기고 싶지 않아서. 망혼이 들러붙은 약탈된 땅에 살고 싶지 않아서. 사랑하는 아이들이 덜 활기차고, 덜 신비롭고, 더 소름 끼치는 세계에 살았으면 싶지 않아서.

우리가 어떻게 회피하지 않고 싶어하겠는가? 차마 견딜 수 없는데. 일에 매달리며 시선을 돌리지 않고 배길 수 있겠는가. 물리적·심리적 장벽을 세우지 않고 배길 수 있겠는가. 그림자를 마주하는 대신 차라리 우리 자신의 상을 들여다보거나 아바타에 빠져서 살지 않고 배길 수 있겠는가.

제임스 볼드윈은 흑인 미국인 남성인 자신에게 투영되는 분신이 전적으로 투영하는 사람에게 달려 있다고 논했다. 백인 남자는 볼드윈을 보면서 무엇을 봤는가? "그건 내가 아니었습니다."[5] 볼드윈이 말했다. "그것은 그자가 아니 보고 싶어하는 무언가였습니다. 뭔지 짐작이 갑니까? 그것은 궁극적으로, 네, 그 본인의 죽음이었습니다. 아니면 트러블이라 부릅시다. 트러블은 죽음에 대한 훌륭한 은유입니다."

분신의 여러 형태는 죽음/트러블을 아니 직시하는 방식들이다. 그리고 요즈음 죽음은 무척 가깝게만 느껴진다. 펜타닐이 함유된 약물, 히트돔 현상, 혐오 범죄, 바이러스가 잔뜩 낀 들숨처럼 가깝게. 언제나처럼, 누군가는 다른 이보다 더 가깝게 느낄 것이다. 하지만 어느 누구도 방심해도 괜찮을 만큼 멀지는 않다. 그러니 어떻게 해야 시선 회피를 멈출 수 있을까? 어떻게 해야 분할, 수행, 투영을 방패 삼기보다 우리의 두 번째 몸과 육신을 직시할까? 어떻게 해야 도망을 멈출까? 어떻게 해야 우리가 이미 알고 있는 것을—진정—알 수 있을까?

산호처럼, 물고기처럼 느끼기

감독이자 극본가인 애덤 매케이의 2021년작 「돈 룩 업」은 곧 기후 알레고리로 읽히는 아니 보는 것에 관한 이야기다. 제니퍼 로런스가 연기하는 미시간주립대학 대학원생 케이트 디비아스키 는 밤하늘을 관찰하던 중 지구로 돌진하는 혜성을 발견한다. 그녀 의 성을 딴 이름이 붙자 동료들은 천문학계에서 개인 브랜드 성공 의 정점에 오른 케이트에게 환호한다. 문제가 생겼는데, 알고 보니 디비아스키 혜성은 "행성 킬러"라, 누구도 갖고 싶지 않아 할 최악 의 브랜드라는 것이었다. (혹은 실제로는 누구나 갖게 될 최후의 브 랜드였다.)

영화에 개인 브랜드 붕괴 경험을 빗대어 본 내 눈에 케이트의 곤경은 행성적 역사상 지금처럼 위태로운 순간의 해괴한 모순을 완벽히 포착했다. 다들 지금이 절체절명의 행성적 위기를 예방할 수 있는 마지막 몇 년이라는 사실을 어렴풋이나마 알면서도 우리 는 자아를 완벽히 다듬는 일에 집착하도록 부추기는 경제적·사회 적 구조 안에 갇혀 있다. 가진 문제들이 커질수록 변화의 폭은 줄 어만 간다.

내가 가장 존경하는 기후과학자들 중에는 비대해진 자아와 비 실대는 지구 사이의 긴밀한 연관성을 논하는 이들이 있다. 신비롭고 독보적인 숲 생태계를 화염과 가뭄으로 떠나보낸 태즈메이니아의 국립대학 화재과학 교수 데이비드 보먼은 인류가 한 가지 간단한 가르침을 받아들여야 한다고 말한다. "우리는 우주의 중심이 아닙니다. 우리만 쓰라고 만들어진 세계가 아니에요."[6] 현재 죽음의 문턱을 앞에 둔 세계 최대의 산호초인 그레이트배리어리프 연구에 평생을 매진한 전설적인 산호과학자 찰리 베런은 그의 인생을 인간과 비인간을 아울러 다른 생물 형태를 진정으로 바라볼 정신적 여유 공간을 만드는 자기 탈중심화의 과정으로 설명했다. 그의 배움에는 무거운 대가가 선행했다. 익사 사고로 어린 딸 피오나 혹은 노니를 잃는 비극을 통해 아이의 삶이 그 자신의 삶보다 더 중요한 것임을 깨달은 것이다. 그리고 개인적·생태적 애도에 압도된 베런은 그가 연구하고 있는 산호초에 녹아들기를, "산호나 물고기의 심정"이 되어보기를 희망한다.[7] 소설가이자 철학자인 아이리스 머독이 새나 그림 등 아름다운 것을 관찰하는 경험을 "'탈자아unselfing'의 기회"로 묘사한 부분이 떠오르게 한다.[8]

베런의 말대로 사안은 위급하다. "이 행성의 착취자들은 자기만 앞세우기 급급한 사람들"로, 단 한순간도 이기심을 끊어내질 못한다.[9] 달리 말하자면, 기후위기는 대기 중 온실가스의 과잉이다. 그리고 자아의 과잉이다. 음영 지대 바깥에 살 정도로 다행스러운 자아를 수행하고 완벽하게 가꾸는 데 들어가는 모든 자의적, 비유적 에너지의 소산이다.

디비아스키 혜성이 우리를 이런 사이클에 가두는 마인드셋을 상징한다면, 탈자아를 향한 베런의 겸허한 여정은 인류 생존의 열쇠를 쥐고 있을지도 모른다. 지구에서 우리가 맡은 역할은 단지 각자의 삶에서 이점을 극대화하는 것이 아니기 때문이다. (행여 "애도 기술" 아바타를 통해 우리 자아를 후세에 물려주려고 시도하는 것 또한 아니다.) 우리 소임은 삶의 모든 것을 극대화(보호, 재생산)하는 것이다. 우리가 이곳에 있는 것은 비단 개인들로서 살아남기 위해서가 아니라 생명을 살아남게 하기 위해서다. 클라우트를 좇는 게 아니라 삶을 좇기 위함이다.

우리가 이중 보행자들로부터 배울 수 있는 또 다른 점일 것이다. 우리 각자의 판박이가 어딘가에서 돌아다니고 있으리라는 가정은 어느 누구도 스스로 생각하는 만큼 유별나거나 독특하지 않음을 의미한다. 자본주의라는 거울의 방에서는 이것을 호러 이야기처럼 다루기 마련이다. 영화 「분신」의 제시 아이젠버그 역이 "난 내가 엄청 특별하다고 생각하거든요"라며 낑낑거리지 않았던가.[10] 이것은 서구 문학, 영화, 일신교를 관통하는 반드시죽여야하고반드시찔러야하는천상천하유아독존의 대처법이다. 그렇지만 가짜 로스식으로 분신들을 대하는 관점도 존재한다. **야호! 이 잔혹한 세상에 나만 남겨진 게 아니잖아!**

동일 인물이라는 오해를 산 두 사람 수백 쌍을 사진으로 담은 프랑수아 브루넬레의 도플갱어 예술 작업 「나는 닮은꼴이 아니야!」를 보면 그런 생각이 저절로 든다. 작업은 각 쌍의 유사성이 아니라 참가자끼리 그 유사성에서 호러의 정반대를 느끼는 듯 보이는 지점에서 가장 빛을 발한다. 감동을 자아내는 친밀감이 배어 있는 브루넬레의 이미지에는 같은 얼굴을 한 낯선 이들이 평온한 분위기에서 공존한다. 어떤 몸은 다른 몸에 축 걸쳐져 있고, 어떤 이들은 서로 지긋이 눈을 마주하며, 또 어떤 이들은 장난을 치기도 한다. 개성의 부재에 당혹스러워하는 모습 없이 그들은 자신의 거울상 같은 상대방에게 관심을 드러낸다. 이들의 반응에서 여자 쌍둥이를 가진 철학자 헬레나 드브레스가 한 말이 불현듯 떠오른다. "이 세상에 홀로 태어나는, 상상 못 할 지경의 불행에 시달리는 이들에게 연민"이 든다고.[11]

그렇지만 우리는 혼자가 아니다. 적어도 그렇게 느껴지는 것만큼은 아니다. 물론 대다수의 사람은 쌍둥이들이 누리는 내밀한 삶을 타고나진 않지만 자아의 경계를 방비하는 데 조금만 투혼을 덜 발휘한다면 우리 모두는 연결과 단합과 친분을 누릴 수 있다. 도처에 친척[kin]이 있다. 어떤 것은 우리처럼 생겼고, 다수는 우리와 매우 다르게 생겼지만 여전히 우리와 연결되어 있다. 어떤 것은 인간이 아니다. 어떤 것은 산호다. 어떤 것은 고래다. 그리고 우리가 제 발등 찍는 일을 좀 작작 한다면 그들과 충분히 연결될 수 있다.

단언컨대 나는 잃어버린 지 오래된 친척처럼 내 도플갱어를 얼싸안을 생각은 없다. 그렇지만 우리 정신을 혼몽케 하고 자주성을 둘러싼 환상을 가지고 노는 도플갱어들은 다음의 교훈을 톡톡히 일러준다. 우리는 생각만큼 서로 분리되어 있지 않다. 개인 사이에도 그리고 끝나지 않을 복수혈전의 운명을 타고난 듯한 형제 집단 사이에도.

「나는 닮은꼴이 아니야!」에서 승복의 모델을 발견한다. 동일성이 아닌 상호 연결과 뒤엉킴에의 승복. 팬데믹이 초기에 우리에게 가르쳐주려 했던 것 말이다. 스스로 만들어지는 사람은 없다. 우리는 모두 서로를 만들고 허물어뜨리기 마련이다. 이 진실에 오래 눈감고 지내다보면 어느새 거울세계에 당도해, 당신은 살을 에는 강추위에도 빵빵 기적을 울리면서 "자유"를 부르짖고, 자신이 어느 누구에게도 무엇에도 속박되지 않는 "자주 시민"이라고 외칠 것이다.

그나저나 요즘 들어 사람들이 나를 '다른 나오미'와 혼동하는 일이 부쩍 줄었다. 총을 둘러메고 배넌을 따라다니며 공산당을 격파하자는 나오미 울프는 이제 범접 불가능한 하나의 현상으로 자리 잡은 듯하다. 두 다리 쭉 펴고 잘 일이지만 나는 애초에 사달이 났던 것에 대해서는 어쩌면 희한하게도 유감스러운 마음이 들지 않는다.

도플갱어 문제가 한참 불거졌던 시기를 돌이켜보면 자기 관여에 열중한 때도 없잖아 있었지만 궁극적으로는 내 자아의 독주에서 일부분 자유로워지는 계기가 되었다. 자기변호로 시작했던 프로젝트가(나를 내 아이디어, 내 정체성, 내 이름의 소유자로 **기필코** 내세울 거야!) 차츰 자기 해방의 성격을 띠어갔다. '다른 나오미'는 내 개인 브랜드에 위기(내가 언제까지고 부정하던 그 위기)를 초래하고, 한때 마냥 진지하기만 하던 내 공적 페르소나에 가소로움을 한 무더기 끼얹고, 클라우트를 좇는 삶이 얼마나 초췌한지를 보여줌으로써 수행되고 분할된 내 버전을 놓아주는 방법 이외의 선택지를 없애버렸다. 그렇게 하면서 나는 훨씬 더 침착해졌다. 그리고 존 버거가 오래전 나에게 가르쳐주었듯이 "침착은 저항의 한 형태다".

어떤 형태로 발현하든 간에 자기 관여―내 도플갱어의 과대망상증과 나의 이런저런 신경증, 당신의 '이곳에증상을기입하십시오'―는 자아가 과포화된 서사다. 마치 서구 유대 기독교 문명의 서사가 인간(독해: 힘 있는 백인 남성 인간)을 만물의 영장으로 세우고 지구를 인류만의 무대로 상정하듯이 말이다. 다 틀려먹은 소리다. 우리가 스스로를 지나치게 사랑하든 지나치게 혐오하든―혹은, 높은 확률로, 둘 다 하든―우리는 여전히 모든 서사의 주인공이다. 우리는 여전히 태양을 가리려들고 있다.

고로 지난 몇 년을 거치면서 나는 나오미 혼동 사태를 색다른 불교적 내려놓기 수련으로 보기 시작했다. 예전에는 비애착이 무엇을 의미하는지 종잡을 수 없었다. 하지만 그녀 덕분에 감을 잡은 것 같다.

○●

이렇게 이야기를 결말 짓기엔 너무 가지런하다는 것을 안다. 만약 수행하고 분할하고 투영하기가 모두 음영 지대를 회피하는 테크닉이라면 불교식 거리두기도, 프로이트식 무의식 통합도 우리가 여태껏 나 몰라라 해왔던 것들을 직시하기에 불충분하다. 물질적이고 지극히 집단적인 위기들을 직면했으니 궁극적으로는 우리가 함께 바꿔나가야만 견딜 수 없는 현실을 견딜 수 있을 것이다. 우리가 지금과는 다른 세계를 만들려거든 액션(액션! 액션!)을 취해야 한다는 뜻이다. 음영 지대를 필요로 하지 않고 희생자와 희생태계와 희생대륙을 담보로 하지 않는 세계를 집요하게 상상해야 한다. 상상을 넘어, 그런 세계를 곧장 건설해야 한다.

벨 훅스가 언제나 해왔듯이 이름 붙이는 데서부터 시작해야 한다. 음영 지대를 부설하고 가처분 대상으로 취급한 제도들은 자본주의, 제국주의, 백인 우월주의, 가부장제다. 이 단어들의 참뜻을 우리 삶을 이루는 사람들에게 알려야 한다. 그래야 아이들을 훔쳐가는 세계정부주의자 혹은 일자리를 훔쳐가는 이민자 혹은 선의로 행동하는 선생님 혹은 유대인 혹은 중국인 혹은 도서관에서 책을 읽어주는 드래그퀸 때문에 고통과 부담을 겪고 있다는 누군가의 말에 혹하지 않을 수 있다. 그리고 더 잘 맞설 수 있도록 말이다. "구조는 매몰차고 비판적으로 다룰지라도 사람에게는 순해야 한다."[12] 민권 학자 존 a. 파월이 말한다. 사람을 가혹하게 평가하고 구조를 원만하게 다루는 오늘날의 지배 담론과는 정반대다.

구조에 맞서고 구조를 다시 상상하는 작업에는 다른 준비물이 필요하다. 자선 기부, 공정성과 다양성 인식 증진 트레이닝, 소셜 미디어에서 미덕을 실천하는 등 우리가 개인들로서 할 수 있는 일이 이것은 아니라는 깨달음이 필요하다. 실로 우리가 음영 지대를 보기 거북해하는 주된 이유는 대위기들을 우리가 알아서, 자기 개선으로 해결하라는 문화에 살고 있기 때문이다. 다른 매장에서 구입함으로써 노동권을 지지하라. 당신의 백인 취약성^{white fragility}과 싸움으로써―또는 엘리트 공간에 당신의 주변화된 정체성 집단을 대변함으로써―인종주의를 결딴내라. 전기차로 기후변화를 타개하라. 명상 앱으로 자아를 초탈하라.

이 중 몇몇은 쓸모가 있다, 조금은. 그러나 작금의 부패한 제도에 길이 남을 변화는 우리 힘으로만 이뤄낼 수 있는 게 아니다. 우리의 작은 자아들끼리 단합한다 해도, 혹은 정체성 집단들끼리 단합한다 해도. 변화는 협력과 연합, 심지어 (특히나) 불편한 연합을 필요로 한다. 경찰과 구치소를 안전과 동치시키지 않는 세상을 만들기 위해 불굴의 노력을 해온 오랜 감옥 폐지론자 마리아메 카바는 아버지로부터 전수받은 가르침을 이렇게 축약한다. "값어치 있는 모든 일은 타인과 함께 이뤄진다."[13]

지금 상황이 유난히 막막해 보인다면(그리고 일진이 사나운 날에는 더없이 암담해 보인다면) 그것은 우리가 개별 자아의 역량에 거는 지나친 기대와, 수월한 협동에 한때 도움이 된 구조들―노동조합, 막역한 이웃, 잘 굴러가는 지역 매체 외 다수―의 오작동과 관련 있을 확률이 높다. 우리는 우리가 앞두고 있는 난관만큼이나 우리의 분열을 두려워하고 있다.

그리고 이처럼 불안정한 시기에도 그런 분열 가운데 일부를 극복할 수 있다고, 우리가 새로운 방식으로 단결할 수 있다고 믿는다. 아마존과 스타벅스 같은 기업에서 인습에 얽매이지 않은 조합들이 생겨나고 있다는 것은 젊은 노동자 다수가 이미 그런 새로운 방식을 모색하고 있음을 시사한다. 채무자들을 모아 Debt Collective와 같은 유사조합을 결성한 운동들과, 월세가 천정부지로 올라버린 여러 젠트리피케이션 도시에서의 세입자와 노숙 인구를 위한 조합들도 마찬가지다.

일론 머스크가 트위터를 하룻밤 사이 사적인 보복 기계로 탈바꿈시킨 사례는 우리가 핵심 정보 생태계를 억만장자의 변덕에 맡겨두어서는 안 된다는 점과 우리의 가장 악한 자아를 돋우며 데이터를 캐내는 방식 대신 공동체적 대안을 모색해야만 하는 이유를 보여준다. 다 반가운 징조다. 그러나 개별 자아 간의, 다양한 정체성 집단 간의 경계를 누그러뜨려 더 많은 이가 공동의 목적 아래 단합하기 전까지는 쉽게 나타나지 않을 변화들이다.

우리가 할 수 있을까? 도플갱어들은 우리로 하여금 지극히 상반된 감정을 느끼게 하며 분투를 예고한다. 한쪽 면에서 우리는 특이성과 유일성이 없다는 생각에 경악한다. 다른 면에서 우리는 연결되고, 타인에게 스며들고, 자아의 가장자리를 녹이고 싶어하는 욕구가 매우 깊다. 도플갱어의 유무와 상관없이 우리 대다수는 개인으로서, 집단 구성원으로서 이런 감정들의 인력과 척력을 느낀다. 특징과 고유성을 바라면서 결속과 공동체도 바란다. 이런 장력은 생산적이지 해소되어야 할 것이 아니다. 문제는 우리 문화가 한 방향으로 지나치게 편중돼 있다는 점이다. 제로섬 경제에서는 자신을 타인과 차별화하고자 하는 욕구를 탄탄하게 보상하고 독려하지만 연대감과 의협심에서 행동하고자 하는 욕구는 처벌하지 않는다면 저지하거나 없애버리고 만다.

이처럼 연대를 부정하는 태도는 여러 파시스트 도플갱어가 하루가 다르게 배짱을 키우고 있는 지금 특히나 위험하다. 우월주의적 절멸의 논리는 제대로 반박된 적이 없으며, 이제 슈퍼마켓과 월마트, 모스크와 시너고그는 누군가가 자신을 "대체"하려 한다는 생각에 사로잡힌 젊은 남성들의 손에 의해 도살장으로 바뀌어 가고 있다. 그리고 자기 인종이 우월하다고 믿는 집단과 자기 면역계와 아이들이 완벽하다고 믿는 집단을 잇는 대각선을 따라서 이 논리는 성행 중이다.

이처럼 감각 가능한 위협들을 앞둔 상태에서 우리가 가진 정체성들 간의 경계, 민족/인종/성별 정체성 집단들 간의 경계를 악다구니를 하며 지키는 것은 누구에게도 도움이 되지 않는다. 역사를 참고해 말하자면, 그것은 우리의 파국을 예고한다. 파시스트 우파 입장에서 승리란 곧 파편화, 당파주의, 그리고 전략 동맹을 맺지 않겠다고 아집을 피우는 반파시스트 좌파니까. 봐왔던 대로 음모론은 혼란과 무력감의 증상인 **동시에** 엘리트가 덕을 볼 분열과 주의산만의 도구다. 하지만 우리를 분열 상태로 유지시키는 것은 음모론만이 아니다. 우리 자신의 피해자화를 다루는 방식들, 그리고 그 피해자화가 타인의 피해자화로 이어지거나 그러지 않는 방식과도 때로 관계된다. 『유대 동향』 편집장이자 홀로코스트 생존자의 후손 아리엘 에인절은 최근 이 사안에 대해 굵직하게 쓴 바 있다.

요즘 나는 흡사 골절됐던 뼈가 비 오기 전이면 웅웅대듯이 온몸에서 파시즘의 위협이 진동하는 게 느껴진다. 좋든 나쁘든 간에 내 조부모의, 그리고 어쩌면 성질 부리던 스페인 군왕과 성직자들로부터 달아났던 내 조상들의 고통을 전해받고 있다. 시위나 파티가 잠잠해질 때쯤이면 동지들과 나는 거실에서, 건의 미팅에서 전략

의 우열을 가려보면서도 무엇 하나 성에 차는 선택지는 없다는 것
을 인정한다. 하지만 확실한 것은 이거다. 우리는 서로를 필요로
한다. 그러니 저마다의 고통에 매몰되기보다는 집단적 힘의 가능
성에 귀 기울여야 한다.[14]

　내가 도플갱어 여정의 끝에서 얻어가기로 결심한 교훈 가운데
하나다. 이제는 저마다의 고통과 자아를 내려놓고 다른 형태의 연
결과 친척에게, 절멸과 몰살의 세력을 거스르고 순수와 완벽의 마
인드셋을 떨쳐내려는 누구에게나 손 내밀 차례다. 정체성의 차갑
고 견고한 모서리가 제아무리 유용하다 한들, 그런 모서리를 녹이
는 능력은 궁극의 도플갱어 위협—이미 세계 도처에서 진행 중인
파시즘으로의 전환—을 마주한 지금, 타개의 실마리다. 우리는
"내 쪽 사람"을 "모든 사람"으로 정의하는 참된 연대의 끈기를 지
녀야 한다.
　이런 종류의 보편주의는 실현하기가 어렵다. 넓은 의미에서 좌
파에 속한 사람들에게는 서로가 지겹고 짜증나고 실망스럽고 또
그런 실망감을 계기로 좀더 작디작은 집단들로 분산할 만한 정당
한 이유가 수두룩하다. 그렇지만 권력과 부, 병기와 정보기술이
극소수의 손에 집중된 때에, 그리고 그 손들이 가장 타락하고 방
자한 목적에 저런 자원을 사용할 의향이 있는 때에, 분산은 굴복
에 다름 아니다. 과두제 앞에서 우리에게 남은 것은 단결이 품는
잠재력이다. 인종과 젠더, 성지향성, 계급, 국적은 우리의 고유한
욕구와 경험을 주조하고 역사적 부채를 빚는다. 그런 현실들을 곧

게 인지해야 함과 **동시에** 집중된 부와 권력에 도전하는 공통된 관심사를 다지며, 좀더 공정할, 좀더 즐거울 새로운 구조들을 건설해야 한다.

대체로 말이 행동보다 쉽다. 그러나 완강해 보이는 장벽들을 넘어 단합하고자 할 때는 그 역이 참일 수도 있겠다. 행동이 말보다 쉬운 경우다. 언어의 계에 갇혀 지내는 한 우리가 갈라설 이유는 결코 마르지 않는다. 물질적 환경을 바꾼다고 해서—일터를 노조화하거나, 퇴거령에 제동을 걸거나, 정치범들을 사면하거나, 경찰 단속에 대한 대안을 마련하거나, 반체제 후보자에게 투표한다고 해서—분열 조짐이 사라지지는 않지만, 공통의 관심사에 대한 이해와 전우애의 뭉클함, 때로는 승리의 짜릿함으로 상쇄되는 편이다.

그리고 짜릿함으로 끝나지도 않는다. 역사학 연구 내용과 활동가 경험을 바탕으로 키앙가야마타 테일러가 얼마 전 내게 말하기를, 운동은 참여자를 바꿔놓는다. "투쟁은 우리로 하여금 서로를 보도록 돕는다."[15] 그녀가 말했다. "그건 우리가 개인주의와 각자 정체성의 특색에서 탈주할 수 있게 돕는다." 목표를 가지고 조직하는 개인들은, 자신이 꽤 다른 생김새(와 정치)를 가진 사람들과 관심사가 같을 뿐만 아니라 이런 동맹으로부터 새로운 힘의 감각이 흐른다는 것을 발견한다. "우리가 하는 투쟁은 무엇이 문제이고 어떻게 극복할지를 명료하게 함으로써 연합의 잠재력과 가능성을 만든다." 테일러가 설명했다.

대형 시위, 파업, 집회, 싯인 운동의 연금술을 논한 존 버거의 1968년 에세이도 여기에 공명하는 바다. 버거가 논하기를, 이런

탈자아

항의는 권력층에게 무언가를(사람들이 화나 있고, 이를테면 정상 영업의 흐름을 깰 힘을 가지고 있음을) 일깨워주는 데서 그치지 않는다. 거리에 모인 사람들에게도 무언가를 일깨워준다. 그들이 개별 자아의 제한된 역량에 그치는 한낱 개인이 아니라 "어떤 계급에 속한다는 사실. 그리고 그 계급에의 소속은 더는 공동의 숙명을 예고하지 않고 공동의 기회를 암시한다".[16] 이런 기회는 다양한 형태로 드러난다. 임차인 혹은 채무자 혹은 근로자 개인이 청구액을 치르지 못하면 그들과 그들의 가족이 위기를 맞는다. 임차인 혹은 채무자 혹은 근로자 집단이 청구액을 치르지 않겠다고 거부하거나 단체로 노동 중지를 결정하면 채권자, 집주인, 상사가 위기를 맞는다.

이게 집단 조직의 힘이다. "우리"의 외연을 확장함으로써 가능성의 감각을 확장하기. 조직 참여자들은 여태껏 들었던 내용과 달리 지금 그들이 겪는 고통이 성격상의 결함 및 근무 태만의 결과가 아님을 이해하게 된다. 오히려 그것은 참혹한 결말을 예정하는 경제·사회 체제들, 즉 사람들이 수치심을 훌훌 털고 공동의 목표 아래 단합할 때에만 바뀔 체제들의 산물이다. 이 사실을 충분히 많은 수의 사람이 믿기 시작하면 진정한 의미의 각성이 이뤄질 것이다. 이전에 존재하던 것보다 더 폭넓고 포용적인, 새로운 집단 정체성이 실시간으로 형성될 것이다.

도플갱어와 맞닥뜨린 사람은 스스로가 낯설어진다고 프로이트는 주의를 준다. 개인 차원에서는 삶을 가차 없이 뒤흔들어놓는다, 내 경험에서처럼. 그러나 대의와 대중에 파묻혀 살아온 활동가의 관점으로 봤을 때 스스로가 낯설어지는 경험은 마냥 끔찍하기만 하진 않다. 내게는 초월적 체험으로 다가왔다. 이 시대에 긴요한 규모의 변화를 이루고자(참고로 그 변화는 그린주스보다는 글로벌 그린뉴딜에 가깝다) 우리가 함께할 때면 우리는 변화한다. 낯설어지는 데까지 이르진 않더라도 최소한 예기치 못한 사람들이 된다. 더 과감한. 더 희망찬. 더 연결된. 우리가 겨우 아는 사람들을 애정할 능력이 더 출중한.

다른 변화도 뒤따른다. 우리가 신념에 따라서 처신할 때면, 해결해야 할 일을 해결할 때면, 사회가 좋은 삶으로 둔갑시켜 제시하는 이런저런 분신이 설 자리는 줄어든다. 우리가 디지털 아바타 뒤에 숨어들 이유가 줄어든다. 그게 에이잭스가 현실에서 활약하기를 바라는 배넌의 상상이든, 허공을 청중 삼아 자신을 수행하는 인플루언서들이든 간에 말이다. 마르크스가 말하는 종교처럼 분신은 아편이다. 도망쳐야 할 고통과 불협화음이 줄어든다면 분신의 입지도 덩달아 줄어든다.

좀 드문 광경이긴 해도 몇 번 봤다. 나는 노동자들이 차지한 공장과 사람들이 점거한 광장, 혁명의 열기로 끓어오르는 도시에 있었다. 그곳에서는 옷깃을 스치는 이 한 명 한 명이 정치적 동지이자 죽마고우로 느껴진다. 그리고 시작은 슬로건이었지만 종국에는 사회 정의의 기도문처럼 돼버린 "내가 아니다. **우리다**"라는 세 낱말로 수백만 명을 단결시켰던 미국 대통령 경선 때도 비슷한 광경이 펼쳐졌다. 샌더스의 캠페인은 2019년 10월 뉴욕주 퀸스에서 열린 집회에서 분기점을 맞았다. 그때 그는 2만5000명 앞에서 이

전에는 보인 적 없는 모습을 보였다. 청중 전체에게 자신이 모르는 이를 쳐다보라고 부탁했다. "어쩌면 당신같이 생기지 않은 사람, 어쩌면 당신과는 다른 종교를 따르는 사람, 어쩌면 다른 국적을 가진 사람…… 이제 묻고 싶은 것은, 당신은 잘 알지도 못하는 그 사람을 위해 마치 당신 자신을 위하듯 싸울 수 있습니까?"[17]

본인에게 대출금이 없더라도 학자금 탕감을 위해 싸울 텐가? 본인이 시민권자라 하더라도 이민자의 권리를 위해 싸울 텐가? 아직 태어나지 않은 이들이 기후 붕괴의 위험으로부터 안전한 삶을 살 권리를 위해 싸울 텐가? 청중의 함성 속에서 사람들은 감동 이상을 체험했다. 변화를 겪었다. 가장 협소한 개념의 자아와 정체성을 넘어서 싸우자는 발상에 서린 힘으로 변화를 겪었다.

문제라면, 대통령 선거 캠페인은 그런 공약을 내걸기가 좀 까다롭다는 것이다. 선거 캠페인은 정의상 수명이 정해져 있고 후보자의 승패가 갈리는 시점에 막을 내린다. 버니가 패배하면서 종결의 순간이 찾아왔고, 선거 유세길에서 숱하게 겪었던 탈자아 경험도 그길로 사그라지는 듯했다. 엄격한 봉쇄령이 떨어지자 우리는 저마다 집 안에 갇혀 그동안 가교 역할을 해오던 운동으로부터 단절되었다. 한참 "우리"의 힘에 감복하다가 마치 즉석에서 "나"의 심연에 홱 떨어지기라도 한 기분이었다.

그럼에도 우리는 무엇이 가능했는지를 가늠했고 중요한 교훈을 터득했다. 선거는 "내가 아니다. **우리다.**" 같이 중요한 메시지를 담기에는 너무 짧고 불안정한 그릇이다. 그렇다고 해서 메시지 자체가 그릇되었다는 것은 아니었다.

가지 않은 길들을 재건축하기

그러므로 도플갱어들의 의의를 이해하는 마지막 방식, 앞으로 해내야 할 어려운 공동 작업을 생각해보기에 유용한 그 방식을 살펴보자. 도플갱어 기호가 문화적으로 되풀이되는 이유 가운데는 복제 자아가 존재한다는 가정이 삶의 잠재 가능성을 환유하기 때문이기도 하다고 프로이트는 추측했다. 우리는 선택의 산물이다. 우리가 고른 혹은 타인이 고른. 그러나 프로이트는 그것만이 유일한 선택지는 아니라고 논했다. "이뤄졌더라면 운명을 결정지었을 테고 여전히 상상력을 매혹하는 온갖 가능성, 악조건 속에서 좌절되었던 자아의 온갖 분투, 자유의지라는 환상을 키웠던 결단력의 온갖 억눌린 체현"이 있다.[18]

이런 식으로 보면 우리의 복제판이 걸어다닌다는 발상은 가지 않은 길들을 대변한다. 우리 인생을 확정하는 선택들이 조금—혹은 급진적으로—달랐더라면 우리는 어떤 사람이 되어 있을까? 다른 길을 걷지 않고 이 길을 걸었기에, 존재하나 체현한 적 없는 우리의 잠재적 버전에는 무엇이 있을까? 혹은 다른 사회에 살지 않고 이 사회에서 살았기에?

이런 종류의 도플갱어는 영화 「에브리싱 에브리웨어 올 앳 원스」 같은 멀티버스 서사에서 다뤄진 바 있다. 배우 량쯔충楊紫瓊은 작품에서 이혼 서류를 들이미는 남편, 어떻게 사랑해줘야 할지를 모르겠는 딸, 실망감을 내비치는 아버지, 그리고 회계 감사를 앞둔 세탁소 사업까지 저글링하느라 어깨가 무거운 미국 이민자 역을 연기한다. 그러나 과로에 신음하던 이 여성은 다중우주를 여행하는 슈퍼히어로로 거듭나 한 우주에서는 배우 본인처럼 글래머러스한 영화계 거물로 살기도 한다. (감독들은 량쯔충이 레드카펫에 선 장면을 그녀의 초기 작품에서 가져와 삽입했다.) 영화는, 그리고 특히 저 장면은, 우리가 살아가게 되는 삶과 상황이 달랐더라면 우리가 살 수도 있었을 삶을 구분하는 막이 얼마나 얇은지를 보여준다. 임신과 출산은 어떤 가능성으로 가는 삶의 통로를 닫고 다른 곳으로 가는 통로를 열어준다. 취직 여부도 마찬가지다.

그럼에도 우리에게 주어진 선택지가 무작위가 아님을 우리는 다 알고 있다(혹은 알아야 한다). 어느 국가에서, 어떤 몸에서, 어떤 젠더에서, 어떤 인종에서, 어떤 가정에서 출생하는지에 따라 그 선택지는 과격하게 확장되고 수축한다. 개개인의 삶들만 도플갱어로서의 잠재력을 지니는 것이 아니다. 사회 전체도 지닐 수 있다. 필립 로스식 '저것과이것성'이 모든 사람에게 내재되어 있기 때문이다. 상냥하고 퉁명스러운. 측은지심에 가슴 아파하고 이기주의의 화신이 되어버리는. 서로에게 마음의 문을 활짝 열고 야멸차게 잠궈버리는.

도플갱어 문화를 탐구하면서 저것과이것성의 다양한 사례를 나와 타인에게서 감지할 수 있게 되었다. 내 아들 T 같은 이들에게 호기심과 친절을 보이는 의사였다가, 조금 다르게 행동하는 아이들을 죽음의 구덩이로 보내는 사람으로 바뀐 한스 아스퍼거 같은 극단적 사례에서. 혹은 한때 분발심과 유연성으로 빛나던 토론장이었다가 이스라엘 편을 들지 않는다면 누구든 사지로 몰아넣겠다고 완강히 밀어붙이는 공간으로 어느샌가 전환한 내 유대 문화에서. 혹은 평등과 돌봄의 준칙으로 사회를 바꿀 가능성에 혁명적 희망을 잔뜩 품고서 2020년 인종 정의 운동에 참여했던 많은 사람 가운데 1년 뒤 소통을 끊고 비애와 때로는 음모론에 빠진 일부에서. "무엇 하나 마땅히 내 몫이어야 한다는 특권의식이 없다면 자신보다 타인에게 원한을 품을 일은 적을 겁니다."[19] 키앙가야마타 테일러가 내게 말했다. 도플갱어로의 전환은 제각기 다르지만, 우리는 우리가 조금만 다른 조건 속에 놓였더라면 됐을 법한, 여전히 될 수 있는 다른 사람의 예시를 주변에서 흔히 발견한다.

두 트럭 호송대를 예로 들어보자. 시끄러운 호송대와 그로부터 8개월 전, 아이들의 죽음을 기리는 원주민 공동체와 연대할 목적으로 결성한 조용한 호송대 말이다. 둘은 극명한 대비를 보였다. 두 호송대를 선과 악으로 나누어 하나를 진일보로, 다른 하나는 백인들의 백래시로 보는 관점이 있다. 선택하기 편리한 이분법일 테고, 내가 호송대 이야기를 풀어낸 방법이기도 하다. 하지만 여기서부터 지층이 요동치기 시작한다. 몇몇 트럭 운전수는 **양쪽** 호송대에 모두 참가했다. 2021년 6월, 그들은 슬픔과 연대를 느꼈다. 2022년 2월에는 분노와 독선에 빠졌다. 모든 사람처럼 그들도 저것과 이것이었다. 사회, 정치, 경제 조건상에서 간발의 차가 그들로부터 다른 모습을 끌어낸 것이다.

이해하려고 들여다보면 '다른 나오미'도 비슷한 양상을 띤다. 그녀 역시 저것과 이것이다. 신예 작가로서 울프는 수많은 여성에게 페미니스트가 되도록 귀감을 제공했다. 중년에 들어서는 진정한 도덕적 용기 없이는 못 할 일들—시너고그에서 나가버리거나 페이스북 플랫폼을 미사일 폭격에 신음하는 사람들과 나눠 쓰는 일—을 했다. 그리고 울프는 특히 근래 들어 매우 유해한 일을 여러 차례 저질렀는데, 다소 시시한 동기로 행동한 듯하다. 그것은 주목과 자기만족, 돈 욕심에서였다. 어쩌면 자신이 옳았고 자신을 한 번이라도 공격한 모든 사람이 틀렸다는 것을 증명하고자 하는 욕구에서였는지도 모른다. 하지만 관심과 재화에 무한한 가치를 두는 문화는 그런 천박한 충동에 깊이를 더했고, 실수란 실수마다 걸고 넘어져 기존에는 상상 불가능한 규모의 대중적 치욕, 조롱, 방기, 무안의 기회로 삼는 게 목적인 듯한 정보 도구를 만들었다.

그 말은 곧 내 도플갱어는 나만 닮은 게 아니라는 것이다. 조던 필을 인용하자면, 그녀는 어스(우리)를 닮아 있다.

돌봄과 비돌봄의 다툼

이제 남은 질문은 사람들이 그녀를 둘러싸고 자주 던지는 질문, '저랬던' 사람이 어째서 '이런' 사람이 되었을꼬?가 아니다. 다음이다. 어떤 종류의 시스템이 우리의 가장 좋은 부분에 불을 지펴, 그 화력을 시위나 봉기, 대통령 선거 캠페인 너머로까지 지탱할 확률이 가장 높을까?

"내 소견에 더욱 돌보는 사회를 만드는 출발점은", 기후위기 전문 정신분석가 샐리 와인트로브는 말한다. "돌봄과 비돌봄이 우리 모두에게 내포돼 있는 성질임을, 그리고 각자 발현하고 서로를 뛰어넘으려는 속성임을 명심하는 것이다."[20] 달리 말하면, (비단 그 악마 같은 '저놈들'만이 아니라) 우리는 모두 자신의 저것과이것성과 영원히 씨름한다. 문제라면, 우리가 살고 있는 사회가 그중 무정한 모습을 조장하고 보상하는 동시에, 가족이 아닌 사람들에 대해(그리고 가족인 사람들에게조차) 지속적으로 관심을 기울이길 어렵게 한다는 것이다.

그러니 더 많은 이가 더 나은 선택을 하길 바란다면—장바구니에 잡동사니를 쓸어 담으며 위안을 삼거나, 조회 수와 인기도를 바라고 역정보를 퍼 나르거나, 타인의 취약성과 욕구가 자기 안녕에 해를 끼친다고 간주하는 게 아니라—더 나은 구조와 체제가 필요하다고 와인트로브는 주장한다.

개인적으로 봤을 때, 그리고 누가 딱히 놀라워할 판단도 아니지만, 심판대에 오른 것은 자본주의라고 생각한다. 자본주의는 우리의 가장 무정하고 경쟁적인 면을 가동시키며 모든 주요 사안에서 고전을 면치 못하고 있다. 우리가 필요로 하는 것은 우리의 나은 모습을, 즉 위기에 빠진 세계를 직시하고 수리 작업에 동참하고자 하는 부분을 밝혀줄 시스템이다. 돌봄이 비돌봄과의 다툼에서 이길 수 있게 여러모로 호조건을 만들어줄 시스템 말이다.

그런 사회의 본보기는 어디서 찾아볼 수 있을까? 도플갱어들이 우리가 살았을 법도 한 삶, 되었을 뻔도 한 사람들을 가리킨다면, 어쩌면 가지 않은 길들에서 힌트를 구할 수도 있겠다.

붉은 빈은 살아 있다

그렇다면 도플갱어 세계를 빠져나가게 해줄 입구로 다음을 고려해보자. 한때 테이블에 올랐고 심지어 시도됐으며 이제 재시도해볼 만한 사회 편성 방식들 말이다. 촘촘히 탐색해보면 어떤 문화에서든 저항과 생활의 대안 방식이 있는데, 스스로를 "진보"와 "문명"으로 일컫는 스팀롤러에 압사당하지 않고 갸륵히 보존되어온 모범 예시도 종종 발견할 수 있다. 이 책에서는 그런 식으로 주로 잊힌, 가지 않은 길을 몇 갈래 나의 (유대, 좌파) 전통 내부에서 발굴하려고 시도했다. 유대노동자총연맹이 노동자 간 다민족 연합에 보인 굳은 의지. 그리고 "이곳에 있음"을 표방하며 어느 거주지에서든 정의를 구현하려는 노총원들의 결의. 그 개념은 수백만 명이 강제 이주하고 새로운 터전을 찾고 "이곳"에 존재할 권리의 기틀이 간절한 지금 특히나 시의적절하다. 로자 룩셈부르크가 야만의 유일한 대책으로 상상했던 민주사회주의도 좋은 예시다.[21] 현 세계를 구축한 아이디어들은 우리를 망가뜨리고 있지만 우리는 언제나 다른 논리와 아이디어들을 채택할 수 있다. 국경에 철갑을 두르지 않고서도 고유한 문화와 언어, 정체성을 지키는 법에 관한 아이디어들. 종잡을 수 없는 그림자 분신들을 이고 살아가는 모든 사람 사이의 결속과 연대에 관한 아이디어들. 오랜 이야기들을 오려 붙여 만드는 새 서사.

나치가 다가오는 와중에 『유대인 문제』를 집필한 아브람 레온을 떠올려보자. 그는 인종주의 음모들이 자본주의에서 비밀결사단으로 말을 바꾸는 방식을 세심하게 설명했다. 당시 20대 중반이었던 레온은 유대 민족 수백만 명이 이미 사망했고 곧 그 역시 아이디어라는 유품의 형태로만 세상에 존재할 운명임을 알았다. 그럼에도 기록을 남겨둘 만큼 아이디어가 가진 힘을 신뢰했다. 이는 곧 그의 아이디어가 여전히 채택 가능한 범주에 있다는 뜻이다.

　이것은 만약의 문제가 아니다. 만약 히틀러가 식민 프로젝트의 도플갱어라는 것을 W. E. B. 듀보이스와 에메 세제르, 발터 벤야민과 아브람 레온이 제기했듯이 80년 전에 받아들였다면? 그랬던 적은 없다. 하지만 지금이라도 귀 기울이고, 들은 바를 토대로 행동을 개시한다고 해도 너무 늦지는 않았다. 다른 모든 방법은 이미 다 시도해봤다는 듯이 그리고 다 실패했다는 듯이, 그래서 지금 상태가 유일한 가능태라는 이야기는 숱하게 돈다. 하지만 다른 방식으로 존재하고 생각하고 살아가는 방식에 관한 아이디어들이 전부 실패하지는 않았다. 그중 다수는 정치 폭력과 인종 테러에 진압돼 묻혀버렸다. 진압된 것은 새롭게 상상해 되살려낼 수 있기에 실패한 것과 다르다. 프로이트는 도플갱어들을 가지 않은 길들, 하지 않은 선택들로 사유한다. 우리 또한 도플갱어들을 **여전히** 갈 수 있는 길들, 아직까지도 현재에 얽혀 있는 과거의 잔향으로 볼 수 있다.

　제1차 세계대전의 폐허 속에서 붉은 빈이 구축한 불세출의 아동 중심 사회를 나는 가장 자주 생각해본다. 파시스트의 군홧발에 으스러진 사회 실험이었다. 그렇지만 감옥 벽을 헐기 위해 아이들에게 메타포적 궁전을 지어준 그 기백만큼은 대성공을 거두었다.

민주사회주의자들은 일자리에서 주거지, 관공서까지 모든 층위에서 조직하며 엄청난 인기와 효과를 모두 거머쥐는 정책을 발표했다. 돌봄노동자 인단. 아기들을 위한 무료 기저귀와 옷. 오늘날까지도 대부분 사용되고 있는 볕 잘 드는 노동자용 사회주택. 공원과 수영장. 자연을 누릴 권리. 아동 교육에 대한 예술·창조적 접근. 빈곤하거나 신경다양적인 아이들을 방치하지 않겠다는 결의. 이민자와 민족혐오 피해자에 대한 억척스러운 환대. 대륙에 득시글거리던 민족주의의 해악을 무찌를 대안을 찾겠다는 집념.

　제1차 세계대전에 참전한 군인들은 대거 불구가 되었고 고아는 끊이지 않았다. 바로 그런 맥락에서 붉은 빈의 파격적인 비전은 궁핍과 질병에 허덕이던 도시를 결점과 결함투성이임에도 불구하고 다르게 살아가며 관계 맺는 방식의 지표로 바꿔놓았다. 혹은 정확히 말해 결점과 결함투성이였기에.

　미치 사기그 니시나베그족 출신의 작가 겸 예술가 리앤 베타사모세이크 심프슨이 내게 10여 년도 더 전에 해줬던 말이 지금도 가끔 떠오른다. 그녀는 지독한 산업 공해 지역에 살았던 경험과 "원시 상태의" 불모지로 이주하고자 하는 욕구를 이야기하던 중 이렇게 말했다. "땅을 어머니로 보거나 우리가 모녀관계라고 생각해보면, 어머니가 아프다고 해서 또는 학대당했다고 해서 그녀를 싫어하는 것은 아니지 않은가. 그녀가 학대성 관계에 있었다고, 흉터와 멍이 졌다고 어머니에게 발길을 끊는 것은 아니지 않은가. 오히려 관계를 더 돈독히 할 필요가 있다."[22] 더 자주 찾아뵈어야 한다. 나는 중증 장애를 가진 어머니의 딸로서 그리고 공식 서류상 장애

(로 명명하나 우리 부부의 눈에는 삶에 대한 다른 태도)를 가진 아이의 어머니로서 저 말에 여러 면에서 공감했다. 심프슨의 공식에 따르면 아프고 다친 세계의 현주소를 직시하되 완벽을 찾아나서겠다는 핑계로 세계에 등을 돌려서는 안 된다. 반대로 도움 요청이 여기저기서 터져나오는 순간에 우리는 더 나은 돌보미로 성장할 의무를 진다.

　장애권 이론가 수노라 테일러는 지금처럼 행성적 충격과 연발하는 재앙의 시대에 돌봄 중심 사회가 무엇을 의미할지를 다각도로 사유하고 썼다. 테일러는 자연계의 상태와 그런 세계에서 장애를 가지고 살아남기 위해 고군분투하는 몸과 마음의 상태들 사이에서 유사점을 다수 발견한다. 생태 위기를 단순히 건강과 죽음의 이원론으로 접근해서는 안 된다고 테일러는 주장한다. 물론 어떤 종은 멸종하고 있고 어떤 생태계는 더 이상 생명을 보듬지 못한다. 그렇지만 고갈된 토양과 메마른 강바닥, 희귀해진 야생동물과 벌채로 벌거벗겨진 삼림에서 나타나는 가장 흔한 상태는 만성적 훼손이고, 훼손된 환경은 "위태롭고 의존적이며 상실과 고통으로 가득 차 있어 보조와 지원, 창조적 형태의 돌봄을 요청한다".[23] 테일러는 이어서 적는다.

　　장애인으로서 나는 이것(훼손된 환경)을 장애로 인지한다…… 최상의 시나리오로 흘러간다 하더라도 앞으로 수십 년 동안 우리는, 인류의 무력화disablement와 긴밀히 엮여 있으며 인간 세계 너머에까지 영향을 끼치는 대량 생태적 무력화를 겪을 예정이다. 그러므

로 장애의 시대가 요구하는 돌봄과 치료, 지원 형태를 사유하는
것은 필수다.

그녀는 코비드 시기에 극심한 피해를 낳은 가치인 개인적 완벽
이나 최적화된 체력과 대척점에 있는 가치를 추구한다. 그리고 그
것은 관심경제에서 고통과 트라우마가 화폐로—사람들이 연결이
아니라 분리할 근거로—기능하는 양상과도 사뭇 다르다. 장기 코
비드 중에서도 특히 코비드에 여러 번 감염된 뒤 겪는 장기 코비
드는 대량 장애화 사건을 불러올 수 있고, 한때 건강했던 비장애
인 인구 다수가 즉효 약 없는 상황에 처할 수 있다는 점에서 테일
러의 접근법은 더 시의성을 띤다.

장애가 인간과 비인간에 모두 실제로 상실을 의미할 가능성을
부정하지 않으면서도 테일러는 "다친 이들이 활기차게 살 수 있을
세상을 만들기 위해 노력하는, 부상자의 환경주의"를 주창한다.[24]
자선이나 선행이 아니다. 어느 누구도 위해로부터 자유롭지 않다.
어떤 면에서든 우리는 다 위해를 입었거나 곧 위해를 입을 처지이
거나 그리고/또는 위해를 끼칠 것이다. 우리가 타자에게 투영하
는 다른 모든 것처럼 위해와 장애 또한 "저쪽에"만 남지 않는다.
종국에는 찾아온다. 우리 몸에, 우리 가족에게, 우리가 사랑하는
장소에. 돌봄의 인프라를 구축하는 데 실패한다면 코비드 시기를
수놓은 냉혹과 착란은 앞으로 드러날 야만의 한 귀퉁이밖에 안 될
것이다. 테일러는 도플갱어 문화에서 빠져나가는 포털, 그 건너편
에 대한 비전을 제시한다. 희생자와 희생처 없는 사회, 음영 지대

가 더는 필요치 않은 세계를. 두 번째 몸으로부터 도망다니는 일에 종지부를. 진정한 통합을.

복시 複視

내 묘사에서 정착 식민주의는 폭력과 절멸이었고, 실제로도 그렇다. 한편 매우 낯선 땅을 밟은 초기 유럽 정착민들이 알지도 이해하지도 못하고 서사도 신화도 성스러움도 없어 보이는 도착지를 무척 두려워했을 거라고 짐작한다. 그들이 안정감을 찾으려고 시도한 방법 중 하나는 이 지극히 새로운 장소에 다른, 좀더 친숙한 공간의 이름이나 고유명을 붙여주는 것이었다. 내가 사는 지역 부근의 타운들은 주로 1800년대 중반에 그곳에 가족과 함께 도착하고서 그 땅을 무려 자기 이름으로 부를 배포가 있던 남자들에게서 장소명을 가져왔다. 깁슨스라든가, 로버츠 크리크, 윌슨 크리크 같은.

저런 이름 뒤 혹은 아래에 가려진 이름, 즉 장소의 본명이 차츰 가시화되고 있다. 이제 고속도로 초록색 표지판은 장소명 병기가 흔해졌다. TS'UKW'UM(WILSON CREEK) 혹은 XWESAM(ROBERTS CREEK) 따위다. 두 세계가 같은 공간을 점유하는 것이다. 이 문제적 쌍둥이로 인해 우리는 식민자들이 제대로 알지도 못하는 장소에 지어준 이름과, 시셸트 부족이 작명한 이래 단 한 번도 바꿔 부른 적 없는 이름을 동시에 의식하게 된다. 표지판은 비원주민 인구로 하여금 우리가 두 발 딛고 서 있는 이 국가가 다른 국가들 위에 세워졌으며 그 국가들―그들의 민족, 언어, 문화, 인식론―을 음영 지대로 전락시키려 했다는 중층 의식을 갖게 한다.

초록색 표지판은 이른바 기숙학교의 범죄에 대한 진실화해위원회의 집요한 조사 끝에 이루어진 작은 성과이고, 정부는 이것을 "화해"의 증거로 퍼뜨리고 있다. 기숙학교 건이 화해의 단계에 접어들었다고 하기에는 무리지만 분명 표지판은 화해의 부재를 부각시킨다. 이제 겨우 첫 단추를 꿴 것이지만, 가장 어렵고 완강하게 회피해온 진실을 어떻게 마주해야 할 것인지를 넌지시 제시하고 있다.

○●

책의 원고를 거의 다 마쳐가던 시점에 엘리자베스 2세 여왕이 향년 96세로 서거했다. 그녀의 사망은 양호한 사망, 불가피한 사망, 비극적이지 않은 사망이었다. 대부분의 영미권에서는 생소하기 짝이 없는 절절한 애도, 즉 나쁜 사망, 예방 가능한 사망, 조기 사망, 비극적인 사망 등 다른 죽음들 앞에서는 보인 적 없는 애도의 뜻을 집단적으로 드러냈다. 나는 런던에 사는 친구들에게 적어도 캐나다인들은 여왕을 잘 보필하고 있노라며 철딱서니 없는 농담을 했다. 내 집과 멀지 않은 곳에 거주하며 온갖 우스운 칙령을 공포하는 큐어넌 여왕 말이다.

실은 농담이 아니었다. 솔직히 말하자면, 한 여왕은 미치광이이고 다른 여왕은 완전 이성적인 인물로 봐야만 하는 이유를 모르겠다. 내 눈에는 누군가가 감히 왕관을 집어 쓰고, 지구에 선을 긋고, 신생 국가를 선포할 때마다 (특히 그게 타인의 나라일 때, 그러니까 언제나) 헛바람이 불었던 것 같다. 이런저런 직위의 남자들이 이역만리에서 법령을 발포해 다른 땅의 도플갱어로 제정한 땅 (뉴욕, 뉴잉글랜드, 뉴프랑스, 뉴사우스웨일스 등등)에 사는 우리가 사실에서 허구를, 현실에서 환상을 발가벗기는 데는 꽤 오랜 시간이 걸릴 것이다. 대각선주의자를 비롯해 거울세계 거주민들로부터 본받을 점이 있다면, 현실을 바꿀 수 있다는 발상, 거울의 이편에서는 너무 많은 이가 이미 저버린 건 아닐까 우려되는 그 야망을 저들은 여전히 품고 있다는 것이다. 저들이 하듯이 사실을 지어내서는 안 되지만, 인간이 만든 시스템의 다수—군주제와 대법원, 국경과 억만장자—를 정태적으로 보는 것은 그만둬야 한다. 사람이 만든 모든 것은 다른 사람들의 힘으로 바꿀 수 있기 때문이다. 만약 지금의 시스템이 삶의 급소를 찌르는 거라면, 그리고 정말로 그렇기에, 반드시 바꾸어야 한다.

현기증은 우리가 알고 있다고 생각했던 세계가 더는 작동하지 않을 때 틈입한다. 우리가 알던 세계가 무너지고 있다. 괜찮다. 부정과 부인으로, 아니-보기와 아니-알기로, 거울과 그림자로 짜깁기된 외관이었으니. 무너져야 했다. 이제 그 폐허 속에서 더 단단한, 더 신뢰할 만한, 임박하는 충격에 더 잘 버틸 무언가를 만들 수 있을 테니.

누가 분신인가?

형이상학적 의심에 몸서리친다.
내내 **내가** 사기꾼이었단 말인가? 내가 타자였단 말인가?
— 그레이엄 그린, 『탈출의 방법들』

내 도플갱어에게 질문하고 싶다, 그것도 아주 많이. 스티브 배넌과의 동맹에 대하여, 그리고 파시스트로 살기로 작정한 이들과의 동맹에 대하여. 백신을 맞는다면 자기가 죽을까 혹은 아기가 죽을까 혹은 아기를 못 가질까 두려워하다가 코비드로 목숨을 잃은 수천 명에 대하여. 그녀가 구매한 총기가 온갖 다른 총기의 맥락에 어떻게 끼워맞춰질지에 대하여. 그녀의 구독자들이 오리건주에 위치한 그 흑인 소유의 레스토랑에 한 짓에 대하여. 로 대 웨이드 판결 무효화를 안타까워하지 않는 듯한 이유에 대하여. 팔레스타인에 관해 발언하기 시작한 이래로 벌어진 일의 내막에 대하여. 그리하여 더는 발언하지 않는 것에 대하여.

진심으로 질문하고 싶었다. 목록을 작성해서 인터뷰를 요청했다. 그녀의 웹사이트, 출판사, 개인 계정으로 이메일을 보냈다. 그녀와 나를 모두 아는 지인, 그러니까 울프와 연을 이어가고 있는 몇 안 되는 친구 한 명의 도움을 받았다. 우리 사이에 정치적 견해 차가 있긴 하나 정중한 토론을 약속한다고 적었다. 그리고 이 토론을 「인터셉트」에서 방송하자며, 책을 홍보하던 중인 그녀에게 이득이 될 방향을 제안했다.

묵묵부답이었다. 당시 수십 편의 극우 방송에 출연하고 있던 그녀는 마음속에 그리는 자아상에 걸맞게 대우받고 있는 듯 보였다. 선지자, 카산드라, 거대 세력으로부터 박해받는 희생양, 그럼에도 불구하고 또랑또랑하게 진실을 말하는 영웅. 내가 보태줄 만한 것이 없어 보였다.

무척 아쉬웠다. 인터뷰에 응해줬다면 그 모든 질문에 더해 한 가지를 더 물었을 것이다. 그녀가 나를 기억하는지를 물었을 것이다.

1991년 1월. 나는 스무 살이었고 그녀는 스물여덟 살이었다. 『아름다움의 신화』는 출간과 동시에 영국에서 큰 반향을 불러일으켰다. 책이 북미에서 대박을 치기 몇 달 전, 내가 다니고 있던 대학의 한 교직원이 감명을 받아 이 젊은 신진 페미니스트를 초대해 우리 기숙사 사교실에서 발언할 기회를 제공했다. 페미니즘에 막 눈뜬 학생이었던 나는 교내 신문 『바시티』에 그녀의 인터뷰를 실어보겠냐는 전화를 받았다. 작가를 인터뷰해본 적이 한 번도 없었다. 네, 라고 답했다.

사교실에는 고작 30명이 모였다. 그럴 정도로 그녀의 명성이 두터워지기 한참 전이었다. 싸구려 카펫에 책상다리로 앉은 우리는 어머니 세대의 발목을 붙잡았던 유리천장을 우리같이 젊은 여성들이 드디어 뚫을 즈음하여 거대 세력이 미의 기준을 대폭 올려 놓았다는 울프의 이야기에 귀를 기울였다. 그게 우리 다수가 굶주 리고, 구역질하고, 자기 몸을 혐오하거나 성형수술을 꿈꾸며 사는 데 귀중한 뇌세포를 낭비하느라 각자 마땅히 해야 할 일을 하지 않고 있는 이유였다. 그게 우리를 탈진하게 하고, 우리를 산만하 게 하고, 우리가 응당 누려야 할 이 세계에서의 지위와 권력을 빼 앗았다.

넋을 놓은 채로 앞줄에 앉아 있었다. 날 사로잡은 것은 내용이 아니었다. 그건 한 귀로 듣고 한 귀로 흘려보냈다. 포르노그래피에 관한 다큐멘터리 영화를 11년 전에 제작한 제2물결 페미니스트 의 손에 키워진 입장에서는 『아름다움의 신화』를 빠르게 훑어본 결과, 신선하거나 돋보이는 점이 전혀 없었다. 그리고 그해 초, 친 구들과 나는 「킬링 어스 소프틀리」의 상영회를 조직했다. 이 다큐 멘터리는 광고가 여성의 아름다움과 다소곳함을 표상하는 방식을 세밀히 해부했고, 『아름다움의 신화』도 똑같은 내용을 다뤘다.[1] 질 의응답 시간에 친구 한 명은 흑인과 아시아인 여성이 느끼는 구체 적인 압력, 유럽 중심적 미의 기준에 부합하게끔 피부 표백과 쌍 꺼풀 수술을 받아야 한다는 압력에 대해서는 왜 이렇다 할 비평이 없는 것이냐고 부드럽게 지적했다. 우린 이미 울프를 훌쩍 앞선 상태였다.

그러나 이 중 어느 하나도 그녀의 매력을 깎지는 못했다. 돋보 였던 것은 울프라는 사람이었으니까. 아름다움에 관한 그런 말들 이 이리도 젊고 당차고 고전적인 미인의 입에서 나온다는 그 사실. 광이 나고 숨이 막힐 듯한 1980년대에 청소년기를 보낸 우리와 달리 그녀는 자유분방한 1970년대에 어른이 되어 마리화나를 피우는 언니 같았다. 사소한 사안처럼 비칠 수 있겠으나, 울프는 잘나가는 작가처럼 입고 다니지 않았다. 당시 그녀는 색이 바랜 청바지와 티셔츠를 입었다. 저자 사진에서는 가죽 재킷을 걸쳤다. 이러는데도 세간의 주의를 끄는 책, 거대한 아이디어를 논하는 거대한 책을 집필한 것이다.

그런 게 가능하리라는 생각을 품어본 적은 없었다. 나는 사춘기 때부터 직업 경로를 정하고 살아온 그런 아이가 아니었다. 교과 외 활동도, 삶의 목표도 없었다. 고등학교에서 한번 제적당했고, 2년제 대학을 다니던 중에는 어머니의 병세가 악화되면서 낙제점을 받고 퇴학한 적도 있었다. 이후 힘겹게 들어간 대학에서 또다시 중퇴의 길을 걸었다. 그때까지 내가 상상한 어른으로서의 내 모습은 글 쓰는 직업을 갖고 이곳저곳을 둘러보며 그렇게 번 돈으로 TV 쇼 「야간 아르바이트^{Moonlighting}」에서 봤던 종류의 다락방에서 살고 싶다는 어렴풋한 인상 정도가 전부였다. 그렇지만 울프가 해낸 것은—굵직한 아이디어를 담은 책을 쓰고, 서른 살이 되기도 전에 국제적으로 주목받고, 이 모든 게 가부장제의 개수작임을 적발하면서 이룬 성과라니? 우러러봄 직했다.

질의응답이 끝나고 자유 시간이 주어졌다. 나는 이름이 같은 학생 기자라면서 인터뷰를 할 참이라고 그녀에게 인사했다.

울프가 눈을 지긋이 마주쳤다. "너일 줄 알았어." 그녀가 말했다. "넌 강간을 막 당한 모양새로 보이거든."

그녀의 말에 온몸이 쭈뼛거렸던 게 아직도 생생하다. 입에 담아서는 안 될 심한 말이었다는 것을 이제는 안다. 돌이켜보면 그것은 증거를 전부 또는 하나도 모으지 않고서 결론부터 내리고 보는 울프의 경향을 예고했다. 확신에 찬 목소리로 말했던 것을 반추해보면, 친밀감에 대한 갈증과 모든 사정에 밝고 모든 대화에서 전문가이고 싶은 강박이 고스란히 드러난다. 영성과 여성 건강, 음모론이 뒤엉킨 세계에서 활약하는 카리스마 팔팔한 지도자들이 애용하는 방법들에 어느 정도 소양을 쌓은 지금의 나는 그게 전형적인 과시 행동이었음을 깨닫는다. 자기가 어떤 특별한 지식의 보고에 한 다리 걸치고 있다는 눈치를 주면서 내 신뢰를 즉각 얻으려고 했던 것 같다.

하지만 그때는 이런 생각이 전혀 없었다. 그때는 나오미 울프가 내 영혼을 꿰뚫어보는 것만 같았으니까.

나는 사교실에 딸린 문간방에서 『아름다움의 신화』를 주제로 그녀와 인터뷰를 진행했다. 이 인터뷰 기사는 『바시티』에 1차 걸프전쟁을 비난하는 글(「미군은 걸프에서 철수하라: 또 다른 베트남은 없다!」) 바로 옆에 전면으로 실렸다. 그리고 우리는 책 이외의 주제로도 이야기를 나눴다. 그녀의 꼬드김 수법에 제대로 넘어간 나는 속내를 모조리 털어놓았다. 아니다, 그때 나는 강간을 막 당하지 않았다, 막은 아니었다. 그렇지만 다른 종류의 습격에 휘말려 있었다. 제1차 인티파다가 일어나던 중이었고, 일주일 전 나는 이스라엘군의 인권 유린에 대해 씩씩거리며 교내 신문에 기고했다. 울프의 글이 25년 뒤에 그러했듯 내 글은 거센 항의의 불길에 휩싸였다. 사람들이 분노에 차서 나를 제명했고 살해 위협이 잇따랐으며, 학생 신문이 우리 사무실 바깥 대형 쓰레기통에 수천 부 폐기됐다. 신문을 벌하지 않는다면 대학 후원자들로 하여금 기금을 철회하도록 하겠다는 캠페인이 있었고, 적어도 한 명이 실제로 외압을 넣었지만 실패했다. 오늘날 취소문화로 불리는 것의 내 첫 경험이라고 할 수 있겠다.

그러니 울프가 트라우마 냄새를 물씬 맡았다 해도 이상하지 않았다. 다만 원인을 잘못 짚었을 뿐이다. 사정을 듣고서 그녀가 나를 안심시켜주었다. 내게 좋은 이야깃거리가 있으니 써내기를 권유했다. 『뉴욕타임스』에 기고할 수 있도록 도와주겠다고도 말했다. 그녀의 남자친구가 그곳의 편집자였다. 나는 글을 써냈고, 그 글은 『뉴욕타임스』로부터 거절당했지만(뻔하게도), 작은 페미니스트 계간지 『파이어위드』에서 이스라엘 점령과 팔레스타인 식민을 반대하는 특별호에 실렸다. 첫 전문 기고였다. 나는 말쑥한 저널 표지를 매만지며 황홀해했다.

인터뷰 이후로도 울프와 한동안 연락을 주고받았다. 자의식을 떨쳐내지 못하겠다고 그녀에게 고백한 어느 늦은 밤의 대화를 기억한다. 가장 내밀한 순간에조차 어깨너머에서 나를 주시하는 꼴이니, 언제든 비판하고 단점을 고치려드는 분신이 있는 것 같았다. ("어떻게 해야 나인지 모르겠어요. 나는 완전히 내 외부에 존재하는 느낌이에요." 영화 「분신」에서 사이먼이 도플갱어에게 털어놓는다.)[2] 울프는 내 조심스러움을 설명해주는 듯한 답을 가지고 있었다. "그건 남성적 시선이야." 그녀가 말했다. 그리고 나는 그녀가 틀림없다고 확신했다.

머잖아 연락이 끊겼고, 나는 울프의 근황에 대해 대강의 감만 잡고 있었다. 그녀는 권력욕을 은근히 풍기는 페미니즘 매니페스토『불에서 불로』를 펴냈고, 앨 고어에게 더 분발하여 알파남이 되라고 충고했다. 나는 어깨에 힘을 잔뜩 주고 다니는 사람이 돼버린 그녀에게, 좇아서는 안 될 종류의 권력에 투신한 여자에게 공감할 수가 없었다.

울프는 하나도 기억 못 할 수 있다. 학부생의 마음을 헤집는 일은 그녀에게 예삿일인 것으로 드러났으니까. 2005년『샌프란시스코 크로니클』에 실린 기사에 따르면, "그녀의 강렬한 에너지는 그녀가 학생들에게 거는 높은 기대와 어우러지며 젊은 여성들을 눈물짓게 한다".[3] 또 누군가를 두고 강간을 막 당한 모양새라는 대사를 쳤는지가 궁금해진다.

울프를 더는 페미니스트 롤모델로 삼지는 않았지만, 내가 기숙사 사교실에서 받았던 인상―작가는 무엇이고, 또 언제 될 수 있는지에 대한 자각―만큼은 지워지지가 않았다. 스물여섯 살이 된 나는 반민주 기업 권력과 그에 저항하는 신생 운동권을 주제로 책을 집필하겠다면서 대학에서 중퇴했다(이번이 두 번째였다). 학위를 (또) 포기하겠다는 결정에 아버지는 경악을 금치 못했지만 나는 그 책을 그 순간에 쓴다면『아름다움의 신화』가 그러했듯이 세상에 한 획을 그을 것이라고 굳게 믿었다.

미국 출판사들로부터 거절 소식이 연이어 들려왔지만 내 신념은 흔들리지 않았다. 허드슨강이 내려다보이는 통유리 사무실에서 편집자가 의자에 기대어 이렇게 말했을 때조차. "나야 이 책을 읽고 싶지만 독자들이 원하는 건 섭식장애 회고록이에요." 젊은 여성들에게 적합한 전문성의 범주가 우리 신체뿐이라는 것을 도저히 용납할 수 없었다. 내가 나가는 길에 편집자가 꼭 그런 섭식장애 회고록, 차기 『아름다움의 신화』가 되어주기를 그녀가 참으로 바라던 책의 교정쇄를 건네주었다. 그 책은 그렇게 되어주지 못했다. 하지만 『노 로고』는 그렇게 되었다고 칠 수도 있겠다.

내가 그렇게나 공간을 많이 차지하고 그렇게나 대차고 거창한 주장을 할 자격이 있다는 생각은 어디서 굴러들어왔는지 가끔 궁금해진다. 그런 담력은 대체 어디서 왔을까? 티를 자주 내지는 않지만 어머니의 공이 크다. 나는 용감하고 창의적인 페미니스트들 사이에서 컸다. 그들은 운동권 너머에 가닿는 일에 특별히 신경 쓰지는 않았지만 말이다. 진짜 좋은 선생님 두어 분도 계셨다. 하지만 솔직해지자면 울프도 한몫했다. 내 미래를 다르게 상상할 준비가 된 바로 그 시점에 우연히 나는 그녀의 격렬한 궤도에 들어섰던 것이다.

『노 로고』 뒷날개 내지에 걸린 구불거리는 갈색 장발을 한 첫 저자 사진을 보면, 내가 10년 전 『바시티』에 걸렸던 그녀의 공식 사진을 따라하려고 은연중에 얼마나 노력했는지가 드러나 얼굴이 다 찌푸려진다. 그러니까 울프가 이 글을 읽게 된다면 가짜 로스가 진짜 로스를 대하듯이 나를 대할 자격이 충분히 있다. "그놈이 짝퉁이야, 그게 아이러니라고—그놈이 빌어먹을 분신이라니까, 부정한 사칭꾼에 존나 위선적인 짝퉁이야."[4]

이 점을 고찰했다. 당시 그녀가 해준 역할에 대한 고마움과 오늘날 그녀가 하는 역할에 대한 감정—공포, 반감, 매혹, 분노, 걱정—을 구분 지으려고 노력했다. 수년 전 그녀가 나의 미래상을 제시하는 매우 다른 종류의 거울로 작용했다면 이제 나는 무엇으로 갚아야 하나? 침묵? 존경? 평생의 충심?

아니라고 생각한다. 이번 여정에서 얻은 교훈이 있다면, 정체성은 정체된 게 아니라는 것이다. 나의 정체성도. 울프의 정체성도. 우리 두 사람의 경계마저. 다 유동적이며 끊임없이 바뀌고 더블링한다. 젊은 날의 자아와 늙은 날의 자아, 공적 자아와 사적 자아, 살아가는 자아와 죽어가는 자아 사이의 더블링을 잘 조절해가며 사는 것은 인간됨의 한 부분이다. 그러나 인간됨의, 그리고 좋은 삶을 사는 것의 더 큰 부분은 우리가 자아라는 모래성을 어떻게 만들어갈지에 달려 있지 않다. 우리가 무엇을 함께 만들어갈지에 달려 있다.

하물며 나는 일곱 아들 몫의 헌신을 보인 룻의 이름을 받은 게 아니지 않은가. 나는 살아남기 위해 해야 할 일을 한 나오미의 이름을 받았다.

감사의 말

25년 동안 특정한 정치적 스타일로 책을 써오다가 방향을 바꾸는 것은 여간 어려운 일이 아니다. 이런 변화를 기꺼이 맞아준 뛰어난 편집팀과 함께 일할 수 있어서 큰 행운이었다. 이제 내 에이전트인 잉크웰 매니지먼트의 킴벌리 위더스푼은 나와의 첫 전화 통화 때부터 좋은 이유에서 열의를 보였다. 그녀는 자신감 넘치는 모습으로 소매를 걷어붙였고, 그 이후로 우리는 보기 드문 따스함과 동료애로 협력했다. 우리를 소개시켜준 수 할편에게 늘 감사한 마음이다.

킴벌리는 이 책이 본모습을 찾아갈 수 있도록 출판 시장의 규칙을 필요한 만큼 거스를 편집자와 출판사를 물색하기로 결심했다. 알렉산더 스타와 그가 속한 출판사 파라, 스트라우스 & 지루 전체 팀에서 우리는 그 이상을 발견했다. 알렉스와 문학적 도플갱어와 음모론에 대해 한 시간 동안 이야기한 후, 나는 나와 함께 토끼굴로 빠져들고, 또 필요할 때면 나를 밖으로 꺼내줄 사람을 찾았다고 확신했다. 잘 풀리는 날에는 작업이 놀이처럼 느껴졌다. 알렉스는 텍스트를 수많은 방법으로 날카롭고 깊게 만들어줬다. 그는 나의 오랜 캐나다 편집자이자 펭귄 랜덤 하우스 캐나다의 에메리타 출판인인 루이즈 데니스와 크노프 캐나다의 출판인 마사 카냐 포스트너, 펭귄북스 영국의 출판 디렉터 토머스 펜과 긴밀히 협력하며 지혜를 끌어냈다. 나를 믿어준 미치 에인절과 스테펀 맥그래스에게도 깊은 감사를 전한다.

에이전트와 편집자가 있기 전에 해리엇 클라크가 있었다. 팬데믹으로 특히나 혼란스러웠던 시기에 나는 여행 제한과 줌이라는 마법을 빌려서 한 번도 다녀보지 않은 글쓰기 학교에 가기로 결심했다. 해리엇이 그 학교였다. 고작 두어 달 동안 서툰 대학생처럼 느끼는 것만으로도 이 프로젝트의 아이디어가 뿌리내리기 시작했다. 원고가 골격을 갖추는 과정에서도 해리엇은 내게 계속 가르침을 주었고, 나는 이 문학적 산파에게 엄청난 빚을 졌다.

이 프로젝트의 주요 연구원인 켄드라 주얼에게도 빚을 많이 졌다. 켄드라는 브리티시컬럼비아대학UBC에서 인류학 박사 학위를 마치는 와중에도 도플갱어에 관한 정신분석 이론에서 플로리다의 차터 스쿨에 이르기까지 모든 것을 파고들 시간을 내주었다. 이토록 놀라운 지성을 가진 켄드라와 함께 사유하는 것은 내 직업 생활의 기쁨 중 하나였다. 그리고 우리는 UBC에서 석사 학위를 밟고 있는 다른 두 명의 최고급 연구원 이저벨라 포주너와 제이제

이 마주코텔리와 긴밀히 협력하는 행운을 누렸다. 이 연구팀은 여러 달에 걸쳐 문헌 검토, 사실 확인 및 재확인, 각주 검토 작업을 하며 엄청난 헌신을 보였다. 또한 럿거스대학에서 나의 전 연구 조교였던 니콜 웨버에게도 감사를 전한다. 그녀는 이 책의 초기 단계에서 훌륭한 동료가 되어주었다.

몇몇 친구, 동료 및 가족들에게 원고를 보내 피드백을 받았다. 빌 매키벤, 알렉스 켈리, 하르샤 왈리아, 세실리 수라스키, 재클린 로즈, 요한 하리, 캐서린 바이너, 라지브 시코라, 설레스트 레센, 래리 주커먼, 낸시 프리드랜드, 엠제이 쇼, 크리스틴 보일, 미셸 란스버그, 스티븐 루이스, 그리고 세스, 보니, 마이클, 미샤 클라인. 모두가 날카롭고 유익한 통찰을 나눠주었다. 그리고 책의 모든 페이지에 쿄 매클리어와 V가 끝없이 대화한 결과가 배어 있다.

나는 특히 두 명의 매우 바쁜 작가·지식인에게 은혜를 입었다. 키앙가야마타 테일러와 차이나 미에빌, 두 사람 다 이 원고의 초기 버전에 깊숙이 관여하면서 크고 작은 방식으로 영향을 미쳤다. 몰리 크랩애플과 유대인노동총연맹을 주제로 나눈 대화는 중요한 시기에 텍스트에 지대한 영향을 미쳤고, 이후에도 그녀의 작은 개입들이 있었다. 내 지난 저서 여러 권을 지금껏 관리해주고 있는 친애하는 친구이자 동지인 앤서니 아노브에게도 진심 어린 감사의 말을 전한다. 그는 내게 원고에 대한 피드백을 주었을 뿐만 아니라 마르크스주의 사상에서 '유대인 문제'를 다루는 주요 텍스트도 소개해줬다. 『인터셉트』의 로저 호지는 이 책에서 언급하는 여러 기사를 세심하게 편집해주었고, 내가 오랜 잠적을 하는 와중

558

에도 이 프로젝트를 지지해주었다. 베치 리드도 마찬가지였다.

2005년부터 내 직업적, 개인적 삶의 매니저로 활약해온 훌륭한 재키 조이너에게는 어떻게 고마움을 표현해야 할지 늘 난감하다. 변함없는 친절과 유머로 모든 것을 가능하게 만드는 그녀는 출판에서마저 천재적인 실력을 발휘한다. 이 책을 연구하는 초기 단계에서 UBC의 현 부총장인 게이지 에이브릴과 나눈 대화로 내 삶이 바뀌었다. 나를 UBC로 데려와준 그에게 감사하며, 지리학과와 기후정의센터의 모든 동료, 특히 초기 독자인 제럴딘 프랫과 제시카 뎀프시, 그리고 모하메드 라피 아레핀, 세라 넬슨, 알렉 블레어, 재럿 마르티노에게 감사를 전한다. 럿거스대학과 UBC에서 만난 세미나 학생들은 격동의 시기에 나를 안정시켜주는 힘이었다. 매주 세 시간 동안 토론을 진행하면서 나는 무엇이 가능한지에 대한 신념을 새로 다지게 된다. 그리고 일리노이대학의 사회정의포털프로젝트에 나를 특별 연구원으로 포함시켜준 바버라 랜스비에게도 감사를 전한다. 활동가와 학자들이 모여 학제 간 대화를 나누는 이 공간은 내 영감의 원천이 되었다.

글을 쓰기 위해 집에서 몇 주 동안 벗어나 지내야 할 때가 있었는데 나를 맞아준 정말 훌륭한 호스트들이 있었다. 펜더 하버의 인티고 코터지, 스쿼미시의 제인 워커, 시셸트의 낸시와 크레이그. 그러나 허드슨 밸리에서 V와 설레스트의 봄철 하우스메이트가 되는 것보다 나에게 더 힘이 되는 경험은 없었다. 한편 이번 책에서는 신경다양성을 가진 아이들을 돕고 환영해주는 교사와 보조 강사들에 대해서도 썼다. 그들은 또한 내 작문생활을 가능하게 해주었다.

지넷 루이스, 에린 윌슨, 니키 언더우드, 로빈 핸슨, 타니아 오벌렉. 정말로, 돌봄 노동은 다가오는 세상의 토대다.

이렇게 창의성, 끈기, 관대함으로 반짝이는 환경 속에서 살다니, 얼마나 큰 축복인가. 그리고 이 모든 것과 더불어 나의 직계 가족으로부터 받은 개인적인 지지와 응원이 있었다. 내 평생의 기반인 아비와 내 북극광 T. 이 책은 자아의 불안정성에 관한 내용이지만, 사실을 털어놓자면 저 둘이 있는 한 나는 내가 누구인지 항상 알 것이다.

언어적 쌍안경을 버리고 벼리며

2023년 10월, 가자 공습으로 시작한 이스라엘-하마스 전쟁에 한 달 앞서 출간된 『도플갱어』는 나오미 클라인의 첫 자서전이자 아홉 번째 비평서로, 국제사회의 동요를 포착하며 정치적 양극화 시대의 새로운 문제를 진단한다. 이 문제를 그녀는 현실세계가 아닌 가상 공간에서 직접 맞닥뜨린다. 책은 클라인이 나오미 울프와 혼동되면서, 특히 팬데믹에 이르러 그 혼동이 온라인에서 "혼합"의 경지에 도달한 상황에서 출발한다. 그렇게 "나는 이 책을 집필할 의도가 없었다"며 자기변호로 글을 시작한 클라인은, 그녀를 밀리언셀러 작가로 만든 데뷔작 『노 로고』에서부터 기후위기에 대한 경고를 담은 최근 서적들과는 전혀 다른 문체를 구사한다.

『도플갱어』에서 클라인은 기존의 분석적 예리함은 유지하되, 엄중한 어조에서 벗어나 더 퉁명스럽고, 때로는 드세며, 신랄함으로 가득하다. 한국어로 번역된 지면에서 다소 낯설고 불편하게 다가올 수 있는 "만국의 똥통filthy global toilet" "개차반 믹서기bonkers blender" "미국식 개나발U.S. breed of batshit" 같은 과격한 표현도 등장한다. 이러한 어휘적 변화는 무엇을 의미할까? 쌍안경이 거리를 두고 관찰할 때에만 유용하듯, 클라인의 과격한 표현은 그녀가 이제 더 이상 거리를 둘 수 없을 만큼 가까운 문제와 마주했다는 것을 상징하는 게 아닐까. 나오미-나오미 사태는 그녀가 탐사 저널리스트로서 쌓아온 25년간의 묵직한 "언어적 쌍안경"마저 위협했기에, 참을 수 없는 가벼움으로 화답한 것이리라.

그러나 울프의 행보에 당혹감을 느끼는 것도 잠시. 노련한 클라인은 본인이 동명의 인물과 혼동된 사건을 발판 삼아 동시대 인터넷 환경과 하위문화, 극우 정치까지 '도플갱어'라는 언어적 만화경을 통해 전방위적으로 조명한다. 그리고 종착역인 에필로그에서는 울프와의 대학생 시절 일화를 소개하며 자신의 정체성, 특히 여성 지성인로서의 기원을 탐구하고, 그 과정에서 느낀 내적 분열을 솔직하게 드러낸다. "나는 살아남기 위해 해야 할 일을 한 나오미의 이름을 받았다"는 문장으로 끝맺는 이 책은 날카로운 통찰만큼이나 우리가 살아남기 위해 해야 할 일을 해온 활동가 클라인의 개인적 고뇌와 성장이 돋보인다.

한국에서는 퍼스트 네임만으로 타인과 혼동되는 일이 드물고, 클라인이 조명하는 여러 사회적 현상이 직관적으로 와닿지 않을 수도 있다. 그러나 이 책이 주는 교훈은 여전히 보편적이다. 우리는 단순히 정치적·사회적 현상의 관찰자가 아니라 그 속에서 능동적으로 '자기 자신'을 찾아야 한다. 디지털 사회에서 이미지가 지배적인 역할을 맡지만, 언어가 우리의 인식과 행동에 미치는 영향 또한 무시할 수 없다. 정보의 정확한 해석과 비판적 사고를 통해 우리는 사건의 진실뿐 아니라, 타인의 진의를 파악하려는 노력이 필요하다. 클라인의 책은 우리가 살아가는 정보 대범람의 시대에 필요한 그 중요한 경고를 전달한다.

2024년 10월 류진오

주 註

들어가며_나의 짝퉁

1 Michael Egilson, "Extreme Heat and Human Mortality: A Review of Heat-Related Deaths in B.C. in Summer 2021," Report to the Chief Coroner of British Columbia, June 7, 2022, 4; Stefan Labbé, "Heat Dome Primed B.C. Coastlines to Resemble Subtropical East Asia, Says Researcher," *North Shore News*, April 29, 2022.

2 Sigmund Freud, "The Uncanny," in *The Uncanny*, trans. David McLintock(London: Penguin, 2003), p.124. Freud's essay was originally published in 1919.

3 Freud, "The Uncanny," p.142.

4 *A Translation and Critical Introduction*, trans. Carlos Alberto Sánchez(1952; repr. London: Bloomsbury Academic, 2021), p.180.

5 *A Confession*(New York: Simon & Schuster, 1993), p.55.

6 José Saramago, *The Double*, trans. Margaret Jull Costa(Orlando, Fla.: Harcourt Books, 2004), p.vii.

1부 이중생활(수행)

1 Jules Gleeson, "Judith Butler: 'We Need to Rethink the Category of Woman,'" *The Guardian*, September 7, 2021.

1장 점거당하다

1 Naomi Klein, "Occupy Wall Street: The Most Important Thing in the World Now," *The Nation*, October 6, 2011.

2 Naomi Wolf, "The Shocking Truth About the Crackdown on Occupy," *The Guardian*, November 25, 2011.

3 Naomi Wolf, "Naomi Wolf: How I Was Arrested at Occupy Wall Street," *The Guardian*, October 19, 2011.

4 Wolf, "The Shocking Truth About the Crackdown on Occupy."

5 Wolf, "The Shocking Truth About the Crackdown on Occupy."

6 Matt Wells, "Occupy Wall St: Naomi Wolf Condemns 'Stalinist' Erosion of Protest Rights," *The Guardian*, October 19, 2011.

7 Joe Coscarelli, "Naomi Wolf Thinks Edward Snowden and His Sexy Girlfriend Might Be Government Plants," *New York Magazine*, June 14, 2013; Naomi Wolf, "My Creeping Concern That the NSA Leaker Is Not Who He Purports to Be...," Facebook Notes, posted June 15, 2013, updated March 14, 2021.

8 Naomi Wolf, Facebook post, September 30, 2014.

9 Max Fisher, "The Insane Conspiracy Theories of Naomi Wolf," *Vox*, October 5, 2014.

10 Naomi Wolf, "A Tale of Two Rape Charges," *The Great Debate* (blog), Reuters, May 23, 2011.

11 "Naomi Wolf Compiles Ballot Paper Complaints," *The (Glasgow) Herald*, September 27, 2014.

12 "Progressive Feminist Naomi Wolf Rips the Green New Deal as 'Fascism'—'I WANT a Green New Deal' but 'This One Is a Straight Up Power Grab,'" *Climate Depot*, February 21, 2021.

13 Tim Skillet @Gurdur, tweet, March 24, 2018, Twitter.

14 Naomi Wolf @naomirwolf, tweet, July 5, 2019, 1:13 a.m., in Séamas O'Reilly @shockproofbeats, tweet, April 5, 2020, 4:27 a.m., Twitter.

15 Naomi Wolf, *The Beauty Myth: How Images of Beauty Are Used Against Women* (1990; repr. New York: Perennial, 2002), pp.157–158.

16 Casper Schoemaker, "A Critical Appraisal of the Anorexia Statistics in the Beauty Myth: Introducing Wolf's Overdo and Lie Factor (WOLF)," *Eating Disorders* 12, no. 2 (2004): pp.97–102.

17 Alice Steinbach, "'WOLF VS. 'BEAUTY MYTH' Feminist Sees Conspiracy in Stress on Appearance," *Baltimore Sun*, June 23, 1991.

18 Wolf, *The Beauty Myth*, p.25.

19 Naomi Wolf, *Fire with Fire: The New Female Power and How to Use It* (London: Chatto & Windus, 1993), p.xviii.

20 Camille Paglia, "Hillary, Naomi, Susan and Rush. Sheesh!," *Salon*, November 17, 1999.

21 Michael Duffy and Karen Tumulty, "Campaign 2000: Gore's Secret Guru," *Time*, November 8, 1999.

22 Maureen Dowd, "Liberties; The Alpha-Beta Macarena," *New York Times*, November 3, 1999.

23 Naomi Wolf, *The Treehouse: Eccentric Wisdom from My Father on How to Live, Love, and See* (New York: Simon & Schuster, 2005), p.13.

24 Wolf, *The Treehouse*, p.25.

25 Wolf, *The Treehouse*, p.27.

26 Naomi Wolf, "Dr. Naomi Wolf Confronts Yale for Crimes Against Students," *DailyClout* (video), December 5, 2022.

27 Wolf, *The Treehouse*, p.9.

28 Wolf, *The Treehouse*, p.72.

29 Eve Andrews, "The Real Fear Behind Climate Conspiracy Theories," *Grist*, April 6, 2018.

30 See, for example @markpopham, tweet, October 23, 2019, 6:18 a.m., Twitter. The origins of this poem are unclear and there are several versions of it, so it is not necessarily attributable to the above handle.

31 Grace Ebert, "I'm Not a Look-Alike: Hundreds of Unrelated Doppelgängers Sit for François Brunelle's Uncanny Portraits," *Colossal*, February 9, 2022.

32 Edgar Allan Poe, "William Wilson," *Burton Gentleman's Magazine & American Monthly Review* 5, no. 4 (October 1839): p.208.

33 Poe, "William Wilson," p.207, p.212.

2장 코비드, 위협 곱셈기의 등장

1 Naomi Wolf @naomirwolf, tweet, June 4, 2021, Twitter.

2 Russell Muirhead and Nancy L. Rosenblum, *A Lot of People Are Saying: The New Conspiracism and the Assault on Democracy* (Princeton, N.J.: Princeton

University Press, 2019), p.19.

3 Naomi Wolf, "Dear Friends, Sorry to Announce a Genocide," *Outspoken with Dr Naomi Wolf*, Substack, May 29, 2022.

4 Before Covid, Wolf had around 70,000 followers; by May 2021, when she was deplatformed, she had 138,000. Naomi Wolf @naomirwolf, web capture of Twitter account, May 15, 2021.

5 Naomi Wolf @DrNaomiRWolf, Gettr post, May 16, 2022.

6 Steve Bannon, host, "Chris Wray Lies on 60 Minutes," *War Room: Pandemic* (podcast), episode 1,808, April 25, 2022, at 33:59 – 34:06, posted on Apple Podcasts.

7 Naomi Wolf, "Facing the Beast," *Outspoken with Dr Naomi Wolf*, Substack, July 17, 2022.

8 Geoff Brumfiel, "The Life Cycle of a Covid-19 Vaccine Lie," National Public Radio, July 20, 2021.

9 Brumfiel, "The Life Cycle of a Covid-19 Vaccine Lie."

10 Morgan Yew @weynagrom, tweet, May 23, 2021, Twitter, video 9 of 25, at 0:24.

11 Yew, tweet, May 23, 2021.

12 Yew, tweet, May 23, 2021.

13 "Naomi Wolf Sounds Alarm at Growing Power of 'Autocratic Tyrants,'" *Tucker Carlson Tonight*, Fox News, February 22, 2021.

14 Naomi Klein @NaomiAKlein, tweet, February 23, 2021, Twitter.

15 Naomi Klein @NaomiAKlein, tweet, June 5, 2021, Twitter.

16 Naomi Wolf, 2021 introduction to *The End of America: Letter of Warning to a Young Patriot* (White River Junction, Vt.: Chelsea Green Publishing, 2021), p.xv.

17 "Naomi Wolf Sounds Alarm at Growing Power of 'Autocratic Tyrants.'"

18 Richard Gillard @RickyBaby321, Gettr post, February 26, 2022.

19 *Dual*, directed by Michael Ragen (RLJE Films, 2022).

20 Sigmund Freud, *The Uncanny*, trans. David McLintock (London: Penguin, 2003), p.150.

21 Lewis Carroll, *Alice's Adventures in Wonderland* (1865; repr. Vancouver: Engage Classic, 2020), p.35.

22 Benedict Carey, "A Theory About Conspiracy Theories," *New York Times*,

September 28, 2020.

23 Tahar @laseptiemewilay, tweet, March 30, 2021, 7:12 p.m., Twitter.

24 Richard Seymour, *The Twittering Machine*(London: Indigo Press, 2019), chapter 1, part III.

25 Zadie Smith, "Generation Why?," *New York Review*, November 25, 2010.

26 Ruth 1:20(New International Version).

27 Ruth 1:16(New International Version).

3장 망가진 내 브랜드, 혹은 '콜 미 바이 허 네임'

1 Dan Hon @hondanhon, tweet, May 8, 2021, Twitter.

2 "Brand Dilution: Definition, Causes and Examples," *MediaValet*, March 2, 2021.

3 "'Satan Shoes' to Be Recalled as Nike Agrees to Settle Lawsuit," BBC News, April 9, 2021.

4 Tom Peters, "The Brand Called You," *Fast Company*, August 31, 1997.

5 David Lidsky, "Me Inc.: The Rethink," *Fast Company*, March 1, 2005.

6 "a full flight of TV and print ads": Peters, "The Brand Called You."

7 Stuart Hall, *The Hard Road to Renewal: Thatcherism and the Crisis of the Left*(London: Verso, 1988), p.276.

8 Wendy Brown, "Resisting Left Melancholy," *boundary2* 26, no. 3(Autumn 1999): p.26.

9 Alice Marwick, *Status Update: Celebrity, Publicity, and Branding in the Social Media Age*(New Haven, Conn.: Yale University Press, 2013), p.163.

10 Otto Rank, *The Double: A Psychoanalytic Study*(Chapel Hill: University of North Carolina Press, 1971), p.86.

11 Sigmund Freud, "The Uncanny," in *The Uncanny*, trans. David McLintock(London: Penguin, 2003), p.142. Freud's essay was originally published in 1919.

12 Freud, "The Uncanny," p.142.

13 Naomi Wolf, "Pixels, Bots and Human Cruelty," *Outspoken with Dr Naomi Wolf*, Substack, January 13, 2023.

14 *American Dharma*, directed by Errol Morris(Utopia, 2018).

15 *American Dharma*.

16 Jennifer Senior, "American Rasputin," *The Atlantic*, June 6, 2022.

17 Timothy W. Martin and Dasl Yoon, "These Campaigns Hope 'Deepfake' Candidates Help Get Out the Vote," *Wall Street Journal*, March 8, 2022.

18 Martin and Yoon, "These Campaigns Hope 'Deepfake' Candidates Help Get Out the Vote."

19 Mark Sutherland, "ABBA's 'Voyage' CGI Extravaganza Is Everything It's Cracked Up to Be, and More: 'Concert' Review," *Variety*, May 27, 2022.

20 Anjana Ahuja, "'Grief Tech' Avatars Aim to Take the Sting Out of Death," *Financial Times*, December 20, 2022.

21 Simone Browne, *Dark Matters: On the Surveillance of Blackness*(Durham, N.C.: Duke University Press, 2015).

22 Browne, *Dark Matters*, pp.91 – 92.

23 Browne, *Dark Matters*, p.91.

24 Browne, *Dark Matters*, p.91.

25 Frantz Fanon, *Black Skin, White Masks*, trans. Richard Philcox(New York: Grove Press, 2008), p.89.

26 Nancy Colier, "The Branding of the Self," *Psychology Today*, August 15, 2012.

27 Ralph Waldo Emerson, "Self-Reliance," in *Ralph Waldo Emerson: Essays and Journals*, ed. Lewis Mumford(New York: Doubleday, 1968), p.95.

28 Lilly Singh, "I'll See You Soon...," YouTube, November 12, 2018, at 2:43.

29 Richard Seymour, *The Twittering Machine*(London: Indigo Press, 2019), chapter 2, part IX.

30 Alison Flood, "Naomi Wolf Accused of Confusing Child Abuse with Gay Persecution in Outrages," *The Guardian*, February 8, 2021.

31 Matthew Sweet, "Blind to Bestiality and Paedophilia: Why Naomi Wolf's Latest Book Is Its Own Outrage," *The Telegraph*, February 5, 2021.

32 Ankita Mukhopadhyay, "Naomi Wolf Talks Homophobia, Feminism and 'Outrages,'" *Fair Observer*, January 8, 2020.

33 Hannah Arendt, *The Origins of Totalitarianism*(1951; repr. Cleveland, Ohio: Meridian Books, 1962), p.476.

34 Hannah Arendt, "Truth and Politics," in *The Portable Hannah Arendt*, ed. Peter Baehr(New York: Penguin, 2000), p.556.

1 There have been multiple versions of *How They Met Themselves*: a drawing dated 1851 (which purportedly was lost or destroyed), apen-and-ink re-creation of the 1851 design dated 1860, and a watercolor replica of the 1860 drawing dated 1864. Here I'm referencing the 1864 watercolor version. See Ford Madox Hueffer, *Rossetti: A Critical Essay on His Art*(London: Duckworth, 1902).

2 bell hooks, *Rock My Soul: Black People and Self-Esteem*(New York: Atria Books, 2003), p.92.

3 George Yancy and bell hooks, "bell hooks: Buddhism, the Beats and Loving Blackness", *New York Times*, December 10, 2015.

4 Heather Williams, "bell hooks Speaks Up" *The Sandspur*(Rollins College, Winter Park, Fla.), March 26, 2013, 1.

5 bell hooks, *Feminist Theory: From Margin to Center*(Boston: South End Press, 1984), p.51.

6 bell hooks, *Feminist Theory: From Margin to Center*(Boston: South End Press, 1984), p.29.

7 "bell hooks & john a. powell: Belonging Through Connection," interview at the Othering & Belonging Conference, April 2015, YouTube, at 6:00 – 6:40.

8 Philip Roth, *Operation Shylock: A Confession*(New York: Simon & Schuster, 1993), p.55.

9 Jeffrey Tucker, "The Pathogenic Excuse for Attacking Liberty: An Interview with Naomi Wolf," *Brownstone Institute*(video/podcast), May 9, 2022, at 10:31 – 11:21.

10 *The Great Dictator*, directed by Charles Chaplin(United Artists, 1940).

5장 그들은 휴대폰에 대해서 알고 있다

1 Matthew Gertz, "Fox Keeps Hosting Pandemic Conspiracy Theorist Naomi Wolf," Media Matters for America, April 20, 2021.

2 Matthew Gertz @MattGertz, tweet, February 26, 2021, Twitter.

3 David Connett, "Naomi Wolf Banned from Twitter for Spreading Vaccine Myth," *The Guardian*, June 5, 2021.

4 Liza Featherstone, "The Madness of Naomi Wolf," *New Republic*, June 10, 2021; Ian Burrell, "Naomi Wolf's Slide from Feminist, Democratic Party Icon to the 'Conspiracist Whirlpool,'" *Business Insider*, June 5, 2021; Rebecca Onion, "A Modern Feminist Classic Changed My Life. Was It Actually Garbage?," *Slate*, March 30, 2021.

5 "CommonPass—Travelling the World in the Covid Era," World Economic Forum, video, August 24, 2020.

6 "Watch Dr Naomi Wolf Discuss 'Why Vaccine Passports Equal Slavery Forever,'" DailyClout channel on YouTube, March 30, 2021, at 15:30.

7 Brian Stelter, "ADL Calls on Fox News to Fire Tucker Carlson Over Racist Comments About 'Replacement' Theory," CNN, April 9, 2021.

8 "Naomi Wolf on the New American Coup," Big Think channel on YouTube, April 23, 2012; Naomi Wolf, "Fascist America, in 10 Easy Steps," *The Guardian*, April 24, 2007.

9 "Watch Dr Naomi Wolf Discuss 'Why Vaccine Passports Equal Slavery Forever,'" at 15:22.

10 "Watch Dr Naomi Wolf Discuss 'Why Vaccine Passports Equal Slavery Forever,'" at 0:53; Paul Vallely, host, "The Stand Up America US Show," *Don Smith Show* (podcast), episode 35, May 16, 2022, at 40:01, posted on Rumble.

11 "Watch Dr Naomi Wolf Discuss 'Why Vaccine Passports Equal Slavery Forever,'" at 4:23.

12 "Watch Dr Naomi Wolf Discuss 'Why Vaccine Passports Equal Slavery Forever,'" at 1:58, 2:58, and 15:21.

13 "Watch Dr Naomi Wolf Discuss 'Why Vaccine Passports Equal Slavery Forever,'" at 7:57.

14 Tim Hains, "Naomi Wolf: Mandatory Vaccine Passport Could Lead to the End of Human Liberty in the West," *RealClearPolitics*, March 29, 2021, at 2:45; "Watch Dr Naomi Wolf Discuss 'Why Vaccine Passports Equal Slavery Forever,'" at 7:57.

15 "Watch Dr Naomi Wolf Discuss 'Why Vaccine Passports Equal Slavery Forever,'" at 6:55.

16 "His Glory Presents: Take FiVe w/ Dr. Naomi Wolf," *His Glory*, July 28, 2022, at 28:54.

17 Hains, "Naomi Wolf: Mandatory Vaccine Passport," at 2:06.

18 "Watch Dr Naomi Wolf Discuss 'Why Vaccine Passports Equal Slavery Forever,'" at 5:37 – 5:58.

19 "Watch Dr Naomi Wolf Discuss 'Why Vaccine Passports Equal Slavery Forever,'" at 8:27.

20 Hains, "Naomi Wolf: Mandatory Vaccine Passport," at 3:05.

21 Hains, "Naomi Wolf: Mandatory Vaccine Passport," at 3:12.

22 "Watch Dr Naomi Wolf Discuss 'Why Vaccine Passports Equal Slavery Forever,'" at 5:26.

23 "Watch Dr Naomi Wolf Discuss 'Why Vaccine Passports Equal Slavery Forever,'" at 8:23.

24 Alexis Hancock, email to author, August 26, 2022.

25 Kenith Png, "Police Would Not Agree to Stop Accessing COVID SafeWA App Data, Premier Mark McGowan Says," ABC News, June 15, 2021.

26 Beatrice Adler–Bolton and Death Panel, "Mask Off," *New Inquiry*, April 28, 2022.

27 William Horobin, "It Would Cost $50 Billion to Vaccinate the World, OECD Says," *Bloomberg*, December 1, 2021.

28 Julia Kollewe, "Pfizer Accused of Pandemic Profiteering as Profits Double," *The Guardian*, February 8, 2022.

29 Maggie Fick and Edward McAllister, "COVID Shots Are Finally Arriving, but Africa Can't Get Them All into Arms," Reuters, December 6, 2021.

30 "COVID-19: Pfizer Reports Massive Revenues Whilst Failing to Vaccinate Billions," Amnesty International, November 2, 2021.

31 Stephanie Nebehay and Josephine Mason, "WHO Warns Against Vaccine Hoarding as Poorer Countries Go Without," Reuters, December 9, 2021.

32 Steven W. Thrasher, *The Viral Underclass: The Human Toll When Inequality and Disease Collide* (New York: Celadon Books, 2022).

33 Hains, "Naomi Wolf: Mandatory Vaccine Passport," at 3:12.

34 "Watch Dr Naomi Wolf Discuss 'Why Vaccine Passports Equal Slavery

Forever,'" at 5:06; Hains, "Naomi Wolf: Mandatory Vaccine Passport," at 2:01.

35 Domain overview for DailyClout, January 2017 – April 2021, Semrush, accessed July 2022.

36 Naomi Wolf, "Fake Patriotism," *Huffington Post*, November 2, 2008.

37 "Watch Dr Naomi Wolf Discuss 'Why Vaccine Passports Equal Slavery Forever.'"

38 Hains, "Naomi Wolf: Mandatory Vaccine Passport," at 1:47.

39 "Watch Dr Naomi Wolf Discuss 'Why Vaccine Passports Equal Slavery Forever,'" at 13:35.

40 "Watch Dr Naomi Wolf Discuss 'Why Vaccine Passports Equal Slavery Forever,'" at 12:57.

41 "Watch Dr Naomi Wolf Discuss 'Why Vaccine Passports Equal Slavery Forever,'" at 10:22.

42 "Robert Kennedy Jr Slams the Corrupt System of Big Pharma, Dr Fauci and the F.D.A.—Video," DailyClout, May 26, 2022, at 9:36.

43 Steve Bannon, host, "The Dirty Dozen: 12 Most Dangerous People in America," *War Room: Pandemic* (podcast), episode 1,120, July 24, 2021, at 18:32.

44 Correspondence with author, April 3, 2021.

45 Multiple commenters, "Watch Dr Naomi Wolf Discuss 'Why Vaccine Passports Equal Slavery Forever.'"

46 Multiple commenters, "Watch Dr Naomi Wolf Discuss 'Why Vaccine Passports Equal Slavery Forever."

47 Matthew Giffin, comment, "Watch Dr Naomi Wolf Discuss 'Why Vaccine Passports Equal Slavery Forever.'"

48 "It is obvious to me": Matthew Giffin, comment, "Watch Dr Naomi Wolf Discuss 'Why Vaccine Passports Equal Slavery Forever.'"

49 @Scipio, comment, "Watch Dr Naomi Wolf Discuss 'Why Vaccine Passports Equal Slavery Forever.'"

50 Representative Shelley Rudnicki, Facebook post (image), May 10, 2021; Associated Press, "Republican Barred from Inviting Guests into State House," Associated Press News, May 11, 2021.

51 Craig Mauger, "Michigan Leads the Nation in New COVID Cases,

주

According to CDC Data," *Detroit News*, November 16, 2021; Bruce Walker, "Michigan House Oversight Committee Considers Legislation to Ban Vaccine Passports," *Center Square*, May 6, 2021; Dave Boucher, "Michigan Lawmakers Invite COVID-19 Conspiracy Theorist to Testify on Bill to Ban Vaccine Passports," *PolitiFact*, May 6, 2021.

52 Jason Horowitz, "Steve Bannon Is Done Wrecking the American Establishment. Now He Wants to Destroy Europe's," *New York Times*, March 9, 2018.

53 Jennifer Senior, "American Rasputin," *The Atlantic*, June 6, 2022.

54 Shoshana Zuboff, *The Age of Surveillance Capitalism: The Fight for a Human Future at the New Frontier of Power* (London: Profile Books, 2019).

55 Stephanie Kirchgaessner et al., "Revealed: Leak Uncovers Global Abuse of Cyber-surveillance Weapon," *The Guardian*, July 18, 2021.

56 Allyson Chiu, "She Installed a Ring Camera in Her Children's Room for 'Peace of Mind.' A Hacker Accessed It and Harassed Her 8-Year-Old Daughter," *Washington Post*, December 12, 2019; Alfred Ng, "Amazon Gave Ring Videos to Police Without Owners' Permission," *Politico*, July 13, 2022; Alex Hern, "Uber Employees 'Spied on Ex-partners, Politicians and Beyoncé,'" *The Guardian*, December 13, 2016; Johana Bhuiyan and Charlie Warzel, "'God View': Uber Investigates Its Top New York Executive for Privacy Violations," *BuzzFeed News*, November 18, 2014; Kashmir Hill, "The Secretive Company That Might End Privacy as We Know It," *New York Times*, January 18, 2020; Rina Torchinsky, "How Period Tracking Apps and Data Privacy Fit into a Post-Roe v. Wade Climate," National Public Radio, June 24, 2022.

57 The Red Hand Files, Nick Cave, Issue #218, January 2023.

58 Paul Vallely, host, "The Stand Up America US Show," *Don Smith Show* (podcast), episode 35, May 16, 2022, at 40:01, posted on Rumble.

59 Adam Creighton, "The Plague Afflicting Liberal Democracy," *The Australian*, June 5, 2021.

60 Ben Tarnoff, *Internet for the People: The Fight for Our Digital Future* (London: Verso Books, 2022).

61 Tarnoff, *Internet for the People*, xv, p.33.

62 Jean Burgess, "The 'Digital Town Square' What Does It Mean When

Billionaires Own the Online Spaces Where We Gather?," *The Conversation*, April 27, 2022.

63 Tarnoff, *Internet for the People*, p.58.

64 Steve Bannon, host, "reaking Down the Data That the Establishment Fears," *War Room: Pandemic*(podcast), episode 143, September 22, 2022, posted on Amazon Music.

6장 대각선들

1 Ruth 4:15(New International Version).

2 Ruth 3:4(New International Version).

3 Adam Creighton, "he Plague Afflicting Liberal Democracy," *The Australian*, June 5, 2021.

4 Jet @Jet0o, tweet, June 5, 2021, Twitter.

5 Steve Bannon @SteveBannon, Gettr post, July 4, 2021.

6 Steve Bannon @SteveBannon, Gettr post, October 29, 2022.

7 Adam Rawnsley, "Anti Vaxxer Naomi Wolf Joins Trump's Doomed Tech Suit," *Daily Beast*, July 28, 2021(updated July 30, 2021).

8 Nancy Dillon, "Anti-Semitic Trump Campaign CEO Stephen Bannon Not a Big Fan of 'Whiny Brat' Jews, Ex-wife Says," *New York Daily News*, August 27, 2016.

9 Anna Merlan, "The Conspiracy Singularity Has Arrived," *Vice News*, July 17, 2020.

10 William Callison and Quinn Slobodian, "Coronapolitics from the Reichstag to the Capitol," *Boston Review*, January 12, 2021.

11 Naomi Wolf, "The Last Stage of a Tyrannical Takeover—nterview with Naomi Wolf," interview by Joseph Mercola, June 1, 2022.

12 Tucker Carlson, "Naomi Wolf Sounds Alarm at Growing Power of 'Autocratic Tyrants.'"

13 James Delingpole, "'Climategate Was Fake News,' Lies the BBC…," *Breitbart*, July 11, 2019, posted on the Internet Archive's Wayback Machine.

14 James Delingpole, "Naomi Wolf," *The James Delingpole Podcast*, May 3,

2021, 0:25 – 1:04.

15 Steve Bannon, host, "ot Science Fiction... Dr. Naomi Wolf Reveals Dangers of Vaccine Passports," *War Room: Pandemic* (podcast), episode 874, April 14, 2021, at 13:43 – 14:03, posted on Rumble.

16 Joseph Mercola, host, "Best of Series—Ten Tyrannical Steps," *Take Control of Your Health* (podcast), May 4, 2022; Bannon, "Not Science Fiction . . . Dr. Naomi Wolf Reveals Dangers of Vaccine Passports."

17 Rachel Cooke, "Naomi Wolf: 'We're in a Fight for Our Lives and for Democracy,'" *The Guardian*, May 19, 2019.

18 Michiko Kakutani, "Vidal: 'I'm at the Top of a Very Tiny Heap,'" *New York Times*, March 12, 1981.

19 "Become a DailyClout Member," DailyClout (website), accessed November 2, 2022.

20 Steven W. Thrasher, *The Viral Underclass: The Human Toll When Inequality and Disease Collide* (New York: Celadon Books, 2022), p.4.

21 Josh Rottenberg and Stacy Perman, "Meet the Ojai Dad Who Made the Most Notorious Piece of Coronavirus Disinformation Yet," *Los Angeles Times*, May 13, 2020.

22 Callison and Slobodian, "oronapolitics from the Reichstag to the Capitol."

23 Leonard Wolf, ed., *The Essential Dr. Jekyll & Mr. Hyde: The Definitive Annotated Edition of Robert Louis Stevenson's Classic Novel* (New York: Plume, 1995), back cover.

24 Ian Burrell, "Naomi Wolf' Slide from Feminist, Democratic Party Icon to the 'Conspiracist Whirlpool,'" *Business Insider*, June 5, 2021.

25 Naomi Wolf, " Lost Small Town," *Outspoken with Dr Naomi Wolf*, Substack, October 26, 2022.

26 Gettr @GETTRofficial, tweet, September 23, 2021, Twitter.

27 "Parler: About This App," Google Play, updated August 28, 2022.

28 Steve Bannon, host, "Independence Day!!; Naomi Wolf's Coup," *War Room: Pandemic* (podcast), episode 1,506, December 23, 2021, at 24:55, posted on Rumble.

29 "No Evidence of Pandemic 'ass Formation Psychosis,' Say Experts Speaking to Reuters," Reuters Fact Check, January 7, 2022.

30 James Pogue, "Inside the New Right, Where Peter Thiel Is Placing His

Biggest Bets," *Vanity Fair*, April 20, 2022.

31 Naomi Wolf, @DrNaomiRWolf, Gettr, April 16, 2022.

32 "Dr Naomi Wolf on Kristina Borjesson Show," *Today's News Talk* (audio), July 24, 2022, at 26:46.

33 "Dr Naomi Wolf on Kristina Borjesson Show," at 26:58 − 28:26.

34 "Dr Naomi Wolf on Kristina Borjesson Show," at 30:23, 29:30.

35 "Dr Naomi Wolf on Kristina Borjesson Show," at 30:21.

36 Paul Meehan, *The Ghost of One's Self: Doppelgangers in Mystery, Horror and Science Fiction Films* (Jefferson, N.C.: McFarland, 2017), p.28.

37 John Milton, *Paradise Lost* (London: 1677), line 263.

7장 MAGA의 '플러스 원'

1 Patricia Zengerle, Richard Cowan, and Doina Chiacu, "Trump Incited Jan. 6 Attack After 'Unhinged' White House Meeting, Panel Told," Reuters, July 12, 2022; Dan Friedman and Abigail Weinberg, "Here's the Whole Transcript of That Leaked Steve Bannon Tape, Annotated," *Mother Jones*, August 17, 2022.

2 "Putin Accuses Ukraine of 'Dirty Bomb' Plans, Says Risks of World Conflict High," Reuters, October 26, 2022; "Ukraine Says Russian Troops Will Fight for Key City as Proxy Government Flees," *New York Times*, October 24, 2022.

3 Julian Barnes, "Russian Interference in 2020 Included Influencing Trump Associates, Report Says," March 16, 2021; Elaine Sciolino, "U.S. to Back Yeltsin If He Suspends Congress," *New York Times*, March 13, 1993.

4 Rob Kuznia et al., "eird Science: How a 'hoddy' Bannon−Backed Paper on Coronavirus Origins Made Its Way to an Audience of Millions," CNN Politics, October 21, 2020; "His Glory Presents: Take FiVe w/ Dr. Naomi Wolf," *His Glory*, July 28, 2022, at 28:54.

5 Zach Boren and Arthur Neslen, "How Lobbyists for Monsanto Led a 'Grassroots Farmers' Movement Against an EU Glyphosate Ban," Unearthed, October 17, 2018; "IARC Monograph on Glyphosate," WHO International Agency for Research on Cancer; "Roundup

Weedkiller 'Probably' Causes Cancer, Says WHO Study," *The Guardian*, March 21, 2015.

6 Edward Helmore, "Lawsuits, Payouts, Opioids Crisis: What Happened to Johnson & Johnson?," *The Guardian*, October 18, 2019.

7 "Myocarditis and Pericarditis After mRNA COVID-19 Vaccination," Centers for Disease Control and Prevention, September 27, 2022, https://www.cdc.gov/coronavirus/2019-ncov/vaccines/safety/myocarditis.html.

8 "CDC & FDA Identify Preliminary COVID-19 Vaccine Safety Signal for Persons Aged 65 Years and Older," Centers for Disease Control and Prevention, January 13, 2023, https://www.cdc.gov/coronavirus/2019-ncov/vaccines/safety/bivalent-boosters.html.

9 Naomi Wolf, "Dear Friends, Sorry to Announce a Genocide," *Outspoken with Dr Naomi Wolf*, Substack, May 29, 2022.

10 Krutika Amin et al., "COVID-19 Mortality Preventable by Vaccines," Health System Tracker, April 21, 2022.121

11 Jon Henley, "Macron Declares His Covid Strategy Is to 'Piss Off' the Unvaccinated," *The Guardian*, January 4, 2022.

12 Steve Bannon, host, "The Transhumanist Revolution," *War Room: Pandemic* (podcast), episode 1,394, November 6, 2021; Charlie Kirk, host, "Transgenderism to Transhumanism with 'Detransitioner' Ritchie Herron and Tech Writer Joe Allen," *Charlie Kirk Show* (podcast), September 15, 2022.

13 Benjamin Dodman, "'other, Italian, Christian' Giorgia Meloni, Italy's Far-Right Leader on the Cusp of Power," France24, September 24, 2022.

14 We Are the Enemy to Those Who Would Like Us to Have No Identity, Be the Perfect Consumer Slaves," *RealClearPolitics*, September 26, 2022.

15 Amy Kazmin, "Giorgia Meloni Faces Economic Storm as She Prepares to Take Helm in Italy," *Financial Times*, October 18, 2022.

16 Jennifer Senior, "American Rasputin," *The Atlantic*, June 6, 2022.

17 Mike Davis, "Ten Immodest Commandments: Lessons from a Fumbling-and-Bungling Lifetime of Activism," *Truthout*, November 20, 2011.

18 Steve Bannon, host, "Biden Chaos: Easy Money Destroys the Deplorable's," *War Room: Pandemic* (podcast), episode 1,517, December

28, 2021, posted on Rumble.

19 Steve Bannon, host, "Independence Day!!; Naomi Wolf's Coup," *War Room: Pandemic*(podcast), episode 1,506, December 23, 2021, at 17:30, posted on Rumble.

20 Bannon, "Independence Day!!," at 19:53.

21 Dan Mangan, "teve Bannon' Podcast Barred from Twitter After He Made Beheading Comment About Fauci, FBI Director Wray," CNBC, November 5, 2020.

22 Screen capture from War Room posted on the Internet Archive's Wayback Machine, October 22, 2022; Steve Bannon @SteveBannon, post, Gettr, June 9, 2022.

23 Joshua Jamerson and Aaron Zitner, "GOP Gaining Support Among Black and Latino Voters, WSJ Poll Finds," *Wall Street Journal*, November 7, 2022.

24 Steve Bannon, host, deleted episode, *War Room: Pandemic*(podcast); Bannon, "Biden Chaos," at 13:56.

25 "Competing Visions of America: An Evolving Identity or a Culture Under Attack? Findings from the 2021 American Values Survey," Public Religion Research Institute, November 1, 2021.

26 Steve Bannon, host, deleted episode, *War Room: Pandemic*(podcast).

27 Naomi Wolf, "Fascist America, in 10 Easy Steps," *The Guardian*, April 24, 2007.

28 Steve Bannon, host, "Parents Are Still Taking to the Streets," *War Room: Pandemic*(podcast), episode 1,387, November 3, 2021, posted on Rumble; Steve Bannon, host, "Army of Moms Have Been Mobilized," *War Room: Pandemic*(video), October 29, 2021, at 0:45.

29 Bannon, "Independence Day!!," at 43:50; Myah Ward, "At Least 3,900 Children Separated from Families Under Trump 'Zero Tolerance' Policy, Task Force Finds," *Politico*, August 6, 2021.

30 Steve Bannon, host, *War Room: Pandemic*(podcast), May 21, 2021, clip posted on Media Matters for America.

31 Brian W. O'Shea, comments, Dr Naomi Wolf, Facebook post, November 22, 2014.

32 Naomi Wolf @naomirwolf, tweet, December 20, 2022, Twitter.

33 "US Abortion: Best Selling Author Dr Naomi Wolf Discusses Leaked US Supreme Court Documents," GB News channel on YouTube, May 3, 2022, at 4:14 – 4:27.

34 Naomi Wolf @DrNaomiRWolf, Gettr post, May 13, 2022.

35 Bannon, "Parents Are Still Taking to the Streets," at 24:58.

36 Rachel Savage, "INTERVIEW—U.S. Author Naomi Wolf Condemns UK's 'Moral Panic' on Trans Issues," Reuters, November 27, 2020.

37 Bannon, "Parents Are Still Taking to the Streets," at 20:50 – 24:58.

38 Bannon, "Parents Are Still Taking to the Streets," at 20:50.

39 Naomi Wolf, "Dear Conservatives, I Apologize," *Outspoken with Dr Naomi Wolf*, Substack, March 9, 2023.

40 Sigmund Freud, "The Uncanny," in *The Uncanny*, trans. David McLintock(London: Penguin, 2003), 124. Freud's essay was originally published in 1919.

41 "Two Birthdays," *The Spectator*, April 12, 1939, p.5.

42 *The Great Dictator*, directed by Charles Chaplin(United Artists, 1940), at 2:00:00 – 2:01:30.

43 "Watch Dr Naomi Wolf Discuss 'hy Vaccine Passports Equal Slavery Forever,'" DailyClout channel on YouTube, March 30, 2021.

44 *The Great Dictator*, at 2:02:40.

8장 말도 안 되게 심각하고, 심각하게 말이 안 나오는

1 Naomi Klein, "James Baker's Double Life," *The Nation*, October 12, 2004.

2 Alexis Tsipras and Slavoj Žižek, "The Role of the European Left," Subversive Festival, Zagreb, Croatia, SkriptaTV channel on YouTube, May 15, 2013, at 9:16.

3 Laura Marsh, "Philip Roth' Revenge Fantasy," *New Republic*, March 22, 2021.

4 Philip Roth, *Operation Shylock*: A Confession★(New York: Simon & Schuster, 1993), p.22.

5 Roth, *Operation Shylock*, p.71.

6 Roth, *Operation Shylock*, p.99.

7 Roth, *Operation Shylock*, p.31.

8 Roth, *Operation Shylock*, p.34.

9 Roth, *Operation Shylock*, p.55.

10 Roth, *Operation Shylock*, p.115.

11 Roth, *Operation Shylock*, p.389.

12 Tucker Carlson, "Open Race Hate Forms Much of MSNBC's Substance," October 20, 2022.

13 Sarah Ditum, "Naomi Wolf Is Not a Feminist Who Became a Conspiracy Theorist—She's a Conspiracist Who Was Once Right," *New Statesman*, October 7, 2014.

14 Naomi Klein, "Screen New Deal," *The Intercept*, May 8, 2020.

15 "Watch Dr Naomi Wolf Discuss 'Why Vaccine Passports Equal Slavery Forever,'" DailyClout channel on YouTube, March 30, 2021.

16 Arundhati Roy, "The Pandemic Is a Portal," *Financial Times*, April 3, 2020.

17 Ben Blanchet, "Newsmax TV Bans Reporter over Wacky Rant About Satan, Insects and Drinking Blood," *HuffPost*, October 20, 2022.

18 Roth, *Operation Shylock*, p.87.

19 The Unparalleled Action Needed to Combat Unprecedented Inequality in the Wake of COVID-19," Oxfam International, January 2022.

20 Agence France-Presse, "Shireen Abu Aqleh Killed by 'Seemingly Well-Aimed' Israeli Bullet, UN Says," *The Guardian*, June 24, 2022.

21 Angela Davis, interview by Alonzo King(audio recording), *City Arts & Lectures*, May 24, 2022.

22 "Greta Thunberg Mocks World Leaders in 'Blah, Blah, Blah' Speech," BBC News channel on YouTube, September 28, 2021, at 0:06-0:52.

23 'COP26 Even Watered Down the Blah, Blah, Blah,'" BBC News, November 15, 2021.

24 Tamara Lindeman, "Loss,"on the album *Ignorance*(Fat Possum Records, 2021).

9장 극우, 극변을 만나다

1 Naomi Wolf, @DrNaomiRWolf, "walkoutwednesday," Gettr post,

November 3, 2021.

2 "Newsmax Host Suggests Vaccines Are 'gainst Nature,' and Some Diseases Are 'Supposed to Wipe Out a Certain Amount of People,'" Media Matters for America, July 12, 2021 (video and transcript of *Rob Schmitt Tonight*, Newsmax, July 9, 2021).

3 "The Charter of New England: 1620," *The Avalon Project: Documents in Law*, History, and Diplomacy, Yale Law School. Note: I have modernized the language for clarity of reading.

4 Howard Simpson, *Invisible Armies: The Impact of Disease on American History* (New York: Bobbs-Merrill, 1980), p.7. Note: I have modernized the language for clarity of reading.

5 "A New Description of That Fertile and Pleasant Province of Carolina, by John Archdale, 1707," in *Original Narratives of Early American History: Narratives of Early Carolina 1650–1708*, ed. Alexander Salley Jr. (New York: Charles Scribner's Sons, 1911), pp.282–311.

6 Charlotte Ward and David Voas, "The Emergence of Conspirituality," *Journal of Contemporary Religion* 26, no. 1 (2011): pp.103–121.

7 "The Disinformation Dozen: Why Platforms Must Act on Twelve Leading Online Anti-Vaxxers," Center for Countering Digital Hate, March 24, 2021.

8 Sam Kestenbaum, "Christiane Northrup, Once a New Age Health Guru, Now Spreads Covid Disinformation," *Washington Post*, May 3, 2022 (updated May 9, 2022).

9 Jessica Wallace, "Kamloops Gym Owners Explain Why They Remain Open Despite Public Health Order Mandating They Close," *Kamloops This Week*, December 23, 2021.

10 Naomi Wolf, *The Beauty Myth: How Images of Beauty Are Used Against Women* (1990; repr. New York: Perennial, 2002), pp.26–27.

11 Barbara Ehrenreich, *Natural Causes: An Epidemic of Wellness, the Certainty of Dying, and Killing Ourselves to Live Longer* (New York: Hachette Book Group, 2018), pp.54–56.

12 Ehrenreich, *Natural Causes*, pp.56–57.

13 Carmen Maria Machado, *Her Body and Other Parties* (Minneapolis: Graywolf Press, 2017), p.153.

14 Machado, *Her Body and Other Parties*, p.165.

15 Philip Roth, *Everyman* (London: Vintage, 2007), p.156.

16 "Working Together to Reduce Black Maternal Mortality," Centers for Disease Control and Prevention, April 3, 2023; Danielle M. Ely and Anne K. Driscoll, "Infant Mortality in the United States, 2019: Data from the Period Linked Birth/Infant Death File," *National Vital Statistics Reports* 70, no. 14 (December 8, 2021): pp.1–17.

17 "About: A Note from Steph," Glowing Mama (website), accessed October 13, 2022.

18 Michelle Cohen, "Goop Has Exploited the Medical Establishment' Failures on Women's Health," CBC News, August 27, 2018.

19 Rupa Marya @DrRupaMarya, tweet, May 15, 2022, Twitter.

20 "Dietary Supplements Market Report till 2027," MarketsandMarkets, April 2022.

21 Alex Jones, "The Alex Jones Show," *Infowars*, May 11, 2022.

22 John Elflein, "Percentage of U.S. Population Who Had Been Given a COVID-19 Vaccination as of October 5, 2022, by State or Territory," Statista, October 2022.

23 "Homepage," Christiane Northrup M.D. (website), accessed January 3, 2023.

24 Machado, *Her Body and Other Parties*, p.164.

25 "People with Certain Medical Conditions," Covid-19, Centers for Disease Control and Prevention, updated February 10, 2023.

26 @glowingmamafit, Instagram Reel, September 13, 2021.

27 Keeanga-Yamahtta Taylor, "The Black Plague," *New Yorker*, April 16, 2020.

28 Akilah Johnson and Dan Keating, "Whites Now More Likely to Die from Covid Than Blacks," *Washington Post*, October 19, 2022.

29 "Nashville Hat Shop Faces Backlash for Selling Anti-vaccine Nazi Jewish Star," BBC News, May 30, 2021.

30 Branko Marcetic, "You Know Who Else Opposed Vaccine Mandates? Hitler," *Jacobin*, September 18, 2021.

31 Beatrice Adler-Bolton, "Deaths Pulled from the Future," *Blind Archive*, Substack, January 3, 2022.

32 "Living and Dying Nations: From Lord Salisbury's Speech to the Primrose League, May 4," *New York Times*, May 18, 1898.

33 Julie Bosman, Amy Harmon, and Albert Sun, "As U.S. Nears 800,000 Virus Deaths, 1 of Every 100 Older Americans Has Perished," *New York Times*, December 13, 2021; "A Poor People's Pandemic Report: Mapping the Intersections of Poverty, Race and COVID-19," Executive Summary, Poor People's Campaign, April 2022.

34 Andrew J. Webber, *The Doppelganger: Double Visions in German Literature* (New York: Oxford University Press, 1996), p.3.

35 Tom Huddleston Jr., "These Are the 5 Most Expensive Cities in the U.S. and Canada—and Los Angeles Isn't One of Them," CNBC News, July 6, 2022.

36 Jen St. Denis, "The Billionaire and the Mayor," *The Tyee*, October 24, 2022.

37 Harry Bradford, "Lululemon' Founder Blames Yoga Pants Problem on Women's Bodies," *HuffPost*, November 6, 2013.

38 Bob Kronbauer, "Here' the Weird Essay Chip Wilson Just Wrote About Erections," *Vancouver Is Awesome*, May 29, 2019.

39 Marc Fawcett-Atkinson, "Right-Wing Populist Group Fined for Ads Targeting Left-Leaning Politicians," *National Observer*, October 7, 2022; Dan Fumano, "Lululemon Founder Gives $380,000 to Boost B.C.'s Right-Leaning Candidates, Asks Others to Donate," *Vancouver Sun*, August 3, 2022.

40 Garth Mullins @garthmullins, tweet, October 16, 2022, Twitter.

10장 자폐증 그리고 반백신 운동의 전편

1 See, for example, Kerri Rivera with Kimberly McDaniel and Daniel Bender, *Healing the Symptoms Known as Autism*, 2nd ed., e-book (Kerri Rivera, self-published, 2014), p.81.

2 "Retraction—Ieal-Lymphoid-Nodular Hyperplasia, Non-Specific Colitis, and Pervasive Developmental Disorder in Children," *The Lancet* 375, no. 9713 (February 6, 2010): p.455.

3 Simon H. Murch et al., "Retraction of an Interpretation," *The Lancet* 363,

no. 9411 (March 6, 2004): p.750. Of the twelve original coauthors who could be contacted, ten retracted the paper. The journal was unable to contact the thirteenth coauthor, John Linnell. The two who did not sign off on the retraction were Andrew Wakefield and Peter Harvey.

4 "Fitness to Practise Panel Hearing," General Medical Council (UK), January 28, 2010.

5 Manisha Patel et al., "Increase in Measles Cases: United States, January 1 – April 26, 2019," *Morbidity and Mortality Weekly Report*, Centers for Disease Control and Prevention, May 3, 2019. "Elimination" defined as the "absence of sustained measles transmission that is continuous for ≥12 months in a defined geographic area."

6 "Worldwide Measles Deaths Climb 50% from 2016 to 2019 Claiming over 207,500 Lives in 2019," news release, World Health Organization, November 12, 2020.

7 Naomi Wolf, "'TRUTH' with Robert F. Kennedy, Jr. Featuring Naomi Wolf—Season 2 Episode 21," Children's Health Defense (video), March 8, 2021, at 06:20.

8 "The Real Anthony Fauci and The Bodies of Others Boxed Set," All Seasons Press, https://www.allseasonspress.com/store/p/the-real-anthony-fauci-and-the-bodies-of-others-boxed-set, accessed January 12, 2023.

9 Naomi Wolf, *The Bodies of Others: The New Authoritarians, COVID-19 and the War Against the Human* (Fort Lauderdale, Fla.: All Seasons Press, 2022), p.97; Naomi Wolf, "Global Predators and the Assault on Human Freedom: The Naomi Wolf Interview," *The Monica Crowley Podcast*, May 25, 2022, at 27:42 – 29:12, posted on Apple Podcasts.

10 @glowingmamafit, Instagram reel, September 13, 2021.

11 "'This Is Rape': Protesters Yell at Parents Walking with Masked Kids at School Event," CNN News (video), October 8, 2021; Andrew Guttman, "Dad Who Decried Antiracism Initiatives at Brearley Urges Parents to Join Fight," *New York Post*, May 8, 2021; "Digital Hate: Social Media's Role in Amplifying Dangerous Lies About LGBTQ+ People," Center for Countering Digital Hate and Human Rights Campaign, August 10, 2022.

12 "Extinction in a basic principle of behavior, and its purpose is to extinguish or put an end to unwanted behaviors. Simply put, when a behavior is reinforced, it continues, so extinction removes the reinforcer and the behavior stops." Lizzy Engelman, "A Crash Course on Extinction," *ABA Solutions* (blog), July 15, 2019.

13 Whitney Ellenby, "Bystanders Were Horrified. But My Son Has Autism, and I Was Desperate," *Washington Post*, February 27, 2018.

14 Aaden Friday, "hen You'e Autistic, Abuse Is Considered Love," *The Establishment*, March 21, 2018.

15 Ellenby, "Bystanders Were Horrified."

16 Ole Ivar Lovaas, "ehavioral Treatment and Normal Educational and Intellectual Functioning in Young Autistic Children," *Journal of Consulting and Clinical Psychology* 55, no. 1 (1987): p.8.

17 "Research Funding for Autism in the United States from 2008 to 2023," Statista, September 8, 2022.

18 "Community Report on Autism 2021," Autism and Developmental Disabilities Monitoring Network, Centers for Disease Control and Prevention; "Prevalence of Autism Spectrum Disorders," Autism and Developmental Disabilities Monitoring Network, Centers for Disease Control and Prevention, March 30, 2012.

19 Lorna Wing, *The Autistic Spectrum*, new updated ed. (London: Constable & Robinson, 2002), p.23.

20 Steve Silberman, *Neurotribes: The Legacy of Autism and the Future of Neurodiversity* (New York: Penguin Random House, 2015), pp.41 – 43, p.421

21. Laura Hull, K. V. Petrides, and William Mandy, "The Female Autism Phenotype and Camouflaging: A Narrative Review," *Review Journal of Autism and Developmental Disorders* 7, no. 4 (2020): pp.306 – 317; Terra Vance, "What's in a Word: Autism and White Privilege," *Neuroclastic: The Autism Spectrum According to Autistic People*, June 2, 2019; David S. Mandell et al., "Race Differences in the Age at Diagnosis Among Medicaid-Eligible Children with Autism," *Journal of the American Academy of Child & Adolescent Psychiatry* 41, no. 12 (2002): pp.1447 – 1453.

22 Kristen Lyall et al., "The Changing Epidemiology of Autism Spectrum Disorders," *Annual Review of Public Health* 38, no. 1 (2017): pp.81 - 102.

23 Ben Smee, "When Covid Came to the Anti-Vax Capital of Australia," *The Guardian*, August 13, 2021; "Children Fully Immunised in NSW by Local Government Area 2020 - 2021," NSW Government Health, updated September 3, 2021; Jennifer King, "Now Diphtheria: Is Northern NSW Incubating Another Australian Health Crisis?," *The Guardian*, July 8, 2022.

24 Jenny McCarthy, *Mother Warriors: A Nation of Parents Healing Autism Against All Odds* (New York: Penguin, 2009), p.7.

25 Jenny McCarthy, "We're Not an Anti-Vaccine Movement... We're Pro-Safe Vaccine," *Frontline*, PBS, March 23, 2015.

26 McCarthy, *Mother Warriors*.

27 Eric Garcia, "Tracing America' Covid Vaccine Conspiracies to Autism Fearmongering," MSNBC Opinion, December 8, 2021.

28 Milton Friedman with Rose D. Friedman, *Capitalism and Freedom*, 40th anniversary ed. (Chicago: University of Chicago Press, 2002), p.xiv.

29 "Fitness to Practise Panel Hearing," General Medical Council.

30 "Jenny McCarthy and Holly Robinson Peete Discuss Their Battles with Autism on Oprah," *People*, September 18, 2007.

31 Lorna Wing and David Potter, "The Epidemiology of Autistic Spectrum Disorders: Is the Prevalence Rising?," *Mental Retardation and Developmental Disabilities Research Reviews* 8, no. 3 (2002): pp.151 - 161.

32 Leo Kanner, "Autistic Disturbances of Affective Contact," *Nervous Child* 2 (1943): p.247.

33 Wing, *The Autistic Spectrum*.

34 *Diagnostic and Statistical Manual of Mental Disorders*, 4th ed. (Washington, D.C.: American Psychiatric Association, 1994), pp.954 - 955.

35 Lorna Wing, "he History of Ideas on Autism: Legends, Myths and Reality," *Autism* 1, no. 1 (1997): pp.13 - 14.

36 Wing and Potter, "he Epidemiology of Autistic Spectrum Disorders," p.151.

37 Kristen L. Bone, "Murders Most Foul: Changeling Myths," in *Women and the Abuse of Power: Interdisciplinary Perspectives*, ed. Helen Gavin (Bingley,

UK: Emerald, 2022), pp.31 – 42.

38 Carl Haffter, "he Changeling: History and Psychodynamics of Attitudes to Handicapped Children in European Folklore," *Journal of the History of the Behavioral Sciences* 4, no. 1 (1968): p.57.

39 D. L. Ashliman, "Changelings: An Essay," section 6, 1997.

40 Ashliman, "Changelings," section 6.

41 Silberman, *Neurotribes*, p.42.

42 Mario Holzner and Michael Huberman, "Red Vienna: A Social Housing Experiment, 1923 – 1933," *Journal of Interdisciplinary History* 53, no. 1 (2022): pp.49 – 88.

43 Tamara Kamatovic, "ow Vienna' Socialist City Hall Put Children at the Heart of the Welfare State," *Jacobin*, June 22, 2020.

44 Quoted in Kamatovic.

45 Quoted in Kamatovic.

46 Quoted in Kamatovic.

47 Edith Sheffer, *Asperger's Children: The Origins of Autism in Nazi Vienna* (New York: W. W. Norton, 2018), p.38.

48 Silberman, *Neurotribes*, pp.87 – 88.

49 Kamatovic, "How Vienna' Socialist City Hall Put Children at the Heart of the Welfare State."

50 This phrase is commonly attributed to the Nazi Party, which probably borrowed it from the German attorney Karl Binding and the psychiatrist Alfred Hoche. See Karl Binding and Alfred Hoche, *Permitting the Destruction of Life Unworthy of Life: Its Measure and Form*, trans. Cristina Modak (Greenwood, Wis.: Suzeteo Enterprises, 2012), originally published in German in 1920. See also Howard Brody and M. Wayne Cooper, "Binding and Hoche's 'Life Unworthy of Life': A Historical and Ethical Analysis," *Perspectives in Biology and Medicine* 57, no. 4 (2014): pp.500 – 511.

51 Quoted in Sheffer, *Asperger's Children*, p.214.

52 Quoted in Herwig Czech, "Hans Asperger, National Socialism, and 'Race Hygiene' in Nazi-Era Vienna," Molecular Autism 9, no. 1 (2018): p.13.

53 Quoted in Sheffer, *Asperger's Children*, p.214.

54 Quoted in Sheffer, p.157.

55 Quoted in Sheffer, p.179.

56 Silberman, *Neurotribes*, p.6.

57 Quoted in Czech, "Hans Asperger, National Socialism, and 'Race Hygiene' in Nazi-Era Vienna," p.16.

58 Czech, p.20.

59 Sheffer, *Asperger's Children*, p.67.

60 Philip Roth, *Operation Shylock: A Confession* (New York: Simon & Schuster, 1993), pp.62 – 63.

61 Roth, *Operation Shylock*, p.63.

62 Sheffer, *Asperger's Children*, p.17.

63 Anna N. de Hooge, "Binary Boys: Autism, Aspie Supremacy and Post/ Humanist Normativity," *Disability Studies Quarterly* 39, no. 1 (2019).

11장 침착, 음모······ 자본주의

1 Rodrigo Nunes, "Are We in Denial About Denial?," *Public Books*, November 25, 2020.

2 John Berger, blurb, "Advance Praise," *The Shock Doctrine: The Rise of Disaster Capitalism* (website), accessed November 8, 2022.

3 Steve Bannon, host, "Naomi Wolf: The Lies of Pfizer," *War Room: Pandemic* (podcast), May 4, 2022, at 0:41, posted on Rumble; Paul Elias Alexander, "Dr. Wolf: Twitter Ban—Menstrual Dysregualtion [sic] and Serious Fertility Issues After COVID Injection," July 30, 2022, at 11:42, posted on Rumble.

4 Naomi Wolf, interview by Steve Bannon, *War Room: Pandemic* (podcast), episode 1,076, July 6, 2021, at 27:17 – 27:35.

5 "Identifying Conspiracy Theories," European Commission, accessed November 8, 2022.

6 Naomi Wolf, *The Beauty Myth: How Images of Beauty Are Used Against Women* (1990; repr. New York: Perennial, 2002), p.66.

7 Naomi Wolf, "The Shocking Truth About the Crackdown on Occupy," *The Guardian*, November 25, 2011.

8 Katharine Viner, "Stitched Up," *The Guardian*, September 1, 2001.

9 Alexander, "Dr. Wolf: Twitter Ban," at 16:29.

10 Jack Bratich, email to author, October 26, 2022.

11 Margaret Thatcher, September 23, 1987, transcript of an interview by Douglas Key for *Woman's Own*, Margaret Thatcher Foundation.

12 Nikou Asgari, "'A Form of Brainwashing' Why Trump Voters Are Refusing to Have a Vaccine," *Financial Times*, July 20 2021.

13 "Sovereign Citizens Movement,"Southern Poverty Law Center, accessed November 8, 2022.

14 Ryan Gingeras, "How the Deep State Came to America," *War on the Rocks*, February 4, 2019.

15 Adam Smith, *The Wealth of Nations* (1776; repr. London: David Campbell Publishers, 1991), p.116.

16 Mark Fisher, "Exiting the Vampire Castle," Open Democracy, November 24, 2013. Republished with permission from *The North Star* (original publication date November 22, 2013).

17 Marcus Gilroy-Ware, *After the Fact? The Truth About Fake News* (London: Repeater Books, 2020), 169. Italics in the original.

18 Sarah Kendzior, *They Knew: How a Culture of Conspiracy Keeps America Complacent* (New York: Flatiron Books, 2022).

19 Mark Fisher, *Capitalist Realism: Is There No Alternative?* (Zero Books, 2009), p.68.

20 "George W. Bush Confuses Iraq with Ukraine in Gaffe," Associated Press channel on YouTube, May 19, 2022.

21 Gilroy-Ware, *After the Fact?*, p.169.

22 Daisy Hildyard, "he Second Body," The Learned Pig, November 15, 2017. Excerpt from Daisy Hildyard, *The Second Body* (London: Fitzcarraldo Editions, 2017).

23 Walter Benjamin, "Theses on the Philosophy of History," in *Illuminations: Essays and Reflections*, ed. Hannah Arendt (London: Bodley Head, 2015), p.248.

24 James Baldwin, "The Creative Process,"in *The Price of the Ticket: Collected Nonfiction 1948–1985* (New York: St. Martin's/Marek, 1985), p.317.

25 Deena Metzger, *La Vieja: A Journal of Fire* (Topanga, Calif.: Hand to Hand, 2022), p.1.

1 Naomi Wolf, "I'm Not 'Brave'; You're Just a P—," *Outspoken with Dr Naomi Wolf,* Substack, March 2, 2022.

2 "IPCC Adaptation Report ' Damning Indictment of Failed Global Leadership on Climate,'" *UN News,* February 28, 2022.

3 Wolf, "I'm Not 'Brave.'

4 Wolf, "I'm Not 'Brave.'"

5 Eric Adams @NYCMayor, tweet, February 27, 2022, Twitter.

6 "As COVID Cases Plummet and Vaccination Rates Reach New Heights, Mayor Adams Announces Next Phase of Pandemic Response," NYC: Official Website of the City of New York, March 4, 2022.

7 Wolf, "I'm Not 'Brave.'"

8 Ann Gerhart, "Who's Afraid of Naomi Wolf? The List Is Growing Fast Since the 'Promiscuities' Author Turned Gore Adviser," *Washington Post,* November 5, 1999.

9 Naomi Wolf, "A Lost Small Town," *Outspoken with Dr Naomi Wolf,* Substack, October 26, 2022.

10 Ryan Clarke, "Newberg School Staffer Shows Up in Blackface, Fired from Position," *Newberg Graphic,* September 20, 2021; Lars Larson, host, "Lauren Pefferle—NW School Worker Shows Up to Protest Vaccine Mandate... in Blackface," *The Lars Larson Show,* September 23, 2021, at 3:18, posted on SoundCloud.

11 Tania Thorne, "The Woman Behind Let Them Breathe; the Fight Against School Mask Mandates," KPBS, October 20, 2021.

12 Eoin Higgins, "Fresh Off Twitter Ban, Naomi Wolf to Headline Anti-Vax 'Juneteenth' Event," *The Flashpoint,* Substack, June 8, 2021.

13 Naomi Wolf @DrNaomiRWolf, Gettr post (video), June 30, 2022, at 2:01 and 3:58.

14 Wolf, Gettr post, June 30, 2022, at 3:11.

15 April Ehrlich, "Salem Restaurant Buried in Fake Reviews, Hateful Comments Following Naomi Wolf Incident," Oregon Public Broadcasting, August 1, 2022.

16 Wolf, Gettr post, June 30, 2022, at 3:32.

17 Ta-Nehisi Coates, *Between the World and Me* (New York: Spiegel & Grau, 2015).

18 Keeanga-Yamahtta Taylor, "American Racism and the Buffalo Shooting," *New Yorker*, May 15, 2022.

19 Naomi Wolf @DrNaomiRWolf, Gettr post, April 14, 2022.

20 "Remains of Children of Kamloops Residential School Discovered," press release, Kamloops Indian Band, May 21, 2021.

21 *Honouring the Truth, Reconciling for the Future: Summary of the Final Report of the Truth and Reconciliation Commission of Canada* (Truth and Reconciliation Commission of Canada, 2015), p.1.

22 *Honouring the Truth, Reconciling for the Future*, p.3.

23 *Honouring the Truth, Reconciling for the Future*, p.53.

24 *Canada's Residential Schools: Missing Children and Unmarked Burials: The Final Report of the Truth and Reconciliation Commission of Canada*, vol. 4 (Montreal: McGill-Queen's University Press, 2015), p.15; "Concerted National Action Overdue for All the Children Who Never Came Home from Residential Schools," joint news release, National Centre for Truth and Reconciliation and Indian Residential School History and Dialogue Centre at UBC, June 2, 2021.

25 "Murray Sinclair on the Deaths of Children in Residential Schools, and What Must Be Done to Help Survivors," *The Current*, CBC Radio, June 2, 2021, at 5:57 – 6:23.

26 Carina Xue Luo, "Missing Children of Indian Residential Schools," Academic Data Centre, Leddy Library, University of Windsor, September 6, 2022.

27 "Residential Schools in Canada: Education Guide," *Historica Canada*, p.9, accessed January 3, 2023.

28 Ka'nhehsí:io Deer, "Pope Says Genocide Took Place at Canada's Residential Schools," CBC News, July 30, 2022.

29 Sean Kilpatrick, "Motion to Call Residential Schools Genocide Backed Unanimously," *Globe and Mail*, October 28, 2022.

30 George Manuel and Michael Posluns, *The Fourth World: An Indian Reality* (Don Mills, Ontario: Collier-Macmillan Canada, 1974), p.65.

31 Naomi Klein, "Stealing Children to Steal the Land," *The Intercept*, June 16,

2021.

32 Justin Trudeau, "Trudeau Says Canadians 'Must Be Honest' About Country's History in Canada Day Message," Global News channel on YouTube, July 1, 2021, at 1:15.

33 Edward Said, *Culture and Imperialism*(New York: Alfred A. Knopf, 1993), xiii.

34 James Baldwin, *The Fire Next Time*(New York: Franklin Watts, 1963), p.95.

35 Melissa Tait, "Healing Through Drums," *Globe and Mail*, September 29, 2022.

36 Mike Otto, "An Idea Turned into a Trucking Convoy for a Cause," *Over the Road Legend*(podcast), July 14, 2021, at 7:16.

37 Shannon Proudfoot, "Tamara Lich vs. Pat King: A Tale of Two Convoy Protest Leaders," *Globe and Mail*, November 4, 2022.

38 Pat King, "Trudeau Is Going to Catch a Bullet... Only Way This Ends Is with Bullets," video posted on Streamable, at 0:56.

39 David Bauder, "What Is White Replacement Theory? Police Probe Conspiracy's Role in Buffalo Shooting," Global News, May 16, 2022.

40 "The 'Freedom Convoy' Is Nothing but a Vehicle for the Far Right," Canadian Anti-Hate Network, January 27, 2022.

41 Peter Smith, "Holocaust Denier Is Travelling Across Canada Building Up the Country's Newest Far-Right Militia Movement," Canadian Anti-Hate Network, January 11, 2022.

42 Jesse Wente @JesseWente, tweet, February 17, 2022. Account has been deleted. Quoted with permission.

43 "Ottawa Occupation Was 'Canada Day Times 1000': Lianne Rood Conservative MP," Women in Canadian Politics channel on YouTube, March 2, 2022, at 0:18.

44 Matthew Remski, "Oppression Fantasies of White Anti-Vax Moms," *The Conspirituality Report*, Medium, June 1, 2021.

13장 거울 속 나치

1 *Exterminate All the Brutes*, directed by Raoul Peck(HBO Original, April 7,

2021).

2 "*Exterminate All the Brutes*: Raoul Peck's Statement of Intent," HBO channel on YouTube, April 6, 2021.

3 Joseph Conrad, *The Rescue* (New York: W. W. Norton, 1968), p.148.

4 Charles Darwin, *The Descent of Man, and Selection in Relation to Sex* (London: John Murray, 1896), 1:156.

5 Sven Lindqvist, *"Exterminate All the Brutes": One Man's Odyssey into the Heart of Darkness and the Origins of European Genocide* (London: Granta, 1997), p.3.

6 Quoted in Nikolaus Wachsmann, *KL: A History of the Nazi Concentration Camps* (London: Little Brown, 2016), pp.6–7.

7 Bedford Pim, *The Negro and Jamaica* (London: Trübner, 1866), p.63.

8 Phillip Reilly, *The Surgical Solution: A History of Involuntary Sterilization in the United States* (Baltimore: Johns Hopkins University Press, 1991).

9 Quoted in James Q. Whitman, *Hitler's American Model: The United States and the Making of Nazi Race Law* (Princeton, N.J.: Princeton University Press, 2017), p.9.

10 Quoted in David Blackbourn, *The Conquest of Nature: Water, Landscape, and the Making of Modern Germany* (New York: W. W. Norton, 2006), p.303.

11 *Hitler's Table Talk 1941–1944: His Private Conversations*, trans. Norman Cameron and R. H. Stevens (New York: Enigma, 2000), p.69.

12 *Hitler's Table Talk 1941–1944*, p.34.

13 Lindqvist, *"Exterminate All the Brutes,"* 160.

14 Lindqvist, *"Exterminate All the Brutes,"* 172.

15 W. E. B. Du Bois, *The World and Africa: An Inquiry into the Part Which Africa Has Played in World History* (New York: International Publishers, 1965), p.23.

16 Aimé Césaire, *Discourse on Colonialism*, trans. Joan Pinkham (New York: Monthly Review Press, 2000), p.36.

17 Césaire, *Discourse on Colonialism*, p.36.

18 Lindqvist, *"Exterminate All the Brutes,"* 9.

19 Rinaldo Walcott, *On Property: Policing, Prisons, and the Call for Abolition* (Windsor: Biblioasis, 2021), p.13.

20 Nomi Kaltmann, "he Courage of William Cooper," *Tablet*, January 26, 2021.

21 Lindqvist, *"Exterminate All the Brutes,"* x.

22 Olúf5mi O. Táíwo, *Reconsidering Reparations*(New York: Oxford University Press, 2022), p.199.

23 Jacqueline Rose, *Proust Among the Nations: From Dreyfus to the Middle East*(Chicago: University of Chicago Press, 2011), p.120.

24 Dana Kennedy, "'Biggest Fake News Story in Canada': Kamloops Mass Grave Debunked by Academics," *New York Post*, May 27, 2022.

25 Maxine Joselow, "Suspect in Buffalo Rampage Cited 'Ecofascism' to Justify Actions," *Washington Post*, May 17, 2022.

26 Julian Brave NoiseCat @jnoisecat, tweet, May 16, 2022, Twitter.

14장 떨쳐낼 수 없는 민족 분신

1 Jeet Heer @HeerJeet, tweet, March 20, 2021, Twitter.

2 Hannah Arendt, *Essays in Understanding, 1930–1945*, ed. Jerome Kohn(New York: Harcourt, Brace, 1994), p.12.

3 Omar Sakr @omarsakrpoet, tweet, March 29, 2022, Twitter.

4 Quoted in Hannah Arendt, *The Origins of Totalitarianism*(New York: Harcourt, Brace, 1951), p.64.

5 Jean-Paul Sartre, *Anti-Semite and Jew*, trans. George J. Becker(1948; repr. New York: Schocken Books, 1995), p.49. The original, in French, was written in 1944 and published in book form in 1946.

6 W. E. B. Du Bois, "Strivings of the Negro People," *The Atlantic*, August 1897.

7 June Jordan, " Must Become a Menace to My Enemies," in *Things That I Do in the Dark: Selected Poetry*(1977; repr. Boston: Beacon Press, 1981), p.144.

8 Grace Ebert, "' Not a Look-Alike: Hundreds of Unrelated Doppelgängers Sit for François Brunelle's Uncanny Portraits," *Colossal*, February 9, 2022.

9 Richard Evans, *The Coming of the Third Reich*(New York: Penguin Press, 2004), p.173.

10 Robert Weinberg, "Workers, Pogroms, and the 1905 Revolution in

Odessa," *Russian Review* 46, no. 1 (January 1987): 53.

11 Weinberg, pp.63 – 64.

12 Weinberg, p.75.

13 Henry Rosenthal, "leanor Marx: 'I Am a Jewess,'" Jews, Marxism and the Workers Movement, Marxists Internet Archive.

14 Georg Adler, Peter Hudis, and Annelies Laschitza, eds., *The Letters of Rosa Luxemburg* (London: Verso, 2011), p.295.

15 Quoted in Alan Johnson, "eon Trotsky' Long War Against Antisemitism," *Fathom*, March 2019.

16 Quoted in Johnson.

17 Enzo Traverso, *The Jewish Question: History of a Marxist Debate*, trans. Bernard Gibbons (Leiden: Brill, 2019).

18 Karl Marx, *Critique of Hegel's "Philosophy of Right,"* trans. Anette Jolin and Joseph O'alley (Cambridge: Cambridge University Press, 1970), p.131.

19 Antony Polonsky, "The Bund in Polish Political Life, 1935 – 1939," in *Essential Papers on Jews and the Left*, ed. Ezra Mendelsohn (New York: New York University Press, 1997), p.172.

20 Walter Benjamin, *Gesammelte Schriften*, ed. Rolf Tiedemann and Hermann Schweppenhäuser (Frankfurt: Suhrkamp, 1991), p.838.

21 Dana Mills, "essons from the Life of Rosa Luxemburg," Verso Blog, March 5, 2021.

22 Irving Abella and Harold Troper, *None Is Too Many: Canada and the Jews of Europe, 1939–1948* (Toronto: University of Toronto, 2017).

23 Abram Leon, *The Jewish Question: A Marxist Interpretation* (1946; repr. New York: Pathfinder Press, 1970), p.239.

24 Leon, *The Jewish Question*, p.234.

25 Leon, *The Jewish Question*, p.239.

26 Traverso, *The Jewish Question*, p.xv.

27 Caroline Rooney, "Prison Israel–Palestine: Literalities of Criminalization and Imaginative Resistance," *Journal of Postcolonial Writing* 50, no. 2 (2014): 134.

28 Diana Muir, "A Land Without a People for a People Without a Land," *Middle East Quarterly* 15, no. 2 (Spring 2008): 55 – 62.

29 Alan George, "'Making the Desert Bloom' A Myth Examined," *Journal of*

Palestine Studies 8, no. 2 (Winter 1979): 88.

30 I. F. Stone, *Underground to Palestine* (New York: Boni & Gaer, 1946), p.221.

31 I. F. Stone, "Holy War," in *The Best of I. F. Stone*, ed. Karl Weber (New York: Public Affairs, 2006), p.235.

32 Quoted in Rashid Khalidi, *Palestinian Identity: The Construction of Modern National Consciousness* (New York: Columbia University Press, 1997), p.147.

33 Mahmoud Darwish, *In the Presence of Absence*, trans. Sinan Antoon (New York: Archipelago Books, 2011).

34 Yousef Al Jamal, "JNF Greenwashing as a Means to Hide Ethnic Cleansing in Palestine," *Politics Today*, February 14, 2022.

35 Edward Said, *The Pen and the Sword: Conversations with David Barsamian* (Monroe, Maine: Common Courage Press, 1994), p.53; Bryan Cheyette, "A Glorious Achievement: Edward Said and the Last Jewish Intellectual," in *Edward Said's Translocations*, ed. Tobias Doring and Mark U. Stein (New York: Routledge, 2012), p.78.

36 Joseph Massad, "Affiliating with Edward Said," in *Edward Said: A Legacy of Emancipation and Representation*, ed. Adel Iskandar and Hakem Rustom (Berkeley: University of California Press, 2010), p.33.

37 Rooney, "Prison Israel–Palestine," p.134.

38 Natasha Roth-Rowland, "Land Grabs. Homophobia. Radicalized Police: What to Expect from Israel's Far-Right Government," *+972 Magazine*, December 29, 2022.

39 Jacqueline Rose, "Nation as Trauma, Zionism as Question: Jacqueline Rose Interviewed," *openDemocracy*, August 17, 2005.

40 "General Briefing: Palestinian Political Prisoners in Israeli Prisons," Addameer Prisoner Support and Human Rights Association.

41 "Key Figures on the 2014 Hostilities," United Nations Office for the Coordination of Humanitarian Affairs, June 23, 2015.

42 "50 Days: More Than 500 Children: Facts and Figures on Fatalities in Gaza, Summer 2014," B'Tselem, July 20, 2016.

43 L. Finch, "How a Jewish–American Author's Facebook Page Became a Hub for Citizen Reporting on Gaza," *Global Voices*, August 5, 2014.

44 Naomi Wolf, Facebook post, July 21, 2014.

45 Shmuley Boteach, "Naomi Wolf's Allegations of an Israeli Genocide Fuel Anti-Semitism," *Jerusalem Post*, September 10, 2014.

46 Rachel Cooke, "Naomi Wolf: 'We're in a Fight for Our Lives and for Democracy,'" *The Guardian*, May 19, 2019.

47 "Security Consultant Shares Insider Tips on Self-Defense," DailyClout channel on You-Tube, May 19, 2022, at 6:32–6:43; Vincent M. Mallozzi, "An Author and Investigator Find Comfort in Each Other," *New York Times*, November 24, 2018.

48 Philip Roth, *Portnoy's Complaint* (New York: Bantam Books, 1969), p.86.

49 Corey Robin, "Arendt and Roth: An Uncanny Convergence," *New York Review*, May 12, 2021.

50 Philip Roth, *Operation Shylock* (New York: Simon & Schuster, 1993), p.109.

51 Roth, *Operation Shylock*, p.81.

52 Roth, *Operation Shylock*, p.126.

53 Roth, *Operation Shylock*, p.358.

54 Roth, *Operation Shylock*, p.351.

55 Philip Roth, "Writing About Jews," *Commentary*, December 1963.

56 Naomi Wolf @DrNaomiRWolf, Gettr post, May 13, 2022.

57 Naomi Wolf @DrNaomiRWolf, Gettr post, May 13, 2022.

58 Naomi Wolf @DrNaomiRWolf, Gettr post, May 14, 2022.

59 Naomi Wolf @DrNaomiRWolf, Gettr post (video), May 24, 2022.

60 Naomi Wolf, "ethinking the Second Amendment," *Outspoken with Dr Naomi Wolf*, Substack, June 4, 2022.

61 Naomi Wolf, Facebook post, July 21, 2014.

62 Naomi Wolf, *The Bodies of Others: The New Authoritarians, COVID-19 and the War Against the Human* (Fort Lauderdale, Fla.: All Seasons Press, 2022), p.47; Joseph Mercola, "The Last Stage of a Tyrannical Takeover—Interview with Naomi Wolf," *Bitchute* (video), June 1, 2022, at 13:56.

63 Steve Bannon, host, "'e Are at War' Naomi Wolf Breaks Down the WHO's Plan to Seize Power," *War Room: Pandemic* (podcast), May 12, 2022, at 5:13, posted on Rumble.

1 "Special Report: Global Warming of 1.5°C," Intergovernmental Panel on Climate Change, 2018; Jonathan Watts, "We Have 12 Years to Limit Climate Change Catastrophe, Warns UN," *The Guardian*, October 8, 2018.

2 "Nevada Caucuses 2020: Live Election Results," *New York Times*, February 24, 2020.

3 Matthew Brown, "US Drilling Approvals Increase Despite Biden Climate Pledge," Associated Press, July 12, 2021; "New Data: Biden's First Year Drilling Permitting Stomps Trump's by 34%," press release, Center for Biological Diversity, January 21, 2022.

4 Daisy Hildyard, "he Second Body," *The Learned Pig*, November 15, 2017, excerpt from Daisy Hildyard, *The Second Body*(London: Fitzcarraldo Editions, 2017).

5 Eve Auchincloss and Nancy Lynch, "isturber of the Peace: James Baldwin—an Interview/1969," in *Conversations with James Baldwin*, ed. Fred L. Standley and Louis H. Pratt(Jackson: University Press of Mississippi, 1989), p.73.

6 *The Magnitude of All Things*, directed by Jennifer Abbott(National Film Board of Canada, 2020), at 55:11.

7 The Magnitude of All Things, at 48:38.

8 Iris Murdoch, *The Sovereignty of Good*(New York: Schocken Books, 1971), p.84.

9 *The Magnitude of All Things*, at 43:13.

10 *The Double*, directed by Richard Ayoade(Magnolia Pictures, 2014), at 1:26:52.

11 Helena de Bres, "t' Not You, It' Me," *The Point*, September 23, 2019.

12 john a. powell, interview by Ivan Natividad, "To End White Supremacy, Attack Racist Policy, Not People," *Berkeley News*, January 25, 2021.

13 Eve L. Ewing, "ariame Kaba: Everything Worthwhile Is Done with Other People," *Adi Magazine*, Fall 2019.

14 Arielle Angel, "eyond Grievance," *Jewish Currents*, Summer 2022.

15 Keeanga-Yamahtta Taylor, conversation with author, October 17, 2022.

16 John Berger, "The Nature of Mass Demonstrations," *International Socialism* 1st series, no. 34(Autumn 1968): 11-12.

17 Bridget Read, "The Bernie Rally Felt So Much Bigger Than Bernie," *The Cut*, October 21, 2019; Bernie Sanders, "Bernie's Back Rally with AOC in New York," Bernie Sanders channel on YouTube video, October 19, 2019, at 2:47:27.

18 Sigmund Freud, "he Uncanny," in *The Uncanny*, trans. David McLintock(London: Penguin, 2003), p.143. Freud's essay was originally published in 1919.

19 Keeanga-Yamahtta Taylor, conversation with author, October 17, 2022.

20 Sally Weintrobe, *Psychological Roots of the Climate Crisis: Neoliberal Exceptionalism and the Culture of Uncare*(New York: Bloomsbury Academic, 2021), p.13.

21 Rosa Luxemburg, *Socialism or Barbarism: Selected Writings*, ed. Paul Le Blanc and Helen C. Scott(London: Pluto, 2010).

22 Naomi Klein, "Dancing the World into Being: A Conversation with Idle No More's Leanne Simpson," *Yes Magazine*, March 6, 2013.

23 Sunaura Taylor, "Age of Disability," *Orion*, November 9, 2021.

24 Taylor, "Age of Disability."

에필로그_누가 분신인가?

1 *Killing Us Softly: Advertising's Image of Women*, featuring Jean Kilbourne(Media Education Foundation, 1979).

2 *The Double*, directed by Richard Ayoade(Magnolia Pictures, 2014), at 41:23.

3 Lisa Hix, "id Father Know Best? In Her New Book, Third Wave Feminist Naomi Wolf Reconsiders Her Bohemian Upbringing," *San Francisco Chronicle*, June 19, 2005, via SFGate.

4 Philip Roth, *Operation Shylock*(New York: Simon & Schuster, 1993), p.367.

찾아보기

ㄱ

가너, 에릭Garner, Eric 403

가르시아, 에릭Garcia, Eric 329

『건강의 배신Natural Causes』 281

게이츠, 빌Gates, Bill 11, 58, 68, 71~72, 177, 247, 256, 270, 278, 305, 372

고어, 앨Gore, Al 42~43, 553

골드만, 에마Goldman, Emma 465

『구조The Rescue』 432

구테흐스, 안토니우Guterres, António 397

『그녀의 몸과 타인들의 파티Her Body and Other Parties』 284

『그들은 알고 있었다They Knew』 384

「그들은 어떻게 자기 자신과 만났는가 How They Met Themselves」 115

그로버, 저스틴Grover, Justin 280

그리어, 저메인Greer, Germaine 39

그린, 그레이엄Greene, Graham 230, 547

『그림자The Shadow』 99

길로이-웨어, 마커스Gilroy-Ware, Marcus 384, 390

ㄴ

『난 여자가 아닙니까?Ain't I a Woman』 41

『노 로고No Logo』 32, 83, 85~87, 90~91, 255, 365, 381, 554

노스럽, 크리스티안Northrup, Christiane 279, 285, 288, 295

노이즈캣, 줄리언 브레이브NoiseCat, Julian Brave 444

누니스, 로드리고Nunes, Rodrigo 363

『뉴로트라이브Neurotribes』 335, 339

뉴먼, 케빈Newman, Kevin 376

「느슨한 변화Loose Change」 361

『늙은 여자La Vieja』 394

니콜라이 2세Nicholas II 462

ㄷ

다르위시, 마흐무드Darwish, Mahmoud 482

다우드, 모린Dowd, Maureen 43

『다크 매터스Dark Matters』 103

『단지 흑인이라서, 다른 이유는 없다The Fire Next Time』 508

『당신은 아직 패배한 적 없다You Have Not Yet Been Defeated』 508

대처, 마거릿Thatcher, Margaret 86, 374, 426

데링폴, 제임스Delingpole, James 171

데이비스, 마이크Davis, Mike 210

데이비스, 앤절라Davis, Angela 41, 252

뎀야뉴크, 존Demjanjuk, John 345~346

『도리언 그레이의 초상The Picture of Dorian Gray』 48, 285

도스토옙스키, 표도르Dostoyevsky, Fyodor 17, 230, 250

『도플갱어The Double』 22

『두 번째 몸The Second Body』 391

두테르테, 로드리고Duterte, Rodrigo 240

듀보이스, W. E. B.Du Bois, W. E. B. 437, 440, 453, 539

「듀얼Dual」 63

드브레스, 헬레나de Bres, Helena 521

드호혜, 안나de Hooge, Anna 347

『디셉션Deception』 233

디킨스, 찰스Dickens, Charles 230

로세티, 단테 가브리엘Rossetti, Dante Gabriel 115

로이, 아룬다티Roy, Arundhati 246

로즈, 재클린Rose, Jacqueline 443, 486

로즌블룸, 낸시 L.Rosenblum, Nancy L. 56

로지, 조지프Losey, Joseph 453

루니, 캐럴라인Rooney, Caroline 480~481, 484

루뭄바, 패트리스Lumumba, Patrice 431

루빈, 로버트Rubin, Robert 384

루빈, 제리Rubin, Jerry 282

룩셈부르크, 로자Luxemburg, Rosa 465, 467, 469~471, 538

리타스킷, 노먼Retasket, Norman 416

『린 인Lean In』 40

린더만, 타마라Lindeman, Tamara 254

린드크비스트, 스벤Lindqvist, Sven 432~434, 437, 439, 441~442, 459, 462

ㄹ

랑크, 오토Rank, Otto 95~96

랭, 헬무트Lang, Helmut 90

레온, 아브람Leon, Abram 472~474, 538~539

레이크, 카리Lake, Kari 206

로건, 라라Logan, Lara 248

로건, 조Rogan, Joe 419

로드, 오드리Lorde, Audre 41

로바스, 올레 이바Lovaas, Ole Ivar 326

로빈, 코리Robin, Corey 495

ㅁ

마누엘, 조지Manuel, George 414

마누엘, 카나후스Manuel, Kanahus 414

마랴, 루파Marya, Rupa 290

마르윅, 앨리스Marwick, Alice 93

마르크스, 카를Marx, Karl 76, 368, 465, 467, 469, 531

마사드, 조지프Massad, Joseph 484

마시, 로라Marsh, Laura 232

마우, 브루스Mau, Bruce 86

마차도, 카먼 마리아Machado, Carmen Maria 284, 298

마크롱, 에마뉘엘Macron, Emmanuel 202, 302

『만인을 위한 인터넷Internet for the People』 152

매카시, 제니McCarthy, Jenny 329, 331, 335

매케이, 애덤McKay, Adam 518

「매트릭스The Matrix」 70

맥퍼슨, 엘Macpherson, Elle 328

머독, 아이리스Murdoch, Iris 519

머스크, 일론Musk, Elon 136, 150, 418, 526

멀란, 애나Merlan, Anna 169

멀린스, 가스Mulllins, Garth 310

메뎀, 블라디미르Medem, Vladimir 465

메이어, 골다Meir, Golda 482

메츠거, 디나Metzger, Deena 394

멜로니, 조르자Meloni, Giorgia 207~208, 220, 223, 301

멩겔레, 요제프Mengele, Josef 302

『모든 야수를 몰살하라Exterminate All the Brutes』 432, 442

모리스, 딕Morris, Dick 41

모리스, 에롤Morris, Errol 100

모리슨, 토니Morrison, Toni 358

모사데그, 모하마드Mosaddegh, Mohammad 378

『문화와 제국주의Culture and Imperialism』 415

뮤어헤드, 러셀Muirhead, Russell 56

『미국의 종말The End of America』 32~33, 36, 44, 139

「미스터 클라인Mr. Klein」 453

미에빌, 차이나Miéville, China 486~487

미첼, 조니Mitchell, Joni 162

미한, 폴Meehan, Paul 187

밀러, 제이슨Miller, Jason 183

밀턴, 존Milton, John 187

ㅂ

바, 리처드Barr, Richard 331

바웬사, 레흐Walęsa, Lech 237

바이너, 캐서린Viner, Katharine 371

바이든, 조Biden, Joe 62, 163, 165, 170~171, 193~194, 204, 426, 499, 514

『바이럴 하층계급The Viral Underclass』 177

『배상을 재고하다Reconsidering Reparations』 443

버거, 존Berger, John 366, 522, 529

「버자이너 모놀로그The Vagina Monologues」 41~42

『버자이너Vagina』 32

버틀러, 주디스Butler, Judith 28

베넷, 케이티Bennet, Katie 455

베런, 찰리Veron, Charlie 519

베이커, 제임스, 3세Baker, James, III 228

베일리, 블레이크Bailey, Blake 232

벤야민, 발터Benjamin, Walter 392, 465, 470~471, 539

보먼, 데이비드Bowman, David 519

보어만, 마르틴Bormann, Martin 303

보우소나루, 자이르Bolsonaro, Jair 301, 310

보이콧, 로지Boycott, Rosie 180

보티치, 슈물리Boteach, Shmuley 492

볼드윈, 알렉Baldwin, Alec 35

볼드윈, 제임스Baldwin, James 392, 416, 422, 431, 508, 517

봉준호 390

뵈르네, 루트비히Börne, Ludwig 451

부시, 조지 W.Bush, George W. 36, 43, 172, 228, 362, 387, 454

『부재의 현재에서In the Presence of Absence』 482

「분신The Double」 73, 520, 552

『분신The Double』 7, 72, 250

『불에서 불로Fire with Fire』 40, 553

브라운, 시몬Browne, Simone 103

브라운, 웬디Brown, Wendy 87

브래티크, 잭Bratich, Jack 371~372

브랜슨, 리처드Branson, Richard 84

브로건, 켈리Brogan, Kelly 279

브루넬레, 프랑수아Brunelle, François 47, 454, 520

『블랙워터Blackwater』 362

블레어, 토니Blair, Tony 40

블룸, 클레어Bloom, Claire 233

비달, 고어Vidal, Gore 175

빌뇌브, 드니Villeneuve, Denis 221

ㅅ

사라마구, 주제Saramago, José 22, 230

사르트르, 장폴Sartre, Jean-Paul 452

『사실 이후? 가짜 뉴스의 진실After the Fact? The Truth About Fake News』 384

『사유재산에 관하여On Property』 439

사이드, 에드워드Said, Edward 415, 484, 495

사크르, 오마Sakr, Omar 450

샌더스, 버니Sanders, Bernie 203, 205, 456, 513~514, 531

샌드버그, 셰릴Sandberg, Sheryl 40

『샤일록 작전Operation Shylock』 18, 231, 233, 235~236, 238~239, 242, 250, 345, 451, 495

『세계와 아프리카The World and Africa』 437

『세상과 나 사이Between the World and Me』 408

세제르, 에메Césaire, Aimé 437~438, 440, 539

셰퍼, 이디스Sheffer, Edith 339, 342, 344, 347

소날커, 아누자Sonalker, Anuja 244

손, 존Son, John 101

솔즈베리 후작Lord Salisbury 304

쇼빈, 데릭Chauvin, Derek 425

『쇼크 독트린The Shock Doctrine』 14, 19, 32, 36, 46, 62, 67, 90, 242, 270, 330, 361, 365~366, 378, 500

수라스키, 세실리Surasky, Cecilie 478, 500

슈밋, 롭Schmitt, Rob 273

슈밋, 에릭Schmidt, Eric 244

슈워츠, 리처드Schwartz, Richard 111

스노든, 에드워드Snowden, Edward 37~38, 56, 145, 388

스래셔, 스티븐 W.Thrasher, Steven W. 137, 177

스몰스, 크리스Smalls, Chris 205

스미스, 애덤Smith, Adam 379

스미스, 제이디 Smith, Zadie 71

스위트, 매슈 Sweet, Matthew 109

스탈린, 이오시프 Stalin, Joseph 471, 474

『스테이터스 업데이트 Status Update』 93

「스텝퍼드 부인들 The Stepford Wives」 187

스톤, I. F. Stone, I. F. 481

스트로스칸, 도미니크 Strauss-Kahn, Dominique 37

스티븐슨, 로버트 루이스 Stevenson, Robert Louis 179~180

슬로보디언, 퀸 Slobodian, Quinn 169, 178

시니어, 제니퍼 Senior, Jennifer 100

시모어, 리처드 Seymour, Richard 71, 108

시몬스, 러셀 Simmons, Russell 35

『시스터 아웃사이더 Sister Outsider』 41

『시온의 질문 The Question of Zion』 486

『식민주의에 대한 담론 Discourse on Colonialism』 437

「신체 강탈자의 침입 Invasion of the Body Snatchers」 187

실버만, 스티브 Silberman, Steve 335, 339

심프슨, 리앤 베타사모세이크 Simpson, Leanne Betasamosake 540~541

싱, 릴리 Singh, Lilly 92, 106

싱클레어, 머리 Sinclair, Murray 411

ㅇ

아도르노, 테오도어 Adorno, Theodor 465

아렌트, 한나 Arendt, Hannah 110~111, 256, 450

『아름다움의 신화 The Beauty Myth』 32, 38~39, 41, 161, 180, 281, 370, 548~549, 551, 553~554

아부 아클레, 셰린 Abu Akleh, Shireen 252

아스퍼거, 한스 Asperger, Hans 332, 340, 342~344, 347, 534

『아스퍼거의 아이들 Asperger's Children』 339, 342

아옌데, 살바도르 Allende, Salvador 378

「아이 엠 낫 유어 니그로 I Am Not Your Negro」 431

아이젠버그, 제시 Eisenberg, Jesse 73, 520

아치데일, 존 Archdale, John 273

알 샤와, 모나 Al Shawa, Mona 501

알 자말, 유세프 Al Jamal, Yousef 482

알버리, 아머드 Arbery, Ahmaud 404

알테르, 빅토르 Alter, Victor 470

알파하드, 아호메드 al-Fahad, Ahmed 228

『암흑의 핵심 Heart of Darkness』 432

압드 엘파타, 알라 Abd el-Fattah, Alaa 508

애덤스, 에릭 Adams, Eric 399~400

애들러볼턴, 비어트리스 Adler-Bolton, Beatrice 135, 303

애슐리먼, D. L. Ashliman, D. L. 334

야르빈, 커티스 Yarvin, Curtis 184

어빙, 크리스톨 Kristol, Irving 170

어산지, 줄리언 Assange, Julian 177

「어스 Us」 7, 390

『엄마 전사들 Mother Warriors』 329

「에너미 Enemy」 221

에런라이크, 바버라 Ehrenreich, Barbara 281~284, 292

에머슨, 랠프 월도 Emerson, Ralph Waldo 105

「에브리싱 에브리웨어 올 앳 원스 Everything Everywhere All at Once」 533

에인절, 아리엘Angel, Arielle 527

엔슬러, 이브Ensler, Eve 41

엘런비, 휘트니Ellenby, Whitney 325~326

엘리자베스 2세Elizabeth II 418, 544

엡스타인, 제프리Epstein, Jeffrey 256, 383

『여성, 거세당하다The Female Eunuch』 39

『여성, 인종, 계급Women, Race & Class』 41

『여성의 몸, 여성의 지혜Women's Bodies,
    Women's Wisdom』 279

「영원한 노예제slavery forever」 130, 132,
    139, 141, 204

영킨, 글렌Youngkin, Glenn 218~219

옐친, 보리스Yeltsin, Boris 196

오르반, 빅토르Orbán, Viktor 129

오바마, 미셸Obama, Michelle 293, 387

오바마, 버락Obama, Barack 35, 130

오브라이언, 케이트O'Brien, Kate 137

오셰이, 브라이언O'Shea, Brian 217

오웰, 조지Orwell, George 124, 498

오토, 마이크Otto, Mike 416~417, 423

『오해Misconceptions』 287

와인버그, 로버트Weinberg, Robert 463~464

와인트로브, 샐리 Weintrobe, Sally
    536~537

와일드, 오스카Wilde, Oscar 48

우랑가, 에밀리오Uranga, Emilio 18

『우리 몸, 우리 자신Our Bodies, Ourselves』
    289, 291

『우리는 고장난 게 아닙니다We're Not
    Broken』 329

울프, 레너드Wolf, Leonard 43~44, 90,
    180

월컷, 리날도Walcott, Rinaldo 439

웨스트, 칸예West, Kanye 35, 457

웨이크필드, 앤드루Wakefield, Andrew
    320, 328, 331

웬테, 제시Wente, Jesse 422

『위반Outrages』 108~110, 174, 180

윈스럽, 존Winthrop, John 273

윈프리, 오프라Winfrey, Oprah 83~84, 279

윌리스, 미키Willis, Mikki 177

「윌리엄 윌슨William Wilson」 48

윌슨, 칩Wilson, Chip 309~310

윌켄, 패트릭Wilcken, Patrick 137

윙, 로나Wing, Lorna 331~333

『유대인 문제The Jewish Question』 473,
    538

윤석열 101

융, 카를Jung, Carl 17, 230

『이것이 모든 것을 바꾼다This Changes
    Everything』 32~33, 512

『이중 도시The City & the City』 486~487

『인간의 유래와 성 선택The Descent of Man,
    and Selection in Relation to Sex』 433

『인플레임드Inflamed』 290

『인형의 집을 떠나며Leaving a Doll's House』
    233

ㅈ

「자기 신뢰Self-Reliance」 150

『자연의 종말The End of Nature』 250

『자폐증 무검열판Autism Uncensored』 325

저커버그, 마크Zuckerberg, Mark 101, 386

『전체주의의 기원The Origins of Totalitarianism』
    110

제임스 1세James I 273

조던, 마이클Jordan, Michael 83~84

조던, 준Jordan, June 453

존스, 알렉스Jones, Alex 218, 293

존스, 조너선Jones, Jonathan 406

존슨, 보리스Johnson, Boris 240

주보프, 쇼샤나Zuboff, Shoshana 145

『지벤케스Siebenkäs』 306

지젝, 슬라보이Žižek, Slavoj 229

ㅊ

채플린, 찰리Chaplin, Charlie 120, 221~223, 234

처치, 프랭크Church, Frank 387

「청년 마르크스The Young Karl Marx」 432

체니, 딕Cheney, Dick 362, 384

촘스키, 놈Chomsky, Noam 205

치프라스, 알렉시스Tsipras, Alexis 229

ㅋ

카너, 레오Kanner, Leo 332

카니츠, 오토 펠릭스Kanitz, Otto Felix 337, 340

카마토비치, 타마라Kamatovic, Tamara 337, 341

카바, 마리아메Kaba, Mariame 525

『카운터라이프The Counterlife』 231, 238, 495

칼라일, 브랜디Carlile, Brandi 162

칼슨, 터커Carlson, Tucker 12, 62~63, 129~130, 138, 171, 181, 220, 241, 293~295, 418, 461

캘리슨, 윌리엄Callison, William 169, 178

「캠Cam」 98

캠벨, 나오미Campbell, Naomi 227~229

케네디, 로버트 F., 주니어Kennedy, Robert F. Jr. 211, 320~322

케네디, 존 F., 주니어Kennedy, John F. Jr. 98

케이브, 닉Cave, Nick 148

켄지어, 세라Kendzior, Sarah 384

코마네치, 나디아Comăneci, Nadia 75

코언, 미셸Cohen, Michelle 288

코츠, 타네히시Coates, Ta-Nehisi 408

콘래드, 조지프Conrad, Joseph 432

콜럼버스, 크리스토퍼Columbus, Christopher 414, 459

콜리어, 낸시Collier, Nancy 104

쿠오모, 앤드루Cuomo, Andrew 34

크로나베테르, 페르디난드Kronawetter, Ferdinand 461

클리펜스타인, 켄Klippenstein, Ken 128

클린턴, 빌Clinton, Bill 40~42, 195~196

클린턴, 힐러리Clinton, Hillary 195, 203

키신저, 헨리Kissinger, Henry 384

「킬링 어스 소프틀리Killing Us Softly」 549

킹, 패트King, Pat 420, 424

ㅌ

타르노프, 벤Tarnoff, Ben 151, 153

타이오, 올루페미 O.Táíwò, Olúfẹ́mi O. 443

『탈출의 방법들Ways of Escape』 230, 547

탠들러, 율리우스Tandler, Julius 338

테일러, 브리오나Taylor, Breonna 404~405

테일러, 수노라Taylor, Sunaura 541~542

테일러, 찰스Taylor, Charles 228~229

테일러, 키앙가야마타Taylor, Keeanga-Yamahtta 300, 409, 529, 535

툰베리, 그레타Thunberg, Greta 252~254, 256

트라베르소, 엔조Traverso, Enzo 468, 474

트로츠키, 레온Trotsky, Leon 465, 467, 469, 471~472

트뤼도, 쥐스탱Trudeau, Justin 256, 269, 302, 309, 415, 418~419

『트리하우스The Treehouse』 43~44, 110

『트위터 하는 기계The Twittering Machine』 71, 108

틸, 피터Thiel, Peter 205

ㅍ

파글리아, 카밀Paglia, Camille 42

파농, 프란츠Fanon, Frantz 104

파루키, 오스만Faruqi, Osman 450

파우치, 앤서니Fauci, Anthony 11, 57~58, 256, 270, 302, 372

파울, 장Jean Paul 307

파월, 존 a.powell, john a. 524

파크스, 로자Parks, Rosa 402~403, 409~410

파텔, 라지Patel, Raj 290

페니쿡, 고든Pennycook, Gordon 66

『페미니즘Feminist Theory』 117

펙, 라울Peck, Raoul 431~434, 459, 462

펠로시, 낸시Pelosi, Nancy 271

포, 에드거 앨런Poe, Edgar Allan 48, 230

포터, 데이비드Potter, David 333

푸틴, 블라디미르Putin, Vladimir 195~196, 240, 384

프라이스, 네드Price, Ned 195

『프라하의 학생The Student of Prague』 99

프랑클, 게오르크Frankl, Georg 342

프로이트, 지크문트Freud, Sigmund 13, 65, 95~96, 220, 230, 337, 444, 523, 530, 533, 539

프리드먼, 밀턴Friedman, Milton 330

플래너건, 톰Flanagan, Tom 443

『플랜데믹Plandemic』 177, 330, 361

플로이드, 조지Floyd, George 165, 252, 404~405, 408, 413, 415, 425

플루보그, 존Fluevog, John 262

피셔, 마크Fisher, Mark 380, 387

피터스, 톰Peters, Tom 84~85, 92

필, 조던Peele, Jordan 7, 17, 390, 536

핌, 베드퍼드Pim, Bedford 434

ㅎ

하프터, 카를Haffter, Carl 333

『항간의 설로는A Lot of People Are Saying』 56

행콕, 알렉시스Hancock, Alexis 133

헌, 댄Hon, Dan 81

헨리, 보니Henry, Bonnie 262

호컬, 캐시Hochul, Kathy 399

홀, 스튜어트Hall, Stuart 86

홀리, 조시Hawley, Josh 206

훅스, 벨hooks, bell 41, 116~119, 524

휘트먼, 제임스 Q.Whitman, James Q. 435

히긴스, 오언Higgins, Eoin 404

히어, 지트Heer, Jeet 449

히치콕, 앨프리드Hitchcock, Alfred 18

『히틀러의 모델, 미국Hitler's American Model』435

힐드야드, 데이지Hildyard, Daisy 391~392, 516

힐턴, 스티브Hilton, Steve 130~132, 140

도플갱어

초판인쇄 2024년 10월 25일
초판발행 2024년 11월 1일

지은이 나오미 클라인
옮긴이 류진오
펴낸이 강성민
편집장 이은혜
마케팅 정민호 박치우 한민아 이민경 박진희 황승현
브랜딩 함유지 함근아 박민재 김희숙 이송이 박다솔 조다현 정승민 배진성
제작 강신은 김동욱 이순호

펴낸곳 (주)글항아리 출판등록 2009년 1월 19일 제406-2009-000002호

주소 10881 경기도 파주시 심학산로 10 3층
전자우편 bookpot@hanmail.net
전화번호 031-955-2689(마케팅) 031-941-5161(편집부)

ISBN 979-11-6909-314-9 03300

www.geulhangari.com